ŒUVRES
COMPLÈTES
DE
J. J. ROUSSEAU

AVEC LES NOTES DE TOUS LES COMMENTATEURS;

NOUVELLE ÉDITION
ORNÉE DE QUARANTE-DEUX VIGNETTES,
GRAVÉES PAR NOS PLUS HABILES ARTISTES,

D'APRÈS LES DESSINS DE DEVÉRIA.

LETTRES DE LA MONTAGNE.

A PARIS,
CHEZ DALIBON, LIBRAIRE
DE S. A. R. MONSEIGNEUR LE DUC DE NEMOURS,
RUE SAINT-ANDRÉ-DES-ARCS, N° 41.

M DCCC XXVI.

ŒUVRES

COMPLÈTES

DE

J. J. ROUSSEAU.

TOME VII.

PARIS. — IMPRIMERIE DE G. DOYEN,
RUE SAINT-JACQUES, N. 36.

AVANT-PROPOS.

Rousseau est peut-être le seul écrivain qui ait lié un écrit polémique à l'intérêt général, et fait de sa cause celle du genre humain ; il répond à l'accusateur d'Émile, et dénonce à l'opinion ces hommes qui font du droit d'être injuste l'attribut des grandes dignités ; il emploie l'ironie sans amertume, la récrimination sans aigreur ; il s'indigne et ne s'emporte point, et met le bon droit de son côté par la décence et le ton noble de sa justification. Un théâtre lui paroît dangereux pour la ville qui protégea son berceau ; l'on croit entendre un citoyen de Sparte, armé du tonnerre de Démosthène, qui voit la ruine d'un état dans le succès d'une innovation. Si, comme Platon, il veut bannir les poëtes de la république, comme lui il rend justice à leurs talents ; il décore de bandelettes et de fleurs les victimes que son patriotisme immole. En combattant pour les mœurs d'un coin de terre, d'un atome d'empire, il attache les habitants de tous les pays par des considérations générales, par des tableaux qui seraient sans ame sous un pinceau vulgaire. Il fait de sa Genève ce qu'Homère fait de la pauvre Itaque ; il fixe sur elle les regards du monde.

Émile condamné par le parlement de Paris, le fut neuf jours après par les magistrats de Genève, mais sans qu'aucune forme eût été observée : l'auteur n'avait été ni cité, ni entendu ; on avait adopté de confiance la procédure instruite en France, et le *magnifique Conseil*, devenu l'écho du parlement de Paris, crut de son équité de condamner à être *brûlé avec infamie* un livre que l'admiration de plusieurs générations a déjà vengé de cet ouvrage. Un décret de prise de corps fut lancé contre le bienfaiteur de l'humanité; et la main qui n'eût dû être occupée qu'à lui tresser des couronnes ne fut empressée qu'à lui forger des fers : flétri par la cité qu'il devoit couvrir des rayons de sa gloire, c'est au sein même de la ville qui l'a vu naître, qui le compte au nombre de ses citoyens, qu'il trouve ses plus cruels ennemis. On a violé pour lui toutes les lois observées jusque-là; il est obligé d'aller chercher un asile sur les terres d'un prince étranger, espérant encore que Genève, honteuse d'une condamnation qui la condamnait elle-même, ne tarderoit pas à la détruire. Vain espoir; il faut qu'il abdique son droit de bourgeoisie pour que ses concitoyens commencent à s'apercevoir qu'ils « ont eu tort pour leur propre intérêt d'abandonner « sa défense, et la prirent quand il n'étoit plus temps. » Ils adressèrent au magnifique Conseil des représentations qui furent sans effet. On refusa même aux parents de Rousseau la communication de la sentence prononcée contre lui. Ce refus acheva d'indisposer les citoyens contre le Conseil; il y eut deux partis dans la république; les *négatifs* et les *représentants*, et l'on se fit une guerre de pamphlets. Le procureur-général Tronchin se déclara le champion des actes du Conseil ou des négatifs dans un écrit qu'il publia à cette occasion sous le titre de *Lettres de la campagne*, monument durable des rares talents de son auteur, dit Rousseau.

C'est pour répondre aux Lettres de la campagne que Jean-Jacques écrivit ses *Lettres de la montagne*. Ces lettres sont au nombre de neuf. Il examine dans la première et dans la sixième les deux ouvrages pour lesquels il a été condamné ; il y recherche ce qui a pu amener sa condamnation ; il établit dans les seconde, quatrième et cinquième, qu'il n'a pas été jugé suivant les lois ; il trace la marche qui fut suivie à diverses époques, à Genève, dans les procédures en matières semblables, et c'est en opposant la conduite du gouvernement dans d'autres temps avec celle qu'on avait tenue à son égard qu'il met dans tout son jour ce qu'il y a d'inique dans sa condamnation.

Voltaire, mis en scène dans la cinquième lettre, s'en trouva fort offensé, et ce fut pour s'en venger qu'il composa l'écrit intitulé *Sentiments des citoyens*. Voltaire y descend aux plus grossières injures contre Rousseau, « déguisé en saltimbanque, portant les « marques funestes de ses débauches, traînant de « village en village la malheureuse dont il fit mourir « la mère. » Jean-Jacques, qui sentit tout l'avantage que lui donnoient de pareilles grossièretés, les fit réimprimer avec de courtes notes : il ne sut pas d'abord d'où partoit le coup ; il soupçonna Vernes d'en être l'auteur.

Dans la troisième lettre écrite de la montagne, il revient avec de nouveaux développements sur ce qu'il avoit dit des miracles dans Émile ; il s'explique franchement sur ce sujet, et ne craint pas de se prononcer contre tout ce qui blesse la raison et l'ordre de la nature.

Les septième et huitième lettres roulent sur la marche du gouvernement de Genève, sur les devoirs des citoyens, sur les inconvénients qui sont résultés de l'acte de médiation, sur le droit de représentation.

Le but que s'est proposé Tronchin en écrivant les Lettres de la campagne est le sujet de la neuvième ou dernière lettre. Rousseau, qui, après la condamnation prononcée à Genève contre lui, s'était retranché de lui-même du nombre des citoyens de cette république, se vit, après la publication des Lettres écrites de la montagne, retranché par les pasteurs du nombre des chrétiens; et cet ouvrage, qui, dans plusieurs de ses parties, est un si beau développement de la doctrine religieuse exposée dans l'Émile, et de la doctrine politique du Contrat social, fut jugé par le petit Conseil de Genève indigne d'être brûlé par la main du bourreau. C'étoit se déshonorer, selon le petit Conseil, que d'y répondre.

Le parlement de Paris fit aux Lettres écrites de la montagne le même honneur qu'à Émile; il les condamna, en 1765, à être lacérées par les mains du bourreau. Cette seconde condamnation doit être considérée comme une conséquence nécessaire de la première. En reproduisant les principes et les doctrines qui avaient appelé l'anathème sur Émile, Rousseau devoit se trouver exposé aux mêmes rigueurs; et l'homme qui, dans les Lettres écrites de la montagne, refusait d'admettre les miracles ne pouvoit pas s'attendre à un traitement plus doux que celui qui dans Émile s'étoit borné à douter. Ce qu'il n'avoit fait qu'énoncer dans la Profession de foi du vicaire savoyard a reçu dans les Lettres écrites de la montagne les plus hardis développements. Ainsi donc le parlement de Paris ne fit que persister dans sa première condamnation en s'armant de rigueur contre le nouvel ouvrage de Jean-Jacques. Mais pour cette fois l'admiration fut moins vive de la part des hommes qu'indignoient les mauvais traitements dont on abreuvoit un des plus grands écrivains de la nation. Le sujet traité dans plusieurs des Lettres écrites de la montagne étoit inconnu au plus grand nombre des lecteurs; il falloit, pour apprécier les observations de Rousseau sur plusieurs points de la constitution de Genève, connoître cette constitution ; et à l'époque où les Lettres furent écrites, on ne s'occupoit point encore en France de rechercher par quelles lois fondamentales les peuples voisins étoient régis. La politique positive n'avoit point encore pris la place des idées spéculatives. La condamnation illégale de Genève avoit moins indigné que l'arrêt en forme du parlement de Paris. Aussi ne donna-t-on pas la même attention à ce qui s'étoit passé à Genève qu'à ce qui avoit eu lieu en France.

Comme écrivain, trois grandes compositions ont illustré le génie de Rousseau, et ce sont trois créations, trois chefs-d'œuvre qui n'ont entre eux d'autre point de ressemblance qu'une exécution supérieure. Mais on retrouve dans tous ses ouvrages les perfections de style du grand écrivain : il sait donner à notre langue ce qu'on lui disputoit le plus, la précision qui s'allie à une profondeur vaste, la variété pittoresque et l'originalité des tours qui reproduisent le caractère et le mouvement des idées. En appliquant, avec Montesquieu, parmi nous, le grand art d'écrire à la politique et à la législation, il nous enrichit à la fois d'un nouveau genre de composition littéraire et d'un nouveau genre de style. Mais l'influence de l'écrivain, sans être moins générale que celle du philosophe, a été cependant et devoit être moins sensible. La même force de génie qui lui soumit tant de disciples lui rendoit bien difficile de former d'heureux imitateurs. Sa philosophie secoue le joug des autorités; elle n'admet pour preuve que l'expérience, pour arbitre que la raison; il cite la raison elle-même au tribunal de la conscience, et il lui donne pour juge le sentiment intérieur. Si Rousseau paroît trop souvent s'égarer à la poursuite des principes naturels, qui, même en les supposant dévoilés, seroient désormais parmi les hommes peu susceptibles sans doute d'une rigoureuse application, dans cette poursuite même il rencontre sur sa route ces grandes vérités morales qui sont de tous les temps, et ne se prescriront jamais; il les agite avec toute l'impétuosité de son ardent caractère; il les discute et les prouve avec toute la puissance de sa dialectique inexorable, et les insinue dans l'ame avec toute la persuasion de cette sensible éloquence qui prête à la raison sévère le charme séducteur de la passion.

AVANT-PROPOS.

Les religions sont ébranlées par des ennemis redoutables. Il se présente comme l'apôtre de toutes les religions qui renferment les grands principes de la morale naturelle. Il commande la soumission en prêchant la tolérance : il veut du moins sauver les bases universelles de l'édifice; il les entoure à la fois de grandeur et de bienfaisance, de vénération et d'amour. Nul de nos écrivains ne s'est exprimé plus dignement sur la majesté de Dieu, l'ordre de l'univers, l'ame immortelle et le prix éternel des vertus, que ce philosophe persécuté comme un impie parce qu'il avoit eu le malheur de naître hors du sein de l'Église. Où puisoit-on avant lui les preuves de ces vérités surnaturelles de l'existence d'un Être suprême, de la dignité et des devoirs de l'homme? dans des livres, dans la tradition, dans des faits plus ou moins contestés, dans des autorités saintes et respectables sans doute, mais que des peuples entiers n'admettent pas. Pour lui, c'est dans le cœur même de l'homme qu'il trouve les preuves et le besoin de ces vérités primitives. Il lui apprend ses devoirs, en lui expliquant sa nature : il rend sensible à sa raison le témoignage de sa conscience. Une morale si persuasive sembloit lui ouvrir tous les cœurs, en gagnant l'estime de ceux mêmes qui donnoient peu de confiance à ses principes de philosophie. Mais ce fut moins encore le moraliste que l'éloquent écrivain qui fit naître pour le philosophe un si vif enthousiasme, et rallia sans peine une foule nombreuse de disciples. Sa logique étoit si pressante que d'excellents esprits ont pu croire qu'elle l'avoit entraîné lui-même; elle étoit si captieuse qu'elle sembloit quelquefois conduire de l'erreur à la vérité par une chaîne non interrompue. Plus habile encore cependant à intéresser la passion qu'à subjuguer la raison, à l'éclairer ou à l'éblouir, il savoit concilier la persuasion à ses sentiments quand il ne pouvoit attacher la conviction à ses idées; fidèle en cela même à ses principes, qui, n'admettant point de perversité originelle dans le cœur humain, et supposant que les premiers mouvements de la nature sont toujours droits, devoient nécessairement le conduire à donner moins de confiance à la raison qu'au sentiment intérieur, plus inaccessible au contact des intérêts, des besoins et des convénances factices. Il veut ramener les hommes à la nature, et il rappelle dans le sein des familles les droits et les devoirs maternels. Dans les préceptes d'éducation qu'il trace pour le premier âge, il n'est souvent que l'interprète des philosophes qui l'ont devancé; mais ce qu'ils avoient fait voir, il le fait sentir; ce qui n'étoit que prouvé, il le persuade. Il avoit dans le caractère trop d'originalité, dans le talent trop d'effervescence, pour n'être qu'un imitateur. Avec ce talent et ce caractère, il falloit que Jean-Jacques Rousseau fût chef d'école en philosophie aussi bien qu'en éloquence. Né entre les torrents du Jura et ceux des Alpes, entre la France et l'Italie, son génie respire tout ce qu'il y a d'ardent sous le ciel de l'une, et d'impétueux sous le ciel de l'autre.

J. J. ROUSSEAU,

CITOYEN DE GENÈVE,

A CHRISTOPHE DE BEAUMONT,

ARCHEVÊQUE DE PARIS, DUC DE ST.-CLOUD, PAIR DE FRANCE, COMMANDEUR
DE L'ORDRE DU ST.-ESPRIT, PROVISEUR DE SORBONNE, etc.

> Da veniam si quid liberiùs dixi, non ad contumeliam tuam, sed ad defensionem meam. Præsumsi enim de gravitate et prudentiâ tuâ, quia potes considerare quantam mihi respondendi necessitatem imposueris.
>
> Aug., epist. 238 ad Pascent.

MANDEMENT

DE MONSEIGNEUR

L'ARCHEVÊQUE DE PARIS,

PORTANT CONDAMNATION D'UN LIVRE QUI A POUR TITRE :

ÉMILE, OU DE L'ÉDUCATION,

PAR J. J. ROUSSEAU, CITOYEN DE GENÈVE.

CHRISTOPHE DE BEAUMONT, par la miséricorde divine et par la grâce du saint siége apostolique, archevêque de Paris, duc de Saint-Cloud, pair de France, commandeur de l'ordre du Saint-Esprit, proviseur de Sorbonne, etc.; à tous les fidèles de notre diocèse : salut et bénédiction :

I. Saint Paul a prédit, M. T. C. F., qu'il viendroit « des « jours périlleux où il y auroit des gens amateurs d'eux- « mêmes, fiers, superbes, blasphémateurs, impies, ca- « lomniateurs, enflés d'orgueil, amateurs des voluptés « plutôt que de Dieu, des hommes d'un esprit corrompu, « et pervertis dans la foi [1]. » Et dans quels temps malheureux cette prédiction s'est-elle accomplie plus à la lettre que dans les nôtres ! L'incrédulité, enhardie par

---

[1] « In novissimis diebus instabunt tempora periculosa; erunt « homines seipsos amantes.... elati, superbi, blasphemi... sce- « lesti.... criminatores.... tumidi, et voluptatum amatores magis « quàm Dei... homines corrupti mente et reprobi circa fidem. » II. Tim., c. III, vers. 1, 4, 8.

toutes les passions, se présente sous toutes les formes, afin de se proportionner en quelque sorte à tous les âges, à tous les caractères, à tous les états. Tantôt pour s'insinuer dans des esprits qu'elle trouve déjà *ensorcelés par la bagatelle* [1], elle emprunte un style léger, agréable et frivole : de là tant de romans, également obscènes et impies, dont le but est d'amuser l'imagination pour séduire l'esprit et corrompre le cœur. Tantôt, affectant un air de profondeur et de sublimité dans ses vues, elle feint de remonter aux premiers principes de nos connoissances, et prétend s'en autoriser pour secouer un joug qui, selon elle, déshonore l'humanité, la Divinité même. Tantôt elle déclame en furieuse contre le zèle de la religion, et prêche la tolérance universelle avec emportement. Tantôt, enfin, réunissant tous ces divers langages, elle mêle le sérieux à l'enjouement, des maximes pures à des obscénités, de grandes vérités à de grandes erreurs, la foi au blasphème ; elle entreprend en un mot d'accorder les lumières avec les ténèbres, Jésus-Christ avec Bélial. Et tel est spécialement, M. T. C. F., l'objet qu'on paroît s'être proposé dans un ouvrage récent, qui a pour titre ; Émile ou de l'éducation. Du sein de l'erreur il s'est élevé un homme plein du langage de la philosophie, sans être véritablement philosophe ; esprit doué d'une multitude de connoissances qui ne l'ont pas éclairé, et qui ont répandu des ténèbres dans les autres esprits ; caractère livré aux paradoxes d'opinions et de conduite, alliant la simplicité des mœurs avec le faste des pensées, le zèle des maximes antiques avec la fureur d'établir des nouveautés, l'obscurité de la retraite avec le désir d'être connu de tout le monde : on l'a vu invectiver contre les sciences qu'il cultivoit, préconiser l'excellence de l'É-

---

[1] « Fascinatio nugacitatis obscurat bona. » Sap., cap. IV, v. 12.

vangile dont il détruisoit les dogmes, peindre la beauté des vertus qu'il éteignoit dans l'ame de ses lecteurs. Il s'est fait le précepteur du genre humain pour le tromper, le moniteur public pour égarer tout le monde, l'oracle du siècle pour achever de le perdre. Dans un ouvrage sur l'Inégalité des conditions il avoit abaissé l'homme jusqu'au rang des bêtes; dans une autre production plus récente il avoit insinué le poison de la volupté en paroissant le proscrire : dans celui-ci, il s'empare des premiers moments de l'homme afin d'établir l'empire de l'irréligion.

II. Quelle entreprise, M. T. C. F.! L'éducation de la jeunesse est un des objets les plus importants de la sollicitude et du zèle des pasteurs. Nous savons que, pour réformer le monde, autant que le permettent la foiblesse et la corruption de notre nature, il suffiroit d'observer, sous la direction et l'impression de la grâce, les premiers rayons de la raison humaine, de les saisir avec soin et de les diriger vers la route qui conduit à la vérité. Par-là ces esprits, encore exempts de préjugés, seroient pour toujours en garde contre l'erreur; ces cœurs, encore exempts de grandes passions, prendroient les impressions de toutes les vertus. Mais à qui convient-il mieux qu'à nous et à nos coopérateurs dans le saint ministère de veiller ainsi sur les premiers moments de la jeunesse chrétienne; de lui distribuer le lait spirituel de la religion, *afin qu'elle croisse pour le salut* [1]; de préparer de bonne heure par de salutaires leçons des adorateurs sincères au vrai Dieu; des sujets fidèles au souverain, des hommes dignes d'être la ressource et l'ornement de la patrie?

III. Or, M. T. C. F., l'auteur d'*Émile* propose un plan

[1] « Sicut modo geniti infantes, rationabile sine dolo lac concu- « piscite, ut in eo crescatis in salutem. » I. Pet., cap. II.

d'éducation qui, loin de s'accorder avec le christianisme, n'est pas même propre à former des citoyens ni des hommes. Sous le vain prétexte de rendre l'homme à lui-même et de faire de son élève l'élève de la nature, il met en principe une assertion démentie, non seulement par la religion, mais encore par l'expérience de tous les peuples et de tous les temps. « Posons, dit-il, pour maxime in-
« contestable, que les premiers mouvements de la na-
« ture sont toujours droits; il n'y a point de perversité
« originelle dans le cœur humain. » A ce langage on ne reconnoît point la doctrine des saintes Écritures et de l'Église touchant la révolution qui s'est faite dans notre nature; on perd de vue le rayon de lumière qui nous fait connoître le mystère de notre propre cœur. Oui, M. T. C. F., il se trouve en nous un mélange frappant de grandeur et de bassesse, d'ardeur pour la vérité et de goût pour l'erreur, d'inclination pour la vertu et de penchant pour le vice. Étonnant contraste, qui, en déconcertant la philosophie païenne, la laisse errer dans de vaines spéculations! contraste dont la révélation nous découvre la source dans la chute déplorable de notre premier père! L'homme se sent entraîné par une pente funeste; et comment se roidiroit-il contre elle, si son enfance n'étoit dirigée par des maîtres pleins de vertu, de sagesse, de vigilance, et si, durant tout le cours de sa vie, il ne faisoit lui-même, sous la protection et avec les grâces de son Dieu, des efforts puissants et continuels? Hélas! M. T. C. F., malgré les principes de l'éducation la plus saine et la plus vertueuse, malgré les promesses les plus magnifiques de la religion et les menaces les plus terribles, les écarts de la jeunesse ne sont encore que trop fréquents, trop multipliés! dans quelles erreurs, dans quels excès, abandonnée à elle-même, ne se précipiteroit-elle donc pas? C'est un torrent qui se déborde malgré les digues

puissantes qu'on lui avoit opposées : que seroit-ce donc si nul obstacle ne suspendoit ses flots, et ne rompoit ses efforts ?

IV. L'auteur d'*Émile*, qui ne reconnoît aucune religion, indique néanmoins, sans y penser, la voie qui conduit infailliblement à la vraie religion : « Nous, dit-il, « qui ne voulons rien donner à l'autorité, nous qui ne « voulons rien enseigner à notre *Émile* qu'il ne pût com- « prendre de lui-même par tout pays, dans quelle reli- « gion l'élèverons-nous ? à quelle secte agrégerons-nous « l'élève de la nature? Nous ne l'agrégerons ni à celle-ci « ni à celle-là ; nous le mettrons en état de choisir celle « où le meilleur usage de la raison doit le conduire. » Plût à Dieu, M. T. C. F., que cet objet eût été bien rempli ! Si l'auteur eût réellement « mis son élève en état de « choisir, entre toutes les religions, celle où le meilleur « usage de la raison doit conduire, » il l'eût immanquablement préparé aux leçons du christianisme. Car, M. T. C. F., la lumière naturelle conduit à la lumière évangélique ; et le culte chrétien est essentiellement « un « culte raisonnable [1]. » En effet, si « le meilleur usage de « notre raison » ne devoit pas nous conduire à la révélation chrétienne, notre foi seroit vaine, nos espérances seroient chimériques. Mais comment « ce meilleur usage « de la raison » nous conduit-il au bien inestimable de la foi, et de là au terme précieux du salut? c'est à la raison elle-même que nous en appelons. Dès qu'on reconnoît un Dieu, il ne s'agit plus que de savoir s'il a daigné parler aux hommes autrement que par les impressions de la nature. Il faut donc examiner si les faits qui constatent la révélation ne sont pas supérieurs à tous les efforts de la chicane la plus artificieuse. Cent fois l'incrédulité a

---

[1] « Rationabile obsequium vestrum. » Rom., cap. XII, v. 1.

tâché de détruire ces faits, ou au moins d'en affoiblir les preuves, et cent fois sa critique a été convaincue d'impuissance. Dieu, par la révélation, s'est rendu témoignage à lui-même, et ce témoignage est évidemment « très-digne de foi [1]. » Que reste-t-il donc à l'homme qui fait « le meilleur usage de sa raison, » sinon d'acquiescer à ce témoignage ? C'est votre grâce, ô mon Dieu ! qui consomme cette œuvre de lumière ; c'est elle qui détermine la volonté, qui forme l'ame chrétienne : mais le développement des preuves et la force des motifs ont préalablement occupé, épuré la raison ; et c'est dans ce travail, aussi noble qu'indispensable, que consiste « ce « meilleur usage de la raison, » dont l'auteur d'*Émile* entreprend de parler sans en avoir une notion fixe et véritable.

V. Pour trouver la jeunesse plus docile aux leçons qu'il lui prépare, cet auteur veut qu'elle soit dénuée de tout principe de religion. Et voilà pourquoi, selon lui, « connoître le bien et le mal, sentir la raison des devoirs « de l'homme, n'est pas l'affaire d'un enfant... J'aimerois « autant, ajoute-t-il, exiger qu'un enfant eût cinq pieds « de haut que du jugement à dix ans. »

VI. Sans doute, M. T. C. F., que le jugement humain a ses progrès et ne se forme que par degrés : mais s'ensuit-il donc qu'à l'âge de dix ans un enfant ne connoisse point la différence du bien et du mal, qu'il confonde la sagesse avec la folie, la bonté avec la barbarie, la vertu avec le vice ? Quoi ! à cet âge il ne sentira pas qu'obéir à son père est un bien, que lui désobéir est un mal ! Le prétendre, M. T. C. F., c'est calomnier la nature humaine en lui attribuant une stupidité qu'elle n'a point.

VII. « Tout enfant qui croit en Dieu, *dit encore cet*

---

[1] « Testimonia tua credibilia facta sunt nimis. » Psal. 92, v. 5.

« *auteur*, est idolâtre ou anthropomorphite. » Mais, s'il est idolâtre, il croit donc plusieurs dieux ; il attribue donc la nature divine à des simulacres insensibles. S'il n'est qu'anthropomorphite, en reconnoissant le vrai Dieu il lui donne un corps. Or on ne peut supposer ni l'un ni l'autre dans un enfant qui a reçu une éducation chrétienne. Que si l'éducation a été vicieuse à cet égard, il est souverainement injuste d'imputer à la religion ce qui n'est que la faute de ceux qui l'enseignent mal. Au surplus, l'âge de dix ans n'est point l'âge d'un philosophe : un enfant, quoique bien instruit, peut s'expliquer mal ; mais en lui inculquant que la Divinité n'est rien de ce qui tombe ou de ce qui peut tomber sous les sens, que c'est une intelligence infinie, qui, douée d'une puissance suprême, exécute tout ce qui lui plaît, on lui donne de Dieu une notion assortie à la portée de son jugement. Il n'est pas douteux qu'un athée, par ses sophismes, viendra facilement à bout de troubler les idées de ce jeune croyant ; mais toute l'adresse du sophiste ne fera certainement pas que cet enfant, lorsqu'il croit en Dieu, soit *idolâtre* ou *anthropomorphite*, c'est-à-dire qu'il ne croie qu'à l'existence d'une chimère.

VIII. L'auteur va plus loin, M. T. C. F.; il « n'accorde « pas même à un jeune homme de quinze ans la capacité « de croire en Dieu. » L'homme ne saura donc pas même à cet âge s'il y a un Dieu ou s'il n'y en a point ; toute la nature aura beau annoncer la gloire de son Créateur, il n'entendra rien à son langage ! il existera sans savoir à quoi il doit son existence ! et ce sera la saine raison elle-même qui le plongera dans ces ténèbres ! C'est ainsi, M. T. C. F., que l'aveugle impiété voudroit pouvoir obscurcir de ses noires vapeurs le flambeau que la religion présente à tous les âges de la vie humaine. Saint Augustin raisonnoit bien sur d'autres principes, quand il disoit, en

parlant des premières années de sa jeunesse : « Je tombai
« dès ce temps-là, Seigneur, entre les mains de quelques
« uns de ceux qui ont soin de vous invoquer ; et je com-
« pris, par ce qu'ils me disoient de vous et selon les idées
« que j'étois capable de m'en former à cet âge-là, que
« vous étiez quelque chose de grand, et qu'encore que
« vous fussiez invisible et hors de la portée de nos sens,
« vous pouviez nous exaucer et nous secourir. Aussi com-
« mençai-je, dès mon enfance, à vous prier et vous re-
« garder comme mon recours et mon appui, et, à mesure
« que ma langue se dénouoit, j'employois ses premiers
« mouvements à vous invoquer [1]. »

IX. Continuons, M. T. C. F., de relever les paradoxes étranges de l'auteur d'*Émile*. Après avoir réduit les jeunes gens à une ignorance si profonde par rapport aux attributs et aux droits de la Divinité, leur accordera-t-il du moins l'avantage de se connoître eux-mêmes? Sauront-ils si leur ame est une substance absolument distinguée de la matière? ou se regarderont-ils comme des êtres purement matériels et soumis aux seules lois du mécanisme? L'auteur d'*Émile* doute qu'à dix-huit ans il soit encore temps que son élève apprenne s'il a une ame : il pense que, « s'il l'apprend plus tôt, il court risque de
« ne le savoir jamais. » Ne veut-il pas du moins que la jeunesse soit susceptible de la connoissance de ses devoirs? Non : à l'en croire, « il n'y a que des objets physiques
« qui puissent intéresser les enfants, surtout ceux dont
« on n'a pas éveillé la vanité, et qu'on n'a pas corrompus
« d'avance par le poison de l'opinion. » Il veut en conséquence que tous les soins de la première éducation soient appliqués à ce qu'il y a dans l'homme de matériel et de terrestre : « Exercez, dit-il, son corps, ses organes, ses

---

[1] Confes., lib. I, cap. IX.

« sens, ses forces ; mais tenez son ame oisive autant qu'il
« se pourra. » C'est que cette oisiveté lui a paru nécessaire pour disposer l'ame aux erreurs qu'il se proposait
de lui inculquer. Mais ne vouloir enseigner la sagesse à
l'homme que dans le temps où il sera dominé par la
fougue des passions naissantes, n'est-ce pas la lui présenter dans le dessein qu'il la rejette?

X. Qu'une semblable éducation, M. T. C. F., est opposée à celle que prescrivent de concert la vraie religion
et la saine raison! Toutes deux veulent qu'un maître sage
et vigilant épie en quelque sorte dans son élève les premières lueurs de l'intelligence pour l'occuper des attraits
de la vérité, les premiers mouvements du cœur pour le
fixer par les charmes de la vertu. Combien en effet n'est-il pas plus avantageux de prévenir les obstacles que
d'avoir à les surmonter? Combien n'est-il pas à craindre
que si les impressions du vice précèdent les leçons de la
vertu, l'homme parvenu à un certain âge ne manque de
courage ou de volonté pour résister au vice? Une heureuse expérience ne prouve-t-elle pas tous les jours
qu'après les dérèglements d'une jeunesse imprudente et
emportée on revient enfin aux bons principes qu'on a
reçus dans l'enfance?

XI. Au reste, M. T. C. F., ne soyons point surpris que
l'auteur d'*Émile* remette à un temps si reculé la connoissance de l'existence de Dieu; il ne la croit pas nécessaire
au salut. « Il est clair, dit-il par l'organe d'un personnage
« chimérique, il est clair que tel homme, parvenu jus-
« qu'à la vieillesse sans croire en Dieu, ne sera pas pour
« cela privé de sa présence dans l'autre si son aveugle-
« ment n'a point été volontaire, et je dis qu'il ne l'est pas
« toujours. » Remarquez, M. T. C. F., qu'il ne s'agit
point ici d'un homme qui seroit dépourvu de l'usage de
sa raison, mais uniquement de celui dont la raison ne

2.

seroit point aidée de l'instruction. Or une telle prétention est souverainement absurde, surtout dans le système d'un écrivain qui soutient que la raison est absolument saine. Saint Paul assure qu'entre les philosophes païens plusieurs sont parvenus, par les seules forces de la raison, à la connoissance du vrai Dieu. « Ce qui peut-être connu de
« Dieu, dit cet apôtre, leur a été manifesté; Dieu le leur
« ayant fait connoître, la considération des choses qui ont
« été faites dès la création du monde leur ayant rendu
« visible ce qui est invisible en Dieu, sa puissance même
« éternelle et sa divinité; en sorte qu'ils sont sans excuse,
« puisque, ayant connu Dieu, ils ne l'ont point glorifié
« comme Dieu et ne lui ont point rendu grâces : mais ils
« se sont perdus dans la vanité de leur raisonnement, et
« leur esprit insensé a été obscurci ; en se disant sages,
« ils sont devenus fous [1]. »

XII. Or, si tel a été le crime de ces hommes, lesquels, bien qu'assujettis par les préjugés de leur éducation au culte des idoles, n'ont pas laissé d'atteindre à la connoissance de Dieu, comment ceux qui n'ont point de pareils obstacles à vaincre seroient-ils innocents et justes au point de mériter de jouir de la présence de Dieu dans l'autre vie? Comment seroient-ils excusables (avec une raison saine telle que l'auteur le suppose) d'avoir joui durant cette vie du grand spectacle de la nature, et d'avoir cependant méconnu celui qui l'a créé, qui la conserve et la gouverne?

[1] « Quod notum est Dei manifestum est in illis : Deus enim illis
« manifestavit. Invisibilia enim ipsius, à creaturâ mundi, per ea
« quæ facta sunt, intellecta conspiciuntur, sempiterna quoque
« ejus virtus et divinitas, ita ut sint inexcusabiles, quia, cùm
« cognovissent Deum non sicut Deum glorificaverunt, aut gratias
« egerunt, sed evanuerunt in cogitationibus suis, et obscuratum est
« insipiens cor eorum; dicentes enim se esse sapientes, stulti facti
« sunt. » Rom., cap. 1, vers. 19, 22.

XIII. Le même écrivain, M. T. C. F., embrasse ouvertement le scepticisme par rapport à la création et à l'unité de Dieu. « Je sais, fait-il dire encore au person-
« nage supposé qui lui sert d'organe, je sais que le monde
« est gouverné par une volonté puissante et sage ; je le
« vois, ou plutôt je le sens, et cela m'importe à savoir.
« Mais ce même monde est-il éternel ou créé ? y a-t-il un
« principe unique des choses ? y en a-t-il deux ou plu-
« sieurs, et quelle est leur nature ? Je n'en sais rien ; et
« que m'importe ?... Je renonce à des questions oiseuses,
« qui peuvent inquiéter mon amour-propre, mais qui
« sont inutiles à ma conduite et supérieures à ma rai-
« son. » Que veut donc dire cet auteur téméraire ? Il croit que le monde est gouverné par une volonté puissante et sage ; il avoue que cela lui importe à savoir, et cependant « il ne sait, dit-il, s'il n'y a qu'un seul principe des « choses » ou s'il y en a plusieurs, et il prétend qu'il lui importe peu de le savoir. S'il y a une volonté puissante et sage qui gouverne le monde, est-il concevable qu'elle ne soit pas l'unique principe des choses ? et peut-il être plus important de savoir l'un que l'autre ? Quel langage contradictoire ! il ne sait « quelle est la nature de Dieu, » et bientôt après il reconnoît que cet Être suprême est doué d'intelligence, de puissance, de volonté, et de bonté. N'est-ce donc pas là avoir une idée de la nature divine ? L'unité de Dieu lui paroît une question oiseuse et supérieure à sa raison ; comme si la multiplicité des dieux n'étoit pas la plus grande de toutes les absurdités ? « La
« pluralité des dieux, dit énergiquement Tertullien, est
« une nullité de Dieu [1] ; » admettre un Dieu, c'est ad-

---

[1] « Deus cùm summum magnum sit, rectè veritas nostra pronunciavit : Deus si non unus est, non est. » Tertul. adv. Marcionem, lib. I.

mettre un Être suprême et indépendant auquel tous les autres êtres soient subordonnés. Il implique donc qu'il y ait plusieurs dieux.

XIV. Il n'est pas étonnant, M. T. C. F., qu'un homme qui donne dans de pareils écarts touchant la Divinité s'élève contre la religion qu'elle nous a révélée. A l'entendre, toutes les révélations en général « ne font que dé-
« grader Dieu en lui donnant des passions humaines. Loin
« d'éclaircir les notions du grand Être, poursuit-il, je
« vois que les dogmes particuliers les embrouillent; que,
« loin de les ennoblir, ils les avilissent; qu'aux mystères
« inconcevables qui les environnent ils ajoutent des con-
« tradictions absurdes. » C'est bien plutôt à cet auteur, M. T. C. F., qu'on peut reprocher l'inconséquence et l'absurdité. C'est bien lui qui dégrade Dieu, qui embrouille et qui avilit les notions du grand Être : puisqu'il attaque directement son essence en révoquant en doute son unité.

XV. Il a senti que la vérité de la révélation chrétienne étoit prouvée par des faits; mais les miracles formant une des principales preuves de cette révélation, et ces miracles nous ayant été transmis par la voie des témoignages; il s'écrie : « Quoi! toujours des témoignages hu-
« mains! toujours des hommes qui me rapportent ce que
« d'autres hommes ont rapporté! Que d'hommes entre
« Dieu et moi! » Pour que cette plainte fût sensée, M. T. C. F., il faudroit pouvoir conclure que la révélation est fausse dès qu'elle n'a point été faite à chaque homme en particulier; il faudroit pouvoir dire : Dieu ne peut exiger de moi que je croie ce qu'on m'assure qu'il a dit, dès que ce n'est pas directement à moi qu'il a adressé sa parole. Mais n'est-il donc pas une infinité de faits, même antérieurs à celui de la révélation chrétienne, dont il seroit absurde de douter? Par quelle autre voie que par celle des témoignages humains l'auteur lui-même a-t-il

connu cette Sparte, cette Athènes, cette Rome dont il vante si souvent et avec tant d'assurance les lois, les mœurs et les héros? Que d'hommes entre lui et les événements qui concernent les origines et la fortune de ces anciennes républiques! Que d'hommes entre lui et les historiens qui ont conservé la mémoire de ces événements! Son scepticisme n'est donc ici fondé que sur l'intérêt de son incrédulité.

XVI. « Qu'un homme, ajoute-t-il plus loin, vienne nous
« tenir ce langage: Mortels, je vous annonce les volontés
« du Très-Haut; reconnoissez à ma voix celui qui m'en-
« voie. J'ordonne au soleil de changer sa course, aux
« étoiles de former un autre arrangement, aux mon-
« tagnes de s'aplanir, aux flots de s'élever, à la terre de
« prendre un autre aspect : à ces merveilles qui ne re-
« connoîtra pas à l'instant le maître de la nature? » Qui ne croiroit, M. T. C. F., que celui qui s'exprime de la sorte ne demande qu'à voir des miracles pour être chrétien? Écoutez toutefois ce qu'il ajoute : « Reste enfin,
« dit-il, l'examen le plus important dans la doctrine an-
« noncée.... Après avoir prouvé la doctrine par le mi-
« racle, il faut prouver le miracle par la doctrine.... Or
« que faire en pareil cas? Une seule chose : revenir au
« raisonnement, et laisser là les miracles. Mieux eût-il
« valu n'y pas recourir. » C'est dire : Qu'on me montre des miracles, et je croirai; qu'on me montre des miracles, et je refuserai encore de croire. Quelle inconséquence! quelle absurdité! Mais apprenez donc une bonne fois, M. T. C. F., que dans la question des miracles on ne se permet point le sophisme reproché par l'auteur du livre de l'Éducation. Quand une doctrine est reconnue vraie, divine, fondée sur une révélation certaine, on s'en sert pour juger des miracles, c'est-à-dire pour rejeter les prétendus prodiges que des imposteurs voudroient

opposer à cette doctrine. Quand il s'agit d'une doctrine nouvelle qu'on annonce comme émanée du sein de Dieu, les miracles sont produits en preuves; c'est-à-dire que celui qui prend la qualité d'envoyé du Très-Haut confirme sa mission, sa prédication, par des miracles qui sont le témoignage même de la Divinité. Ainsi la doctrine et les miracles sont des arguments respectifs dont on fait usage selon les divers points de vue où l'on se place dans l'étude et dans l'enseignement de la religion. Il ne se trouve là ni abus du raisonnement, ni sophisme ridicule, ni cercle vicieux. C'est ce qu'on a démontré cent fois; et il est probable que l'auteur d'*Émile* n'ignore point ces démonstrations : mais, dans le plan qu'il s'est fait d'envelopper de nuages toute religion révélée, toute opération surnaturelle, il nous impute malignement des procédés qui déshonorent la raison; il nous représente comme des enthousiastes, qu'un faux zèle aveugle au point de prouver deux principes l'un par l'autre sans diversité d'objet ni de méthode. Où est donc, M. T. C. F., la bonne foi philosophique dont se pare cet écrivain ?

XVII. On croiroit qu'après les plus grands efforts pour décréditer les témoignages humains qui attestent la révélation chrétienne, le même auteur y défère cependant de la manière la plus positive, la plus solennelle. Il faut, pour vous en convaincre, M. T. C. F., et en même temps pour vous édifier, mettre sous vos yeux cet endroit de son ouvrage : « J'avoue que la majesté de l'Écriture « m'étonne; la sainteté de l'Écriture parle à mon cœur. « Voyez les livres des philosophes : avec toute leur « pompe, qu'ils sont petits auprès de celui-là! Se peut-il « qu'un livre à la fois si sublime et si simple soit l'ou- « vrage des hommes? se peut-il que celui dont il fait « l'histoire ne soit qu'un homme lui-même? Est-ce là le « ton d'un enthousiaste, ou d'un ambitieux sectaire?

« Quelle douceur! quelle pureté dans ses mœurs! quelle
« grâce touchante dans ses instructions! quelle élévation
« dans ses maximes! quelle profonde sagesse dans ses
« discours! quelle présence d'esprit, quelle finesse et
« quelle justesse dans ses réponses! quel empire sur ses
« passions! Où est l'homme, où est le sage qui sait agir,
« souffrir et mourir sans foiblesse et sans ostentation?...
« Oui, si la vie et la mort de Socrate sont d'un sage, la
« vie et la mort de Jésus sont d'un Dieu. Dirons-nous
« que l'histoire de l'Évangile est inventée à plaisir?... Ce
« n'est pas ainsi qu'on invente; et les faits de Socrate,
« dont personne ne doute, sont moins attestés que ceux
« de Jésus-Christ. Il seroit plus inconcevable que plu-
« sieurs hommes d'accord eussent fabriqué ce livre qu'il
« ne l'est qu'un seul en ait fourni le sujet. Jamais les au-
« teurs juifs n'eussent trouvé ce ton ni cette morale; et
« l'Évangile a des caractères de vérité si grands, si frap-
« pants, si parfaitement inimitables, que l'inventeur en
« seroit plus étonnant que le héros. » Il seroit difficile,
M. T. C. F., de rendre un plus bel hommage à l'authenticité de l'Évangile. Cependant l'auteur ne la reconnoît
qu'en conséquence des témoignages humains. Ce sont
toujours des hommes qui lui rapportent ce que d'autres
hommes ont rapporté. Que d'hommes entre Dieu et lui!
Le voilà donc bien évidemment en contradiction avec
lui-même; le voilà confondu par ses propres aveux.
Par quel étrange aveuglement a-t-il donc pu ajouter:
« Avec tout cela ce même Évangile est plein de choses
« incroyables, de choses qui répugnent à la raison, et
« qu'il est impossible à tout homme sensé de concevoir
« ni d'admettre. Que faire au milieu de toutes ses contra-
« dictions? Être toujours modeste et circonspect......
« Respecter en silence ce qu'on ne sauroit ni rejeter ni
« comprendre, et s'humilier devant le grand Être qui

« seul sait la vérité. Voilà le scepticisme involontaire où
« je suis resté. » Mais le scepticisme, M. T. C. F., peut-
il donc être involontaire, lorsqu'on refuse de se soumettre à la doctrine d'un livre qui ne sauroit être inventé
par les hommes, lorsque ce livre porte des caractères de
vérité si grands, si frappants, si parfaitement inimitables, que l'inventeur en seroit plus étonnant que le
héros! C'est bien ici qu'on peut dire que « l'iniquité a
« menti contre elle-même ¹. »

XVIII. Il semble, M. T. C. F., que cet auteur n'a rejeté la révélation que pour s'en tenir à la religion naturelle : « Ce que Dieu veut que l'homme fasse, dit-il, il
« ne le lui fait pas dire par un autre homme, il le lui dit à
« lui-même, il l'écrit au fond de son cœur. » Quoi donc!
Dieu n'a-t-il pas écrit au fond de nos cœurs l'obligation
de se soumettre à lui dès que nous sommes sûrs que c'est
lui qui a parlé? Or, quelle certitude n'avons-nous pas de
sa divine parole! Les faits de Socrate, dont personne ne
doute, sont, de l'aveu même de l'auteur d'*Émile*,
moins attestés que ceux de Jésus-Christ. La religion naturelle conduit donc elle-même à la religion révélée. Mais
est-il bien certain qu'il admette même la religion naturelle, ou que du moins il en reconnoisse la nécessité?
Non, M. T. C. F. « Si je me trompe, dit-il, c'est de
« bonne foi. Cela me suffit pour que mon erreur même
« ne me soit pas imputée à crime. Quand vous vous trom-
« periez de même, il y auroit peu de mal à cela. » C'est-
à-dire, selon lui, il suffit de se persuader qu'on est en
possession de la vérité; que cette persuasion, fût-elle
accompagnée des plus monstrueuses erreurs, ne peut jamais être un sujet de reproche; qu'on doit toujours regarder comme un homme sage et religieux celui qui,

---

¹ « Mentita est iniquitas sibi. » Psal. 26, v. 12.

adoptant les erreurs même de l'athéisme, dira qu'il est de bonne foi. Or, n'est-ce pas là ouvrir la porte à toutes les superstitions, à tous les systèmes fanatiques, à tous les délires de l'esprit humain ? N'est-ce pas permettre qu'il y ait dans le monde autant de religions, de cultes divins, qu'on y compte d'habitants ? Ah ! M. T. C. F., ne prenez point le change sur ce point. La bonne foi n'est estimable que quand elle est éclairée et docile. Il nous est ordonné d'étudier notre religion et de croire avec simplicité. Nous avons pour garant des promesses l'autorité de l'Église. Apprenons à la bien connoître et jetons-nous ensuite dans son sein. Alors nous pourrons compter sur notre bonne foi, vivre dans la paix, et attendre sans trouble le moment de la lumière éternelle.

XIX. Quelle insigne mauvaise foi n'éclate pas encore dans la manière dont l'incrédule que nous réfutons fait raisonner le chrétien et le catholique ! Quels discours pleins d'inepties ne prête-t-il pas à l'un et à l'autre pour les rendre méprisables ! Il imagine un dialogue entre un chrétien, qu'il traite d'*inspiré*, et l'incrédule, qu'il qualifie de *raisonneur*, et voici comme il fait parler le premier : « La raison vous apprend que le tout est plus grand « que sa partie : mais moi, je vous apprends de la part « de Dieu que c'est la partie qui est plus grande que le « tout. » A quoi l'incrédule répond : « Et qui êtes-vous « pour m'oser dire que Dieu se contredit ? et à qui croi- « rai-je par préférence, de lui qui m'apprend par la raison « des vérités éternelles, ou de vous qui m'annoncez de « sa part une absurdité ? »

XX. Mais de quel front, M. T. C. F., ose-t-on prêter au chrétien un pareil langage ? Le Dieu de la raison, disons-nous, est aussi le Dieu de la révélation. La raison et la révélation sont les deux organes par lesquels il lui a plu de se faire entendre aux hommes, soit pour les instruire de la vérité, soit pour leur intimer ses ordres. Si l'un de ces deux organes étoit opposé à l'autre, il est constant que Dieu seroit en contradiction avec lui-même. Mais Dieu se contredit-il parce qu'il commande de croire des vérités incompréhensibles? Vous dites, ô impies! que les dogmes que nous regardons comme révélés combattent les vérités éternelles : mais il ne suffit pas de le dire. S'il vous étoit possible de le prouver, il y a long-temps que vous l'auriez fait, et que vous auriez poussé des cris de victoire.

XXI. La mauvaise foi de l'auteur d'*Émile* n'est pas moins révoltante dans le langage qu'il fait tenir à un catholique prétendu : « Nos catholiques, lui fait-il dire, « font grand bruit de l'autorité de l'Église; mais que ga-« gnent-ils à cela, s'il leur faut un aussi grand appareil de « preuves pour établir cette autorité qu'aux autres pour « établir directement leur doctrine? L'Église décide que « l'Église a droit de décider : ne voilà-t-il pas une autorité « bien prouvée? » Qui ne croiroit, M. T. C. F., à entendre cet imposteur, que l'autorité de l'Église n'est prouvée que par ses propres décisions, et qu'elle procède ainsi : « Je décide que je suis infaillible, donc je le suis? » imputation calomnieuse, M. T. C. F. La constitution du christianisme, l'esprit de l'Évangile, les erreurs même et la foiblesse de l'esprit humain tendent à démontrer que l'Église établie par Jésus-Christ est une Église infaillible. Nous assurons que, comme ce divin législateur a toujours enseigné la vérité, son Église l'enseigne aussi toujours. Nous prouvons donc l'autorité de l'Église, non par l'autorité de l'Église, mais par celle de Jésus-Christ, procédé non moins exact que celui qu'on nous reproche est ridicule et insensé.

XXII. Ce n'est pas d'aujourd'hui, M. T. C. F., que l'esprit d'irréligion est un esprit d'indépendance et de

révolte. Et comment en effet ces hommes audacieux, qui refusent de se soumettre à l'autorité de Dieu même, respecteroient-ils celle des rois, qui sont les images de Dieu, ou celle des magistrats, qui sont les images des rois? « Songe, dit l'auteur d'*Émile* à son élève, qu'elle
« (l'espèce humaine) est composée essentiellement de
« la collection des peuples ; que quand tous les rois.....
« en seroient ôtés, il n'y paroîtroit guère, et que les
« choses n'en iroient pas plus mal.... Toujours, dit-il
« plus loin, la multitude sera sacrifiée au petit nombre
« et l'intérêt public à l'intérêt particulier : toujours ces
« noms spécieux de justice et de subordination serviront
« d'instrument à la violence et d'armes à l'iniquité. D'où
« il suit, continue-t-il, que les ordres distingués, qui se
« prétendent utiles aux autres, ne sont en effet utiles qu'à
« eux-mêmes aux dépens des autres. Par où l'on doit ju-
« ger de la considération qui leur est due selon la justice
« et la raison. » Ainsi donc, M. T. C. F., l'impiété ose critiquer les intentions de celui « par qui règnent les
« rois [1]; » ainsi elle se plaît à empoisonner les sources de la félicité publique, en soufflant des maximes qui ne tendent qu'à produire l'anarchie et tous les malheurs qui en sont la suite. Mais que vous dit la religion? « Craignez
« Dieu, respectez le roi....[2]. « Que tout homme soit sou-
« mis aux puissances supérieures : car il n'y a point de
« puissance qui ne vienne de Dieu ; et c'est lui qui a éta-
« bli toutes celles qui sont dans le monde. Quiconque ré-
« siste donc aux puissances résiste à l'ordre de Dieu, et
« ceux qui y résistent attirent la condamnation sur eux-
« mêmes [3]. »

---

[1] « Per me reges regnant. » Prov., c. viii, v. 15.

[2] « Deum timete : regem honorificate. » I. Pet., cap. ii, v. 17.

[3] « Omnis anima potestatibus sublimioribus subdita sit : non

XXIII. Oui, M. T. C. F., dans tout ce qui est de l'ordre civil, vous devez obéir au prince et à ceux qui exercent son autorité comme à Dieu même. Les seuls intérêts de l'Être suprême peuvent mettre des bornes à votre soumission, et si on vouloit vous punir de votre fidélité à ses ordres, vous devriez encore souffrir avec patience et sans murmure. Les Néron, les Domitien eux-mêmes, qui aimèrent mieux être les fléaux de la terre que les pères de leurs peuples, n'étoient comptables qu'à Dieu de l'abus de leur puissance. « Les chrétiens, dit saint « Augustin, leur obéissoient dans le temps à cause du « Dieu de l'éternité [1]. »

XXIV. Nous ne vous avons exposé, M. T. C. F., qu'une partie des impiétés contenues dans ce traité de l'*Éducation*, ouvrage également digne des anathèmes de l'Église et de la sévérité des lois. Et que faut-il de plus pour vous en inspirer une juste horreur? Malheur à vous, malheur à la société, si vos enfants étoient élevés d'après les principes de l'auteur d'*Émile!* Comme il n'y a que la religion qui nous ait appris à connoître l'homme, sa grandeur, sa misère, sa destinée future, il n'appartient aussi qu'à elle seule de former sa raison, de perfectionner ses mœurs, de lui procurer un bonheur solide dans cette vie et dans l'autre. Nous savons, M. T. C. F., combien une éducation vraiment chrétienne est délicate et laborieuse : que de lumière et de prudence n'exige-t-elle pas ! quel admirable mélange de douceur et de fermeté ! quelle sagacité pour se proportionner à la différence des conditions, des

---

« est enim potestas nisi à Deo : quæ autem sunt, à Deo ordinatæ
« sunt. Itaque, qui resistit potestati, Dei ordinationi resistit. Qui
« autem resistunt, ipsi sibi damnationem acquirunt. » Rom.,
« c. XIII, v. 1, 2.

[1] « Subditi erant propter Dominum æternum, etiam domino
« temporali. » Aug., Enarrat. in psal. 124.

tempéraments et des caractères, sans s'écarter jamais en rien des règles du devoir! quel zèle et quelle patience pour faire fructifier dans de jeunes cœurs le germe précieux de l'innocence, pour en déraciner, autant qu'il est possible, ces penchants vicieux qui sont les tristes effets de notre corruption héréditaire; en un mot, pour leur apprendre, suivant la morale de saint Paul, à « vivre en « ce monde avec tempérance, selon la justice et avec « piété, en attendant la béatitude que nous espérons[1]! » Nous disons donc à tous ceux qui sont chargés du soin également pénible et honorable d'élever la jeunesse : Plantez et arrosez, dans la ferme espérance que le Seigneur, secondant votre travail, donnera l'accroissement; « insistez à temps et à contre-temps, selon le conseil du « même apôtre ; usez de réprimande, d'exhortation, de « paroles sévères, sans perdre patience et sans cesser « d'instruire[2]. » Surtout joignez l'exemple à l'instruction : l'instruction sans l'exemple est un opprobre pour celui qui la donne, et un sujet de scandale pour celui qui la reçoit. Que le pieux et charitable Tobie soit votre modèle : « Recommandez avec soin à vos enfants de faire « des œuvres de justice et des aumônes, de se souvenir « de Dieu, et de le bénir en tout temps dans la vérité et « de toutes leurs forces[3]; » votre postérité, comme celle de ce saint patriarche, « sera aimée de Dieu et des « hommes[4]. »

[1] « Erudiens nos, ut, abnegantes impietatem et sæcularia de-
« sideria, sobriè, et justè, et piè vivamus in hoc sæculo, exspec-
« tantes beatam spem. » Tit., cap. II, v. 12, 13.

[2] « Insta opportunè, importunè; argue, obsecra, increpa in omni
« patientiâ et doctrinâ. » II. Timot., cap. IV, v. 1, 2.

[3] « Filiis vestris mandate ut faciant justitias et eleemosynas, ut
« sint memores Dei, et benedicant eum in omni tempore, in ve-
« ritate et in totâ virtute suâ. » Tob., cap. XIV, v. 11.

[4] « Omnis autem cognatio ejus, et omnis generatio ejus in bonâ

XXV. Mais en quel temps l'éducation doit-elle commencer? Dès les premiers rayons de l'intelligence; et ces rayons sont quelquefois prématurés. « Formez l'enfant à « l'entrée de sa voie, dit le sage; dans sa vieillesse même il ne s'en écartera point¹. » Tel est en effet le cours ordinaire de la vie humaine; au milieu du délire des passions et dans le sein du libertinage, les principes d'une éducation chrétienne sont une lumière qui se ranime par intervalle pour découvrir au pécheur toute l'horreur de l'abîme où il est plongé et lui en montrer les issues. Combien encore une fois qui, après les écarts d'une jeunesse licencieuse, sont rentrés, par l'impression de cette lumière, dans les routes de la sagesse, et ont honoré par des vertus tardives, mais sincères, l'humanité, la patrie, et la religion.

XXVI. Il nous reste, en finissant, M. T. C. F., à vous conjurer, par les entrailles de la miséricorde de Dieu, de vous attacher inviolablement à cette religion sainte dans laquelle vous avez eu le bonheur d'être élevés, de vous soutenir contre le débordement d'une philosophie insensée, qui ne se propose rien moins que d'envahir l'héritage de Jésus-Christ, de rendre ses promesses vaines, et de le mettre au rang de ces fondateurs de religion dont la doctrine frivole ou pernicieuse a prouvé l'imposture. La foi n'est méprisée, abandonnée, insultée, que par ceux qui ne la connoissent pas, ou dont elle gêne les désordres. Mais les portes de l'enfer ne prévaudront jamais contre elle. L'Église chrétienne et catholique est le commencement de l'empire éternel de Jésus-Christ. « Rien de plus

---

« vitâ et in sanctâ conversatione permansit, ita ut accepti essent
« tam Deo quàm hominibus et cunctis habitatoribus in terrâ. » Tob.
cap. XIV, v. 17.

¹ « Adolescens juxta viam suam, etiam cùm senuerit, non rece-
« det ab eâ. » Prov., cap. XXII, v. 6.

« fort qu'elle, s'écrie saint Jean Damascène ; c'est un
« rocher que les flots ne renversent point; c'est une mon-
« tagne que rien ne peut détruire ¹. »

XXVII. A ces causes, vu le livre qui a pour titre, *Émile ou de l'Éducation, par J. J. Rousseau, citoyen de Genève, à Amsterdam, chez Jean Néaulme, libraire,* 1762; après avoir pris l'avis de plusieurs personnes distinguées par leur piété et par leur savoir, le saint nom de Dieu invoqué, nous condamnons ledit livre comme contenant une doctrine abominable, propre à renverser la loi naturelle et à détruire les fondements de la religion chrétienne, établissant des maximes contraires à la morale évangélique; tendant à troubler la paix des états, à révolter les sujets contre l'autorité de leur souverain ; comme contenant un très-grand nombre de propositions respectivement fausses, scandaleuses, pleines de haine contre l'Église et ses ministres, dérogeantes au respect dû à l'Écriture sainte et à la tradition de l'Église, erronées, impies, blasphématoires, et hérétiques. En conséquence, nous défendons très-expressément à toutes personnes de notre diocèse de lire ou retenir ledit livre, sous les peines de droit. Et sera notre présent mandement lu au prône des messes paroissiales des églises de la ville, faubourgs et diocèse de Paris, publié et affiché partout où besoin sera. Donné à Paris, en notre palais archiépiscopal, le vingtième jour d'août mil sept cent soixante-deux.

Signé † CHRISTOPHE,
Archevêque de Paris.

Par Monseigneur,

De La Touche.

---

¹ « Nihil Ecclesiâ valentius, rupe fortior est... Semper viget. Cur
« eam Scriptura montem appellavit? utique quia everti non po-
« test. » Damasc., tome II, pag. 462-463.

J. J. ROUSSEAU

A

CHRISTOPHE DE BEAUMONT.

Pourquoi faut-il, monseigneur, que j'aie quelque chose à vous dire ? Quelle langue commune pouvons-nous parler ? comment pouvons-nous nous entendre ? et qu'y a-t-il entre vous et moi ?

Cependant il faut vous répondre ; c'est vous-même qui m'y forcez. Si vous n'eussiez attaqué que mon livre, je vous aurois laissé dire : mais vous attaquez aussi ma personne ; et plus vous avez d'autorité parmi les hommes, moins il m'est permis de me taire quand vous voulez me déshonorer.

Je ne puis m'empêcher, en commençant cette lettre, de réfléchir sur les bizarreries de ma destinée : elle en a qui n'ont été que pour moi.

J'étois né avec quelque talent ; le public l'a jugé ainsi : cependant j'ai passé ma jeunesse dans une heureuse obscurité, dont je ne cherchois point a sortir. Si je l'avois cherché, cela même eût été une bizarrerie, que durant tout le feu du premier âge je n'eusse pu réussir, et que j'eusse trop réussi dans la suite quand ce feu commençoit à passer. J'approchois de ma quarantième année, et j'avois, au lieu d'une fortune que j'ai toujours méprisée, et d'un nom qu'on m'a fait payer si cher, le repos et des amis, les deux seuls biens dont mon cœur soit avide. Une misérable question d'académie, m'agitant l'esprit malgré moi, me jeta dans un métier pour lequel je n'étois point fait; un succès inattendu m'y montra des attraits qui me séduisirent. Des foules d'adversaires m'attaquèrent sans m'entendre, avec une étourderie qui me donna de l'humeur, et avec un orgueil qui m'en inspira peut-être. Je me défendis, et, de dispute en dispute, je me sentis engagé dans la carrière, presque sans y avoir pensé. Je me trouvai devenu pour ainsi dire auteur à l'âge où l'on cesse de l'être, et homme de lettres par mon mépris même pour cet état. Dès-là je fus dans le public quelque chose; mais aussi le repos et les amis disparurent. Quels maux ne souffris-je point avant de prendre une assiette plus fixe et des attachements plus heureux! Il fallut dévorer mes peines; il fallut qu'un peu de réputation me tînt lieu de tout. Si c'est un dédommagement pour ceux qui sont toujours loin d'eux-mêmes, ce n'en fut jamais un pour moi.

Si j'eusse un moment compté sur un bien si frivole, que j'aurois été promptement désabusé! Quelle inconstance perpétuelle n'ai-je pas éprouvéc dans les jugements du public sur mon compte ! J'étois trop loin de lui ; ne me jugeant que sur le caprice ou l'intérêt de ceux qui le mènent, à peine deux jours de suite avoit-il pour moi les mêmes yeux. Tantôt j'étois un homme noir, et tantôt un ange de lumière. Je me suis vu dans la même année vanté, fêté, recherché, même à la cour, puis insulté, menacé, détesté, maudit : les soirs on m'attendoit pour m'assassiner dans les rues ; les matins on m'annonçoit une lettre de cachet. Le bien et le mal couloient à peu près de la même source ; le tout me venoit pour des chansons.

J'ai écrit sur divers sujets, mais toujours dans les mêmes principes ; toujours la même morale, la même croyance, les mêmes maximes, et, si l'on veut, les mêmes opinions. Cependant on a porté des jugements opposés de mes livres, ou plutôt de l'auteur de mes livres, parce qu'on m'a jugé sur les matières que j'ai traitées, bien plus que sur mes sentiments. Après mon premier Discours, j'étois un homme à paradoxes, qui se faisoit un jeu de prouver ce qu'il ne pensoit pas : après ma *Lettre sur la musique françoise*, j'étois l'ennemi déclaré de la nation ; il s'en falloit peu qu'on ne m'y traitât de conspirateur ; on eût dit que le sort de la monarchie étoit attaché à la gloire de l'Opéra : après mon *Discours sur l'Inégalité*, j'étois athée et misantrope : après la *Lettre à M. d'Alembert*, j'étois le défenseur de la morale chrétienne : après l'*Héloïse*, j'étois tendre et doucereux : maintenant je suis un impie ; bientôt peut-être serai-je un dévot.

Ainsi va flottant le sot public sur mon compte, sachant aussi peu pourquoi il m'abhorre que pourquoi il m'aimoit auparavant. Pour moi je suis toujours demeuré le même ; plus ardent qu'éclairé dans mes recherches, mais sincère en tout, même contre moi ; simple et bon, mais sensible et foible ; faisant souvent le mal, et toujours aimant le bien ; lié par l'amitié, jamais par les choses, et tenant plus à mes sentiments qu'à mes intérêts ; n'exigeant rien des hommes, et n'en voulant point dépendre ; ne cédant pas plus à leurs préjugés qu'à leurs volontés, et gardant la mienne aussi libre que ma raison ; craignant Dieu sans peur de l'enfer, raisonnant sur la religion sans libertinage, n'aimant ni l'impiété ni le fanatisme, mais haïssant les intolérants encore plus que les esprits forts, ne voulant cacher mes façons de penser à personne ; sans fard, sans artifice en toutes choses ; disant mes fautes à mes amis, mes sentiments à tout le monde, au public ses vérités sans flatterie et sans fiel, et me souciant tout aussi peu de le fâcher que de lui plaire : voilà mes crimes, et voilà mes vertus.

Enfin, lassé d'une vapeur enivrante qui enfle sans rassasier, excédé du tracas des oisifs surchargés de leur temps et prodigues du mien, soupirant après un repos si cher à mon cœur et si nécessaire à mes maux, j'avois posé la plume avec joie : content de ne l'avoir prise que pour le bien de mes semblables, je ne leur demandois pour prix de mon zèle que de me laisser mourir en paix dans ma retraite, et de ne m'y point faire de mal. J'avois tort : des huissiers sont venus me l'apprendre ; et c'est à cette époque, où j'espérois qu'alloient finir les ennuis de ma vie, qu'ont commencé mes plus grands malheurs. Il y a déjà dans tout cela quelques singularités : ce n'est rien encore. Je vous demande pardon, monseigneur, d'abuser de votre patience ; mais, avant d'entrer dans les discussions que je dois avoir avec vous, il faut parler de ma situation présente, et des causes qui m'y ont réduit.

Un Génevois fait imprimer un livre en Hollande, et, par arrêt du parlement de Paris, ce livre est brûlé sans respect pour le souverain dont il porte le privilége. Un protestant propose en pays protestant des objections contre l'Église romaine, et il est décrété par le parlement de Paris. Un républicain fait, dans une république, des objections contre l'état monarchique, et il est décrété par le parlement de Paris. Il faut que le parlement de Paris ait d'étranges idées de son empire, et qu'il se croie le légitime juge du genre humain.

Ce même parlement, toujours si soigneux pour les François de l'ordre des procédures, les néglige toutes dès qu'il s'agit d'un pauvre étranger. Sans savoir si cet étranger est bien l'auteur du livre qui porte son nom, s'il le reconnoît pour sien, si c'est lui qui l'a fait imprimer, sans égard pour son triste état, sans pitié pour les maux qu'il souffre, on commence par le décréter de prise de corps : on l'eût arraché de son lit pour le traîner dans les mêmes prisons où pourrissent les scélérats : on l'eût brûlé peut-être même sans l'entendre ; car qui sait si l'on eût poursuivi plus régulièrement des procédures si violemment commencées, et dont on trouveroit à peine un autre exemple, même en pays d'inquisition ? Ainsi c'est pour moi seul qu'un tribunal si sage oublie sa sagesse ; c'est contre moi seul qui croyois y être aimé, que ce peuple, qui vante sa douceur, s'arme de la plus étrange barbarie : c'est ainsi qu'il justifie la préférence que je lui ai donnée sur tant d'asiles que je pouvois choisir au même prix ! Je ne sais comment cela s'accorde avec le droit des gens, mais je sais bien qu'avec de pareilles procédures la liberté de tout homme, et peut-être sa vie, est à la merci du premier imprimeur.

Le citoyen de Genève ne doit rien à des magistrats injustes et incompétents, qui, sur un réquisitoire calomnieux, ne le citent pas, mais le décrètent. N'étant point sommé de comparoître, il n'y est point obligé. L'on n'emploie contre lui que la force, et il s'y soustrait. Il secoue la poudre de ses souliers, et sort de cette terre hospitalière où l'on s'empresse d'opprimer le foible, et où l'on donne des fers à l'étranger avant de l'entendre, avant de savoir si l'acte dont on l'accuse est punissable, avant de savoir s'il l'a commis.

Il abandonne en soupirant sa chère solitude. Il n'a qu'un seul bien, mais précieux, des amis; il les fuit. Dans sa foiblesse il supporte un long voyage : il arrive, et croit respirer dans une terre de liberté; il s'approche de sa patrie, de cette patrie dont il s'est tant vanté, qu'il a chérie et honorée ; l'espoir d'y être accueilli le console de ses disgrâces.... Que vais-je dire? mon cœur se serre, ma main tremble, la plume en tombe; il faut se taire, et ne pas imiter le crime de Cham. Que ne puis-je dévorer en secret la plus amère de mes douleurs!

Et pourquoi tout cela? Je ne dis pas sur quelle raison, mais sur quel prétexte? On ose m'accuser d'impiété, sans songer que le livre où l'on la cherche est entre les mains de tout le monde. Que ne donneroit-on point pour pouvoir supprimer cette pièce justificative, et dire qu'elle contient tout ce qu'on a feint d'y trouver! Mais elle restera, quoi qu'on fasse; et, en y cherchant les crimes reprochés à l'auteur, la postérité n'y verra dans ses erreurs mêmes, que les torts d'un ami de la vertu.

J'éviterai de parler de mes contemporains; je ne veux nuire à personne. Mais l'athée Spinosa enseignoit paisiblement sa doctrine; il faisoit sans obstacles imprimer ses livres, on les débitoit publiquement : il vint en France, et il y fut bien reçu; tous les états lui étoient ouverts, partout il trouvoit protection ou du moins sûreté; les princes lui rendoient des honneurs, lui offroient des chaires : il vécut et mourut tranquille, et même considéré. Aujourd'hui, dans le siècle tant célébré de la philosophie, de la raison, de l'humanité, pour avoir proposé avec circonspection, et même avec respect et pour l'amour du genre humain, quelques doutes fondés sur la gloire même de l'Être suprême, le défenseur de la cause de Dieu, flétri, proscrit, poursuivi d'état en état, d'asile en asile, sans égard pour son indigence, sans pitié pour ses infirmités, avec un acharnement que n'éprouva jamais aucun malfaiteur, et qui seroit barbare même contre un homme en santé, se voit interdire le feu et l'eau dans l'Europe presque entière; on le chasse du milieu des bois : il faut toute la fermeté d'un protecteur illustre et toute la bonté d'un prince éclairé pour le laisser en paix au sein des montagnes. Il eût passé le reste de ses malheureux jours dans les fers, il eût péri peut-être dans les supplices, si, durant le premier vertige qui gagnoit les gouvernements, il se fût trouvé à la merci de ceux qui l'ont persécuté.

Échappé aux bourreaux, il tombe dans les mains des prêtres. Ce n'est pas là ce que je donne pour étonnant; mais un homme vertueux qui a l'ame aussi noble que la naissance, un illustre archevêque, qui devroit réprimer leur lâcheté, l'autorise : il n'a pas honte, lui qui devroit plaindre les opprimés, d'en accabler un dans le fort de ses disgrâces; il lance, lui prélat catholique, un mandement contre un auteur protestant; il monte sur son tribunal pour examiner comme juge la doctrine particulière d'un hérétique, et quoiqu'il damne indistinctement quiconque n'est pas de son Église, sans permettre à l'accusé d'errer à sa mode, il lui prescrit en quelque sorte la route par laquelle il doit aller en enfer. Aussitôt le reste de son clergé s'empresse, s'évertue, s'acharne autour d'un ennemi qu'il croit terrassé. Petits et grands, tout s'en mêle; le dernier cuistre vient trancher du capable; il n'y a pas un sot en petit collet, pas un chétif habitué de paroisse, qui bravant à plaisir celui contre qui sont réunis leur sénat et leur évêque, ne veuille avoir la gloire de lui porter le dernier coup de pied.

Tout cela, monseigneur, forme un concours dont je suis le seul exemple : et ce n'est pas tout... Voici peut-être une des situations les plus difficiles de ma vie, une de celles où la vengeance et l'amour-propre sont le plus aisés à satisfaire, et permettent le moins à l'homme juste d'être modéré. Dix lignes seulement, et je couvre mes persécuteurs d'un ridicule ineffaçable. Que le public ne peut-il savoir deux anecdotes sans que je les dise ? Que ne connoît-il ceux qui ont médité ma ruine, et ce qu'ils ont fait pour l'exécuter ! Par quels méprisables insectes, par quels ténébreux moyens il verroit s'émouvoir les puissances ! Quels levains il verroit s'échauffer par leur pourriture et mettre le parlement en fermentation ! Par quelle risible cause il verroit les états de l'Europe se liguer contre le fils d'un horloger ! Que je jouirois avec plaisir de sa surprise si je pouvois n'en être pas l'instrument !

Jusqu'ici ma plume, hardie à dire la vérité, mais pure de toute satire, n'a jamais compromis personne; elle a toujours respecté l'honneur des autres, même en défendant le mien. Irai-je, en la quittant, la souiller de médisance, et la teindre des noirceurs de mes ennemis ? Non ; laissons-leur l'avantage de porter leurs coups dans les ténèbres. Pour moi, je ne veux me défendre qu'ouvertement, et même je ne veux que me défendre. Il suffit pour cela de ce qui est su du public, ou de ce qui peut l'être sans que personne en soit offensé.

Une chose étonnante de cette espèce, et que je puis dire, est de voir l'intrépide Christophe de Beaumont, qui ne sait plier sous aucune puissance ni faire aucune paix avec les jansénistes, devenir, sans le savoir, leur satellite et l'instrument de leur animosité; de voir leur ennemi le plus irréconciliable sévir contre moi pour avoir refusé d'embrasser leur parti, pour n'avoir point voulu prendre la plume contre les jésuites que je n'aime pas, mais dont je n'ai point à me plaindre, et que je vois opprimés. Daignez, monseigneur, jeter les yeux sur le sixième tome de *la nouvelle Héloïse*, première édition; vous trouverez, dans la note de la page 138, la véritable source de tous mes malheurs. J'ai prédit dans cette note (car je me mêle aussi quelquefois de prédire) qu'aussitôt que les jansénistes seroient les maîtres, ils seroient plus intolérants et plus durs que leurs ennemis. Je ne savois pas alors que ma propre histoire vérifieroit si bien ma prédiction. Le fil de cette trame ne seroit pas difficile à suivre à qui sauroit comment mon livre a été déféré. Je n'en puis dire davantage sans en trop dire; mais je pouvois au moins vous apprendre par quelles gens vous avez été conduit sans vous en douter.

Croira-t-on que quand mon livre n'eût point été déféré au parlement, vous ne l'eussiez pas moins attaqué? D'autres pourront le croire ou le dire; mais vous, dont la conscience ne sait point souffrir le mensonge, vous ne le direz pas. Mon *Discours sur l'Inégalité* a couru votre diocèse, et vous n'avez point donné de mandement. Ma *Lettre à M. d'Alembert* a couru votre diocèse et vous n'avez point donné de mandement. *La nouvelle Héloïse* a couru votre diocèse, et vous n'avez point donné de mandement. Cependant tous ces livres, que vous avez lus, puisque vous les jugez, respirent les mêmes maximes; les mêmes manières de penser n'y sont pas plus déguisées : si le sujet ne les a pas rendues susceptibles du même développement, elles gagnent en force ce qu'elles perdent en étendue, et l'on y voit la profession de foi de l'auteur exprimée avec moins de réserve que celle du vicaire savoyard. Pourquoi donc n'avez-vous rien dit alors? Monseigneur, votre troupeau vous étoit-il moins cher? me lisoit-il moins? goûtoit-il moins mes livres? étoit-il moins exposé à l'erreur? Non; mais il n'y avoit point alors de jésuites à proscrire; des traîtres ne m'avoient point encore enlacé dans leurs piéges; la note fatale n'étoit point connue, et quand elle le fut, le public avoit déjà donné son suffrage au livre. Il étoit trop tard pour faire du bruit; on aima mieux différer, on attendit l'occasion, on l'épia, on la saisit, on s'en prévalut avec la fureur ordinaire aux dévots; on ne parloit que de chaînes et de bûchers; mon livre étoit le tocsin de l'anarchie et la trompette de l'athéisme; l'auteur était un monstre à étouffer; on s'étonnoit qu'on l'eût si long-temps laissé vivre. Dans cette rage universelle vous eûtes honte de garder le silence : vous aimâtes mieux faire un acte de cruauté que d'être accusé de manquer de zèle, et servir vos ennemis que d'essuyer leurs reproches. Voilà, monseigneur, convenez-en, le vrai motif de votre mandement, et voilà, ce me semble, un concours de faits assez singuliers pour donner à mon sort le nom de bizarre.

Il y a long-temps qu'on a substitué des bienséances d'état à la justice. Je sais qu'il est des circonstances malheureuses qui forcent un homme public à sévir malgré lui contre un bon citoyen. Qui veut être modéré parmi des furieux s'expose à leur furie; et je comprends que, dans un déchaînement pareil à celui dont je suis la victime, il faut hurler avec les loups, ou risquer d'être dévoré. Je ne me plains donc pas que vous ayez donné un mandement contre mon livre; mais je me plains que vous l'ayez donné contre ma personne avec aussi peu d'honnêteté que de vérité; je me plains qu'autorisant par votre propre langage celui que vous me reprochez d'avoir mis dans la bouche de l'inspiré, vous m'accabliez d'injures, qui, sans nuire à ma cause, attaquent mon honneur, ou plutôt le vôtre; je me plains que, de gaieté de cœur, sans raison, sans nécessité, sans respect au moins pour mes malheurs, vous m'outragiez d'un ton si peu digne de votre caractère. Et que vous avois-je donc fait, moi qui parlai toujours de vous avec tant d'estime; moi qui tant de fois admirai votre inébranlable fermeté, en déplorant, il est vrai, l'usage que vos préjugés vous en faisoient faire; moi qui toujours honorai vos mœurs, qui toujours respectai vos vertus, et qui les respecte encore aujourd'hui que vous m'avez déchiré?

C'est ainsi qu'on se tire d'affaire quand on veut quereller et qu'on a tort. Ne pouvant résoudre mes objections, vous m'en avez fait des crimes : vous avez cru m'avilir en me maltraitant, et vous vous êtes trompé ; sans affoiblir mes raisons, vous avez intéressé les cœurs généreux à mes disgrâces, vous avez fait croire aux gens sensés qu'on pouvoit ne pas bien juger du livre, quand on jugeoit si mal de l'auteur.

Monseigneur, vous n'avez été pour moi ni humain ni généreux ; et non seulement vous pouviez l'être sans m'épargner aucune des choses que vous avez dites contre mon ouvrage, mais elles n'en auroient fait que mieux leur effet. J'avoue aussi que je n'avois pas droit d'exiger de vous ces vertus, ni lieu de les attendre d'un homme d'église. Voyons si vous avez été du moins équitable et juste ; car c'est un devoir étroit imposé à tous les hommes, et les saints mêmes n'en sont pas dispensés.

Vous avez deux objets dans votre mandement ; l'un de censurer mon livre, l'autre de décrier ma personne. Je croirai vous avoir bien répondu, si je prouve que partout où vous m'avez réfuté vous avez mal raisonné, et que partout où vous m'avez insulté vous m'avez calomnié. Mais quand on ne marche que la preuve à la main, quand on est forcé, par l'importance du sujet et par la qualité de l'adversaire, à prendre une marche pesante et à suivre pied à pied toutes ces censures, pour chaque mot il faut des pages; et, tandis qu'une courte satire amuse, une longue défense ennuie. Cependant il faut que je me défende, ou que je reste chargé par vous des plus fausses imputations. Je me défendrai donc, mais je défendrai mon honneur plutôt que mon livre. Ce n'est point la Profession de foi du vicaire savoyard que j'examine, c'est le Mandement de l'archevêque de Paris; et ce n'est que le mal qu'il dit de l'éditeur qui me force à parler de l'ouvrage. Je me rendrai ce que je me dois, parce que je le dois, mais, sans ignorer que c'est une position bien triste que d'avoir à se plaindre d'un homme plus puissant que soi, et que c'est une bien fade lecture que la justification d'un innocent.

Le principe fondamental de toute morale, sur lequel j'ai raisonné dans tous mes écrits, et que j'ai développé dans ce dernier avec toute la clarté dont j'étois capable, est que l'homme est un être naturellement bon, aimant la justice et l'ordre; qu'il n'y a point de perversité originelle dans le cœur humain, est que les premiers mouvements de la nature sont toujours droits. J'ai fait voir que l'unique passion qui naisse avec l'homme, savoir l'amour-propre, est une passion indifférente en elle-même au bien et au mal; qu'elle ne devient bonne ou mauvaise que par accident et selon les circonstances dans lesquelles elle se développe.

J'ai montré que tous les vices qu'on impute au cœur humain ne lui sont point naturels : j'ai dit la manière dont ils naissent ; j'en ai pour ainsi dire suivi la généalogie ; et j'ai fait voir comment, par l'altération successive de leur bonté originelle, les hommes deviennent enfin ce qu'ils sont.

J'ai encore expliqué ce que j'entendois par cette bonté originelle, qui ne semble pas se déduire de l'indifférence au bien et au mal, naturelle à l'amour de soi. L'homme n'est pas un être simple ; il est composé de deux substances. Si tout le monde ne convient pas de cela, nous en convenons vous et moi, et j'ai tâché de le prouver aux autres. Cela prouvé, l'amour de soi n'est plus une passion simple ; mais elle a deux principes, savoir l'être intelligent et l'être sensitif, dont le bien-être n'est pas le même. L'appétit des sens tend à celui du corps, et l'amour de l'ordre à celui de l'ame. Ce dernier amour, développé et rendu actif, porte le nom de conscience; mais la conscience ne se développe et n'agit qu'avec les lumières de l'homme. Ce n'est que par ses lumières qu'il parvient à connoître l'ordre, et ce n'est que quand il le connoît que sa conscience le porte à l'aimer. La conscience est donc nulle dans l'homme qui n'a rien comparé et qui n'a point vu ses rapports. Dans cet état, l'homme ne connoît que lui; il ne voit son bien-être opposé ni conforme à celui de personne; il ne hait ni n'aime rien; borné au seul instinct physique, il est nul, il est bête : c'est ce que j'ai fait voir dans mon *Discours sur l'Inégalité.*

Quand, par un développement dont j'ai montré le progrès, les hommes commencent à jeter les yeux sur leurs semblables, ils commencent aussi à voir leurs rapports et les rapports des choses, à prendre des idées de convenance, de justice et d'ordre; le beau moral commence à leur devenir sensible, et la conscience agit : alors ils ont des vertus; et s'ils ont aussi des vices, c'est parce que leurs intérêts se croisent, et que leur ambition s'éveille à mesure que leurs lumières s'étendent. Mais tant qu'il y a moins d'opposition d'intérêts que de concours de lumières, les hommes sont essentiellement bons. Voilà le second état.

Quand enfin tous les intérêts particuliers agités s'entre-choquent, quand l'amour de soi mis en fermentation devient amour-propre, que l'opinion, rendant l'univers entier nécessaire à chaque homme, les rend tous ennemis nés les uns des autres, et fait que nul ne trouve son bien que dans le mal d'autrui; alors la conscience, plus foible que les passions exaltées, est étouffée par elles, et ne reste plus dans la bouche des hommes qu'un mot fait pour se tromper mutuellement. Chacun feint alors de vouloir sacrifier ses intérêts à ceux du public, et tous mentent. Nul ne veut le bien public que quand il s'accorde avec le sien : aussi cet accord est-il l'objet du vrai politique qui cherche à rendre les peuples heureux et bons. Mais c'est ici que je commence à parler une langue étrangère, aussi peu connue des lecteurs que de vous.

Voilà, monseigneur, le troisième et dernier terme, au-delà duquel rien ne reste à faire ; et voilà comment, l'homme étant bon, les hommes deviennent méchants. C'est à chercher comment il faudroit s'y prendre pour les empêcher de devenir tels, que j'ai consacré mon livre. Je n'ai pas affirmé que dans l'ordre actuel la chose fût absolument possible ; mais j'ai bien affirmé et j'affirme encore qu'il n'y a, pour en venir à bout, d'autres moyens que ceux que j'ai proposés.

Là-dessus vous dites que mon plan d'éducation [1], « loin de s'accorder avec le christianisme, « n'est pas même propre à faire des citoyens ni « des hommes ; » et votre unique preuve est de m'opposer le péché originel. Monseigneur, il n'y a d'autre moyen de se délivrer du péché originel et de ses effets, que le baptême. D'où il suivroit, selon vous, qu'il n'y auroit jamais eu de citoyens ni d'hommes que des chrétiens. Ou niez cette conséquence, ou convenez que vous avez trop prouvé.

Vous tirez vos preuves de si haut, que vous me forcez d'aller aussi chercher loin mes réponses. D'abord il s'en faut bien, selon moi, que cette

[1] Mandement, § III.

doctrine du péché originel, sujette à des difficultés si terribles, ne soit contenue dans l'Écriture ni si clairement ni si durement qu'il a plu au rhéteur Augustin et à nos théologiens de la bâtir. Et le moyen de concevoir que Dieu crée tant d'ames innocentes et pures, tout exprès pour les joindre à des corps coupables, pour leur y faire contracter la corruption morale, et pour les condamner toutes à l'enfer, sans autre crime que cette union, qui est son ouvrage? Je ne dirai pas si (comme vous vous en vantez) vous éclaircissez par ce système le mystère de notre cœur; mais je vois que vous obscurcissez beaucoup la justice et la bonté de l'Être suprême. Si vous levez une objection, c'est pour en substituer de cent fois plus fortes.

Mais au fond que fait cette doctrine à l'auteur d'Émile? Quoiqu'il ait cru son livre utile au genre humain, c'est à des chrétiens qu'il l'a destiné, c'est à des hommes lavés du péché originel et de ses effets, du moins quant à l'ame, par le sacrement établi pour cela. Selon cette même doctrine, nous avons tous dans notre enfance recouvré l'innocence primitive; nous sommes tous sortis du baptême aussi sains de cœur qu'Adam sortit de la main de Dieu. Nous avons, direz-vous, contracté de nouvelles souillures. Mais, puisque nous avons commencé par en être délivrés, comment les avons-nous derechef contractées? Le sang du

Christ n'est-il donc pas encore assez fort pour effacer entièrement la tache? ou bien seroit-elle un effet de la corruption naturelle de notre chair? comme si, même indépendamment du péché originel, Dieu nous eût créés corrompus, tout exprès pour avoir le plaisir de nous punir! Vous attribuez au péché originel les vices des peuples que vous avouez avoir été délivrés du péché originel; puis vous me blâmez d'avoir donné une autre origine à ces vices. Est-il juste de me faire un crime de n'avoir pas aussi mal raisonné que vous ?

On pourroit, il est vrai, me dire que ces effets que j'attribue au baptême[1] ne paroissent par nul signe extérieur; qu'on ne voit pas les chrétiens moins enclins au mal que les infidèles; au lieu que, selon moi, la malice infuse du péché devroit se marquer dans ceux-ci par des différences sensibles. Avec les secours que vous avez dans la morale évangélique, outre le baptême, tous les chrétiens, poursuivroit-on, devroient être des

---

[1] Si l'on disoit, avec le docteur Thomas Burnet, que la corruption et la mortalité de la race humaine, suite du péché d'Adam, fut un effet naturel du fruit défendu, que cet aliment contenoit des sucs venimeux qui dérangèrent toute l'économie animale, qui irritèrent les passions, qui affoiblirent l'entendement, et qui portèrent partout les principes du vice et de la mort, alors il faudroit convenir que la nature du remède devant se rapporter à celle du mal, le baptême devroit agir physiquement sur le corps de l'homme, lui rendre la constitution qu'il avoit dans l'état d'innocence, et sinon l'immortalité qui en dépendoit, du moins tous les effets moraux de l'économie animale rétablie.

anges; et les infidèles, outre leur corruption originelle, livrés à leurs cultes erronés, devroient être des démons. Je conçois que cette difficulté pressée pourroit devenir embarrassante : car que répondre à ceux qui me feroient voir que, relativement au genre humain, l'effet de la rédemption, faite à si haut prix, se réduit à peu près à rien?

Mais, monseigneur, outre que je ne crois point qu'en bonne théologie on n'ait pas quelque expédient pour sortir de là, quand je conviendrois que le baptême ne remédie point à la corruption de notre nature, encore n'en auriez-vous pas raisonné plus solidement. Nous sommes, dites-vous, pécheurs à cause du péché de notre premier père. Mais notre premier père, pourquoi fut-il pécheur lui-même? pourquoi la même raison par laquelle vous expliquerez son péché ne seroit-elle pas applicable à ses descendants sans le péché originel? et pourquoi faut-il que nous imputions à Dieu une injustice en nous rendant pécheurs et punissables par le vice de notre naissance, tandis que notre premier père fut pécheur et puni comme nous sans cela? Le péché originel explique tout, excepté son principe; et c'est ce principe qu'il s'agit d'expliquer.

Vous avancez que, par mon principe à moi [1], « l'on perd de vue le rayon de lumière qui nous « fait connoître le mystère de notre propre cœur; »

[1] Mandement, § III.

et vous ne voyez pas que ce principe, bien plus universel, éclaire même la faute du premier homme¹, que le vôtre laisse dans l'obscurité. Vous ne savez voir que l'homme dans les mains du diable, et moi je vois comment il est tombé : la cause du mal est, selon vous, la nature corrompue; et cette corruption même est un mal dont il falloit chercher la cause. L'homme fut créé bon; nous en convenons, je crois, tous les deux : mais vous dites qu'il est méchant parce qu'il a été méchant; et moi je montre comment il a été méchant. Qui de nous, à votre avis, remonte le mieux au principe?

Cependant vous ne laissez pas de triompher à votre aise comme si vous m'aviez terrassé. Vous

¹ Regimber contre une défense inutile et arbitraire est un penchant naturel, mais qui, loin d'être vicieux en lui-même, est conforme à l'ordre naturel des choses et à la bonne constitution de l'homme, puisqu'il seroit hors d'état de se conserver, s'il n'avoit un amour très-vif pour lui-même et pour le maintien de tous ses droits, tels qu'il les a reçus de la nature. Celui qui pourroit tout ne voudroit que ce qui lui seroit utile : mais un être foible, dont la loi restreint et limite encore le pouvoir, perd une partie de lui-même, et réclame en son cœur ce qui lui est ôté. Lui faire un crime de cela seroit lui en faire un d'être lui et non pas un autre; ce seroit vouloir en même temps qu'il fût et qu'il ne fût pas. Aussi l'ordre enfreint par Adam me paroît-il moins une véritable défense qu'un avis paternel; c'est un avertissement de s'abstenir d'un fruit pernicieux qui donne la mort. Cette idée est assurément plus conorme à celle qu'on doit avoir de la bonté de Dieu, et même au exte de la Genèse, que celle qu'il plaît aux docteurs de nous prescrire; car quant à la menace de la double mort, on a fait voir que

m'opposez comme une objection insoluble « ¹ ce « mélange frappant de grandeur et de bassesse, « d'ardeur pour la vérité et de goût pour l'erreur, « d'inclination pour la vertu et de penchant pour « le vice », qui se trouve en nous. « Étonnant « contraste, ajoutez-vous, qui déconcerte la philo- « sophie païenne, et la laisse errer dans de vaines « spéculations ! »

Ce n'est pas une vaine spéculation que la théorie de l'homme, lorsqu'elle se fonde sur la nature, qu'elle marche à l'appui des faits par des conséquences bien liées, et qu'en nous menant à la source des passions, elle nous apprend à régler leur cours. Que si vous appelez philosophie païenne

ce mot *morte morieris* * n'a pas l'emphase qu'ils lui prêtent, et n'est qu'un hébraïsme, employé en d'autres endroits où cette emphase ne peut avoir lieu.

Il y a de plus un motif si naturel d'indulgence et de commisération dans la ruse du tentateur et dans la séduction de la femme qu'à considérer dans toutes ses circonstances le péché d'Adam, l'on n'y peut trouver qu'une faute des plus légères. Cependant, selon eux, quelle effroyable punition ! il est même impossible d'en concevoir une plus terrible ; car quel châtiment eût pu porter Adam, pour les plus grands crimes, que d'être condamné, lui et toute sa race, à la mort en ce monde, et à passer l'éternité dans l'autre dévoré des feux de l'enfer ? Est-ce là la peine imposée par le Dieu de miséricorde à un pauvre malheureux pour s'être laissé tromper ? Que je hais la décourageante doctrine de nos durs théologiens ! si j'étois un moment tenté de l'admettre, c'est alors que je croirois blasphémer.

¹ Mandement, § III.

* Gen., II, v. 17.

la Profession de foi du vicaire savoyard, je ne puis répondre à cette imputation, parce que je n'y comprends rien[1]; mais je trouve plaisant que vous empruntiez presque ses propres termes[2], pour dire qu'il n'explique pas ce qu'il a le mieux expliqué.

Permettez, monseigneur, que je remette sous vos yeux la conclusion que vous tirez d'une objection si bien discutée, et successivement toute la tirade qui s'y rapporte.

«[3] L'homme se sent entraîné par une pente fu-
« neste; et comment se roidiroit-il contre elle, si
« son enfance n'étoit dirigée par des maîtres pleins
« de vertu, de sagesse, de vigilance, et si, durant
« tout le cours de sa vie, il ne faisoit lui-même,
« sous la protection et avec les grâces de son Dieu,
« des efforts puissants et continuels? »

C'est-à-dire : « Nous voyons que les hommes
« sont méchants, quoique incessamment tyran-
« nisés dès leur enfance. Si donc on ne les tyran-
« nisoit pas dès ce temps-là, comment parvien-
« droit-on à les rendre sages, puisque, même en
« les tyrannisant sans cesse, il est impossible de
« les rendre tels? »

Nos raisonnements sur l'éducation pourront de-

---

[1] À moins qu'elle ne se rapporte à l'accusation que m'intente M. de Beaumont dans la suite, d'avoir admis plusieurs dieux.

[2] Emile, tome II, page 132 de cette édition.

[3] Mandement, § III.

venir plus sensibles, en les appliquant à un autre sujet.

Supposons, monseigneur, que quelqu'un vînt tenir ce discours aux hommes :

« Vous vous tourmentez beaucoup pour cher-
« cher des gouvernements équitables et pour vous
« donner de bonnes lois. Je vais premièrement
« vous prouver que ce sont vos gouvernements
« mêmes qui font les maux auxquels vous préten-
« dez remédier par eux. Je vous prouverai de plus
« qu'il est impossible que vous ayez jamais ni de
« bonnes lois ni des gouvernements équitables ; et
« je vais vous montrer ensuite le vrai moyen de
« prévenir, sans gouvernements et sans lois, tous
« ces maux dont vous vous plaignez. »

Supposons qu'il expliquât après cela son système, et proposât son moyen prétendu. Je n'examine point si ce système seroit solide, et ce moyen praticable. S'il ne l'étoit pas, peut-être se contenteroit-on d'enfermer l'auteur avec les fous, et l'on lui rendroit justice : mais si malheureusement il l'étoit, ce seroit bien pis ; et vous concevez, monseigneur, ou d'autres concevront pour vous, qu'il n'y auroit pas assez de bûchers et de roues pour punir l'infortuné d'avoir eu raison. Ce n'est pas de cela qu'il s'agit ici.

Quel que fût le sort de cet homme, il est sûr qu'un déluge d'écrits viendroit fondre sur le sien : il n'y auroit pas un grimaud qui, pour faire sa cour aux puissances, et tout fier d'imprimer avec privilége du roi, n'y vînt lancer sur lui sa brochure et ses injures, et ne se vantât d'avoir réduit au silence celui qui n'auroit pas daigné répondre, ou qu'on auroit empêché de parler. Mais ce n'est pas encore de cela qu'il s'agit.

Supposons enfin qu'un homme grave, et qui auroit son intérêt à la chose, crût devoir aussi faire comme les autres, et parmi beaucoup de déclamations et d'injures, s'avisât d'argumenter ainsi : « Quoi ! malheureux ! vous voulez anéantir « les gouvernements et les lois, tandis que les gou-« vernements et les lois sont le seul frein du vice, « et ont bien de la peine encore à le contenir ! Que « seroit-ce, grand Dieu ! si nous ne les avions plus ? « Vous nous ôtez les gibets et les roues, vous vou-« lez établir un brigandage public. Vous êtes un « homme abominable. »

Si ce pauvre homme osoit parler, il diroit sans doute : « Très-excellent seigneur, votre grandeur « fait une pétition de principe. Je ne dis point « qu'il ne faut pas réprimer le vice ; mais je dis « qu'il vaut mieux l'empêcher de naître. Je veux « pourvoir à l'insuffisance des lois, et vous m'al-« léguez l'insuffisance des lois. Vous m'accusez « d'établir les abus, parce qu'au lieu d'y remédier, « j'aime mieux qu'on les prévienne. Quoi ! s'il étoit « un moyen de vivre toujours en santé, faudroit-il « donc le proscrire de peur de rendre les médecins

« oisifs? Votre excellence veut toujours voir des
« gibets et des roues, et moi je voudrois ne plus
« voir de malfaiteurs : avec tout le respect que je
« lui dois, je ne crois pas être un homme abomi-
« nable. »

« Hélas! M. T. C. F., malgré les principes de
« l'éducation la plus saine et la plus vertueuse,
« malgré les promesses les plus magnifiques de la
« religion et les menaces les plus terribles, les
« écarts de la jeunesse ne sont encore que trop
« fréquents, trop multipliés. » J'ai prouvé que
cette éducation que vous appelez la plus saine,
étoit la plus insensée; que cette éducation que
vous appelez la plus vertueuse, donnoit aux enfants tous leurs vices : j'ai prouvé que toute la
gloire du paradis les tentoit moins qu'un morceau
de sucre, et qu'ils craignoient beaucoup plus de
s'ennuyer à vêpres que de brûler en enfer : j'ai
prouvé que les écarts de la jeunesse, qu'on se plaint
de ne pouvoir réprimer par ces moyens, en étoient
l'ouvrage. « Dans quelles erreurs, dans quels ex-
« cès, abandonnée à elle-même, ne se précipite-
« roit-elle donc pas! » La jeunesse ne s'égare jamais
d'elle-même, toutes ses erreurs lui viennent d'être
mal conduite; les camarades et les maîtresses
achèvent ce qu'ont commencé les prêtres et les
précepteurs : j'ai prouvé cela. « C'est un torrent
« qui se déborde malgré les digues puissantes
« qu'on lui avoit opposées. Que seroit-ce donc si

« nul obstacle ne suspendoit ses flots et ne rom-
« poit ses efforts ? » Je pourrois dire : « C'est un
« torrent qui renverse vos impuissantes digues et
« brise tout : élargissez son lit et le laissez courir
« sans obstacle, il ne fera jamais de mal. » Mais
j'ai honte d'employer dans un sujet aussi sérieux
ces figures de collége, que chacun applique à sa
fantaisie, et qui ne prouvent rien d'aucun côté.

Au reste, quoique, selon vous, les écarts de la
jeunesse ne soient encore que trop fréquents, trop
multipliés, à cause de la pente de l'homme au mal,
il paroît qu'à tout prendre vous n'êtes pas trop
mécontent d'elle; que vous vous complaisez assez
dans l'éducation saine et vertueuse que lui donnent actuellement vos maîtres pleins de vertus,
de sagesse et de vigilance; que, selon vous, elle
perdroit beaucoup à être élevée d'une autre
manière, et qu'au fond vous ne pensez pas
de ce siècle, *la lie des siècles,* tout le mal que
vous affectez d'en dire à la tête de vos mandements.

Je conviens qu'il est superflu de chercher de
nouveaux plans d'éducation, quand on est si content de celle qui existe; mais convenez aussi, monseigneur, qu'en ceci vous n'êtes pas difficile. Si
vous eussiez été aussi coulant en matière de doctrine, votre diocèse eût été agité de moins de
troubles; l'orage que vous avez excité ne fût point
retombé sur les jésuites; je n'en aurois point été

écrasé par compagnie; vous fussiez resté plus tranquille, et moi aussi.

Vous avouez que pour réformer le monde autant que le permettent la foiblesse, et, selon vous, la corruption de notre nature, il suffiroit d'observer, sous la direction et l'impression de la grâce, les premiers rayons de la raison humaine, de les saisir avec soin, et de les diriger vers la route qui conduit à la vérité. « [1] Par-là, continuez-vous, ces « esprits, encore exempts de préjugés, seroient « pour toujours en garde contre l'erreur; ces « cœurs, encore exempts des grandes passions, « prendroient les impressions de toutes les ver- « tus. » Nous sommes donc d'accord sur ce point, car je n'ai pas dit autre chose. Je n'ai pas ajouté, j'en conviens, qu'il fallût faire élever les enfants par des prêtres; même je ne pensois pas que cela fût nécessaire pour en faire des citoyens et des hommes; et cette erreur, si c'en est une, commune à tant de catholiques, n'est pas un si grand crime à un protestant. Je n'examine pas si, dans votre pays, les prêtres eux-mêmes passent pour de si bons citoyens; mais comme l'éducation de la génération présente est leur ouvrage, c'est entre vous d'un côté, et vos anciens mandements de l'autre, qu'il faut décider si leur lait spirituel lui a si bien profité, s'il en a fait de si grands saints, « [2] vrais adorateurs de Dieu, » et de si grands

[1] *Mandement*, § II. — [2] *Ibid.*

hommes, « dignes d'être la ressource et l'orne-
« ment de la patrie. » Je puis ajouter une observation qui devroit frapper tous les bons François, et vous-même comme tel; c'est que de tant de rois qu'à eus votre nation, le meilleur est le seul que n'ont point élevé les prêtres.

Mais qu'importe tout cela, puisque je ne leur ai point donné l'exclusion? qu'ils élèvent la jeunesse, s'ils en sont capables, je ne m'y oppose pas; et ce que vous dites là-dessus[1] ne fait rien contre mon livre. Prétendriez-vous que mon plan fût mauvais par cela seul qu'il peut convenir à d'autres qu'aux gens d'église?

Si l'homme est bon par sa nature, comme je crois l'avoir démontré, il s'ensuit qu'il demeure tel tant que rien d'étranger à lui ne l'altère; et si les hommes sont méchants, comme ils ont pris peine à me l'apprendre, il s'ensuit que leur méchanceté leur vient d'ailleurs : fermez donc l'entrée au vice, et le cœur humain sera toujours bon. Sur ce principe j'établis l'éducation négative comme la meilleure, ou plutôt la seule bonne; je fais voir comment toute éducation positive suit, comme qu'on s'y prenne, une route opposée à son but; et je montre comment on tire au même but, et comment on y arrive par le chemin que j'ai tracé.

J'appelle éducation positive celle qui tend à

[1] Mandement, § II.

former l'esprit avant l'âge et à donner à l'enfant la connoissance des devoirs de l'homme. J'appelle éducation négative celle qui tend à perfectionner les organes, instruments de nos connoissances, avant de nous donner ces connoissances, et qui prépare à la raison par l'exercice des sens. L'éducation négative n'est pas oisive, tant s'en faut : elle ne donne pas les vertus, mais elle prévient les vices; elle n'apprend pas la vérité, mais elle préserve de l'erreur; elle dispose l'enfant à tout ce qui peut le mener au vrai quand il est en état de l'entendre, et au bien quand il est en état de l'aimer.

Cette marche vous déplaît et vous choque; il est aisé de voir pourquoi. Vous commencez par calomnier les intentions de celui qui la propose. Selon vous, cette oisiveté de l'ame m'a paru nécessaire pour la disposer aux erreurs que je lui voulois inculquer. On ne sait pourtant pas trop quelle erreur veut donner à son élève celui qui ne lui apprend rien avec plus de soin qu'à sentir son ignorance et à savoir qu'il ne sait rien. Vous convenez que le jugement a ses progrès et ne se forme que par degrés; « mais s'ensuit-il[1], ajoutez-vous, « qu'à l'âge de dix ans un enfant ne connoisse pas « la différence du bien et du mal, qu'il confonde « la sagesse avec la folie, la bonté avec la barbarie, « la vertu avec le vice? » Tout cela s'ensuit sans

[1] Mandement, § VI.

doute, si à cet âge le jugement n'est pas développé. « Quoi! poursuivez-vous, il ne sentira pas qu'o-
« béir à son père est un bien, que lui désobéir est
« un mal? » Bien loin de là, je soutiens qu'il sentira, au contraire, en quittant le jeu pour aller étudier sa leçon, qu'obéir à son père est un mal; et que lui désobéir est un bien, en volant quelque fruit défendu. Il sentira aussi, j'en conviens, que c'est un mal d'être puni et un bien d'être récompensé; et c'est dans la balance de ces biens et de ces maux contradictoires que se règle sa prudence enfantine. Je crois avoir démontré cela mille fois dans mes deux premiers volumes, et surtout dans le dialogue du maître et de l'enfant sur ce qui est mal[1]. Pour vous, monseigneur, vous réfutez mes deux volumes en deux lignes, et les voici:
« [2] Le prétendre, M. T. C. F., c'est calomnier la
« nature humaine, en lui attribuant une stupidité
« qu'elle n'a point. » On ne sauroit employer une réfutation plus touchante! ni conçue en moins de mots. Mais cette ignorance, qu'il vous plaît d'appeler stupidité, se trouve constamment dans tout esprit gêné dans des organes imparfaits, ou qui n'a pas été cultivé; c'est une observation facile à faire et sensible à tout le monde. Attribuer cette ignorance à la nature humaine n'est donc pas la calomnier; et c'est vous qui l'avez calomniée en lui imputant une malignité qu'elle n'a point.

[1] * Émile, livre II. — [2] Mandement, § VI.

Vous dites encore : « ¹Ne vouloir enseigner la « sagesse à l'homme que dans le temps qu'il sera « dominé par la fougue des passions naissantes, « n'est-ce pas la lui présenter dans le dessein qu'il « la rejette? » Voilà derechef une intention que vous avez la bonté de me prêter, et qu'assurément nul autre que vous ne trouvera dans mon livre. J'ai montré, premièrement, que celui qui sera élevé comme je veux ne sera pas dominé par les passions dans le temps que vous dites; j'ai montré encore comment les leçons de la sagesse pouvoient retarder le développement de ces mêmes passions. Ce sont les mauvais effets de votre éducation que vous imputez à la mienne, et vous m'objectez les défauts que je vous apprends à prévenir. Jusqu'à l'adolescence j'ai garanti des passions le cœur de mon élève; et quand elles sont prêtes à naître, j'en recule encore le progrès par des soins propres à les réprimer. Plus tôt, les leçons de la sagesse ne signifient rien pour l'enfant hors d'état d'y prendre intérêt et de les entendre; plus tard, elles ne prennent plus sur un cœur déjà livré aux passions. C'est au seul moment que j'ai choisi qu'elles sont utiles : soit pour l'armer ou pour le distraire, il importe également qu'alors le jeune homme en soit occupé.

Vous dites : « ²Pour trouver la jeunesse plus « docile aux leçons qu'il lui prépare, cet auteur

---

¹ Mandement, § IX. — ² Mandement, § V.

« veut qu'elle soit dénuée de tout principe de re-
« ligion. » La raison en est simple, c'est que je
veux qu'elle ait une religion, et que je ne lui veux
rien apprendre dont son jugement ne soit en état
de sentir la vérité. Mais moi, monseigneur, si je
disois : « Pour trouver la jeunesse plus docile aux
« leçons qu'on lui prépare, on a grand soin de la
« prendre avant l'âge de raison; » ferois-je un raisonnement plus mauvais que le vôtre? et seroit-ce
un préjugé bien favorable à ce que vous faites apprendre aux enfants? Selon vous, je choisis l'âge
de raison pour inculquer l'erreur; et vous, vous
prévenez cet âge pour enseigner la vérité. Vous
vous pressez d'instruire l'enfant avant qu'il puisse
décerner le vrai du faux; et moi, j'attends, pour
le tromper, qu'il soit en état de le connoître. Ce
jugement est-il naturel? et lequel paroît chercher
à séduire, de celui qui ne veut parler qu'à des
hommes, ou de celui qui s'adresse aux enfants?

Vous me censurez d'avoir dit et montré que
tout enfant qui croit en Dieu est idolâtre ou anthropomorphite, et vous combattez cela en disant « [1] qu'on ne peut supposer ni l'un ni l'autre
« d'un enfant qui a reçu une éducation chré-
« tienne. » Voilà ce qui est en question; reste à
voir la preuve. La mienne est que l'éducation la
plus chrétienne ne sauroit donner à l'enfant l'entendement qu'il n'a pas, ni détacher ses idées des

[1] Mandement, §. VII.

êtres matériels, au-dessus desquels tant d'hommes ne sauroient élever les leurs. J'en appelle de plus à l'expérience ; j'exhorte chacun des lecteurs à consulter sa mémoire, et à se rappeler si, lorsqu'il a cru en Dieu étant enfant, il ne s'en est pas toujours fait quelque image. Quand vous lui dites que « la Divinité n'est rien de ce qui peut tomber « sous les sens, » ou son esprit troublé n'entend rien, ou il entend qu'elle n'est rien. Quand vous lui parlez d'*une intelligence infinie*, il ne sait ce que c'est qu'*intelligence*, et il sait encore moins ce que c'est qu'*infini*. Mais vous lui ferez répéter après vous les mots qu'il vous plaira de lui dire ; vous lui ferez même ajouter, s'il le faut, qu'il les entend ; car cela ne coûte guère ; et il aime encore mieux dire qu'il les entend, que d'être grondé ou puni. Tous les anciens, sans excepter les Juifs, se sont représenté Dieu corporel ; et combien de chrétiens, surtout de catholiques, sont encore aujourd'hui dans ce cas-là ! Si vos enfants parlent comme des hommes, c'est parce que les hommes sont encore enfants. Voilà pourquoi les mystères entassés ne coûtent plus rien à personne ; les termes en sont tout aussi faciles à prononcer que d'autres. Une des commodités du christianisme moderne est de s'être fait un certain jargon de mots sans idées, avec lesquels on satisfait à tout, hors à la raison.

Par l'examen de l'intelligence qui mène à la

connoissance de Dieu, je trouve qu'il n'est pas raisonnable de croire cette connoissance ¹ *toujours nécessaire au salut.* Je cite en exemple les insensés, les enfants, et je mets dans la même classe les hommes dont l'esprit n'a pas acquis assez de lumières pour comprendre l'existence de Dieu. Vous dites là-dessus : « ² Ne soyons point surpris
« que l'auteur d'Émile remette à un temps si re-
« culé la connoissance de l'existence de Dieu; il
« ne la croit pas nécessaire au salut. » Vous commencez, pour rendre ma proposition plus dure, par supprimer charitablement le mot *toujours*, qui non seulement la modifie, mais qui lui donne un autre sens, puisque, selon ma phrase, cette connoissance est ordinairement nécessaire au salut, et qu'elle ne le seroit jamais selon la phrase que vous me prêtez. Après cette petite falsification vous poursuivez ainsi :

« Il est clair, dit-il par l'organe d'un personnage chimérique, il est clair que tel homme,
« parvenu jusqu'à la vieillesse sans croire en Dieu,
« ne sera pas pour cela privé de sa présence dans
« l'autre (vous avez omis le mot de *vie*), si son
« aveuglement n'a pas été volontaire, et je dis
« qu'il ne l'est pas toujours. »

Avant de transcrire ici votre remarque, permettez que je fasse la mienne. C'est que ce personnage prétendu chimérique, c'est moi-même,

¹ * Émile. — ² Mandement, § XI.

et non le vicaire; que ce passage, que vous avez cru être dans la Profession de foi, n'y est point, mais dans le corps même du livre. Monseigneur, vous lisez bien légèrement, vous citez bien négligemment les écrits que vous flétrissez si durement : je trouve qu'un homme en place, qui censure, devroit mettre un peu plus d'examen dans ses jugements. Je reprends à présent votre texte.

« Remarquez, M. T. C. F., qu'il ne s'agit point
« ici d'un homme qui seroit dépourvu de l'usage
« de sa raison, mais uniquement de celui dont la
« raison ne seroit point aidée de l'instruction. »
Vous affirmez ensuite «[1] qu'une telle prétention
« est souverainement absurde. Saint Paul assure
« qu'entre les philosophes païens plusieurs sont
« parvenus par les seules forces de la raison à la
« connoissance du vrai Dieu, » et là-dessus vous transcrivez son passage.

Monseigneur, c'est souvent un petit mal de ne pas entendre un auteur qu'on lit, mais c'en est un grand quand on le réfute, et un très-grand quand on le diffame. Or vous n'avez point entendu le passage de mon livre que vous attaquez ici, de même que beaucoup d'autres. Le lecteur jugera si c'est ma faute ou la vôtre quand j'aurai mis le passage entier sous ses yeux.

« Nous tenons (les réformés) que nul enfant

[1] Mandement, § XI.

« mort avant l'âge de raison ne sera privé du bon-
« heur éternel. Les catholiques croient la même
« chose de tous les enfants qui ont reçu le bap-
« tême, quoiqu'ils n'aient jamais entendu parler
« de Dieu. Il y a donc des cas où l'on peut être
« sauvé sans croire en Dieu; et ces cas ont lieu,
« soit dans l'enfance, soit dans la démence, quand
« l'esprit humain est incapable des opérations né-
« cessaires pour reconnoître la Divinité. Toute la
« différence que je vois ici entre vous et moi, est
« que vous prétendez que les enfants ont à sept
« ans cette capacité, et que je ne la leur accorde
» pas même à quinze. Que j'aie tort ou raison, il
« ne s'agit pas ici d'un article de foi, mais d'une
« simple observation d'histoire naturelle.

« Par le même principe, il est clair que tel
« homme, parvenu jusqu'à la vieillesse sans croire
« en Dieu, ne sera pas pour cela privé de sa pré-
« sence dans l'autre vie, si son aveuglement n'a
« pas été volontaire; et je dis qu'il ne l'est pas
« toujours. Vous en convenez pour les insensés,
« qu'une maladie prive de leurs facultés spiri-
« tuelles, mais non de leur qualité d'hommes, ni,
« par conséquent, du droit aux bienfaits de leur
« créateur. Pourquoi donc n'en pas convenir aussi
« pour ceux qui, séquestrés de toute société dès
« leur enfance, auroient mené une vie absolument
« sauvage, privés des lumières qu'on n'acquiert
« que dans le commerce des hommes; car il est

« d'une impossibilité démontrée qu'un pareil sau-
« vage pût jamais élever ses réflexions jusqu'à la
« connoissance du vrai Dieu. La raison nous dit
« qu'un homme n'est punissable que pour les fautes
« de sa volonté, et qu'une ignorance invincible
« ne lui sauroit être imputée à crime. D'où il suit
« que, devant la justice éternelle, tout homme
« qui croiroit, s'il avoit les lumières nécessaires,
« est réputé croire, et qu'il n'y aura d'incrédules
« punis que ceux dont le cœur se ferme à la vé-
« rité. »

Voilà mon passage entier, sur lequel votre erreur saute aux yeux. Elle consiste en ce que vous avez entendu ou fait entendre que, selon moi, il falloit avoir été instruit de l'existence de Dieu pour y croire. Ma pensée est fort différente. Je dis qu'il faut avoir l'entendement développé et l'esprit cultivé jusqu'à certain point pour être en état de comprendre les preuves de l'existence de Dieu, et surtout pour les trouver de soi-même sans en avoir jamais entendu parler. Je parle des hommes barbares ou sauvages; vous m'alléguez des philosophes : je dis qu'il faut avoir acquis quelque philosophie pour s'élever aux notions du vrai Dieu; vous citez saint Paul, qui reconnoît que quelques philosophes païens se sont élevés aux notions du vrai Dieu : je dis que tel homme grossier n'est pas toujours en état de se former de lui-même une idée juste de la Divinité; vous dites que les hommes instruits sont en état de se former une idée juste de la Divinité, et, sur cette unique preuve, mon opinion vous paroît *souverainement absurde*. Quoi! parce qu'un docteur en droit doit savoir les lois de son pays, est-il absurde de supposer qu'un enfant qui ne sait pas lire a pu les ignorer?

Quand un auteur ne veut pas se répéter sans cesse, et qu'il a une fois établi clairement son sentiment sur une matière, il n'est pas tenu de rapporter toujours les mêmes preuves en raisonnant sur le même sentiment : ses écrits s'expliquent alors les uns par les autres; et les derniers, quand il a de la méthode, supposent toujours les premiers. Voilà ce que j'ai toujours tâché de faire, et ce que j'ai fait, surtout dans l'occasion dont il s'agit.

Vous supposez, ainsi que ceux qui traitent de ces matières, que l'homme apporte avec lui sa raison toute formée, et qu'il ne s'agit que de la mettre en œuvre. Or, cela n'est pas vrai; car l'une des acquisitions de l'homme, et même des plus lentes, est la raison. L'homme apprend à voir des yeux de l'esprit ainsi que des yeux du corps: mais le premier apprentissage est bien plus long que l'autre, parce que les rapports des objets intellectuels, ne se mesurant pas comme l'étendue, ne se trouvent que par estimation, et que nos premiers besoins, nos besoins physiques, ne nous rendent pas l'examen de ces mêmes objets si intéressant.

Il faut apprendre à voir deux objets à la fois; il faut apprendre à les comparer entre eux ; il faut apprendre à comparer les objets en grand nombre, à remonter par degrés aux causes, à les suivre dans leurs effets ; il faut avoir combiné des infinités de rapports pour acquérir des idées de convenance, de proportion, d'harmonie et d'ordre. L'homme qui, privé du secours de ses semblables et sans cesse occupé de pourvoir à ses besoins, est réduit en toute chose à la seule marche de ses propres idées, fait un progrès bien lent de ce côté-là ; il vieillit et meurt avant d'être sorti de l'enfance de la raison. Pouvez-vous croire de bonne foi que, d'un million d'hommes élevés de cette manière, il y en eût un seul qui vînt à penser à Dieu?

L'ordre de l'univers, tout admirable qu'il est, ne frappe pas également tous les yeux. Le peuple y fait peu d'attention, manquant des connoissances qui rendent cet ordre sensible, et n'ayant point appris à réfléchir sur ce qu'il aperçoit. Ce n'est ni endurcissement ni mauvaise volonté; c'est ignorance, engourdissement d'esprit. La moindre méditation fatigue ces gens-là comme le moindre travail des bras fatigue un homme de cabinet. Ils ont ouï parler des œuvres de Dieu et des merveilles de la nature : ils répètent les mêmes mots sans y joindre les mêmes idées, et ils sont peu touchés de tout ce qui peut élever le sage à son-

créateur. Or si, parmi nous, le peuple, à portée de tant d'instruction, est encore si stupide, que seront ces pauvres gens abandonnés à eux-mêmes dès leur enfance, et qui n'ont jamais rien appris d'autrui ? Croyez-vous qu'un Cafre ou un Lapon philosophe beaucoup sur la marche du monde et sur la génération des choses ? Encore les Lapons et les Cafres, vivant en corps de nation, ont-ils des multitudes d'idées acquises et communiquées, à l'aide desquelles ils acquièrent quelques notions grossières d'une divinité ; ils ont en quelque façon leur catéchisme : mais l'homme sauvage, errant seul dans les bois, n'en a point du tout. Cet homme n'existe pas, direz-vous ; soit : mais il peut exister par supposition. Il existe certainement des hommes qui n'ont jamais eu d'entretien philosophique en leur vie, et dont tout le temps se consume à chercher leur nourriture, la dévorer, et dormir. Que ferons-nous de ces hommes-là, des Esquimaux, par exemple ? en ferons-nous des théologiens ?

Mon sentiment est donc que l'esprit de l'homme, sans progrès, sans instruction, sans culture, et tel qu'il sort des mains de la nature, n'est pas en état de s'élever de lui-même aux sublimes notions de la Divinité ; mais que ces notions se présentent à nous à mesure que notre esprit se cultive ; qu'aux yeux de tout homme qui a pensé, qui a réfléchi, Dieu se manifeste dans ses ouvrages ; qu'il se révèle aux gens éclairés dans le spectacle de la nature ; qu'il faut, quand on a les yeux ouverts, les fermer pour ne l'y pas voir; que tout philosophe athée est un raisonneur de mauvaise foi ou que son orgueil aveugle, mais qu'aussi tel homme stupide et grossier, quoique simple et vrai, tel esprit sans erreur et sans vice, peut, par une ignorance involontaire, ne pas remonter à l'auteur de son être, et ne pas concevoir ce que c'est que Dieu, sans que cette ignorance le rende punissable d'un défaut auquel son cœur n'a point consenti. Celui-ci n'est pas éclairé, et l'autre refuse de l'être : cela me paroît fort différent.

Appliquez à ce sentiment votre passage de saint Paul, et vous verrez qu'au lieu de le combattre, il le favorise; vous verrez que ce passage tombe uniquement sur ces sages prétendus à qui « ce « qui peut être connu de Dieu a été manifesté, à « qui la considération des choses qui ont été faites « dès la création du monde a rendu visible ce qui « est invisible en Dieu, mais qui, ne l'ayant point « glorifié et ne lui ayant point rendu grâces, se « sont perdus dans la vanité de leur raisonne- « ment, » et, ainsi demeurés sans excuse, « en se « disant sages, sont devenus fous. » La raison sur laquelle l'apôtre reproche aux philosophes de n'avoir pas glorifié le vrai Dieu, n'étant point applicable à ma supposition, forme une induction toute en ma faveur; elle confirme ce que j'ai dit moi-même, que tout « philosophe qui ne croit pas « a tort, parce qu'il use mal de la raison qu'il a « cultivée, et qu'il est en état d'entendre les vérités « qu'il rejette[1] : » elle montre enfin, par le passage même, que vous ne m'avez point entendu ; et, quand vous m'imputez d'avoir dit ce que je n'ai ni dit ni pensé, savoir, que l'on ne croit en Dieu que sur l'autorité d'autrui[2], vous avez tellement tort, qu'au contraire je n'ai fait que distinguer les cas où l'on peut connoître Dieu par soi-même, et les cas où l'on ne le peut que par le secours d'autrui.

Au reste, quand vous auriez raison dans cette critique, quand vous auriez solidement réfuté mon opinion, il ne s'ensuivroit pas de cela seul qu'elle fût souverainement absurde, comme il vous plaît de la qualifier : on peut se tromper sans tomber dans l'extravagance, et toute erreur n'est pas une absurdité. Mon respect pour vous me rendra moins prodigue d'épithètes, et ce ne sera pas ma faute si le lecteur trouve à les placer.

Toujours, avec l'arrangement de censurer sans entendre, vous passez d'une imputation grave et fausse à une autre qui l'est encore plus ; et, après

[1] * Émile, tome II, page 114 de cette édition.

[2] M. de Beaumont ne dit pas cela en propres termes ; mais c'est le seul sens raisonnable qu'on puisse donner à son texte, appuyé du passage de saint Paul ; et je ne puis répondre qu'à ce que j'entends. (Voyez son *Mandement*, § XI.)

m'avoir injustement accusé de nier l'évidence de la Divinité, vous m'accusez plus injustement d'en avoir révoqué l'unité en doute. Vous faites plus : vous prenez la peine d'entrer là-dessus en discussion, contre votre ordinaire ; et le seul endroit de votre mandement où vous ayez raison est celui où vous réfutez une extravagance que je n'ai pas dite.

Voici le passage que vous attaquez, ou plutôt votre passage où vous rapportez le mien ; car il faut que le lecteur me voie entre vos mains.

« [1] Je sais, fait-il dire au personnage supposé
« qui lui sert d'organe, je sais que le monde est
« gouverné par une volonté puissante et sage ; je
« le vois, ou plutôt je le sens, et cela m'importe
« à savoir. Mais ce même monde est-il éternel ou
« créé ? Y a-t-il un principe unique des choses ? y
« en a-t-il deux ou plusieurs ? et quelle est leur na-
« ture ? Je n'en sais rien. Et que m'importe ?....[2] Je
« renonce à des questions oiseuses qui peuvent
« inquiéter mon amour-propre, mais qui sont inu-
« tiles à ma conduite et supérieures à ma raison.

J'observe, en passant, que voici la seconde fois que vous qualifiez le prêtre savoyard de person-

---

[1] Mandement, § XIII.

[2] Ces points indiquent une lacune de deux lignes par lesquelles le passage est tempéré, et que M. de Beaumont n'a pas voulu transcrire*.

---

* Voici le contenu de ces deux lignes : « Que m'importe ? à mesure que ces connoissances me deviendront nécessaires, je m'efforcerai de les acquérir ; jusque-là je renonce... »

nage chimérique ou supposé. Comment êtes-vous instruit de cela, je vous supplie? J'ai affirmé ce que je savois; vous niez ce que vous ne savez pas: qui des deux est le téméraire? On sait, j'en conviens, qu'il y a peu de prêtres qui croient en Dieu; mais encore n'est-il pas prouvé qu'il n'y en ait point du tout. Je reprends votre texte.

« [1] Que veut donc dire cet auteur téméraire?...
« L'unité de Dieu lui paroît une question oiseuse et
« supérieure à sa raison; comme si la multiplicité
« des dieux n'étoit pas la plus grande des absur-
« dités! La pluralité des dieux, dit énergiquement
« Tertullien, est une nullité de Dieu. Admettre un
« Dieu, c'est admettre un Être suprême et indé-
« pendant auquel tous les autres êtres soient su-
« bordonnés [2]. Il implique donc qu'il y ait plusieurs
« dieux. »

Mais qui est-ce qui dit qu'il y a plusieurs dieux? Ah! monseigneur, vous voudriez bien que j'eusse dit de pareilles folies, vous n'auriez sûrement pas pris la peine de faire un mandement contre moi.

Je ne sais ni pourquoi ni comment ce qui est

[1] Mandement, § XIII.
[2] Tertullien fait ici un sophisme très-familier aux pères de l'Église; il définit le mot *Dieu* selon les chrétiens, et puis il accuse les païens de contradiction, parce que, contre sa définition, ils admettent plusieurs dieux. Ce n'étoit pas la peine de m'imputer une erreur que je n'ai pas commise, uniquement pour citer si hors de propos un sophisme de Tertullien.

est, et bien d'autres qui se piquent de le dire ne le savent pas mieux que moi ; mais je vois qu'il n'y a qu'une première cause motrice, puisque tout concourt sensiblement aux mêmes fins. Je reconnois donc une volonté unique et suprême qui dirige tout, et une puissance unique et suprême qui exécute tout. J'attribue cette puissance et cette volonté au même être, à cause de leur parfait accord qui se conçoit mieux dans un que dans deux, et parce qu'il ne faut pas sans raison multiplier les êtres : car le mal même que nous voyons n'est point un mal absolu, et, loin de combattre directement le bien, il concourt avec lui à l'harmonie universelle.

Mais ce par quoi les choses sont se distingue très-nettement sous deux idées ; savoir, la chose qui fait, et la chose qui est faite : même ces deux idées ne se réunissent pas dans le même être sans quelque effort d'esprit, et l'on ne conçoit guère une chose qui agit sans en supposer une autre sur laquelle elle agit. De plus, il est certain que nous avons l'idée de deux substances distinctes : savoir, l'esprit et la matière, ce qui pense et ce qui est étendu ; et ces deux idées se conçoivent très-bien l'une sans l'autre.

Il y a donc deux manières de concevoir l'origine des choses : savoir, ou dans deux causes diverses, l'une vive et l'autre morte, l'une motrice et l'autre mue, l'une active et l'autre passive, l'une efficiente et l'autre instrumentale; ou dans une cause unique qui tire d'elle seule tout ce qui est et tout ce qui se fait. Chacun de ces deux sentiments, débattus par les métaphysiciens depuis tant de siècles, n'en est pas devenu plus croyable à la raison humaine: et si l'existence éternelle et nécessaire de la matière a pour nous ses difficultés, sa création n'en a pas de moindres, puisque tant d'hommes et de philosophes, qui dans tous les temps ont médité sur ce sujet, ont tous unanimement rejeté la possibilité de la création, excepté peut-être un très-petit nombre qui paroissent avoir sincèrement soumis leur raison à l'autorité, sincérité que les motifs de leur intérêt, de leur sûreté, de leur repos, rendent fort suspecte; et dont il sera toujours impossible de s'assurer tant que l'on risquera quelque chose à parler vrai.

Supposé qu'il y ait un principe éternel et unique des choses, ce principe, étant simple dans son essence, n'est pas composé de matière et d'esprit, mais il est matière ou esprit seulement. Sur les raisons déduites par le vicaire, il ne sauroit concevoir que ce principe soit matière; et, s'il est esprit, il ne sauroit concevoir que par lui la matière ait reçu l'être; car il faudroit pour cela concevoir la création. Or l'idée de création, l'idée sous laquelle on conçoit que, par un simple acte de volonté, rien devient quelque chose, est, de toutes les idées qui ne sont pas clairement contradictoires, la moins compréhensible à l'esprit humain.

Arrêté des deux côtés par ces difficultés, le bon prêtre demeure indécis, et ne se tourmente point d'un doute de pure spéculation, qui n'influe en aucune manière sur ses devoirs en ce monde; car enfin que m'importe d'expliquer l'origine des êtres, pourvu que je sache comment ils subsistent, quelle place j'y dois remplir, et en vertu de quoi cette obligation m'est imposée.

Mais supposer deux principes[1] des choses, supposition que pourtant le vicaire ne fait point, ce n'est pas pour cela supposer deux dieux; à moins que, comme les manichéens, on suppose aussi ces principes tous deux actifs : doctrine absolument contraire à celle du vicaire, qui très-positivement n'admet qu'une intelligence première, qu'un seul principe actif, et par conséquent qu'un seul Dieu.

J'avoue bien que la création du monde étant clairement énoncée dans nos traductions de la Genèse, la rejeter positivement seroit à cet égard rejeter l'autorité, sinon des livres sacrés, au moins des traductions qu'on nous en donne : et c'est aussi ce qui tient le vicaire dans un doute qu'il

[1] Celui qui ne connoît que deux substances ne peut non plus imaginer que deux principes; et le terme, *ou plusieurs*, ajouté dans l'endroit cité, n'est là qu'une espèce d'explétif, servant tout au plus à faire entendre que le nombre de ces principes n'importe pas plus à connoître que leur nature.

n'auroit peut-être pas sans cette autorité; car d'ailleurs la coexistence des deux principes [1] semble expliquer mieux la constitution de l'univers, et lever les difficultés qu'on a peine à résoudre sans elle, comme entre autres celle de l'origine du mal. De plus, il faudroit entendre parfaitement l'hébreu, et même avoir été contemporain de Moïse, pour savoir certainement quel sens il a donné au mot qu'on nous rend par le mot *créa*. Ce terme est trop philosophique pour avoir eu dans son origine l'acception connue et populaire que nous lui donnons maintenant sur la foi de nos docteurs. Rien n'est moins rare que des mots dont le sens change par trait de temps, et qui font attribuer aux anciens auteurs qui s'en sont servis des idées qu'ils n'ont point eues. Le mot hébreu qu'on a traduit par *créer, faire quelque chose de rien*, signifie plutôt *faire produire quelque chose avec magnificence*. Rivet prétend même que ce mot hébreu *bara*, ni le mot grec qui lui répond, ni même le mot latin *creare*, ne peuvent se restrein-

---

[1] Il est bon de remarquer que cette question de l'éternité de la matière qui effarouche si fort nos théologiens, effarouchoit assez peu les pères de l'Église, moins éloignés des sentiments de Platon. Sans parler de Justin, martyr, d'Origène, et d'autres, Clément Alexandrin prend si bien l'affirmative dans ses hypotyposes, que Photius veut à cause de cela que ce livre ait été falsifié. Mais le même sentiment reparoît encore dans les Stromates, où Clément rapporte celui d'Héraclite sans l'improuver. Ce père, livre V, tâche à la vérité d'établir un seul principe, mais c'est parce qu'il refuse ce nom à la matière, même en admettant son éternité.

dre à cette signification particulière de *produire quelque chose de rien* : il est si certain du moins que le mot latin se prend dans un autre sens que Lucrèce, qui nie formellement la possibilité de toute création, ne laisse pas d'employer souvent le même terme pour exprimer la formation de l'univers et de ses parties. Enfin M. de Beausobre a prouvé [1] que la notion de la création ne se trouve point dans l'ancienne théologie judaïque; et vous êtes trop instruit, monseigneur, pour ignorer que beaucoup d'hommes, pleins de respect pour nos livres sacrés, n'ont cependant point reconnu dans le récit de Moïse l'absolue création de l'univers. Ainsi le vicaire, à qui le despotisme des théologiens n'en impose pas, peut très-bien, sans en être moins orthodoxe, douter s'il y a deux principes éternels des choses, ou s'il n'y en a qu'un. C'est un débat purement grammatical ou philosophique, où la révélation n'entre pour rien.

Quoi qu'il en soit, ce n'est pas de cela qu'il s'agit entre nous; et, sans soutenir les sentiments du vicaire, je n'ai rien à faire ici qu'à montrer vos torts.

Or vous avez tort d'avancer que l'unité de Dieu me paroît une question oiseuse et supérieure à la raison, puisque, dans l'écrit que vous censurez, cette unité est établie et soutenue par le raisonnement : et vous avez tort de vous étayer d'un passage de Tertullien pour conclure contre moi qu'il

[1] Histoire du Manichéisme, tome II.

implique qu'il y ait plusieurs dieux; car, sans avoir besoin de Tertullien, je conclus aussi de mon côté qu'il implique qu'il y ait plusieurs dieux.

Vous avez tort de me qualifier pour cela d'auteur téméraire, puisqu'où il n'y a point d'assertion, il n'y a point de témérité. On ne peut concevoir qu'un auteur soit un téméraire, uniquement pour être moins hardi que vous.

Enfin vous avez tort de croire avoir bien justifié les dogmes particuliers qui donnent à Dieu les passions humaines, et qui, loin d'éclaircir les notions du grand Être, les embrouillent et les avilissent, en m'accusant faussement d'embrouiller et d'avilir moi-même ces notions, d'attaquer directement l'essence divine, que je n'ai point attaquée, et de révoquer en doute son unité, que je n'ai point révoquée en doute. Si je l'avois fait, que s'ensuivroit-il? Récriminer n'est pas se justifier : mais celui qui, pour toute défense, ne sait que récriminer à faux, a bien l'air d'être seul coupable.

La contradiction que vous me reprochez dans le même lieu est tout aussi bien fondée que la précédente accusation. « Il ne sait, dites-vous, quelle
« est la nature de Dieu, et bientôt après il recon-
« noît que cet Être suprême est doué d'intelli-
« gence, de puissance, de volonté et de bonté :
« n'est-ce donc pas là avoir une idée de la nature
« divine? »

Voici, monseigneur, là-dessus ce que j'ai à vous dire :

« Dieu est intelligent ; mais comment l'est-il ? « L'homme est intelligent quand il raisonne, et la « suprême intelligence n'a pas besoin de raison- « ner ; il n'y a pour elle ni prémisses, ni consé- « quences ; il n'y a pas même de proposition ; elle « est purement intuitive, elle voit également tout « ce qui est et tout ce qui peut être ; toutes les vé- « rités ne sont pour elle qu'une seule idée, comme « tous les lieux un seul point et tous les temps un « seul moment. La puissance humaine agit par « des moyens ; la puissance divine agit par elle- « même : Dieu peut parce qu'il veut, sa volonté « fait son pouvoir. Dieu est bon, rien n'est plus « manifeste, mais la bonté dans l'homme est l'a- « mour de ses semblables, et la bonté de Dieu est « l'amour de l'ordre ; car c'est par l'ordre qu'il « maintient ce qui existe et lie chaque partie avec « le tout. Dieu est juste, j'en suis convaincu, c'est « une suite de sa bonté ; l'injustice des hommes « est leur œuvre et non pas la sienne ; le désordre « moral, qui dépose contre la Providence aux « yeux des philosophes, ne fait que la démontrer « aux miens. Mais la justice de l'homme est de « rendre à chacun ce qui lui appartient, et la jus- « tice de Dieu de demander compte à chacun de « ce qu'il lui a donné.

« Que si je viens à découvrir successivement ces

« attributs dont je n'ai nulle idée absolue, c'est par
« des conséquences forcées, c'est par le bon usage
« de ma raison : mais je les affirme sans les com-
« prendre, et dans le fond c'est n'affirmer rien.
« J'ai beau me dire, Dieu est ainsi ; je le sens, je
« me le prouve : je n'en conçois pas mieux com-
« ment Dieu peut être ainsi.

« Enfin, plus je m'efforce de contempler son
« essence infinie, moins je la conçois : mais elle
« est, cela me suffit; moins je la conçois, plus je
« l'adore. Je m'humilie et lui dis : Être des êtres,
« je suis parce que tu es, c'est m'élever à ma
« source que de te méditer sans cesse; le plus
« digne usage de raison est de s'anéantir devant
« toi; c'est mon ravissement d'esprit, c'est le
« charme de ma foiblesse de me sentir accablé de
« ta grandeur. »

Voilà ma réponse, et je la crois péremptoire. Faut-il vous dire à présent où je l'ai prise ? je l'ai tirée mot à mot de l'endroit même que vous accusez de contradiction[1]. Vous en usez comme tous mes adversaires, qui, pour me réfuter, ne font qu'écrire les objections que je me suis faites, et supprimer mes solutions. La réponse est déjà toute prête; c'est l'ouvrage qu'ils ont réfuté.

Nous avançons, monseigneur, vers les discussions les plus importantes.

Après avoir attaqué mon système et mon livre,

[1] * Émile.

vous attaquez aussi ma religion; et parce que le vicaire catholique fait des objections contre son Église, vous cherchez à me faire passer pour ennemi de la mienne : comme si proposer des difficultés sur un sentiment, c'étoit y renoncer; comme si toute connoissance humaine n'avoit pas les siennes; comme si la géométrie elle-même n'en avoit pas, ou que les géomètres se fissent une loi de les taire pour ne pas nuire à la certitude de leur art !

La réponse que j'ai d'avance à vous faire, est de vous déclarer, avec ma franchise ordinaire, mes sentiments en matière de religion, tels que je les ai professés dans tous mes écrits, et tels qu'ils ont toujours été dans ma bouche et dans mon cœur. Je vous dirai de plus pourquoi j'ai publié la Profession de foi du vicaire, et pourquoi, malgré tant de clameurs, je la tiendrai toujours pour l'écrit le meilleur et le plus utile dans le siècle où je l'ai publiée. Les bûchers ni les décrets ne me feront point changer de langage ; les théologiens, en m'ordonnant d'être humble, ne me feront point être faux ; et les philosophes, en me taxant d'hypocrisie, ne me feront point professer l'incrédulité. Je dirai ma religion, parce que j'en ai une ; et je la dirai hautement, parce que j'ai le courage de la dire, et qu'il seroit à désirer pour le bien des hommes que ce fût celle du genre humain.

Monseigneur, je suis chrétien, et sincèrement

chrétien, non comme un disciple des prêtres, mais comme un disciple de Jésus-Christ. Mon maître a peu subtilisé sur le dogme et beaucoup insisté sur les devoirs : il prescrivoit moins d'articles de foi que de bonnes œuvres ; il n'ordonnoit de croire que ce qui étoit nécessaire pour être bon ; quand il résumoit la loi et les prophètes, c'étoit bien plus dans les actes de vertu que dans des formules de croyance [1] ; et il m'a dit par lui-même et par ses apôtres que celui qui aime son frère a accompli la loi [2].

Moi, de mon côté très-convaincu des vérités essentielles au christianisme, lesquelles servent de fondement à toute bonne morale, cherchant au surplus à nourrir mon cœur de l'esprit de l'Évangile sans tourmenter ma raison de ce qui m'y paroît obscur ; enfin, persuadé que quiconque aime Dieu par-dessus toute chose et son prochain comme soi-même est un vrai chrétien, je m'efforce de l'être, laissant à part toutes ces subtilités de doctrine, tous ces importants galimatias dont les pharisiens embrouillent nos devoirs et offusquent notre foi, et mettant avec saint Paul la foi même au-dessous de la charité [3].

Heureux d'être né dans la religion la plus raisonnable et la plus sainte qui soit sur la terre, je reste inviolablement attaché au culte de mes pères : comme eux je prends l'Écriture et la raison pour

[1] Matth., VII, 12. — [2] Galat., V, 14. — [3] I. Cor., XIII, 2, 13.

les uniques règles de ma croyance; comme eux je récuse l'autorité des hommes, et n'entends me soumettre à leurs formules qu'autant que j'en aperçois la vérité; comme eux je me réunis de cœur avec les vrais serviteurs de Jésus-Christ et les vrais adorateurs de Dieu pour lui offrir dans la communion des fidèles les hommages de son Église. Il m'est consolant et doux d'être compté parmi ses membres, de participer au culte public qu'ils rendent à la Divinité, et de me dire au milieu d'eux, Je suis avec mes frères.

Pénétré de reconnoissance pour le digne pasteur qui, résistant au torrent de l'exemple, et jugeant dans la vérité, n'a point exclus de l'Église un défenseur de la cause de Dieu, je conserverai toute ma vie un tendre souvenir de sa charité vraiment chrétienne. Je me ferai toujours une gloire d'être compté dans son troupeau, et j'espère n'en point scandaliser les membres, ni par mes sentiments ni par ma conduite. Mais lorsque d'injustes prêtres, s'arrogeant des droits qu'ils n'ont pas, voudront se faire les arbitres de ma croyance, et viendront me dire arrogamment, Rétractez-vous, déguisez-vous, expliquez ceci, désavouez cela; leurs hauteurs ne m'en imposeront point; ils ne me feront point mentir pour être orthodoxe, ni dire pour leur plaire ce que je ne pense pas. Que si ma véracité les offense, et qu'ils veuillent me retrancher de l'Église, je craindrai peu cette menace dont l'exécution n'est pas en leur pouvoir. Ils ne m'empêcheront pas d'être uni de cœur avec les fidèles ; ils ne m'ôteront pas du rang des élus si j'y suis inscrit. Ils peuvent m'en ôter les consolations dans cette vie, mais non l'espoir dans celle qui doit la suivre ; et c'est là que mon vœu le plus ardent et le plus sincère est d'avoir Jésus-Christ même pour arbitre et pour juge entre eux et moi.

Tels sont, monseigneur, mes vrais sentiments, que je ne donne pour règle à personne ; mais que je déclare être les miens, et qui resteront tels tant qu'il plaira, non aux hommes, mais à Dieu, seul maître de changer mon cœur et ma raison ; car aussi long-temps que je serai ce que je suis et que je penserai comme je pense, je parlerai comme je parle : bien différent, je l'avoue, de vos chrétiens en effigie, toujours prêts à croire ce qu'il faut croire, ou à dire ce qu'il faut dire, pour leur intérêt ou pour leur repos, et toujours sûrs d'être assez bons chrétiens, pourvu qu'on ne brûle pas leurs livres et qu'ils ne soient pas décrétés. Ils vivent en gens persuadés que non seulement il faut confesser tel et tel article, mais que cela suffit pour aller en paradis ; et moi je pense, au contraire, que l'essentiel de la religion consiste en pratique ; que non seulement il faut être homme de bien, miséricordieux, humain, charitable, mais que quiconque est vraiment tel en croit assez pour être sauvé. J'avoue au reste que leur doctrine est plus commode que la mienne, et qu'il en coûte bien moins de se mettre au nombre des fidèles par des opinions que par des vertus.

Que si j'ai dû garder ces sentiments pour moi seul, comme ils ne cessent de le dire ; si, lorsque j'ai eu le courage de les publier et de me nommer, j'ai attaqué les lois et troublé l'ordre public, c'est ce que j'examinerai tout à l'heure. Mais qu'il me soit permis auparavant de vous supplier, monseigneur, vous et tous ceux qui liront cet écrit, d'ajouter quelque foi aux déclarations d'un ami de la vérité, et de ne pas imiter ceux qui, sans preuve, sans vraisemblance, et sur le seul témoignage de leur propre cœur, m'accusent d'athéisme et d'irréligion contre des protestations si positives, et que rien de ma part n'a jamais démenties. Je n'ai pas trop, ce me semble, l'air d'un homme qui se déguise, et il n'est pas aisé de voir quel intérêt j'aurois à me déguiser ainsi. L'on doit présumer que celui qui s'exprime si librement sur ce qu'il ne croit pas, est sincère en ce qu'il dit croire; et quand ses discours, sa conduite et ses écrits sont toujours d'accord sur ce point, quiconque ose affirmer qu'il ment, et n'est pas un dieu, ment infailliblement lui-même.

Je n'ai pas toujours eu le bonheur de vivre seul; j'ai fréquenté des hommes de toute espèce; j'ai vu des gens de tous les partis, des croyants de toutes les sectes, des esprits forts de tous les systèmes;

j'ai vu des grands, des petits, des libertins, des philosophes; j'ai vu des amis sûrs et d'autres qui l'étoient moins; j'ai été environné d'espions, de malveillants, et le monde est plein de gens qui me haïssent à cause du mal qu'ils m'ont fait. Je les adjure tous, quels qu'ils puissent être, de déclarer au public ce qu'ils savent de ma croyance en matière de religion; si dans le commerce le plus suivi, si dans la plus étroite familiarité, si dans la gaieté des repas, si dans les confidences du tête-à-tête, ils m'ont jamais trouvé différent de moi-même; si, lorsqu'ils ont voulu disputer ou plaisanter, leurs arguments ou leurs railleries m'ont un moment ébranlé; s'ils m'ont surpris à varier dans mes sentiments; si dans le secret de mon cœur ils en ont pénétré que je cachois au public; si, dans quelque temps que ce soit, ils ont trouvé en moi une ombre de fausseté ou d'hypocrisie; qu'ils le disent, qu'ils révèlent tout, qu'ils me dévoilent; j'y consens, je les en prie, je les dispense du secret de l'amitié; qu'ils disent hautement, non ce qu'ils voudroient que je fusse, mais ce qu'ils savent que je suis : qu'ils me jugent selon leur conscience; je leur confie mon honneur sans crainte, et je promets de ne les point récuser.

Que ceux qui m'accusent d'être sans religion, parce qu'ils ne conçoivent pas qu'on en puisse avoir une, s'accordent au moins s'ils peuvent entre eux. Les uns ne trouvent dans mes livres qu'un système d'athéisme; les autres disent que je rends gloire à Dieu dans mes livres sans y croire au fond de mon cœur. Ils taxent mes écrits d'impiété et mes sentiments d'hypocrisie. Mais si je prêche en public l'athéisme, je ne suis donc pas un hypocrite; et si j'affecte une foi que je n'ai point, je n'enseigne donc pas l'impiété. En entassant des imputations contradictoires, la calomnie se découvre elle-même : mais la malignité est aveugle, et la passion ne raisonne pas.

Je n'ai pas, il est vrai, cette foi dont j'entends se vanter tant de gens d'une probité si médiocre, cette foi robuste qui ne doute jamais de rien, qui croit sans façon tout ce qu'on lui présente à croire, et qui met à part ou dissimule les objections qu'elle ne sait pas résoudre. Je n'ai pas le bonheur de voir dans la révélation l'évidence qu'ils y trouvent; et si je me détermine pour elle, c'est parce que mon cœur m'y porte, qu'elle n'a rien que de consolant pour moi, et qu'à la rejeter les difficultés ne sont pas moindres; mais ce n'est pas parce que je la vois démontrée, car très-sûrement elle ne l'est pas à mes yeux. Je ne suis pas même assez instruit, à beaucoup près, pour qu'une démonstration qui demande un si profond savoir, soit jamais à ma portée. N'est-il pas plaisant que moi, qui propose ouvertement mes objections et mes doutes, je sois l'hypocrite, et que tous ces gens si décidés, qui disent sans cesse croire fermement ceci et cela, que ces gens, si sûrs de tout, sans avoir pourtant de meilleures preuves que les miennes, que ces gens enfin dont la plupart ne sont guère plus savants que moi, et qui, sans lever les difficultés, me reprochent de les avoir proposées, soient les gens de bonne foi.

Pourquoi serois-je un hypocrite? et que gagnerois-je à l'être? J'ai attaqué tous les intérêts particuliers, j'ai suscité contre moi tous les partis, je n'ai soutenu que la cause de Dieu et de l'humanité : et qui est-ce qui s'en soucie? Ce que j'en ai dit n'a pas même fait la moindre sensation, et pas une ame ne m'en a su gré. Si je me fusse ouvertement déclaré pour l'athéisme, les dévots ne m'auroient pas fait pis, et d'autres ennemis non moins dangereux ne me porteroient point leurs coups en secret. Si je me fusse ouvertement déclaré pour l'athéisme, les uns m'eussent attaqué avec plus de réserve, en me voyant défendu par les autres et disposé moi-même à la vengeance : mais un homme qui craint Dieu n'est guère à craindre; son parti n'est pas redoutable; il est seul ou à peu près, et l'on est sûr de pouvoir lui faire beaucoup de mal avant qu'il songe à le rendre. Si je me fusse ouvertement déclaré pour l'athéisme, en me séparant ainsi de l'Église, j'aurois ôté tout d'un coup à ses ministres le moyen de me harceler sans cesse et de me faire endurer toutes leurs petites tyrannies; je n'aurois point essuyé tant d'ineptes censures, et, au lieu de me blâmer si aigrement d'avoir écrit, il eût fallu me réfuter, ce qui n'est pas tout-à-fait si facile. Enfin si je me fusse ouvertement déclaré pour l'athéisme, on eût d'abord un peu clabaudé, mais on m'eût bientôt laissé en paix comme tous les autres; le peuple du Seigneur n'eût point pris inspection sur moi, chacun n'eût point cru me faire grâce en ne me traitant pas en excommunié, et j'eusse été quitte à quitte avec tout le monde; les saintes en Israël ne m'auroient point écrit des lettres anonymes, et leur charité ne se fût point exhalée en dévotes injures; elles n'eussent point pris la peine de m'assurer humblement que j'étois un scélérat, un monstre exécrable, et que le monde eût été trop heureux si quelque bonne ame eût pris soin de m'étouffer au berceau : d'honnêtes gens, de leur côté, me regardant alors comme un réprouvé, ne se tourmenteroient et ne me tourmenteroient point pour me ramener dans la bonne voie; ils ne me tirailleroient pas à droite et à gauche, ils ne m'étoufferoient pas sous le poids de leurs sermons, ils ne me forceroient pas de bénir leur zèle en maudissant leur importunité, et de sentir avec reconnoissance qu'ils sont appelés à me faire périr d'ennui.

Monseigneur, si je suis un hypocrite, je suis un fou, puisque, pour ce que je demande aux hommes, c'est une grande folie de se mettre en frais de fausseté. Si je suis un hypocrite, je suis un sot; car il faut l'être beaucoup pour ne pas voir que le chemin que j'ai pris ne mène qu'à des malheurs dans cette vie, et que, quand j'y pourrois trouver quelque avantage, je n'en puis profiter sans me démentir. Il est vrai que j'y suis à temps encore; je n'ai qu'à vouloir un moment tromper les hommes, et je mets à mes pieds tous mes ennemis. Je n'ai point encore atteint la vieillesse; je puis avoir long-temps à souffrir; je puis voir changer derechef le public sur mon compte : mais si jamais j'arrive aux honneurs et à la fortune, par quelque route que j'y parvienne, alors je serai un hypocrite, cela est sûr.

La gloire de l'ami de la vérité n'est point attachée à telle opinion plutôt qu'à telle autre : quoi qu'il dise, pourvu qu'il le pense, il tend à son but. Celui qui n'a d'autre intérêt que d'être vrai n'est point tenté de mentir, et il n'y a nul homme sensé qui ne préfère le moyen le plus simple, quand il est aussi le plus sûr. Mes ennemis auront beau faire avec leurs injures, ils ne m'ôteront point l'honneur d'être un homme véridique en toute chose, d'être le seul auteur de mon siècle et de beaucoup d'autres qui ait écrit de bonne foi, et qui n'ait dit que ce qu'il a cru : ils pourront un moment souiller ma réputation à force de rumeurs et de calomnies, mais elle en triomphera tôt ou tard; car, tandis qu'ils varieront dans leurs imputations ridicules, je resterai toujours le même, et, sans autre art que ma franchise, j'ai de quoi les désoler toujours.

Mais cette franchise est déplacée avec le public! Mais toute vérité n'est pas bonne à dire! Mais, bien que tous les gens sensés pensent comme vous, il n'est pas bon que le vulgaire pense ainsi! Voilà ce qu'on me crie de toutes parts ; voilà peut-être ce que vous me diriez vous-même si nous étions tête-à-tête dans votre cabinet. Tels sont les hommes : ils changent de langage comme d'habit ; ils ne disent la vérité qu'en robe-de-chambre ; en habit de parade ils ne savent plus que mentir ; et non seulement ils sont trompeurs et fourbes à la face du genre humain, mais ils n'ont pas honte de punir contre leur conscience quiconque ose n'être pas fourbe et trompeur public comme eux. Mais ce principe est-il bien vrai, que toute vérité n'est pas bonne à dire? Quand il le seroit, s'ensuivroit-il que nulle erreur ne fût bonne à détruire? et toutes les folies des hommes sont-elles si saintes qu'il n'y en ait aucune qu'on ne doive respecter? Voilà ce qu'il conviendroit d'examiner avant de me donner pour loi une maxime suspecte et vague, qui, fût-elle vraie en elle-même, peut pécher par son application.

J'ai grande envie, monseigneur, de prendre ici ma méthode ordinaire, et de donner l'histoire de mes idées pour toute réponse à mes accusateurs.

Je crois ne pouvoir mieux justifier tout ce que j'ai osé dire, qu'en disant encore tout ce que j'ai pensé.

Sitôt que je fus en état d'observer les hommes, je les regardois faire, et je les écoutois parler; puis, voyant que leurs actions ne ressembloient point à leurs discours, je cherchai la raison de cette dissemblance, et je trouvai qu'être et paroître étant pour eux deux choses aussi différentes qu'agir et parler, cette deuxième différence étoit la cause de l'autre, et avoit elle-même une cause qui me restoit à chercher.

Je la trouvai dans notre ordre social, qui, de tout point contraire à la nature que rien ne détruit, la tyrannise sans cesse, et lui fait sans cesse réclamer ses droits. Je suivis cette contradiction dans ses conséquences, et je vis qu'elle expliquoit seule tous les vices des hommes et tous les maux de la société. D'où je conclus qu'il n'étoit pas nécessaire de supposer l'homme méchant par sa nature, lorsqu'on pouvoit marquer l'origine et le progrès de sa méchanceté. Ces réflexions me conduisirent à de nouvelles recherches sur l'esprit humain considéré dans l'état civil, et je trouvai qu'alors le développement des lumières et des vices se faisoit toujours en même raison, non dans les individus, mais dans les peuples : distinction que j'ai toujours soigneusement faite, et qu'aucun de ceux qui m'ont attaqué n'a jamais pu concevoir.

J'ai cherché la vérité dans les livres; je n'y ai trouvé que le mensonge et l'erreur. J'ai consulté les auteurs; je n'ai trouvé que des charlatans qui se font un jeu de tromper les hommes, sans autre loi que leur intérêt, sans autre dieu que leur réputation : prompts à décrier les chefs qui ne les traitent pas à leur gré, plus prompts à louer l'iniquité qui les paie. En écoutant les gens à qui l'on permet de parler en public, j'ai compris qu'ils n'osent ou ne veulent dire que ce qui convient à ceux qui commandent, et que, payés par le fort pour prêcher le foible, ils ne savent parler au dernier que de ses devoirs, et à l'autre que de ses droits. Toute l'instruction publique tendra toujours au mensonge, tant que ceux qui la dirigent trouveront leur intérêt à mentir; et c'est pour eux seulement que la vérité n'est pas bonne à dire. Pourquoi serois-je le complice de ces gens-là?

Il y a des préjugés qu'il faut respecter. Cela peut être; mais c'est quand d'ailleurs tout est dans l'ordre, et qu'on ne peut ôter ces préjugés sans ôter aussi ce qui les rachète; on laisse alors le mal pour l'amour du bien. Mais lorsque tel est l'état des choses que plus rien ne sauroit changer qu'en mieux, les préjugés sont-ils si respectables qu'il faille leur sacrifier la raison, la vertu, la justice, et tout le bien que la vérité pourroit faire aux hommes ? Pour moi, j'ai promis de la dire en toute chose utile, autant qu'il seroit en moi; c'est un engagement que j'ai dû remplir selon mon talent, et que sûrement un autre ne remplira pas à ma place, puisque, chacun se devant à tous, nul ne peut payer pour autrui. « La divine vérité, dit « Augustin, n'est ni à moi, ni à vous, ni à lui, « mais à nous tous, qu'elle appelle avec force à la « publier de concert, sous peine d'être inutile à « nous-mêmes si nous ne la communiquons aux « autres : car quiconque s'approprie à lui seul un « bien dont Dieu veut que tous jouissent perd par « cette usurpation ce qu'il dérobe au public, et « ne trouve qu'erreur en lui-même pour avoir « trahi la vérité [1]. »

Les hommes ne doivent point être instruits à demi. S'ils doivent rester dans l'erreur, que ne les laissiez-vous dans l'ignorance ? A quoi bon tant d'écoles et d'universités pour ne leur apprendre rien de ce qui leur importe à savoir ? Quel est donc l'objet de vos colléges, de vos académies, de tant de fondations savantes ? Est-ce de donner le change au peuple, d'altérer sa raison d'avance, et de l'empêcher d'aller au vrai ? Professeurs de mensonge, c'est pour l'abuser que vous feignez de l'instruire, et, comme ces brigands qui mettent des fanaux sur les écueils, vous l'éclairez pour le perdre.

Voilà ce que je pensois en prenant la plume ; en la quittant je n'ai pas lieu de changer de senti-

---

[1] August. *Confess.* lib. xii, cap. xxv.

ment. J'ai toujours vu que l'instruction publique avoit deux défauts essentiels qu'il étoit impossible d'en ôter. L'un est la mauvaise foi de ceux qui la donnent, et l'autre l'aveuglement de ceux qui la reçoivent. Si des hommes sans passions instruisoient des hommes sans préjugés, nos connoissances resteroient plus bornées, mais plus sûres, et la raison régneroit toujours. Or, quoi qu'on fasse, l'intérêt des hommes publics sera toujours le même; mais les préjugés du peuple, n'ayant aucune base fixe, sont plus variables; ils peuvent être altérés, changés, augmentés, ou diminués. C'est donc de ce côté seul que l'instruction peut avoir quelque prise, et c'est là que doit tendre l'ami de la vérité. Il peut espérer de rendre le peuple plus raisonnable, mais non ceux qui le mènent plus honnêtes gens.

J'ai vu dans la religion la même fausseté que dans la politique; et j'en ai été beaucoup plus indigné : car le vice du gouvernement ne peut rendre les sujets malheureux que sur la terre : mais qui sait jusqu'où les erreurs de la conscience peuvent nuire aux infortunés mortels? J'ai vu qu'on avoit des professions de foi, des doctrines, des cultes qu'on suivoit sans y croire, et que rien de tout cela, ne pénétrant ni le cœur ni la raison, n'influoit que très-peu sur la conduite. Monseigneur, il vous faut parler sans détour. Le vrai croyant ne peut s'accommoder de toutes ces simagrées : il sent que l'homme est un être intelligent auquel il faut un culte raisonnable, et un être sociable auquel il faut une morale faite pour l'humanité. Trouvons premièrement ce culte et cette morale, cela sera de tous les hommes; et puis, quand il faudra des formules nationales, nous en examinerons les fondements, les rapports, les convenances; et, après avoir dit ce qui est de l'homme, nous dirons ensuite ce qui est du citoyen. Ne faisons pas surtout comme votre M. Joly de Fleury, qui, pour établir son jansénisme, veut déraciner toute loi naturelle et toute obligation qui lie entre eux les humains, de sorte que, selon lui, le chrétien et l'infidèle qui contractent entre eux ne sont tenus à rien du tout l'un envers l'autre, puisqu'il n'y a point de loi commune à tous les deux.

Je vois donc deux manières d'examiner et comparer les religions diverses : l'une selon le vrai et le faux qui s'y trouvent, soit quant aux faits naturels ou surnaturels sur lesquels elles sont établies, soit quant aux notions que la raison nous donne de l'Être suprême et du culte qu'il veut de nous; l'autre selon leurs effets temporels et moraux sur la terre, selon le bien ou le mal qu'elles peuvent faire à la société et au genre humain. Il ne faut pas, pour empêcher ce double examen, commencer par décider que ces deux choses vont toujours ensemble, et que la religion la plus vraie est aussi la plus sociale : c'est précisément ce qui est en question; et il ne faut pas d'abord crier que celui qui traite cette question est un impie, un athée, puisque autre chose est de croire, et autre chose d'examiner l'effet de ce que l'on croit.

Il paroît pourtant certain, je l'avoue, que, si l'homme est fait pour la société, la religion la plus vraie est aussi la plus sociale et la plus humaine; car Dieu veut que nous soyons tels qu'il nous a faits, et s'il étoit vrai qu'il nous eût faits méchants, ce seroit lui désobéir que de vouloir cesser de l'être. De plus, la religion, considérée comme une relation entre Dieu et l'homme, ne peut aller à la gloire de Dieu que par le bien-être de l'homme, puisque l'autre terme de la relation, qui est Dieu, est par sa nature au-dessus de tout ce que peut l'homme pour ou contre lui.

Mais ce sentiment, tout probable qu'il est, est sujet à de grandes difficultés par l'historique et les faits qui le contrarient. Les Juifs étoient les ennemis nés de tous les autres peuples, et ils commencèrent leur établissement par détruire sept nations, selon l'ordre exprès qu'ils en avoient reçu. Tous les chrétiens ont eu des guerres de religion, et la guerre est nuisible aux hommes; tous les partis ont été persécuteurs et persécutés, et la persécution est nuisible aux hommes; plusieurs sectes vantent le célibat, et le célibat est si nuisible[1] à

[1] La continence et la pureté ont leur usage, même pour la po-

l'espèce humaine, que, s'il étoit suivi partout, elle périroit. Si cela ne fait pas preuve pour décider, cela fait raison pour examiner; et je ne demandois autre chose sinon qu'on permît cet examen.

Je ne dis ni ne pense qu'il n'y ait aucune bonne religion sur la terre; mais je dis, et il est trop vrai, qu'il n'y en a aucune, parmi celles qui sont ou qui ont été dominantes, qui n'ait fait à l'humanité des plaies cruelles. Tous les partis ont tourmenté leurs frères, tous ont offert à Dieu des sacrifices de sang humain. Quelle que soit la source

pulation : il est toujours beau de se commander à soi-même, et l'état de virginité est par ces raisons très-digne d'estime : mais il ne s'ensuit pas qu'il soit beau, ni bon, ni louable, de persévérer toute la vie dans cet état, en offensant la nature et en trompant sa destination. L'on a plus de respect pour une jeune vierge nubile que pour une jeune femme; mais on en a plus pour une mère de famille que pour une vieille fille, et cela me paroît très-sensé. Comme on ne se marie pas en naissant, et qu'il n'est pas même à propos de se marier fort jeune, la virginité, que tous ont dû porter et honorer, a sa nécessité, son utilité, son prix et sa gloire; mais c'est pour aller, quand il convient, déposer toute sa pureté dans le mariage. Quoi! disent-ils de leur air bêtement triomphant, des célibataires prêchent le nœud conjugal! pourquoi donc ne se marient-ils pas? Ah! pourquoi? parce qu'un état si saint et si doux en lui-même est devenu, par vos sottes institutions, un état malheureux et ridicule, dans lequel il est désormais presque impossible de vivre sans être un fripon ou un sot. Sceptres de fer, lois insensées, c'est à vous que nous reprochons de n'avoir pu remplir nos devoirs sur la terre, et c'est par nous que le cri de la nature s'élève contre votre barbarie. Comment osez-vous la pousser jusqu'à nous reprocher la misère où vous nous avez réduits?

de ces contradictions, elles existent : est-ce un crime de vouloir les ôter?

La charité n'est point meurtrière; l'amour du prochain ne porte point à le massacrer. Ainsi le zèle du salut des hommes n'est point la cause des persécutions; c'est l'amour-propre et l'orgueil qui en sont la cause. Moins un culte est raisonnable, plus on cherche à l'établir par la force : celui qui professe une doctrine insensée ne peut souffrir qu'on ose la voir telle qu'elle est. La raison devient alors le plus grand des crimes; à quelque prix que ce soit il faut l'ôter aux autres, parce qu'on a honte d'en manquer à leurs yeux. Ainsi l'intolérance et l'inconséquence ont la même source. Il faut sans cesse intimider, effrayer les hommes. Si vous les livrez un moment à leur raison, vous êtes perdus.

De cela seul il suit que c'est un grand bien à faire aux peuples dans ce délire que de leur apprendre à raisonner sur la religion : car c'est les rapprocher des devoirs de l'homme, c'est ôter le poignard à l'intolérance, c'est rendre à l'humanité tous ses droits. Mais il faut remonter à des principes généraux et communs à tous les hommes; car si, voulant raisonner, vous laissez quelque prise à l'autorité des prêtres, vous rendez au fanatisme son arme, et vous lui fournissez de quoi devenir plus cruel.

Celui qui aime la paix ne doit point recourir à des livres, c'est le moyen de ne rien finir. Les livres sont des sources de disputes intarissables : parcourez l'histoire des peuples, ceux qui n'ont point de livres ne disputent point. Voulez-vous asservir les hommes à des autorités humaines; l'un sera plus près, l'autre plus loin de la preuve; ils en seront diversement affectés : avec la bonne foi la plus entière, avec le meilleur jugement du monde, il est impossible qu'ils soient jamais d'accord. N'argumentez point sur des arguments et ne vous fondez point sur des discours. Le langage humain n'est pas assez clair. Dieu lui-même, s'il daignoit nous parler dans nos langues, ne nous diroit rien sur quoi l'on ne pût disputer.

Nos langues sont l'ouvrage des hommes, et les hommes sont bornés. Nos langues sont l'ouvrage des hommes, et les hommes sont menteurs. Comme il n'y a point de vérité si clairement énoncée où l'on ne puisse trouver quelque chicane à faire, il n'y a point de si grossier mensonge qu'on ne puisse étayer de quelque fausse raison.

Supposons qu'un particulier vienne à minuit nous crier qu'il est jour, on se moquera de lui : mais laissez à ce particulier le temps et les moyens de se faire une secte, tôt ou tard ses partisans viendront à bout de vous prouver qu'il disoit vrai : car enfin, diront-ils, quand il a prononcé qu'il étoit jour, il étoit jour en quelque lieu de la terre, rien n'est plus certain. D'autres, ayant établi qu'il y a toujours dans l'air quelques particules de lumière, soutiendront qu'en un autre sens encore il est très-vrai qu'il est jour la nuit. Pourvu que les gens subtils s'en mêlent, bientôt on vous fera voir le soleil en plein minuit. Tout le monde ne se rendra pas à cette évidence. Il y aura des débats qui dégénéreront, selon l'usage, en guerres et en cruautés. Les uns voudront des explications, les autres n'en voudront point; l'un voudra prendre la proposition au figuré; l'autre au propre. L'un dira : Il a dit à minuit qu'il étoit jour, et il étoit nuit. L'autre dira : Il a dit à minuit qu'il étoit jour, et il étoit jour. Chacun taxera de mauvaise foi le parti contraire, et n'y verra que des obstinés. On finira par se battre, se massacrer, les flots de sang couleront de toutes parts; et si la nouvelle secte est enfin victorieuse, il restera démontré qu'il est jour la nuit. C'est à peu près l'histoire de toutes les querelles de religion.

La plupart des cultes nouveaux s'établissent par le fanatisme, et se maintiennent par l'hypocrisie ; de là vient qu'ils choquent la raison, et ne mènent point à la vertu. L'enthousiasme et le délire ne raisonnent pas; tant qu'ils durent, tout passe, et l'on marchande peu sur les dogmes : cela est d'ailleurs si commode! la doctrine coûte si peu à suivre, et la morale coûte tant à pratiquer, qu'en se jetant du côté le plus facile on rachète les bonnes œuvres par le mérite d'une grande foi. Mais quoi qu'on fasse, le fanatisme est un état de crise qui ne peut durer toujours : il a ses accès plus ou moins longs, plus ou moins fréquents, et il a aussi ses relâches, durant lesquels on est de sang-froid. C'est alors qu'en revenant sur soi-même, on est tout surpris de se voir enchaîné par tant d'absurdités. Cependant le culte est réglé ; les formes sont prescrites, les lois sont établies, les transgresseurs sont punis. Ira-t-on protester seul contre tout cela, récuser les lois de son pays et renier la religion de son père ? qui l'oseroit ? On se soumet en silence ; l'intérêt veut qu'on soit de l'avis de celui dont on hérite. On fait donc comme les autres, sauf à rire à son aise en particulier de ce qu'on feint de respecter en public. Voilà, monseigneur, comme pense le gros des hommes dans la plupart des religions, et surtout dans la vôtre ; et voilà la clef des inconséquences qu'on remarque entre leur morale et leurs actions. Leur croyance n'est qu'apparence, et leurs mœurs sont comme leur foi.

Pourquoi un homme a-t-il inspection sur la croyance d'un autre ? et pourquoi l'état a-t-il inspection sur celle des citoyens ? C'est parce qu'on suppose que la croyance des hommes détermine leur morale, et que des idées qu'ils ont de la vie à venir dépend leur conduite en celle-ci. Quand cela n'est pas, qu'importe ce qu'ils croient ou ce qu'ils font semblant de croire ? L'apparence de la religion ne sert plus qu'à les dispenser d'en avoir une.

Dans la société chacun est en droit de s'informer si un autre se croit obligé d'être juste, et le souverain est en droit d'examiner les raisons sur lesquelles chacun fonde cette obligation. De plus, les formes nationales doivent être observées; c'est sur quoi j'ai beaucoup insisté. Mais, quant aux opinions qui ne tiennent point à la morale, qui n'influent en aucune manière sur les actions, et qui ne tendent point à transgresser les lois, chacun n'a là-dessus que son jugement pour maître, et nul n'a ni droit ni intérêt de prescrire à d'autres sa façon de penser. Si, par exemple, quelqu'un, même constitué en autorité, venoit me demander mon sentiment sur la fameuse question de l'hypostase, dont la Bible ne dit pas un mot, mais pour laquelle tant de grands enfants ont tenu des conciles et tant d'hommes ont été tourmentés[1]; après lui avoir dit que je ne l'entends point et ne me soucie point de l'entendre, je le prierois le plus honnêtement que je pourrois de se mêler de ses affaires; et, s'il insistoit, je le laisserois là.

Voilà le seul principe sur lequel on puisse établir quelque chose de fixe et d'équitable sur les disputes de religion; sans quoi, chacun posant de son côté ce qui est en question, jamais on ne con-

---

[1] * *Hypostase*, d'après son étymologie grecque, est un mot qui signifie à la lettre *substance* ou *essence*. Mais il excita autrefois de grands démêlés entre les Grecs, puis entre les Grecs et les Latins, les uns reconnoissant dans la divinité trois *hypostases*, les autres prétendant qu'il ne falloit se servir que du terme de *personnes*.

viendra de rien, l'on ne s'entendra de la vie ; et la religion, qui devroit faire le bonheur des hommes, fera toujours leurs plus grands maux.

Mais plus les religions vieillissent, plus leur objet se perd de vue ; les subtilités se multiplient ; on veut tout expliquer, tout décider, tout entendre ; incessamment la doctrine se raffine, et la morale dépérit toujours plus. Assurément il y a loin de l'esprit du Deutéronome à l'esprit du Talmud et de la Misnah, et de l'esprit de l'Évangile aux querelles sur la constitution. Saint Thomas demande[1] si par la succession des temps les articles de foi se sont multipliés, et il se déclare pour l'affirmative. C'est-à-dire que les docteurs, renchérissant les uns sur les autres, en savent plus que n'en ont dit les apôtres de Jésus-Christ. Saint Paul avoue ne voir qu'obscurément et ne connoître qu'en partie[2]. Vraiment nos théologiens sont bien plus avancés que cela ; ils voient tout : ils savent tout : ils prononcent sur ce qui étoit indécis ; ils nous font sentir, avec leur modestie ordinaire, que les auteurs sacrés avoient grand besoin de leur secours pour se faire entendre, et que le Saint-Esprit n'eût pas su s'expliquer clairement sans eux.

Quand on perd de vue les devoirs de l'homme pour ne s'occuper que des opinions des prêtres et de leurs frivoles disputes, on ne demande plus

---

[1] *Secunda secundæ quest.*, 1, art. VII. — [2] Cor., XIII, 9-12.

d'un chrétien s'il craint Dieu, mais s'il est orthodoxe, on lui fait signer des formulaires sur les questions les plus inutiles et souvent les plus inintelligibles; et quand il a signé, tout va bien, l'on ne s'informe plus du reste; pourvu qu'il n'aille pas se faire pendre, il peut vivre au surplus comme il lui plaira; ses mœurs ne font rien à l'affaire, la doctrine est en sûreté. Quand la religion en est là, quel bien fait-elle à la société? de quel avantage est-elle aux hommes? Elle ne sert qu'à exciter des dissensions, des troubles, des guerres de toute espèce; à les faire s'entr'égorger pour des logogryphes. Il vaudroit mieux alors n'avoir point de religion que d'en avoir une si mal entendue. Empêchons-la, s'il se peut, de dégénérer à ce point, et soyons sûrs, malgré les bûchers et les chaînes, d'avoir bien mérité du genre humain.

Supposons que, las des querelles qui le déchirent, il s'assemble pour les terminer et convenir d'une religion commune à tous les peuples; chacun commencera, cela est sûr, par proposer la sienne comme la seule vraie, la seule raisonnable et démontrée, la seule agréable à Dieu et utile aux hommes : mais ses preuves ne répondant pas là-dessus à sa persuasion, du moins au gré des autres sectes, chaque parti n'aura de voix que la sienne, tous les autres se réuniront contre lui; cela n'est pas moins sûr. La délibération fera le tour de cette manière, un seul proposant, et tous rejetant. Ce

n'est pas le moyen d'être d'accord. Il est croyable qu'après bien du temps perdu dans ces altercations puériles, les hommes de sens chercheront des moyens de conciliation. Ils proposeront pour cela de commencer par chasser tous les théologiens de l'assemblée, et il ne leur sera pas difficile de faire voir combien ce préliminaire est indispensable. Cette bonne œuvre faite, ils diront au peuple : « Tant que vous ne conviendrez pas de
« quelque principe, il n'est pas possible même que
« vous vous entendiez, et c'est un argument qui
« n'a jamais convaincu personne, que de dire,
« Vous avez tort, car j'ai raison.

« Vous parlez de ce qui est agréable à Dieu ;
« voilà précisément ce qui est en question. Si nous
« savions quel culte lui est le plus agréable, il n'y
« auroit plus de dispute entre nous. Vous parlez
« aussi de ce qui est utile aux hommes : c'est autre
« chose; les hommes peuvent juger de cela. Pre-
« nons donc cette utilité pour règle, et puis éta-
« blissons la doctrine qui s'y rapporte le plus. Nous
« pourrons espérer d'approcher ainsi de la vérité
« autant qu'il est possible à des hommes ; car il est
« à présumer que ce qui est le plus utile aux créa-
« tures est le plus agréable au créateur.

« Cherchons d'abord s'il y a quelque affinité
« naturelle entre nous, si nous sommes quelque
« chose les uns aux autres. Vous, Juifs, que pen-
« sez-vous sur l'origine du genre humain? Nous

« pensons qu'il est sorti d'un même père. Et vous,
« chrétiens? Nous pensons là-dessus comme les
« Juifs. Et vous, Turcs? Nous pensons comme les
« Juifs et les chrétiens. Cela est déjà bon : puisque
« les hommes sont tous frères, ils doivent s'aimer
« comme tels.

« Dites-nous maintenant de qui leur père com-
« mun avait reçu l'être; car il ne s'étoit pas fait
« tout seul. Du créateur du ciel et de la terre.
« Juifs, chrétiens et Turcs, sont d'accord aussi sur
« cela; c'est encore un très-grand point.

« Et cet homme, ouvrage du créateur, est-il un
« être simple ou mixte? est-il formé d'une substance
« unique ou de plusieurs? Chrétiens, répondez. Il
« est composé de deux substances, dont l'une est
« mortelle, et dont l'autre ne peut mourir. Et
« vous, Turcs? Nous pensons de même. Et vous,
« Juifs? Autrefois nos idées là-dessus étoient fort
« confuses, comme les expressions de nos livres sa-
« crés; mais les Esséniens nous ont éclairés, et nous
« pensons encore sur ce point comme les chrétiens. »

En procédant ainsi d'interrogations en interrogations sur la Providence divine, sur l'économie
de la vie à venir, et sur toutes les questions essentielles au bon ordre du genre humain, ces mêmes
hommes, ayant obtenu de tous des réponses presque uniformes, leur diront (on se souviendra que
les théologiens n'y sont plus) : « Mes amis, de
« quoi vous tourmentez-vous? Vous voilà tous

« d'accord sur ce qui vous importe : quand vous
« différerez de sentiment sur le reste, j'y vois peu
« d'inconvénient. Formez de ce petit nombre d'ar-
« ticles une religion universelle, qui soit, pour
« ainsi dire, la religion humaine et sociale que
« tout homme vivant en société soit obligé d'ad-
« mettre. Si quelqu'un dogmatise contre elle, qu'il
« soit banni de la société comme ennemi de ses
« lois fondamentales. Quant au reste, sur quoi
« vous n'êtes pas d'accord, formez chacun de vos
« croyances particulières autant de religions natio-
« nales, et suivez-les en sincérité de cœur : mais
« n'allez point vous tourmentant pour les faire
« admettre aux autres peuples, et soyez assurés
« que Dieu n'exige pas cela. Car il est aussi injuste
« de vouloir les soumettre à vos opinions qu'à vos
« lois, et les missionnaires ne me semblent guère
« plus sages que les conquérants.

« En suivant vos diverses doctrines, cessez de
« vous les figurer si démontrées, que quiconque
« ne les voit pas telles soit coupable à vos yeux de
« mauvaise foi : ne croyez point que tous ceux qui
« pèsent vos preuves et les rejettent soient pour
« cela des obstinés que leur incrédulité rende pu-
« nissables : ne croyez point que la raison, l'amour
« du vrai, la sincérité, soient pour vous seuls.
« Quoi qu'on fasse, on sera toujours porté à traiter
« en ennemis ceux qu'on accusera de se refuser à
« l'évidence. On plaint l'erreur, mais on hait l'opi-

« niâtreté. Donnez la préférence à vos raisons, à
« la bonne heure; mais sachez que ceux qui ne s'y
« rendent pas ont les leurs.

« Honorez en général tous les fondateurs de vos
« cultes respectifs; que chacun rende au sien ce
« qu'il croit lui devoir; mais qu'il ne méprise point
« ceux des autres. Ils ont eu de grands génies et
« de grandes vertus : cela est toujours estimable.
« Ils se sont dits les envoyés de Dieu; cela peut
« être et n'être pas : c'est de quoi la pluralité ne
« sauroit juger d'une manière uniforme, les preuves
« n'étant pas également à sa portée. Mais quand
« cela ne seroit pas, il ne faut point les traiter si
« légèrement d'imposteurs. Qui sait jusqu'où les
« méditations continuelles sur la Divinité, jusqu'où
« l'enthousiasme de la vertu ont pu, dans leurs su-
« blimes âmes, troubler l'ordre didactique et ram-
« pant des idées vulgaires? Dans une trop grande
« élévation la tête tourne, et l'on ne voit plus les
« choses comme elles sont. Socrate a cru avoir un
« esprit familier, et l'on n'a point osé l'accuser pour
« cela d'être un fourbe. Traiterons-nous les fon-
« dateurs des peuples, les bienfaiteurs des nations,
« avec moins d'égards qu'un particulier?

« Du reste, plus de disputes entre vous sur la
« préférence de vos cultes : ils sont tous bons lors-
« qu'ils sont prescrits par les lois et que la religion
« essentielle s'y trouve; ils sont mauvais quand elle
« ne s'y trouve pas. La forme du culte est la police

« des religions et non leur essence, et c'est au sou-
« verain qu'il appartient de régler la police dans
« son pays. »

J'ai pensé, monseigneur, que celui qui raisonneroit ainsi ne seroit point un blasphémateur, un impie; qu'il proposeroit un moyen de paix juste, raisonnable, utile aux hommes; et que cela n'empêcheroit pas qu'il n'eût sa religion particulière ainsi que les autres, et qu'il n'y fût tout aussi sincèrement attaché. Le vrai croyant, sachant que l'infidèle est aussi un homme, et peut-être un honnête homme, peut sans crime s'intéresser à son sort. Qu'il empêche un culte étranger de s'introduire dans son pays, cela est juste; mais qu'il ne damne pas pour cela ceux qui ne pensent pas comme lui; car quiconque prononce un jugement si téméraire se rend l'ennemi du reste du genre humain. J'entends dire sans cesse qu'il faut admettre la tolérance civile, non la théologique. Je pense tout le contraire; je crois qu'un homme de bien, dans quelque religion qu'il vive de bonne foi, peut être sauvé. Mais je ne crois pas pour cela qu'on puisse légitimement introduire en un pays des religions étrangères sans la permission du souverain : car, si ce n'est pas directement désobéir à Dieu, c'est désobéir aux lois; et qui désobéit aux lois, désobéit à Dieu.

Quant aux religions une fois établies ou tolérées dans un pays, je crois qu'il est injuste et barbare de les y détruire par la violence, et que le souverain se fait tort à lui-même en maltraitant leurs sectateurs. Il est bien différent d'embrasser une religion nouvelle, ou de vivre dans celle où l'on est né; le premier cas seul est punissable. On ne doit ni laisser établir une diversité de cultes, ni proscrire ceux qui sont une fois établis; car un fils n'a jamais tort de suivre la religion de son père. La raison de la tranquillité publique est toute contre les persécuteurs. La religion n'excite jamais de troubles dans un état que quand le parti dominant veut tourmenter le parti foible, ou que le parti foible, intolérant par principe, ne peut vivre en paix avec qui que ce soit. Mais tout culte légitime, c'est-à-dire tout culte où se trouve la religion essentielle, et dont par conséquent les sectateurs ne demandent que d'être soufferts et vivre en paix, n'a jamais causé ni révoltes ni guerres civiles, si ce n'est lorsqu'il a fallu se défendre et repousser les persécuteurs. Jamais les protestants n'ont pris les armes en France que lorsqu'on les y a poursuivis. Si l'on eût pu se résoudre à les laisser en paix, ils y seroient demeurés. Je conviens sans détour qu'à sa naissance la religion réformée n'avoit pas droit de s'établir en France malgré les lois : mais lorsque, transmise des pères aux enfants, cette religion fut devenue celle d'une partie de la nation françoise, et que le prince eut solennellement traité avec cette partie par l'édit de Nantes, cet édit devint un contrat inviolable, qui ne pouvoit plus être annulé que du commun consentement des deux parties; et depuis ce temps l'exercice de la religion protestante est, selon moi, légitime en France.

Quand il ne le seroit pas, il resteroit toujours aux sujets l'alternative de sortir du royaume avec leurs biens, ou d'y rester soumis au culte dominant. Mais les contraindre à rester sans les vouloir tolérer, vouloir à la fois qu'ils soient et qu'ils ne soient pas, les priver même du droit de la nature, annuler leurs mariages[1], déclarer leurs enfants

---

[1] Dans un arrêt du parlement de Toulouse concernant l'affaire de l'infortuné Calas, on reproche aux protestants de faire entre eux des mariages « qui, selon les protestants, ne sont que des « actes civils, et par conséquent soumis entièrement pour la forme « et les effets à la volonté du roi. »

Ainsi de ce que, selon les protestants, le mariage est un acte civil, il s'ensuit qu'ils sont obligés de se soumettre à la volonté du roi, qui en fait un acte de la religion catholique. Les protestants, pour se marier, sont légitimement tenus de se faire catholiques, attendu que, selon eux, le mariage est un acte civil. Telle est la manière de raisonner de messieurs du parlement de Toulouse.

La France est un royaume si vaste, que les François se sont mis dans l'esprit que le genre humain ne devoit point avoir d'autres lois que les leurs. Leurs parlements et leurs tribunaux paroissent n'avoir aucune idée du droit naturel ni du droit des gens; et il est à remarquer que, dans tout ce grand royaume où sont tant d'universités, tant de colléges, tant d'académies, et où l'on enseigne avec tant d'importance tant d'inutilités, il n'y a pas une seule chaire de droit naturel. C'est le seul peuple de l'Europe qui ait regardé cette étude comme n'étant bonne à rien.

bâtards..... En ne disant que ce qui est, j'en dirois trop ; il faut me taire.

Voici du moins ce que je puis dire. En considérant la seule raison d'état, peut-être a-t-on bien fait d'ôter aux protestants françois tous leurs chefs, mais il falloit s'arrêter là. Les maximes politiques ont leurs applications et leurs distinctions. Pour prévenir des dissensions qu'on n'a plus à craindre, on s'ôte des ressources dont on auroit grand besoin. Un parti qui n'a plus ni grands ni noblesse à sa tête, quel mal peut-il faire dans un royaume tel que la France? Examinez toutes vos précédentes guerres appelées guerres de religion; vous trouverez qu'il n'y en a pas une qui n'ait eu sa cause à la cour et dans les intérêts des grands : des intrigues de cabinet brouilloient les affaires, et puis les chefs ameutoient les peuples au nom de Dieu. Mais quelles intrigues, quelles cabales peuvent former des marchands et des paysans? Comment s'y prendront-ils pour susciter un parti dans un pays où l'on ne veut que des valets ou des maîtres, et où l'égalité est inconnue ou en horreur? Un marchand proposant de lever des troupes peut se faire écouter en Angleterre, mais il fera toujours rire des François[1].

---

[1] Le seul cas qui force un peuple ainsi dénué de chefs à prendre les armes, c'est quand, réduit au désespoir par ses persécuteurs, il voit qu'il ne lui reste plus de choix que dans la manière de périr. Telle fut, au commencement de ce siècle, la guerre des ca-

Si j'étois roi, non; ministre, encore moins; mais homme puissant en France, je dirois : Tout tend parmi nous aux emplois, aux charges ; tout veut acheter le droit de mal faire ; Paris et la cour engouffrent tout. Laissons ces pauvres gens remplir le vide des provinces; qu'ils soient marchands, et toujours marchands; laboureurs, et toujours laboureurs. Ne pouvant quitter leur état, ils en tireront le meilleur parti possible ; ils remplaceront les nôtres dans les conditions privées dont nous cherchons tous à sortir ; ils feront valoir le commerce et l'agriculture que tout nous fait abandonner; ils alimenteront notre luxe; ils travailleront, et nous jouirons.

Si ce projet n'étoit pas plus équitable que ceux qu'on suit, il seroit du moins plus humain, et sûrement il seroit plus utile. C'est moins la tyrannie et c'est moins l'ambition des chefs que ce ne sont leurs préjugés et leurs courtes vues qui font le malheur des nations.

Je finirai par transcrire une espèce de discours qui a quelque rapport à mon sujet, et qui ne m'en écartera pas long-temps.

Un parsi de Surate, ayant épousé en secret une musulmane, fut découvert, arrêté; et ayant refusé

---

misards. Alors on est tout étonné de la force qu'un parti méprisé tire de son désespoir : c'est ce que jamais les persécuteurs n'ont su calculer d'avance. Cependant de telles guerres coûtent tant de sang, qu'ils devroient bien y songer avant de les rendre inévitables.

d'embrasser le mahométisme, il fut condamné à mort. Avant d'aller au supplice, il parla ainsi à ses juges :

« Quoi ! vous voulez m'ôter la vie ? Eh ! de quoi
« me punissez-vous ? J'ai transgressé ma loi plutôt
« que la vôtre : ma loi parle au cœur, et n'est pas
« cruelle ; mon crime a été puni par le blâme de
« mes frères. Mais que vous ai-je fait pour mériter
« de mourir ? Je vous ai traités comme ma famille,
« et je me suis choisi une sœur parmi vous ; je l'ai
« laissée libre dans sa croyance, et elle a respecté
« la mienne pour son propre intérêt : borné sans
« regret à elle seule, je l'ai honorée comme l'instru-
« ment du culte qu'exige l'auteur de mon être : j'ai
« payé par elle le tribut que tout homme doit au
« genre humain : l'amour me l'a donnée, et la
« vertu me la rendoit chère ; elle n'a point vécu
« dans la servitude, elle a possédé sans partage le
« cœur de son époux ; ma faute n'a pas moins fait
« son bonheur que le mien.

« Pour expier une faute si pardonnable vous
« m'avez voulu rendre fourbe et menteur ; vous
« m'avez voulu forcer à professer vos sentiments
« sans les aimer et sans y croire : comme si le
« transfuge de nos lois eût mérité de passer sous
« les vôtres, vous m'avez fait opter entre le parjure
« et la mort ; et j'ai choisi, car je ne veux pas vous
« tromper. Je meurs donc, puisqu'il le faut ; mais
« je meurs digne de revivre et d'animer un autre

« homme juste, Je meurs martyr de ma religion,
« sans craindre d'entrer après ma mort dans la
« vôtre. Puissé-je renaître chez les musulmans
« pour leur apprendre à devenir humains, clé-
« ments, équitables; car servant le même Dieu que
« nous servons, puisqu'il n'y en a pas deux, vous
« vous aveuglez dans votre zèle en tourmentant
« ses serviteurs, et vous n'êtes cruels et sangui-
« naires que parce que vous êtes inconséquents.

« Vous êtes des enfants, qui, dans vos jeux, ne
« savez que faire du mal aux hommes. Vous vous
« croyez savants, et vous ne savez rien de ce qui
« est de Dieu. Vos dogmes récents sont-ils conve-
« nables à celui qui est et qui veut être adoré de
« tous les temps? Peuples nouveaux, comment
« osez-vous parler de religion devant nous? Nos
« rites sont aussi vieux que les astres, les premiers
« rayons du soleil ont éclairé et reçu les hom-
« mages de nos pères. Le grand Zerdust a vu l'en-
« fance du monde, il a prédit et marqué l'ordre de
« l'univers : et vous, hommes d'hier, vous voulez
« être nos prophètes! Vingt siècles avant Mahomet,
« avant la naissance d'Ismael et de son père, les
« mages étoient antiques ; nos livres sacrés étoient
« déjà la loi de l'Asie et du monde, et trois grands
« empires avoient successivement achevé leur long
« cours sous nos ancêtres avant que les vôtres fus-
« sent sortis du néant.

« Voyez, hommes prévenus, la différence qui

« est entre vous et nous. Vous vous dites croyants,
« et vous vivez en barbares. Vos institutions, vos
« lois, vos cultes, vos vertus mêmes, tourmentent
« l'homme et le dégradent : vous n'avez que de
« tristes devoirs à lui prescrire, des jeûnes, des
« privations, des combats, des mutilations, des
« clôtures : vous ne savez lui faire un devoir que
« de ce qui peut l'affliger et le contraindre : vous
« lui faites haïr la vie et les moyens de la conserver :
« vos femmes sont sans hommes, vos terres sont
« sans culture : vous mangez les animaux et vous
« massacrez les humains ; vous aimez le sang, les
« meurtres : tous vos établissements choquent la
« nature, avilissent l'espèce humaine ; et sous le
« double joug du despotisme et du fanatisme, vous
« l'écrasez de ses rois et de ses dieux.

« Pour nous, nous sommes des hommes de paix,
« nous ne faisons ni ne voulons aucun mal à rien
« de ce qui respire, non pas même à nos tyrans ;
« nous leur cédons sans regret le fruit de nos
« peines, contents de leur être utiles et de remplir
« nos devoirs. Nos nombreux bestiaux couvrent
« vos pâturages, les arbres plantés par nos mains
« vous donnent leurs fruits et leurs ombres ; vos
« terres que nous cultivons vous nourrissent par
« nos soins ; un peuple simple et doux multiplie
« sous vos outrages, et tire pour vous la vie et
« l'abondance du sein de la mère commune où
« vous ne savez rien trouver. Le soleil, que nous

« prenons à témoin de nos œuvres, éclaire notre
« patience et vos injustices; il ne se lève point sans
« nous trouver occupés à bien faire, et en se cou-
« chant il nous ramène au sein de nos familles nous
« préparer à de nouveaux travaux.

« Dieu seul sait la vérité. Si malgré tout cela
« nous nous trompons dans notre culte, il est tou-
« jours peu croyable que nous soyons condamnés
« à l'enfer, nous qui ne faisons que du bien sur la
« terre, et que vous soyez les élus de Dieu, vous
« qui n'y faites que du mal. Quand nous serions
« dans l'erreur, vous devriez la respecter pour
« votre avantage. Notre piété vous engraisse, et
« la vôtre vous consume; nous réparons le mal
« que vous fait une religion destructive. Croyez-
« moi, laissez-nous un culte qui vous est utile:
« craignez qu'un jour nous n'adoptions le vôtre;
« c'est le plus grand mal qui vous puisse arriver. »

J'ai tâché, monseigneur, de vous faire entendre
dans quel esprit a été écrite la Profession de foi du
vicaire savoyard, et les considérations qui m'ont
porté à la publier. Je vous demande à présent à
quel égard vous pouvez qualifier sa doctrine de
blasphématoire, d'impie, d'abominable, et ce que
vous y trouvez de scandaleux et de pernicieux au
genre humain. J'en dis autant à ceux qui m'accusent d'avoir dit ce qu'il falloit taire et d'avoir voulu
troubler l'ordre public; imputation vague et téméraire, avec laquelle ceux qui ont le moins ré-

fléchi sur ce qui est utile ou nuisible indisposent d'un mot le public crédule contre un auteur bien intentionné. Est-ce apprendre au peuple à ne rien croire que le rappeler à la véritable foi qu'il oublie? Est-ce troubler l'ordre que renvoyer chacun aux lois de son pays? est-ce anéantir tous les cultes que borner chaque peuple au sien? est-ce ôter celui qu'on a que ne vouloir pas qu'on en change? est-ce se jouer de toute religion que respecter toutes les religions? Enfin, est-il donc essentiel à chacune de haïr les autres, que cette haine ôtée, tout soit ôté?

Voilà pourtant ce qu'on persuade au peuple quand on veut lui faire prendre son défenseur en haine, et qu'on a la force en main. Maintenant, hommes cruels, vos décrets, vos bûchers, vos mandements, vos journaux, le troublent et l'abusent sur mon compte. Il me croit un monstre sur la foi de vos clameurs. Mais vos clameurs cesseront enfin; mes écrits resteront malgré vous pour votre honte : les chrétiens, moins prévenus, y chercheront avec surprise les horreurs que vous prétendez y trouver; ils n'y verront, avec la morale de leur divin maître, que des leçons de paix, de concorde et de charité. Puissent-ils y apprendre à être plus justes que leurs pères ! Puissent les vertus qu'ils y auront prises me venger un jour de vos malédictions !

A l'égard des objections sur les sectes particulières dans lesquelles l'univers est divisé, que ne puis-je leur donner assez de force pour rendre chacun moins entêté de la sienne et moins ennemi des autres; pour porter chaque homme à l'indulgence, à la douceur, par cette considération si frappante et si naturelle, que, s'il fût né dans un autre pays, dans une autre secte, il prendroit infailliblement pour l'erreur ce qu'il prend pour la vérité, et pour la vérité ce qu'il prend pour l'erreur! Il importe tant aux hommes de tenir moins aux opinions qui les divisent qu'à celles qui les unissent! Et, au contraire, négligeant ce qu'ils ont de commun, ils s'acharnent aux sentiments particuliers avec une espèce de rage; ils tiennent d'autant plus à ces sentiments, qu'ils semblent moins raisonnables, et chacun voudroit suppléer, à force de confiance, à l'autorité que la raison refuse à son parti. Ainsi, d'accord au fond sur tout ce qui nous intéresse, et dont on ne tient aucun compte, on passe la vie à disputer, à chicaner, à tourmenter, à persécuter, à se battre pour les choses qu'on entend le moins, et qu'il est le moins nécessaire d'entendre; on entasse en vain décisions sur décisions; on plâtre en vain leurs contradictions d'un jargon inintelligible; on trouve chaque jour de nouvelles questions à résoudre, chaque jour de nouveaux sujets de querelles, parce que chaque doctrine a des branches infinies, et que chacun, entêté de sa petite idée, croit essentiel ce qui ne l'est point, et néglige l'essentiel véritable. Que si on leur propose des objections qu'ils ne peuvent résoudre, ce qui, vu l'échafaudage de leurs doctrines, devient plus facile de jour en jour, ils se dépitent comme des enfants; et parce qu'ils sont plus attachés à leur parti qu'à la vérité, et qu'ils ont plus d'orgueil que de bonne foi, c'est sur ce qu'ils peuvent le moins prouver qu'ils pardonnent le moins quelque doute.

Ma propre histoire caractérise mieux qu'aucune autre le jugement qu'on doit porter des chrétiens d'aujourd'hui : mais comme elle en dit trop pour être crue, peut-être un jour fera-t-elle porter un jugement tout contraire ; un jour peut-être ce qui fait aujourd'hui l'opprobre de mes contemporains fera leur gloire, et les simples qui liront mon livre diront avec admiration : Quels temps angéliques ce devoient être que ceux où un tel livre a été brûlé comme impie, et son auteur poursuivi comme un malfaiteur ! sans doute alors tous les écrits respiroient la dévotion la plus sublime, et la terre étoit couverte de saints.

Mais d'autres livres demeureront. On saura, par exemple, que ce même siècle a produit un panégyriste de la Saint-Barthélemi, François, et, comme on peut bien le croire, homme d'église, sans que ni parlement ni prélat ait songé même à lui chercher querelle. Alors, en comparant la morale des deux livres et le sort des deux auteurs, on pourra changer de langage et tirer une autre conclusion.

Les doctrines abominables sont celles qui mènent au crime, au meurtre, et qui font des fanatiques. Eh! qui a-t-il de plus abominable au monde que de mettre l'injustice et la violence en système, et de les faire découler de la clémence de Dieu? Je m'abstiendrai d'entrer ici dans un parallèle qui pourroit vous déplaire : convenez seulement, monseigneur, que si la France eût professé la religion du prêtre savoyard, cette religion si simple et si pure, qui fait craindre Dieu et aimer les hommes, des fleuves de sang n'eussent point si souvent inondé les champs françois; ce peuple si doux et si gai n'eût point étonné les autres de ses cruautés dans tant de persécutions et de massacres, depuis l'inquisition de Toulouse[1] jusqu'à la Saint-Barthélemi, et depuis les guerres

---

[1] Il est vrai que Dominique, saint espagnol, y eut grande part. Le saint, selon un écrivain de son ordre, eut la charité, prêchant contre les Albigeois, de s'adjoindre de dévotes personnes, zélées pour la foi, lesquelles prissent le soin d'extirper corporellement et par le glaive matériel les hérétiques qu'il n'auroit pu vaincre avec le glaive de la parole de Dien : « Ob caritatem, prædicans contra « Albienses, in adjutorium sumsit quasdam devotas personas, « zelantes pro fide, quæ corporaliter illos hæreticos gladio mate- « riali expugnarent, quos ipse gladio verbi Dei amputare non pos- « set. » (Anton. in Chron. P. III, tit. 23, cap. 14, § 2.) Cette charité ne ressemble guère à celle du vicaire : aussi a-t-elle un prix bien différent, l'une fait décréter, et l'autre canoniser ceux qui la professent.

des Albigeois jusqu'aux dragonnades; le conseiller Anne Du Bourg n'eût point été pendu pour avoir opiné à la douceur envers les réformés ; les habitants de Mérindole et de Cabrière n'eussent point été mis à mort par arrêt du parlement d'Aix; et, sous nos yeux, l'innocent Calas, torturé par les bourreaux, n'eût point péri sur la roue. Revenons à présent, monseigneur, à vos censures et aux raisons sur lesquelles vous les fondez.

Ce sont toujours des hommes, dit le vicaire, qui nous attestent la parole de Dieu, et qui nous l'attestent en des langues qui nous sont inconnues. Souvent, au contraire, nous aurions grand besoin que Dieu nous attestât la parole des hommes; il est bien sûr au moins qu'il eût pu nous donner la sienne sans se servir d'organes si suspects. Le vicaire se plaint qu'il faille tant de témoignages humains pour certifier la parole divine : « Que d'hommes, dit-il, entre Dieu et moi [1]. »

Vous répondez : « Pour que cette plainte fût
« sensée, M. T. C. F., il faudroit pouvoir conclure
« que la révélation est fausse dès qu'elle n'a point
« été faite à chaque homme en particulier; il fau-
« droit pouvoir dire : Dieu ne peut exiger de moi
« que je croie ce qu'on m'assure qu'il a dit, dès que
« ce n'est pas directement à moi qu'il a adressé sa
« parole [2]. »

Et tout au contraire, cette plainte n'est sensée

---

[1] Émile, tome II. — [2] Mandement, § xv.

qu'en admettant la vérité de la révélation : car, si vous la supposez fausse, quelle plainte avez-vous à faire du moyen dont Dieu s'est servi, puisqu'il ne s'en est servi d'aucun? vous doit-il compte des tromperies d'un imposteur? Quand vous vous laissez duper, c'est votre faute, et non pas la sienne. Mais lorsque Dieu, maître du choix de ses moyens, en choisit par préférence qui exigent de notre part tant de savoir et de si profondes discussions, le vicaire a-t-il tort de dire : « Voyons toutefois, « examinons, comparons, vérifions. Oh! si Dieu « eût daigné me dispenser de tout ce travail, l'en « aurois-je servi de moins bon cœur[1]? »

Monseigneur, votre mineure est admirable, il faut la transcrire ici tout entière : j'aime à rapporter vos propres termes; c'est ma plus grande méchanceté.

« Mais n'est-il donc pas une infinité de faits, « même antérieurs à celui de la révélation chré- « tienne, dont il seroit absurde de douter? Par « quelle autre voie que celle des témoignages hu- « mains l'auteur lui-même a-t-il donc connu cette « Sparte, cette Athènes, cette Rome, dont il vante « si souvent et avec tant d'assurance les lois, les « mœurs et les héros? que d'hommes entre lui et « les historiens qui ont conservé la mémoire de « ces événements! »

Si la matière étoit moins grave et que j'eusse

[1] * Emile, tome II.

moins de respect pour vous, cette manière de raisonner me fourniroit peut-être l'occasion d'égayer un peu mes lecteurs : mais à Dieu ne plaise que j'oublie le ton qui convient au sujet que je traite et à l'homme à qui je parle! Au risque d'être plat dans ma réponse, il me suffit de montrer que vous vous trompez.

Considérez donc de grâce qu'il est tout-à-fait dans l'ordre que des faits humains soient attestés par des témoignages humains; ils ne peuvent l'être par nulle autre voie : je ne puis savoir que Sparte et Rome ont existé que parce que des auteurs contemporains me le disent, et entre moi et un autre homme qui a vécu loin de moi, il faut nécessairement des intermédiaires. Mais pourquoi en faut-il entre Dieu et moi? et pourquoi en faut-il de si éloignés, qui en ont besoin de tant d'autres? Est-il simple, est-il naturel que Dieu ait été chercher Moïse pour parler à Jean-Jacques Rousseau?

D'ailleurs nul n'est obligé, sous peine de damnation, de croire que Sparte ait existé; nul, pour en avoir douté, ne sera dévoré des flammes éternelles. Tout fait dont nous ne sommes pas les témoins n'est établi par nous que sur des preuves morales, et toute preuve morale est susceptible de plus et de moins. Croirai-je que la justice divine me précipite à jamais dans l'enfer, uniquement pour n'avoir pas su marquer bien exactement le point où une telle preuve devient invincible ?

S'il y a dans le monde une histoire attestée, c'est celle des vampires; rien n'y manque, procès-verbaux, certificats de notables, de chirurgiens, de curés, de magistrats; la preuve juridique est des plus complètes. Avec cela, qui est-ce qui croit aux vampires ? Serons-nous tous damnés pour n'y avoir pas cru ?

Quelque attestés que soient, au gré même de l'incrédule Cicéron, plusieurs des prodiges rapportés par Tite-Live, je les regarde comme autant de fables, et sûrement je ne suis pas le seul. Mon expérience constante et celle de tous les hommes est plus forte en ceci que le témoignage de quelques uns. Si Sparte et Rome ont été des prodiges elles-mêmes, c'étoient des prodiges dans le genre moral : et, comme on s'abuseroit en Laponie de fixer à quatre pieds la stature naturelle de l'homme, on ne s'abuseroit pas moins parmi nous de fixer la mesure des ames humaines sur celles des gens que l'on voit autour de soi.

Vous vous souviendrez, s'il vous plaît, que je continue ici d'examiner vos raisonnements en eux-mêmes, sans soutenir ceux que vous attaquez. Après ce mémoratif nécessaire je me permettrai, sur votre manière d'argumenter, encore une supposition.

Un habitant de la rue Saint-Jacques vient te-

nir ce discours à monsieur l'archevêque de Paris :
« Monseigneur, je sais que vous ne croyez ni à la
« béatitude de saint Jean de Pâris, ni aux mi-
« racles qu'il a plu à Dieu d'opérer en public sur
« sa tombe à la vue de la ville du monde la plus
« éclairée et la plus nombreuse ; mais je crois de-
« voir vous attester que je viens de voir ressusciter
« le saint en personne dans le lieu où ses os ont
« été déposés. »

L'homme de la rue Saint-Jacques ajoute à cela
le détail de toutes les circonstances qui peuvent
frapper le spectateur d'un pareil fait. Je suis persuadé qu'à l'ouïe de cette nouvelle, avant de vous
expliquer sur la foi que vous y ajoutez, vous com-
mencerez par interroger celui qui l'atteste, sur
son état, sur ses sentiments, sur son confesseur,
sur d'autres articles semblables ; et lorsqu'à son air
comme à ses discours vous aurez compris que
c'est un pauvre ouvrier, et que, n'ayant point à
vous montrer de billet de confession, il vous con-
firmera dans l'opinion qu'il est janséniste, « Ah !
« ah ! lui direz-vous d'un air railleur, vous êtes
« convulsionnaire, et vous avez vu ressusciter
« saint Pâris ! cela n'est pas fort étonnant ; vous
« avez tant vu d'autres merveilles ! »

Toujours dans ma supposition, sans doute il
insistera : il vous dira qu'il n'a point vu seul le
miracle ; qu'il avoit deux ou trois personnes avec
lui qui ont vu la même chose, et que d'autres à

qui il l'a voulu raconter disent l'avoir aussi vu eux-mêmes. Là-dessus vous demanderez si tous ces témoins étoient jansénistes. « Oui, monsei-
« gneur, dira-t-il; mais n'importe, ils sont en
« nombre suffisant, gens de bonnes mœurs, de
« bon sens, et non récusables; la preuve est com-
« plète, et rien ne manque à notre déclaration
« pour constater la vérité du fait. »

D'autres évêques moins charitables enverroient chercher un commissaire, et lui consigneroient le bon homme, honoré de la vision glorieuse, pour en aller rendre grâces à Dieu aux Petites-Maisons. Pour vous, monseigneur, plus humain, mais non plus crédule, après une grave réprimande, vous vous contenterez de lui dire : « Je sais que deux
« ou trois témoins, honnêtes gens et de bon sens,
« peuvent attester la vie ou la mort d'un homme,
« mais je ne sais pas encore combien il en faut
« pour constater la résurrection d'un janséniste.
« En attendant que je l'apprenne, allez, mon en-
« fant, tâchez de fortifier votre cerveau creux. Je
« vous dispense du jeûne, et voilà de quoi vous
« faire de bon bouillon. »

C'est à peu près, monseigneur, ce que vous diriez, et ce que diroit tout autre homme sage à votre place. D'où je conclus que, même selon vous, et selon tout autre homme sage, les preuves morales suffisantes pour constater les faits qui sont dans l'ordre des possibilités morales ne suffisent plus pour constater des faits d'un autre ordre et purement surnaturels : sur quoi je vous laisse juger vous-même de la justesse de votre comparaison.

Voici pourtant la conclusion triomphante que vous en tirez contre moi : « Son scepticisme n'est « donc ici fondé que sur l'intérêt de son incrédu- « lité[1]. » Monseigneur, si jamais elle me procure un évêché de cent mille livres de rente, vous pourrez parler de l'intérêt de mon incrédulité.

Continuons maintenant à vous transcrire, en prenant seulement la liberté de restituer, au besoin, les passages de mon livre que vous tronquez.

« Qu'un homme, ajoute-t-il plus loin, vienne « nous tenir ce langage : Mortels, je vous annonce « les volontés du Très-Haut : reconnoissez à ma « voix celui qui m'envoie. J'ordonne au soleil de « changer son cours, aux étoiles de former un « autre arrangement, aux montagnes de s'aplanir, « aux flots de s'élever, à la terre de prendre un « autre aspect : à ces merveilles, qui ne recon- « noîtra pas à l'instant le maître de la nature ? » — « Qui ne croiroit, M. T. C. F., que celui qui « s'exprime de la sorte ne demande qu'à voir des « miracles pour être chrétien ? »

Bien plus que cela, monseigneur, puisque je n'ai pas même besoin des miracles pour être chrétien.

« Écoutez toutefois ce qu'il ajoute : » — « Reste

[1] Mandement, § xv.

« enfin, dit-il, l'examen le plus important dans la
« doctrine annoncée; car, puisque ceux qui disent
« que Dieu fait ici bas des miracles prétendent que
« le diable les imite quelquefois, avec les prodiges
« les mieux constatés nous ne sommes pas plus
« avancés qu'auparavant, et, puisque les magiciens
« de Pharaon osoient, en présence même de Moïse,
« faire les mêmes signes qu'il faisoit par l'ordre
« exprès de Dieu, pourquoi, dans son absence,
« n'eussent-ils pas, aux mêmes titres, prétendu la
« même autorité? Ainsi donc, après avoir prouvé
« la doctrine par le miracle, il faut prouver le mi-
« racle par la doctrine, de peur de prendre l'œuvre
« du démon pour l'œuvre de Dieu[1]. Que faire en
« pareil cas pour éviter le dialèle? Une seule chose,
« revenir au raisonnement, et laisser là les miracles.
« Mieux eût valu n'y pas recourir. »

« C'est dire : Qu'on me montre des miracles, et
« je croirai. » Oui, monseigneur, c'est dire : Qu'on
me montre des miracles, et je croirai aux miracles.
« C'est dire : Qu'on me montre des miracles, et je
« refuserai encore de croire. » Oui, monseigneur,
c'est dire, selon le précepte même de Moïse[2], Qu'on
me montre des miracles; et je refuserai encore de
croire une doctrine absurde et déraisonnable qu'on

---

[1] Je suis forcé de confondre ici la note avec le texte, à l'imitation de M. de Beaumont. Le lecteur pourra consulter l'un et l'autre dans le livre même.

[2] Deutéron., chap. XIII.

voudroit étayer par eux. Je croirois plutôt à la magie que de reconnoître la voix de Dieu dans des leçons contre la raison.

J'ai dit que c'étoit là du bon sens le plus simple, qu'on n'obscurciroit qu'avec des distinctions tout au moins très-subtiles ; c'est encore une de mes prédictions, en voici l'accomplissement.

« Quand une doctrine est reconnue vraie, di-
« vine, fondée sur une révélation certaine, on s'en
« sert pour juger des miracles, c'est-à-dire pour
« rejeter les prétendus prodiges que des impos-
« teurs voudroient opposer à cette doctrine. Quand
« il s'agit d'une doctrine nouvelle qu'on annonce
« comme émanée du sein de Dieu, les miracles
« sont produits en preuves, c'est-à-dire que celui
« qui prend la qualité d'envoyé du Très-Haut con-
« firme sa mission, sa prédication par des miracles,
« qui sont le témoignage même de la Divinité.
« Ainsi la doctrine et les miracles sont des argu-
« ments respectifs dont on fait usage selon les di-
« vers points de vue où l'on se place dans l'étude
« et dans l'enseignement de la religion. Il ne se
« trouve là ni abus du raisonnement, ni sophisme
« ridicule, ni cercle vicieux[1]. »

Le lecteur en jugera ; pour moi, je n'ajouterai pas un seul mot. J'ai quelquefois répondu ci-devant avec mes passages ; mais c'est avec le vôtre que je veux vous répondre ici.

[1] Mandement, § XVI.

« Où est donc, M. T. C. F., la bonne foi philo-
« sophique dont se pare cet écrivain? »

Monseigneur, je ne me suis jamais piqué d'une bonne foi philosophique, car je n'en connois pas de telle : je n'ose même plus trop parler de la bonne foi chrétienne, depuis que les soi-disant chrétiens de nos jours trouvent si mauvais qu'on ne supprime pas les objections qui les embarrassent. Mais, pour la bonne foi pure et simple, je demande laquelle de la mienne ou de la vôtre est la plus facile à trouver ici.

Plus j'avance, plus les points à traiter deviennent intéressants. Il faut donc continuer à vous transcrire. Je voudrois, dans des discussions de cette importance, ne pas omettre un de vos mots.

« On croiroit qu'après les plus grands efforts
« pour décréditer les témoignages humains qui at-
« testent la révélation chrétienne, le même auteur
« y défère cependant de la manière la plus posi-
« tive, la plus solennelle. »

On auroit raison, sans doute, puisque je tiens pour révélée toute doctrine où je reconnois l'esprit de Dieu. Il faut seulement ôter l'amphibologie de votre phrase; car si le verbe relatif *y défère* se rapporte à la révélation chrétienne, vous avez raison, mais s'il se rapporte aux témoignages humains, vous avez tort. Quoi qu'il en soit, je prends acte de votre témoignage contre ceux qui osent dire que je rejette toute révélation, comme si c'étoit rejeter une doctrine que de la reconnoître sujette à des difficultés insolubles à l'esprit humain ; comme si c'étoit la rejeter que ne pas l'admettre sur le témoignage des hommes, lorsqu'on a d'autres preuves équivalentes ou supérieures qui dispensent de celle-là ! Il est vrai que vous dites conditionnellement, *On croiroit :* mais *on croiroit* signifie *on croit,* lorsque la raison d'exception pour ne pas croire se réduit à rien, comme on verra ci-après de la vôtre. Commençons par la preuve affirmative.

« Il faut, pour vous en convaincre, M. T. C. F.,
« et en même temps pour vous édifier, mettre
« sous vos yeux cet endroit de son ouvrage : » —
« J'avoue que la majesté des Écritures m'étonne ;
« la sainteté de l'Évangile [1] parle à mon cœur.
« Voyez les livres des philosophes ; avec toute leur
« pompe, qu'ils sont petits près de celui-là ! Se
« peut-il qu'un livre à la fois si sublime et si simple
« soit l'ouvrage des hommes ? Se peut-il que celui
« dont il fait l'histoire ne soit qu'un homme lui-
« même ? est-ce là le ton d'un enthousiaste ou d'un
« ambitieux sectaire ? Quelle douceur, quelle pu-
« reté dans ses mœurs ! quelle grâce touchante

---

[1] La négligence avec laquelle M. de Beaumont me transcrit lui a fait faire ici deux changements dans une ligne : il a mis *la majesté de l'Écriture* au lieu de *la majesté des Écritures*, et il a mis *la sainteté de l'Écriture* au lieu de *la sainteté de l'Évangile.* Ce n'est pas à la vérité me faire dire des hérésies, mais c'est me faire parler bien niaisement.

« dans ses instructions ! quelle élévation dans ses
« maximes ! quelle profonde sagesse dans ses dis-
« cours ! quelle présence d'esprit, quelle finesse
« et quelle justesse dans ses réponses ! quel empire
« sur ses passions ! Où est l'homme, où est le sage
« qui sait agir, souffrir et mourir sans foiblesse
« et sans ostentation [1] ? Quand Platon peint son
« juste imaginaire couvert de tout l'opprobre du
« crime et digne de tous les prix de la vertu, il
« peint trait pour trait Jésus-Christ; la ressem-
« blance est si frappante, que tous les pères l'ont
« sentie, et qu'il n'est pas possible de s'y tromper.
« Quels préjugés, quel aveuglement ne faut-il
« point avoir pour oser comparer le fils de Sophro-
« nisque au fils de Marie ! Quelle distance de l'un
« à l'autre ! Socrate mourant sans douleurs, sans
« ignominie, soutint aisément jusqu'au bout son
« personnage; et, si cette facile mort n'eût honoré
« sa vie, on douteroit si Socrate, avec tout son es-
« prit, fut autre chose qu'un sophiste. Il inventa,
« dit-on, la morale; d'autres avant lui l'avoient
« mise en pratique; il ne fit que dire ce qu'ils
« avoient fait, il ne fit que mettre en leçons leurs

[1] Je remplis, selon ma coutume, les lacunes faites par M. de Beaumont; non qu'absolument celles qu'il fait ici soient insidieuses comme en d'autres endroits, mais parce que le défaut de suite et de liaison affoiblit le passage quand il est tronqué, et aussi parce que mes persécuteurs supprimant avec soin tout ce que j'ai dit de si bon cœur en faveur de la religion, il est bon de le rétablir à mesure que l'occasion s'en trouve.

« exemples. Aristide avoit été juste avant que
« Socrate eût dit ce que c'étoit que justice; Léo-
« nidas étoit mort pour son pays avant que Socrate
« eût fait un devoir d'aimer la patrie; Sparte étoit
« sobre avant que Socrate eût loué la sobriété;
« avant qu'il eût défini la vertu, Sparte abondoit
« en hommes vertueux. Mais où Jésus avoit-il
« pris parmi les siens cette morale élevée et pure
« dont lui seul a donné des leçons et l'exemple?
« Du sein du plus furieux fanatisme la plus haute
« sagesse se fit entendre, et la simplicité des plus
« héroïques vertus honora le plus vil de tous les
« peuples. La mort de Socrate philosophant tran-
« quillement avec ses amis est la plus douce qu'on
« puisse désirer; celle de Jésus expirant dans les
« tourments, injurié, raillé, maudit de tout un
« peuple, est la plus horrible qu'on puisse craindre.
« Socrate prenant la coupe empoisonnée bénit
« celui qui la lui présente et qui pleure. Jésus,
« au milieu d'un supplice affreux, prie pour ses
« bourreaux acharnés. Oui, si la vie et la mort
« de Socrate sont d'un sage, la vie et la mort de
« Jésus sont d'un Dieu. Dirons-nous que l'histoire
« de l'Évangile est inventée à plaisir? Non, ce n'est
« pas ainsi qu'on invente; et les faits de Socrate,
« dont personne ne doute, sont moins attestés que
« ceux de Jésus-Christ. Au fond, c'est reculer la
« difficulté sans la détruire. Il seroit plus incon-
« cevable que plusieurs hommes d'accord eussent

« fabriqué ce livre, qu'il ne l'est qu'un seul en ait
« fourni le sujet. Jamais des auteurs juifs n'eus-
« sent trouvé ni ce ton ni cette morale, et l'Évan-
« gile a des caractères de vérité si grands, si
« frappants, si parfaitement inimitables, que l'in-
« venteur seroit plus étonnant que le héros [1]. »

« Il seroit difficile, M. T. C. F., de rendre un
« plus bel hommage à l'authenticité de l'Évan-
« gile [2]. » Je vous sais gré, monseigneur, de cet
aveu; c'est une injustice que vous avez de moins
que les autres. Venons maintenant à la preuve
négative qui vous fait dire *on croiroit*, au lieu d'*on
croit*.

« Cependant l'auteur ne la croit qu'en consé-
« quence des témoignages humains. » Vous vous
trompez, monseigneur; je la reconnois en conséquence de l'Évangile et de la sublimité que j'y vois
sans qu'on me l'atteste. Je n'ai pas besoin qu'on
m'affirme qu'il y a un Évangile lorsque je le tiens.
« Ce sont toujours des hommes qui lui rapportent
« ce que d'autres hommes ont rapporté. » Et point
du tout; on ne me rapporte point que l'Évangile
existe, je le vois de mes propres yeux; et quand
tout l'univers me soutiendroit qu'il n'existe pas,
je saurois très-bien que tout l'univers ment ou se
trompe. Que d'hommes entre Dieu et lui ! » Pas
un seul. L'Évangile est la pièce qui décide, et cette
pièce est entre mes mains. De quelque manière

---

[1] * Emile. — [2] Mandement, § XVII.

qu'elle y soit venue et quelque auteur qui l'ait écrite, j'y reconnois l'esprit divin, cela est immédiat autant qu'il peut l'être; il n'y a point d'hommes entre cette preuve et moi : et dans le sens où il y en auroit, l'historique de ce saint livre, de ses auteurs, du temps où il a été composé, etc., rentre dans les discussions de critique où la preuve morale est admise. Telle est la réponse du vicaire savoyard.

« Le voilà donc bien évidemment en contra« diction avec lui-même, le voilà confondu par « ses propres aveux. » Je vous laisse jouir de toute ma confusion. « Par quel étrange aveuglement « a-t-il donc pu ajouter : » — « Avec tout cela ce « même Évangile est plein de choses incroyables, « de choses qui répugnent à la raison, et qu'il est « impossible à tout homme sensé de concevoir ni « d'admettre. Que faire au milieu de toutes ces « contradictions? Être toujours modeste et cir« conspect, respecter en silence ' ce qu'on ne « sauroit ni rejeter ni comprendre, et s'humilier

---

[1] Pour que les hommes s'imposent ce respect et ce silence, il faut que quelqu'un leur dise une fois les raisons d'en user ainsi. Celui qui connoît ces raisons peut les dire ; mais ceux qui censurent et n'en disent point pourroient se taire. Parler au public avec franchise, avec fermeté, est un droit commun à tous les hommes, et même un devoir en toute chose utile : mais il n'est guère permis à un particulier d'en censurer publiquement un autre; c'est s'attribuer une trop grande supériorité de vertus, de talents, de lumières. Voilà pourquoi je ne me suis jamais ingéré de critiquer ni répri-

« devant le grand Être qui seul sait la vérité. Voilà
« le scepticisme involontaire où je suis resté. » —
« Mais le scepticisme, M. T. C. F., peut-il donc
« être involontaire, lorsqu'on refuse de se sou-
« mettre à la doctrine d'un livre qui ne sauroit
« être inventé par les hommes; lorsque ce livre
« porte des caractères de vérité si grands, si frap-
« pants, si parfaitement inimitables, que l'inven-
« teur en seroit plus étonnant que le héros? C'est
« bien ici qu'on peut dire que l'iniquité a menti
« contre elle-même¹. »

Monseigneur, vous me taxez d'iniquité sans sujet; vous m'imputez souvent des mensonges, et vous n'en montrez aucun. Je m'impose avec vous une maxime contraire; et j'ai quelquefois lieu d'en user.

Le scepticisme du vicaire est involontaire par la raison même qui vous fait nier qu'il le soit. Sur les foibles autorités qu'on veut donner à l'Évangile, il le rejetteroit par les raisons déduites auparavant, si l'esprit divin qui brille dans la morale et dans la doctrine de ce livre ne lui rendoit toute la

mander personne. J'ai dit à mon siècle des vérités dures; mais je n'en ai dit à aucun particulier; et s'il m'est arrivé d'attaquer et de nommer quelques livres, je n'ai jamais parlé des auteurs vivants qu'avec toutes sortes de bienséance et d'égards. On voit comment ils me les rendent: Il me semble que tous ces messieurs, qui se mettent si fièrement en avant pour m'enseigner l'humilité trouvent la leçon meilleure à donner qu'à suivre.

¹ Mandement; § xvii.

force qui manque au témoignage des hommes sur un tel point. Il admet donc ce livre sacré avec toutes les choses admirables qu'il renferme et que l'esprit humain peut entendre ; mais quant aux choses incroyables qu'il y trouve, « lesquelles ré-
« pugnent à sa raison, et qu'il est impossible à tout
« homme sensé de concevoir ni d'admettre, il les
« respecte en silence sans les comprendre ni les
« rejeter, et s'humilie devant le grand Être qui
« seul sait la vérité. » Tel est son scepticisme ; et ce scepticisme est bien involontaire, puisqu'il est fondé sur des preuves invincibles de part et d'autre, qui forcent la raison de rester en suspens. Ce scepticisme est celui de tout chrétien raisonnable et de bonne foi qui ne veut savoir des choses du ciel que celles qu'il peut comprendre, celles qui importent à sa conduite, et qui rejette, avec l'apôtre, « les questions peu sensées, qui sont sans
« instruction, et qui n'engendrent que des com-
« bats[1]. »

D'abord vous me faites rejeter la révélation pour m'en tenir à la religion naturelle ; et premièrement je n'ai point rejeté la révélation. Ensuite vous m'accusez « de ne pas admettre même la re-
« ligion naturelle, ou du moins de n'en pas recon-
« noître la nécessité ; » et votre unique preuve est dans le passage suivant que vous rapportez : « Si
« je me trompe, c'est de bonne foi ; cela suf-

[1] Timoth., chap II, v. 23.

« fit pour que mon erreur ne me soit pas imputée
« à crime; quand vous vous tromperiez de même,
« il y auroit peu de mal à cela. » — « C'est-à-dire,
« continuez-vous, que, selon lui, il suffit de se
« persuader qu'on est en possession de la vérité;
« que cette persuasion, fût-elle accompagnée des
« plus monstrueuses erreurs, ne peut jamais être
« un sujet de reproche; qu'on doit toujours regar-
« der comme un homme sage et religieux celui
« qui, adoptant les erreurs mêmes de l'athéisme,
« dira qu'il est de bonne foi. Or, n'est-ce pas là
« ouvrir la porte à toutes les superstitions, à tous
« les systèmes fanatiques, à tous les délires de l'es-
« prit humain [2]? »

Pour vous, monseigneur, vous ne pourrez pas
dire ici comme le vicaire, *Si je me trompe, c'est
de bonne foi;* car c'est bien évidemment à dessein qu'il vous plaît de prendre le change et de
le donner à vos lecteurs : c'est ce que je m'engage à prouver sans réplique, et je m'y engage
aussi d'avance afin que vous y regardiez de plus
près.

La Profession du vicaire savoyard est composée
de deux parties : la première, qui est la plus grande,
la plus importante, la plus remplie de vérités frap-
pantes et neuves, est destinée à combattre le moderne matérialisme, à établir l'existence de Dieu

---

[1] M. de Beaumont a mis : *Cela me suffit.*
[2] Mandement, § XVIII.

et la religion naturelle avec toute la force dont l'auteur est capable. De celle-là ni vous ni les prêtres n'en parlez point, parce qu'elle vous est fort indifférente, et qu'au fond la cause de Dieu ne vous touche guère, pourvu que celle du clergé soit en sûreté.

La seconde, beaucoup plus courte, moins régulière, moins approfondie, propose des doutes et des difficultés sur les révélations en général, donnant pourtant à la nôtre sa véritable certitude dans la pureté, la sainteté de sa doctrine, et dans la sublimité toute divine de celui qui en fut l'auteur. L'objet de cette seconde partie est de rendre chacun plus réservé dans sa religion à taxer les autres de mauvaise foi dans la leur, et de montrer que les preuves de chacune ne sont pas tellement démonstratives à tous les yeux, qu'il faille traiter en coupables ceux qui ne voient pas la même clarté que nous. Cette seconde partie, écrite avec toute la modestie, avec tout le respect convenable, est la seule qui ait attiré votre attention et celle des magistrats. Vous n'avez eu que des bûchers et des injures pour réfuter mes raisonnements. Vous avez vu le mal dans le doute de ce qui est douteux; vous n'avez point vu le bien dans la preuve de ce qui est vrai.

En effet, cette première partie, qui contient ce qui est vraiment essentiel à la religion, est décisive et dogmatique. L'auteur ne balance pas, n'hésite pas ; sa conscience et sa raison le déterminent d'une manière invincible ; il croit, il affirme, il est fortement persuadé.

Il commence l'autre, au contraire, par déclarer que « l'examen qui lui reste à faire est bien diffé-
« rent, qu'il n'y voit qu'embarras, mystère, obscu-
« rité : qu'il n'y porte qu'incertitude et défiance ;
« qu'il n'y faut donner à ses discours que l'autorité
« de la raison ; qu'il ignore lui-même s'il est dans
« l'erreur ; et que toutes ses affirmations ne sont
« ici que des raisons de douter. » Il propose donc ses objections, ses difficultés, ses doutes. Il propose aussi ses grandes et fortes raisons de croire ; et de toute cette discussion résulte la certitude des dogmes essentiels, et un scepticisme respectueux sur les autres. A la fin de cette seconde partie il insiste de nouveau sur la circonspection nécessaire en l'écoutant. « Si j'étois plus sûr de moi, j'aurois,
« dit-il, pris un ton dogmatique et décisif ; mais je
« suis homme, ignorant, sujet à l'erreur : que pou-
« vois-je faire ? Je vous ai ouvert mon cœur sans
« réserve ; ce que je tiens pour sûr, je vous l'ai
« donné pour tel ; je vous ai donné mes doutes
« pour des doutes, mes opinions pour des opinions ;
« je vous ai dit mes raisons de douter et de croire :
« Maintenant c'est à vous de juger. »

Lors donc que, dans le même écrit, l'auteur dit, « Si je me trompe, c'est de bonne foi ; cela suffit

---

[1] Emile, tome II. — [2] Emile, tome II.

« pour que mon erreur ne me soit pas imputée à
« crime, » je demande à tout lecteur qui a le sens
commun et quelque sincérité si c'est sur la première ou sur la seconde partie que peut tomber ce
soupçon d'être dans l'erreur; sur celle où l'auteur
affirme, ou sur celle où il balance; si ce soupçon
marque la crainte de croire en Dieu mal à propos,
ou celle d'avoir à tort des doutes sur la révélation.
Vous avez pris le premier parti contre toute raison, et dans le seul désir de me rendre criminel;
je vous défie d'en donner aucun autre motif.
Monseigneur, où sont, je ne dis pas l'équité, la
charité chrétienne; mais le bon sens et l'humanité?

Quand vous auriez pu vous tromper sur l'objet
de la crainte du vicaire, le texte seul que vous
rapportez vous eût désabusé malgré vous; car, lorsqu'il dit, « Cela suffit pour que mon erreur ne me
« soit pas imputée à crime, » il reconnoît qu'une
pareille erreur pourroit être un crime, et que ce
crime lui pourroit être imputé s'il ne procédoit
pas de bonne foi. Mais quand il n'y auroit point de
Dieu, où seroit le crime de croire qu'il y en a un?
Et quand ce seroit un crime, qui est-ce qui le
pourroit imputer? La crainte d'être dans l'erreur
ne peut donc ici tomber sur la religion naturelle,
et le discours du vicaire seroit un vrai galimatias
dans le sens que vous lui prêtez. Il est donc impossible de déduire du passage que vous rappor-

tez, que « je n'admets pas la religion naturelle, « ou que je n'en reconnois pas la nécessité : » il est encore impossible d'en déduire « qu'on doive « toujours, ce sont vos termes, regarder comme « un homme sage et religieux celui qui, adoptant « les erreurs de l'athéisme, dira qu'il est de bonne « foi : » et il est même impossible que vous ayez cru cette déduction légitime. Si cela n'est pas démontré, rien ne sauroit jamais l'être, ou il faut que je sois un insensé.

Pour montrer qu'on ne peut s'autoriser d'une mission divine pour débiter des absurdités, le vicaire met aux prises un inspiré, qu'il vous plaît d'appeler chrétien, et un raisonneur qu'il vous plaît d'appeler incrédule, et il les fait disputer chacun dans leur langage, qu'il désapprouve, et qui, très-sûrement, n'est ni le sien ni le mien. Là-dessus vous me taxez d'*une insigne mauvaise foi*[1], et vous prouvez cela par l'ineptie des discours du premier. Mais si ces discours sont ineptes, à quoi donc le reconnoissez-vous pour chrétien? et si le raisonneur ne réfute que des inepties, quel droit avez-vous de le taxer d'incrédulité? S'ensuit-il des inepties que débite un inspiré que ce soit un catholique, et de celles que réfute un raisonneur que ce soit un mécréant? Vous auriez bien pu, monseigneur, vous dispenser de vous reconnoître à un langage si plein de bile et de

[1] Mandement, § xix.

déraison ; car vous n'aviez pas encore donné votre mandement.

« Si la raison et la révélation étoient opposées « l'une à l'autre, il est constant, dites-vous, que « Dieu seroit en contradiction avec lui-même[1]. » Voilà un grand aveu que vous nous faites là ; car il est sûr que Dieu ne se contredit point. « Vous « dites, ô impies! que les dogmes que nous regar- « dons comme révélés combattent les vérités éter- « nelles : mais il ne suffit pas de le dire. » J'en conviens : tâchons de faire plus.

Je suis sûr que vous pressentez d'avance où j'en vais venir. On voit que vous passez sur cet article des mystères comme sur des charbons ardents ; vous osez à peine y poser le pied. Vous me forcez pourtant à vous arrêter un moment dans cette situation douloureuse : j'aurai la discrétion de rendre ce moment le plus court qu'il se pourra.

Vous conviendrez bien, je pense, qu'une de ces vérités éternelles qui servent d'éléments à la raison, est que la partie est moindre que le tout ; et c'est pour avoir affirmé le contraire que l'inspiré vous paroît tenir un discours plein d'ineptie. Or, selon votre doctrine de la transsubstantiation, lorsque Jésus fit la dernière cène avec ses disciples, et qu'ayant rompu le pain il donna son corps à chacun d'eux, il est clair qu'il tint son corps entier dans sa main, et, s'il mangea lui-même du

[1] Mandement, § xx.

pain consacré, comme il put le faire, il mit sa tête dans sa bouche.

Voilà donc bien clairement, bien précisément, la partie plus grande que le tout, et le contenant moindre que le contenu. Que dites-vous à cela, monseigneur? Pour moi, je ne vois que M. le chevalier de Causans qui puisse vous tirer d'affaire [1].

Je sais bien que vous avez encore la ressource de saint Augustin; mais c'est la même. Après avoir entassé sur la Trinité force discours inintelligibles, il convient qu'ils n'ont aucun sens; « mais, dit « naïvement ce père de l'Église, on s'exprime ainsi, « non pour dire quelque chose, mais pour ne pas « rester muet [2]. »

Tout bien considéré, je crois, monseigneur, que le parti le plus sûr que vous ayez à prendre sur cet article et sur beaucoup d'autres est celui que vous avez pris avec M. de Montazet; et par la même raison.

---

[1] De Mauléon de Causans, chevalier de Malte et militaire distingué, né au commencement du dix-huitième siècle. S'étant adonné à l'étude des mathématiques, il s'étoit persuadé qu'il avoit trouvé la quadrature du cercle. S'élevant de découvertes en découvertes, il prétendit ensuite expliquer par sa quadrature le péché originel et la Trinité. Il déposa chez un notaire dix mille francs, pour être donnés à celui qui lui démontreroit son erreur; le défi fut accepté par plusieurs personnes, et il y eut un procès au Châtelet pour cette affaire; mais la procédure fut arrêtée par ordre du roi, et les paris déclarés nuls.

[2] « Dictum est tamen tres personæ, non ut aliquid diceretur, sed ne taceretur. » Aug., de Trinit., lib. v, cap. IX.

« La mauvaise foi de l'auteur d'Émile n'est pas
« moins révoltante dans le langage qu'il fait tenir
« à un catholique prétendu : ». — « Nos catho-
« liques, lui fait-il dire, font grand bruit de l'au-
« torité de l'Église : mais que gagnent-ils à cela,
« s'il leur faut un aussi grand appareil de preuves
« pour cette autorité qu'aux autres sectes pour
« établir directement leur doctrine ? L'Église dé-
« cide que l'Église a droit de décider. Ne voilà-t-il
« pas une autorité bien prouvée ? » — « Qui ne
« croiroit, M. T. C. F., à entendre cet imposteur,
« que l'autorité de l'Église n'est prouvée que par
« ses propres décisions, et qu'elle procède ainsi :
« je décide que je suis infaillible; donc je le suis ?
« Imputation calomnieuse, M. T. C. F. » Voilà,
monseigneur, ce que vous assurez : il nous reste
à voir vos preuves. En attendant, oseriez-vous
bien affirmer que les théologiens catholiques n'ont
jamais établi l'autorité de l'Église par l'autorité de
l'Église, *ut in se virtualiter reflexam ?* S'ils l'ont
fait, je ne les charge donc pas d'une imputation
calomnieuse.

[2] « La constitution du christianisme, l'esprit de
« l'Évangile, les erreurs mêmes et la foiblesse de
« l'esprit humain, tendent à démontrer que l'É-
« glise établie par Jésus-Christ est une Église in-
« faillible. » Monseigneur, vous commencez par
nous payer là de mots qui ne nous donnent pas le

[1] Mandement, § XXI. — [2] Mandement, *ibid.*

change. Les discours vagues ne font jamais preuve, et toutes ces choses qui tendent à démontrer ne démontrent rien. Allons donc tout d'un coup au corps de la démonstration : le voici :

« Nous assurons que, comme ce divin législa-
« teur a toujours enseigné la vérité, son Église
« l'enseigne aussi toujours[1]. »

Mais qui êtes-vous, vous qui nous assurez cela pour toute preuve ? Ne seriez-vous pas l'Église ou ses chefs ? A vos manières d'argumenter vous paroissez compter beaucoup sur l'assistance du Saint-Esprit. Que dites-vous, et qu'a dit l'imposteur ? de grâce, voyez cela vous-même, car je n'ai pas le courage d'aller jusqu'au bout.

Je dois pourtant remarquer que toute la force de l'objection que vous attaquez si bien consiste dans cette phrase que vous avez eu soin de supprimer à la fin du passage dont il s'agit : « Sortez de « là, vous rentrez dans toutes nos discussions[2]. »

En effet, quel est ici le raisonnement du vicaire ? Pour choisir entre les religions diverses, il faut, dit-il, de deux choses l'une ; ou entendre les preuves de chaque secte et les comparer, ou s'en rapporter à l'autorité de ceux qui nous instruisent. Or le premier moyen suppose des connoissances que peu d'hommes sont en état d'acquérir ; et le

---

[1] Mandement, § xxi. Cet endroit mérite d'être lu dans le Mandement même.

[2] * Émile, tome II.

second justifie la croyance de chacun dans quelque religion qu'il naisse. Il cite en exemple la religion catholique, où l'on donne pour loi l'autorité de l'Église, et il établit là-dessus ce second dilemme : Ou c'est l'Église qui s'attribue à elle-même cette autorité, et qui dit, « Je décide que « je suis infaillible, donc je le suis, » et alors elle tombe dans le sophisme appelé cercle vicieux; ou elle prouve qu'elle a reçu cette autorité de Dieu, et alors il lui faut un aussi grand appareil de preuves pour montrer qu'en effet elle a reçu cette autorité qu'aux autres sectes pour établir directement leur doctrine. Il n'y a donc rien à gagner pour la facilité de l'instruction, et le peuple n'est pas plus en état d'examiner les preuves de l'autorité de l'Église chez les catholiques que la vérité de la doctrine chez les protestants. Comment donc se déterminera-t-il d'une manière raisonnable autrement que par l'autorité de ceux qui l'instruisent? Mais alors le Turc se déterminera de même. En quoi le Turc est-il plus coupable que nous ? Voilà, monseigneur, le raisonnement auquel vous n'avez pas répondu, et auquel je doute qu'on puisse répondre[1]. Votre franchise épiscopale se

---

[1] C'est ici une de ces objections terribles auxquelles ceux qui m'attaquent se gardent bien de toucher. Il n'y a rien de si commode que de répondre avec des injures et de saintes déclamations; on élude aisément tout ce qui embarrasse. Aussi faut-il avouer qu'en se chamaillant entre eux les théologiens ont bien des ressources qui leur manquent vis-à-vis des ignorants, et auxquelles

tire d'affaire en tronquant le passage de l'auteur de mauvaise foi.

Grâce au ciel, j'ai fini cette ennuyeuse tâche. J'ai suivi pied à pied vos raisons, vos citations, vos censures, et j'ai fait voir qu'autant de fois que vous avez attaqué mon livre, autant de fois vous avez eu tort. Il reste le seul article du gouvernement, dont je veux bien vous faire grâce, très-sûr que quand celui qui gémit sur les misères du peuple, et qui les éprouve, est accusé par vous d'empoisonner les sources de la félicité publique, il n'y a point de lecteur qui ne sente ce que vaut un pareil discours. Si le traité du *Contrat-social* n'existoit pas, et qu'il fallût prouver de nouveau les grandes vérités que j'y développe, les complimens que vous faites à mes dépens aux puissances seroient un des faits que je citerois en preuve; et le sort de l'auteur en seroit un autre encore plus frappant. Il ne me reste plus rien à dire à cet égard; mon seul exemple a tout dit, et la passion de l'intérêt particulier ne doit point souiller les vérités utiles. C'est le décret contre ma personne, c'est mon livre brûlé par le bourreau, que je trans-

---

il faut alors suppléer comme ils peuvent. Ils se paient réciproquement de mille suppositions gratuites, qu'on n'ose récuser quand on n'a rien de mieux à donner soi-même. Telle est ici l'invention de je ne sais quelle foi infuse, qu'ils obligent Dieu, pour les tirer d'affaire, de transmettre du père à l'enfant. Mais ils réservent ce jargon pour disputer avec les docteurs; s'ils s'en servoient avec nous autres profanes, ils auroient peur qu'on ne se moquât d'eux.

mets à la postérité pour pièces justificatives : mes sentiments sont moins bien établis par mes écrits que par mes malheurs.

Je viens, monseigneur, de discuter tout ce que vous alléguez contre mon livre. Je n'ai pas laissé passer une de vos propositions sans examen ; j'ai fait voir que vous n'avez raison dans aucun point, et je n'ai pas peur qu'on réfute mes preuves ; elles sont au-dessus de toute réplique où règne le sens commun.

Cependant, quand j'aurois eu tort en quelques endroits, quand j'aurois eu toujours tort, quelle indulgence ne méritoit point un livre où l'on sent partout, même dans les erreurs, même dans le mal qui peut y être, le sincère amour du bien et le zèle de la vérité; un livre où l'auteur, si peu affirmatif, si peu décisif, avertit si souvent ses lecteurs de se défier de ses idées, de peser ses preuves, de ne leur donner que l'autorité de la raison; un livre qui ne respire que paix, douceur, patience, amour de l'ordre, obéissance aux lois en toute chose, et même en matière de religion; un livre enfin où la cause de la Divinité est si bien défendue, l'utilité de la religion si bien établie, où les mœurs sont si respectées, où l'arme du ridicule est si bien ôtée au vice, où la méchanceté est peinte si peu sensée, et la vertu si aimable? Eh! quand il n'y auroit pas un mot de vérité dans cet ouvrage, on en devroit honorer et chérir les rêveries comme les chimères les plus douces qui puissent flatter et nourrir le cœur d'un homme de bien. Oui, je ne crains point de le dire, s'il existoit en Europe un seul gouvernement vraiment éclairé, un gouvernement dont les vues fussent vraiment utiles et saines, il eût rendu des honneurs publics à l'auteur d'*Émile,* il lui eût élevé des statues [1]. Je connoissois trop les hommes pour attendre d'eux de la reconnoissance; je ne les connoissois pas assez, je l'avoue, pour en attendre ce qu'ils ont fait.

Après avoir prouvé que vous avez mal raisonné dans vos censures, il me reste à prouver que vous m'avez calomnié dans vos injures. Mais, puisque vous ne m'injuriez qu'en vertu des torts que vous m'imputez dans mon livre, montrer que mes prétendus torts ne sont que les vôtres, n'est-ce pas dire assez que les injures qui les suivent ne doivent pas être pour moi? Vous chargez mon ouvrage des épithètes les plus odieuses, et moi je suis un homme abominable, un téméraire, un impie, un imposteur. Charité chrétienne, que vous avez

---

[1] * On a reproché ce mot à Jean-Jacques ; ce n'étoit cependant point l'expression de l'orgueil, mais bien le cri de la vertu indignée. Socrate, le plus modeste des hommes, condamné par les Athéniens, mais à qui on laissoit le choix de la peine qu'il avoit méritée : « Je me condamne, dit-il, à être nourri le reste de mes jours dans le prytanée, aux dépens de la république. »

(Cette note est de M. Brizard dans l'édition de Poinçot, et le trait qu'il rapporte de Socrate est tiré de Platon, *Apologie de Socrate,* ｇ 26.)

un étrange langage dans la bouche des ministres de Jésus-Christ !

Mais vous qui m'osez reprocher des blasphèmes, que faites-vous quand vous prenez les apôtres pour complices des propos offensants qu'il vous plaît de tenir sur mon compte? A vous entendre, on croiroit que saint Paul m'a fait l'honneur de songer à moi, et de prévenir ma venue comme celle de l'antechrist. Et comment l'a-t-il prédite, je vous prie? Le voici : c'est le début de votre mandement:

« Saint Paul a prédit, M. T. C. F., qu'il vien-
« droit des jours périlleux où il y auroit des gens
« amateurs d'eux-mêmes, fiers, superbes, blas-
« phémateurs, impies, calomniateurs, enflés d'or-
« gueil, amateurs des voluptés plutôt que de Dieu;
« des hommes d'un esprit corrompu, et pervertis
« dans la foi[1]. »

Je ne conteste assurément pas que cette prédiction de saint Paul ne soit très-bien accomplie; mais s'il eût prédit au contraire qu'il viendroit un temps où l'on ne verroit point de ces gens-là, j'aurois été, je l'avoue, beaucoup plus frappé de la prédiction, et surtout de l'accomplissement.

D'après une prophétie si bien appliquée, vous avez la bonté de faire de moi un portrait dans lequel la gravité épiscopale s'égaie à des antithèses, et où je me trouve un personnage fort plaisant.

[1] Mandement, § 1.

Cet endroit, monseigneur, m'a paru le plus joli morceau de votre mandement; on ne sauroit faire une satire plus agréable, ni diffamer un homme avec plus d'esprit.

« Du sein de l'erreur (il est vrai que j'ai passé
« ma jeunesse dans votre Église) il s'est élevé (pas
« fort haut) un homme plein du langage de la
« philosophie (comment prendrois-je un langage
« que je n'entends point?) sans être véritablement
« philosophe (oh! d'accord, je n'aspirerai jamais
« à ce titre, auquel je reconnois n'avoir aucun
« droit, et je n'y renonce assurément pas par mo-
« destie), esprit doué d'une multitude de connois-
« sances (j'ai appris à ignorer des multitudes de
« choses que je croyois savoir) qui ne l'ont pas
« éclairé (elles m'ont appris à ne pas penser l'être),
« et qui ont répandu des ténèbres dans les autres
« esprits (les ténèbres de l'ignorance valent mieux
« que la fausse lumière de l'erreur); caractère livré
« aux paradoxes d'opinions et de conduite (y a-t-il
« beaucoup à perdre à ne pas agir et penser
« comme tout le monde?), alliant la simplicité des
« mœurs avec le faste des pensées (la simplicité
« des mœurs élève l'ame; quant au faste de mes
« pensées, je ne sais ce que c'est), le zèle des
« maximes antiques avec la fureur d'établir des
« nouveautés (rien de plus nouveau pour nous
« que des maximes antiques; il n'y a point à cela
« d'alliage, et je n'y ai point mis de fureur), l'obs-

« curité de la retraite avec le désir d'être connu de
« tout le monde. (Monseigneur, vous voilà comme
« les faiseurs de romans, qui devinent tout ce que
« leur héros a dit et pensé dans sa chambre. Si
« c'est ce désir qui m'a mis la plume à la main,
« expliquez comment il m'est venu si tard, ou
« pourquoi j'ai tardé si long-temps à le satisfaire.)
« On l'a vu invectiver contre la science qu'il cul-
« tivoit (cela prouve que je n'imite pas vos gens
« de lettres, et que dans mes écrits l'intérêt de la
« vérité marche avant le mien), préconiser l'ex-
« cellence de l'Évangile (toujours et avec le plus
« vrai zèle), dont il détruisoit les dogmes (non,
« mais j'en prêchois la charité bien détruite par les
« prêtres), peindre la beauté des vertus qu'il
« éteignoit dans l'ame de ses lecteurs. (Ames hon-
« nêtes, est-il vrai que j'éteins en vous l'amour des
« vertus?)

« Il s'est fait le précepteur du genre humain
« pour le tromper, le moniteur public pour éga-
« rer tout le monde, l'oracle du siècle pour ache-
« ver de le perdre. (Je viens d'examiner comment
« vous avez prouvé tout cela.) Dans un ouvrage
« sur l'inégalité des conditions (pourquoi des con-
« ditions? ce n'est là ni mon sujet ni mon titre),
« il avoit rabaissé l'homme jusqu'au rang des bêtes.
« (Lequel de nous deux l'élève ou l'abaisse, dans
« l'alternative d'être bête ou méchant?) Dans une
« autre production plus récente il avoit insinué le

« poison de la volupté. (Eh! que ne puis-je aux
« horreurs de la débauche substituer le charme de
« la volupté! mais rassurez-vous, monseigneur,
« vos prêtres sont à l'épreuve de l'Héloïse, ils ont
« pour préservatif l'Aloïsia.) Dans celui-ci, il s'em-
« pare des premiers moments de l'homme afin d'é-
« tablir l'empire de l'irréligion. (Cette imputation
« a déjà été examinée.) »

Voilà, monseigneur, comment vous me traitez,
et bien plus cruellement encore, moi que vous ne
connoissez point, et que vous ne jugez que sur
des ouï-dire. Est-ce donc là la morale de cet
Évangile dont vous vous portez pour le défenseur? Accordons que vous voulez préserver votre
troupeau du poison de mon livre : pourquoi des
personnalités contre l'auteur? J'ignore quel effet
vous attendez d'une conduite si peu chrétienne;
mais je sais que défendre sa religion par de telles
armes, c'est la rendre fort suspecte aux gens de
bien.

Cependant c'est moi que vous appelez téméraire. Eh! comment ai-je mérité ce nom, en ne
proposant que des doutes, et même avec tant de
réserve; en n'avançant que des raisons, et même
avec tant de respect; en n'attaquant personne, en
ne nommant personne? Et vous, monseigneur,
comment osez-vous traiter ainsi celui dont vous
parlez avec si peu de justice et de bienséance,
avec si peu d'égard, avec tant de légèreté?

Vous me traitez d'impie! et de quelle impiété pouvez-vous m'accuser, moi qui jamais n'ai parlé de l'Être suprême que pour lui rendre la gloire qui lui est due, ni du prochain que pour porter tout le monde à l'aimer? Les impies sont ceux qui profanent indignement la cause de Dieu en la faisant servir aux passions des hommes. Les impies sont ceux qui, s'osant porter pour interprètes de la Divinité, pour arbitres entre elle et les hommes, exigent pour eux-mêmes les honneurs qui lui sont dus. Les impies sont ceux qui s'arrogent le droit d'exercer le pouvoir de Dieu sur la terre, et veulent ouvrir et fermer le ciel à leur gré. Les impies sont ceux qui font lire des libelles dans les églises. A cette idée horrible tout mon sang s'allume, et des larmes d'indignation coulent de mes yeux. Prêtres du Dieu de paix, vous lui rendrez compte un jour, n'en doutez pas, de l'usage que vous osez faire de sa maison.

Vous me traitez d'imposteur! et pourquoi? Dans votre manière de penser, j'erre; mais où est mon imposture? Raisonner et se tromper, est-ce en imposer? Un sophiste même qui trompe sans se tromper n'est pas un imposteur encore, tant qu'il se borne à l'autorité de la raison, quoiqu'il en abuse. Un imposteur veut être cru sur sa parole, il veut lui-même faire autorité. Un imposteur est un fourbe qui veut en imposer aux autres pour son profit; et où est, je vous prie, mon profit dans cette affaire? Les imposteurs sont, selon Ulpien, ceux qui font des prestiges, des imprécations, des exorcismes : or assurément je n'ai jamais rien fait de tout cela.

Que vous discourez à votre aise, vous autres hommes constitués en dignité ! Ne reconnoissant de droits que les vôtres, ni de lois que celles que vous imposez, loin de vous faire un devoir d'être justes, vous ne vous croyez pas même obligés d'être humains. Vous accablez fièrement le foible sans répondre de vos iniquités à personne : les outrages ne vous coûtent pas plus que les violences; sur les moindres convenances d'intérêt ou d'état, vous nous balayez devant vous comme la poussière. Les uns décrètent et brûlent, les autres diffament et déshonorent, sans droit, sans raison, sans mépris, même sans colère, uniquement parce que cela les arrange et que l'infortuné se trouve sur leur chemin. Quand vous nous insultez impunément, il ne nous est pas même permis de nous plaindre; et si nous montrons notre innocence et vos torts, on nous accuse encore de vous manquer de respect.

Monseigneur, vous m'avez insulté publiquement; je viens de prouver que vous m'avez calomnié. Si vous étiez un particulier comme moi, que je pusse vous citer devant un tribunal équitable, et que nous y comparussions tous deux, moi avec mon livre, et vous avec votre mandement, vous y seriez certainement déclaré coupable et condamné à me faire une réparation aussi publique que l'offense l'a été. Mais vous tenez un rang où l'on est dispensé d'être juste; et je ne suis rien. Cependant vous qui professez l'Évangile, vous prélat fait pour apprendre aux autres leur devoir, vous savez le vôtre en pareil cas. Pour moi, j'ai fait le mien, je n'ai plus rien à vous dire, et je me tais.

Daignez, monseigneur, agréer mon profond respect.

J. J. Rousseau.

Motiers, le 18 novembre 1762.

LETTRES

ÉCRITES

DE LA MONTAGNE.

Vitam impendere vero.

TABLEAU
DE LA CONSTITUTION DE GENÈVE,

NÉCESSAIRE

POUR L'INTELLIGENCE DES LETTRES DE LA MONTAGNE.

« Il s'en falloit beaucoup que dans la république de Genève tous ses membres fussent *égaux en droits*, soit politiques, soit civils. Les Génevois étoient, sous ce double rapport, divisés en cinq classes bien distinctes : les *citoyens*, les *bourgeois*, les *habitants*, les *natifs*, et les *sujets*.

« Les deux premières classes seules prenoient part au gouvernement et à la législation, avec cette différence entre elles qu'il n'y avoit que les citoyens qui pussent parvenir aux principales magistratures. Le citoyen devoit être fils d'un citoyen ou d'un bourgeois, être né dans la ville. Le bourgeois étoit celui qui avoit obtenu des lettres de bourgeoisie ; elles lui donnoient le droit de se livrer à tous les genres de commerce, et il ne pouvoit être expulsé que par jugement. Le fils d'un bourgeois restoit bourgeois comme son père, s'il naissoit hors du territoire. Le nombre des citoyens et bourgeois ensemble n'a jamais excédé seize cents.

« La classe des habitants se composoit des étrangers qui avoient acheté le droit d'habiter dans la ville.

« Les natifs étoient les enfants de ces habitants, nés dans la ville. Quoiqu'ils eussent acquis quelques prérogatives dont leurs pères étoient privés, ils n'avoient le droit de faire aucun commerce; beaucoup de professions leur étoient interdites, et cependant c'étoit sur eux principalement que portoit le fardeau des impôts. En toute espèce de charge publique la personne et les propriétés du natif étoient taxées plus que celles du citoyen et du bourgeois.

« Enfin, les sujets étoient les habitants du territoire, qu'ils y fussent nés ou non. Leur dénomination seule donne l'idée de leur nullité sous tous les rapports.

« Si l'organisation civile et politique de l'état de Genève présentoit ainsi cinq classes d'hommes, le gouvernement de cet état offroit aussi dans son ensemble cinq *ordres* ou centres d'autorité dépendants les uns des autres, et dont voici les noms et les attributions.

« 1° Le *petit Conseil* ou Conseil des vingt-cinq, quelquefois nommé *Sénat*, composé de membres à vie, avoit la haute police et l'administration des affaires publiques, étoit juge en troisième ressort des procès civils et juge souverain des causes criminelles; il donnoit le droit de bourgeoisie, et avoit l'initiative dans tous les autres Conseils dont il faisoit lui-même partie.

« 2° Quatre *syndics*, élus annuellement par le Conseil général dont il sera ci-après parlé, et choisis parmi les membres du petit Conseil, dirigeoient ce dernier, et se partageoient toutes les branches d'administration. Le premier syndic présidoit tous les Conseils.

« 3° Le Conseil qui avoit conservé la dénomination du *Deux-cents*, quoique depuis 1738 le nombre en eût été porté à deux cent cinquante, nommoit aux places vacantes dans le petit Conseil, qui présentoit lui-même deux candidats pour chacune d'elles. Le Deux-cents à son tour étoit élu par le petit Conseil, qui faisoit une promotion toutes les fois que la mort avoit réduit le nombre des membres à deux cents. Il avoit le droit de faire grâce, de battre monnoie, jugeoit en second ressort les procès civils, présentoit au Conseil général les candidats pour les premières charges de la république, et faisoit au petit Conseil, qui étoit tenu d'en délibérer, toutes les propositions qu'il jugeoit convenables au bien de l'état; mais lui-même ne pouvoit délibérer et prendre une décision que sur les questions qui lui étoient portées par le petit Conseil.

« 4° Le Conseil des *Soixante*, formé des membres du petit Conseil et de trente-cinq membres du Deux-cents, ne s'assembloit que pour délibérer sur les affaires secrètes et de politique extérieure. C'étoit moins un *ordre* dans l'état qu'une espèce de comité diplomatique, sans fonctions spéciales et sans autorité réelle.

« 5° Enfin, le *Conseil général* ou Conseil souverain, formé de tous les citoyens et bourgeois sans exception, avoit seulement le droit d'approuver ou de rejeter les propositions qui lui étoient faites, et rien n'y pouvoit être traité sans l'approbation du Deux-cents. D'ailleurs, aucune loi ne pouvoit être faite, ni aucun impôt perçu sans la participation du Conseil général, qui de plus avoit le droit de guerre et de paix.

« Un *Procureur-général*, pris dans le Conseil des Deux-cents, mais qui n'étoit attaché à aucun corps en particulier, faisoit office de partie publique pour la poursuite des délits, pour la surveillance des tutelles et curatelles, pour défendre et soutenir en toute chose les droits du fisc et du public en général. C'étoit en un mot l'homme de la loi; et quoique sans autorité personnelle, il jouissoit de beaucoup de considération. Il étoit nommé par le Conseil général, sur une présentation en nombre double, faite par le Deux-cents, et étoit élu pour trois ans, avec faculté d'être réélu pour trois autres années.

« La surveillance de la police ordinaire et le jugement des causes civiles en première instance appartenoient à un tribunal de six membres nommés *Auditeurs*, et élus par le Conseil général. Ce tribunal étoit présidé par un membre du petit Conseil, qui portoit le titre de *Lieutenant*. Deux *Châtelains*, élus de même, exerçoient dans la campagne le même pouvoir que le tribunal dans la ville.

« Le militaire de la république se composoit d'une garnison soldée de sept cent vingt hommes, divisés en douze compagnies, de quatre régiments de milice bourgeoise, commandés par des membres du petit Conseil. Il y avoit en outre trois cents artilleurs et une compagnie de dragons.

« Tout citoyen en charge étoit sujet au *grabeau*, véritable censure, dont l'usage même subsiste encore, mais beaucoup restreint et modifié. Voici quel en étoit la forme : chaque Conseil s'assembloit à une époque déterminée pour *grabeler* ses subordonnés, et même, en certains cas, ses propres membres. En l'absence du grabelé, chaque membre, opinant à son tour, disoit ce qu'il pensoit du sujet dont il s'agissoit, tant en bien qu'en mal. Un certain nombre d'opinions défavorables étoit pour le grabelé un titre d'exclusion ; mais dans les temps tranquilles, cette exclusion étoit à peu près sans exemple, et le président du corps grabelant, qui venoit rendre compte du résultat de l'opération au grabelé, n'avoit, pour l'ordinaire, à lui faire que des compliments. Les candidats, pour un office, étoient également, avant l'élection, grabelés par les corps élisants.

« Outre cette censure dans l'ordre politique, il en existoit une seconde dans l'ordre moral, exercée d'un côté par le Consistoire, de l'autre par la *Chambre de réforme*. Cette chambre, composée d'un syndic et de quelques membres du petit Conseil et du Deux-cents, veilloit uniquement à la répression du luxe et au maintien des lois somptuaires.

« Quand des citoyens ou bourgeois, réunis en plus ou moins grand nombre, adressoient, sous forme de *représentations*, soit au petit Conseil, soit au Deux-cents, leurs plaintes ou griefs contre quelque transgression de loi ou empiètement d'autorité, chacun de ces deux Conseils faisoit souvent valoir, pour toute raison, ce qu'ils appeloient leur *droit négatif*, droit par lequel ils se prétendoient autorisés à rejeter, sans être tenus d'en donner aucun motif, les demandes qui leur étoient faites.

« Tous ces documents nous sont fournis par deux historiens génevois [1], et l'un d'eux y ajoute cette observation, que le gouvernement de Genève, sous ces formes populaires en apparence, formoit une véritable aristocratie héréditaire. « Un assez petit nombre de familles
« patriciennes étoient en possession des honneurs et des
« places importantes. Les affaires de l'état se traitoient
« presque uniquement dans le petit Conseil ou dans ce-
« lui des Deux-cents; et le Conseil général n'étoit assem-
« blé chaque année que pour quelques élections, et en-
« core se trouvoit-il tellement dans la dépendance du
« petit Conseil, que son influence étoit presque nulle...
« Son élection, quelle qu'elle fût, tomboit toujours sur
« les mêmes familles... D'ailleurs, il étoit composé d'in-
« dividus dont un grand nombre dépendoit, sous divers
« rapports, des chefs de l'état; et si quelques citoyens
« avoient essayé de remuer et de faire valoir d'anciennes

---

[1] * D'Yvernois, *Tableau des deux dernières Révolutions de Genève*, 1789, 2 vol. in-8°; Picot, *Histoire de Genève*, 1811, 3 vol. in-8°.

« prérogatives, le petit Conseil leur auroit facilement
« fermé la bouche par un acte d'autorité. » (Picot,
tom. III, page 192.)

« A la vérité le même historien nous apprend encore
« que, Si les citoyens ne possédoient pas des droits poli-
« tiques considérables..., un gouvernement paternel ne
« négligeoit rien de ce qui pouvoit contribuer à leur bon-
« heur...; ils étoient aussi heureux qu'ils pouvoient rai-
« sonnablement le désirer. » (*Ibid.*, pag. 193.)

« Cet heureux état de choses se conçoit aisément dans
une si petite république; mais il faut dire aussi que
cette *paternité* du gouvernement n'avoit aucune garantie
réelle, et elle se démentoit cruellement elle-même, quand
ce gouvernement, ayant reçu des réclamations ou demandes auxquelles il s'étoit refusé d'accéder, avoit pu
concevoir quelques craintes pour le maintien de son pouvoir. Les faits que Rousseau rapporte et qui n'ont pas
été contestés, et beaucoup d'autres encore non moins
graves, et dont il ne parle pas, prouvent trop bien que
très-souvent les lois fondamentales et les formes conser-
vatrices de la vie et des propriétés, furent violées de la
manière la plus odieuse, notamment lorsqu'en 1707, à
l'occasion d'un mouvement populaire, le petit Conseil,
s'étant procuré le secours de quatre cents soldats bernois
et zurickois, fit fusiller en secret et dans sa prison Pierre
Fatio, qui s'étoit montré le plus ardent défenseur de la
liberté à cette époque, et qu'au mépris d'une amnistie solennelle, plus de quatre-vingts personnes furent exilées
et flétries.

« De nouveaux abus d'autorité excitèrent, en 1738, un
mouvement semblable; il y eut prise d'armes et même
hostilités ouvertes, pour la cessation desquelles la France,
Zurick et Berne offrirent leur arbitrage. Cet arbitrage fut
accepté, et il en résulta l'édit constitutionnel de la même

année, auquel les puissances médiatrices ajoutèrent un acte de garantie mutuelle.

« Enfin, le décret lancé contre Rousseau, en 1762, fut le signal d'une troisième révolution, en donnant lieu à des représentations sur l'inobservation des lois à son égard. Le petit Conseil ne répondit aux *représentants* que par l'exercice du droit négatif. Ce refus de rendre justice amena de la part des citoyens et bourgeois, réunis en conseil général, celui d'élire des syndics, selon l'usage; ce qui étoit sans exemple dans les fastes de la république.

« A peu près dans le même temps, un citoyen, nommé Robert Covelle, qui avoit encouru les censures ecclésiastiques pour une faute honteuse, refusa de se mettre à genoux devant le Consistoire, suivant l'usage; et ce refus qui, dans un autre temps, eût à peine attiré l'attention, appuyé cette fois par un assez grand nombre de citoyens, fut une cause nouvelle de discorde. Dans ces circonstances, l'affaire de Rousseau et une *Réponse aux Lettres écrites de la campagne*, brochure composée par quelques représentants, ne contribuèrent pas peu à exaspérer les esprits. « Genève, dit l'historien cité plus
« haut, retraçoit le tableau que Rome avoit déjà offert
« au monde : d'un côté, les patriciens, formant le petit
« nombre, entraînés à des concessions qui devenoient
« chaque jour plus considérables; de l'autre, le peuple,
« abusant de sa force et demandant toujours davantage
« à mesure qu'on lui accordoit. »

« Quatre ans s'étoient passés ainsi, quand le Sénat, pressé plus vivement que jamais, eut recours aux trois puissances garantes de l'exécution de l'édit de 1738. Les médiateurs, n'ayant pu parvenir à accorder les parties contestantes, se retirèrent à Soleure, où ils rédigèrent une espèce de jugement sous le nom de *prononcé*, auquel le duc de

Choiseul tenta de soumettre les Génevois en employant contre eux tous les moyens possibles de contrainte, excepté pourtant la force ouverte [1] ; mais la fermeté des citoyens rendit ces moyens inutiles. Ils allèrent jusqu'à s'armer de pistolets au moment de se réunir en conseil général, menaçant de casser la tête au premier qui consentiroit à entendre seulement la lecture de ce prononcé, où ils ne voyoient autre chose que la loi de l'étranger, qu'on vouloit leur faire subir. Ils avoient réussi d'un autre côté à intéresser l'Angleterre en leur faveur, et Voltaire lui-même, en prenant intérêt à leur cause, y ajoutoit tout le poids de son influence personnelle. Enfin, renonçant à l'emploi de la force, le Sénat entama avec les citoyens des négociations qui amenèrent le traité de 1768, nommé *Édit de pacification*. Par cet édit, le Conseil général obtint l'élection de la moitié des membres du petit Conseil, et le droit appelé de *réélection*, c'est-à-dire de pouvoir, chaque année, exclure du Sénat quatre de ses membres, lesquels, après une seconde exclusion de ce genre, n'y pouvoient plus rentrer. Ce droit fut surtout accordé au Conseil général, pour balancer l'abus du droit négatif, sur lequel on ne stipula rien.

« Deux ans après, les dissensions recommencèrent, et cette fois ce furent les prétentions des natifs qui les firent naître. Mais comme, dès ce moment, il n'est plus question de Genève dans aucun écrit de Rousseau, ni dans ses Lettres, ces dissensions deviennent étrangères à notre objet. On sait trop bien d'ailleurs quel en fut le triste et dernier résultat.

« Mais un événement qui se rapporte à ces derniers

---

[1] * M. Lacretelle se trompe quand il dit dans son Histoire (t. IV, page 165) que M. de Choiseul fit entrer un corps de troupes dans Genève.

temps, et que ceux qui lisent les OEuvres de Rousseau ne peuvent qu'apprendre avec intérêt, c'est l'établissement, à Genève, d'une constitution vraiment républicaine, faite pour prévenir à jamais toute dissension nouvelle, offrant tous les avantages attachés à cet ordre de choses dans un petit état, sans les inconvénients qu'on en pourroit craindre dans un plus grand, telle enfin que Rousseau lui-même n'eût osé la prévoir et peut-être l'imaginer, mais qui n'en est que plus conforme à ces principes d'éternelle raison, d'ordre public, et de justice rigoureuse, que ses écrits, entendus et interprétés comme ils doivent l'être, ne pouvoient manquer de rendre en quelque sorte populaires. On peut donc, sous plus d'un rapport, la considérer comme son ouvrage. Le 24 août 1814, la *nation génevoise* accepta, à une immense majorité de suffrages, un édit constitutionnel maintenant en pleine vigueur [1]. »

[1] Cette analyse des ouvrages de MM. d'Yvernois et Picot est de M. Petitain.

AVERTISSEMENT.

C'est revenir tard, je le sens, sur un sujet trop rebattu et déjà presque oublié. Mon état, qui ne me permet plus aucun travail suivi, mon aversion pour le genre polémique, ont causé ma lenteur à écrire et ma répugnance à publier. J'aurois même tout-à-fait supprimé ces Lettres, ou plutôt je ne les aurois point écrites, s'il n'eût été question que de moi ; mais ma patrie ne m'est pas tellement devenue étrangère, que je puisse voir tranquillement opprimer ses citoyens, surtout lorsqu'ils n'ont compromis leurs droits qu'en défendant ma cause. Je serois le dernier des hommes, si, dans une telle occasion, j'écoutois un sentiment qui n'est plus ni douceur ni patience, mais foiblesse et lâcheté, dans celui qu'il empêche de remplir son devoir.

Rien de moins important pour le public, j'en conviens, que la matière de ces Lettres. La constitution d'une petite république, le sort d'un petit particulier, l'exposé de quelques injustices, la réfutation de quelques sophismes, tout cela n'a rien en soi d'assez considérable pour mériter beaucoup de lecteurs ; mais si mes sujets sont petits, mes objets sont grands et dignes de l'attention de tout honnête homme. Laissons Genève à sa place, et Rousseau dans sa dépression ; mais la religion, mais la liberté, la justice !

voilà, qui que vous soyez, ce qui n'est pas au-dessous de vous.

Qu'on ne cherche pas même ici dans le style le dédommagement de l'aridité de la matière. Ceux que quelques traits heureux de ma plume ont si fort irrités trouveront de quoi s'apaiser dans ces Lettres. L'honneur de défendre un opprimé eût enflammé mon cœur si j'avois parlé pour un autre : réduit au triste emploi de me défendre moi-même, j'ai dû me borner à raisonner ; m'échauffer eût été m'avilir. J'aurai donc trouvé grâce en ce point devant ceux qui s'imaginent qu'il est essentiel à la vérité d'être dite froidement, opinion que pourtant j'ai peine à comprendre. Lorsqu'une vive persuasion nous anime, le moyen d'employer un langage glacé ? Quand Archimède, tout transporté, couroit nu dans les rues de Syracuse, en avoit-il moins trouvé la vérité parce qu'il se passionnait pour elle ? Tout au contraire, celui qui la sent ne peut s'abstenir de l'adorer : celui qui demeure froid ne l'a pas vue.

Quoi qu'il en soit, je prie les lecteurs de vouloir bien mettre à part mon beau style, et d'examiner seulement si je raisonne bien ou mal : car enfin, de cela seul qu'un auteur s'exprime en bons termes, je ne vois pas comment il peut s'ensuivre que cet auteur ne sait ce qu'il dit.

LETTRES

ÉCRITES

DE LA MONTAGNE.

PREMIÈRE PARTIE.

LETTRE I.

État de la question par rapport à l'auteur. Si elle est de la compétence des tribunaux civils. Manière injuste de la résoudre.

Non, monsieur, je ne vous blâme point de ne vous être pas joint aux représentants pour soutenir ma cause. Loin d'avoir approuvé moi-même cette démarche, je m'y suis opposé de tout mon pouvoir, et mes parents s'en sont retirés à ma sollicitation. L'on s'est tu quand il falloit parler; on a parlé quand il ne restoit qu'à se taire. Je prévis l'inutilité des représentations, j'en pressentis les conséquences : je jugeai que leurs suites inévitables troubleroient le repos public, ou changeroient la constitution de l'état. L'événement a trop justifié mes craintes. Vous voilà réduits à l'alternative qui m'effrayoit. La crise où vous êtes exige une autre délibération dont je ne suis plus l'objet. Sur ce qui a été fait vous demandez ce que vous devez faire : vous considérez que l'effet de ces démarches, étant relatif au corps de la bourgeoisie, ne retombera pas moins sur ceux qui s'en sont abstenus que sur ceux qui les ont faites. Ainsi, quels qu'aient été d'abord les divers avis, l'intérêt commun doit ici tout réunir. Vos droits réclamés et attaqués ne peuvent plus demeurer en doute; il faut qu'ils soient reconnus ou anéantis, et c'est leur évidence qui les met en péril. Il ne falloit pas approcher le flambeau durant l'orage ; mais aujourd'hui le feu est à la maison.

Quoiqu'il ne s'agisse plus de mes intérêts, mon honneur me rend toujours partie dans cette affaire ; vous le savez, et vous me consultez toutefois comme un homme neutre ; vous supposez que le préjugé ne m'aveuglera point, et que la passion ne me rendra point injuste : je l'espère aussi ; mais dans des circonstances si délicates, qui peut répondre de soi ? Je sens qu'il m'est impossible de m'oublier dans une querelle dont je suis le sujet, et qui a mes malheurs pour première cause. Que ferai-je donc, monsieur, pour répondre à votre confiance et justifier votre estime autant qu'il est en moi ? Le voici. Dans la juste défiance de moi-même, je vous dirai moins mon avis que mes raisons : vous les pèserez, vous comparerez, et vous choisirez. Faites plus, défiez-vous toujours, non de mes intentions, Dieu le sait, elles sont pures, mais de mon jugement. L'homme le plus juste, quand il est ulcéré, voit rarement les choses comme elles sont. Je ne veux sûrement pas vous tromper; mais je puis me tromper : je le pourrois en tout autre chose, et cela doit arriver ici plus probablement. Tenez-vous donc sur vos gardes, et quand je n'aurai pas dix fois raison, ne me l'accordez pas une.

Voilà, monsieur, la précaution que vous devez prendre, et voici celle que je veux prendre à mon tour. Je commencerai par vous parler de moi, de mes griefs, des durs procédés de vos magistrats : quand cela sera fait, et que j'aurai bien soulagé mon cœur, je m'oublierai moi-même, je vous parlerai de vous, de votre situation, c'est-à-dire de la république; et je ne crois pas trop présumer de moi, si j'espère, au moyen de cet arrangement, traiter avec équité la question que vous me faites.

J'ai été outragé d'une manière d'autant plus cruelle, que je me flattois d'avoir bien mérité de la patrie. Si ma conduite eût eu besoin de grâce, je pouvois raisonnablement espérer de l'obtenir. Cependant, avec un empressement sans exemple, sans avertissement, sans citation, sans examen, on s'est hâté de flétrir mes livres : on a fait plus; sans égard pour mes malheurs, pour mes maux, pour mon état, on a décrété ma personne avec la même précipitation; l'on ne m'a pas même épargné les termes qu'on emploie pour les malfaiteurs. Ces messieurs n'ont pas été indulgents; ont-ils du moins été justes? c'est ce que je veux rechercher avec vous. Ne vous effrayez pas; je vous prie, de l'étendue que je suis forcé de donner à ces lettres. Dans la multitude de questions qui se présentent, je voudrois être sobre en paroles : mais, monsieur, quoi qu'on puisse faire, il en faut pour raisonner.

Rassemblons d'abord les motifs qu'ils ont donnés de cette procédure, non dans le réquisitoire, non dans l'arrêt, porté dans le secret, et resté dans les ténèbres [1], mais dans les réponses du Conseil aux représentations des citoyens et bourgeois, ou plutôt dans les Lettres écrites de la campagne, ouvrage qui leur sert de manifeste, et dans lequel seul ils daignent raisonner avec vous.

« Mes livres sont, disent-ils, impies, scandaleux,
« téméraires, pleins de blasphèmes et de calom-
« nies contre la religion. Sous l'apparence des

---

[1] Ma famille demanda par requête communication de cet arrêt. Voici la réponse :

« *Du 25 juin 1762.*

« *En conseil ordinaire; vu la présente requête, arrêté qu'il n'y*
« *a lieu d'accorder aux suppliants les fins d'icelle.*

« Lullin. »

L'arrêt du parlement de Paris fut imprimé aussitôt que rendu. Imaginez ce que c'est qu'un état libre où l'on tient cachés de pareils décrets contre l'honneur et la liberté des citoyens.

« doutes, l'auteur y a rassemblé tout ce qui peut
« tendre à saper, ébranler et détruire les prin-
« cipaux fondements de la religion chrétienne
« révélée.

« Ils attaquent tous les gouvernements.

« Ces livres sont d'autant plus dangereux et
« répréhensibles, qu'ils sont écrits en françois du
« style le plus séducteur, qu'ils paroissent sous le
« nom et la qualification d'un citoyen de Genève,
« et que, selon l'intention de l'auteur, l'*Émile* doit
« servir de guide aux pères, aux mères, aux pré-
« cepteurs.

« En jugeant ces livres, il n'a pas été possible
« au Conseil de ne jeter aucun regard sur celui
« qui en étoit présumé l'auteur. »

Au reste, le décret porté contre moi n'est, con-
tinuent-ils, « ni un jugement, ni une sentence;
« mais un simple appointement provisoire, qui
« laissoit dans leur entier mes exceptions et dé-
« fenses, et qui, dans le cas prévu, servoit de
« préparatoire à la procédure prescrite par les
« édits et par l'ordonnance ecclésiastique. »

A cela, les représentants, sans entrer dans l'examen de la doctrine, objectèrent « que le Conseil
« avoit jugé sans formalités préliminaires; que
« l'article LXXXVIII de l'ordonnance ecclésiastique
« avoit été violé dans ce jugement, que la procé-
« dure faite en 1562 contre Jean Morelli, à forme
« de cet article, en montroit clairement l'usage,

« et donnoit par cet exemple une jurisprudence
« qu'on n'auroit pas dû mépriser, que cette nou-
« velle manière de procéder étoit même contraire
« à la règle du droit naturel admise chez tous les
« peuples, laquelle exige que nul ne soit con-
« damné sans avoir été entendu dans ses défenses;
« qu'on ne peut flétrir un ouvrage sans flétrir en
« même temps l'auteur dont il porte le nom; qu'on
« ne voit pas quelles exceptions et défenses il reste
« à un homme déclaré impie, téméraire, scanda-
« leux dans ses écrits, et après la sentence rendue
« et exécutée contre ses mêmes écrits, puisque les
« choses n'étant point susceptibles d'infamie, celle
« qui résulte de la combustion d'un livre par la
« main du bourreau rejaillit nécessairement sur
« l'auteur : d'où il suit qu'on n'a pu enlever à un
« citoyen le bien le plus précieux, l'honneur;
« qu'on ne pouvoit détruire sa réputation, son
« état, sans commencer par l'entendre; que les
« ouvrages condamnés et flétris méritoient du
« moins autant de support et de tolérance que di-
« vers autres écrits où l'on fait de cruelles satires
« sur la religion, et qui ont été répandus et même
« imprimés dans la ville; qu'enfin, par rapport aux
« gouvernements, il a toujours été permis dans
« Genève de raisonner librement sur cette matière
« générale; qu'on n'y défend aucun livre qui en
« traite; qu'on n'y flétrit aucun auteur pour en
« avoir traité, quel que soit son sentiment; et que,

« loin d'attaquer le gouvernement de la républi-
« que en particulier, je ne laisse échapper aucune
« occasion d'en faire l'éloge. »

A ces objections il fut répliqué de la part du Conseil, « que ce n'est point manquer à la règle
« qui veut que nul ne soit condamné sans l'enten-
« dre, que de condamner un livre après en avoir
« pris lecture et l'avoir examiné suffisamment ;
« que l'article LXXXVIII des ordonnances n'est ap-
« plicable qu'à un homme qui dogmatise, et non
« à un livre destructif de la religion chrétienne ;
« qu'il n'est pas vrai que la flétrissure d'un ouvrage
« se communique à l'auteur, lequel peut n'avoir
« été qu'imprudent ou maladroit ; qu'à l'égard des
« ouvrages scandaleux, tolérés ou même imprimés
« dans Genève, il n'est pas raisonnable de préten-
« dre que, pour avoir dissimulé quelquefois, un
« gouvernement soit obligé de dissimuler toujours ;
« que d'ailleurs les livres où l'on ne fait que tour-
« ner en ridicule la religion ne sont pas à beaucoup
« près aussi punissables que ceux où sans détour
« on l'attaque par le raisonnement ; qu'enfin ce
« que le Conseil doit au maintien de la religion
« chrétienne dans sa pureté, au bien public, aux
« lois, et à l'honneur du gouvernement, lui ayant
« fait porter cette sentence, ne lui permet ni de
« la changer ni de l'affoiblir. »

Ce ne sont pas là toutes les raisons, objections et réponses qui ont été alléguées de part et d'autre :

mais ce sont les principales, et elles suffisent pour établir, par rapport à moi, la question de fait et de droit.

Cependant comme l'objet, ainsi présenté, demeure encore un peu vague, je vais tâcher de le fixer avec plus de précision, de peur que vous n'étendiez ma défense à la partie de cet objet que je n'y veux pas embrasser.

Je suis homme, et j'ai fait des livres ; j'ai donc fait aussi des erreurs [1]. J'en aperçois moi-même en assez grand nombre : je ne doute pas que d'autres n'en voient beaucoup davantage, et qu'il n'y en ait bien plus encore que ni moi ni d'autres ne voyons point. Si l'on ne dit que cela, j'y souscris. Mais quel auteur n'est pas dans le même cas, ou s'ose flatter de n'y pas être? Là-dessus donc point de dispute. Si l'on me réfute et qu'on ait raison, l'erreur est corrigée, et je me tais. Si l'on me réfute et qu'on ait tort, je me tais encore : dois-je répondre du fait d'autrui ? En tout état de cause, après avoir entendu les deux parties, le public est juge ; il prononce, le livre triomphe ou tombe, et le procès est fini.

---

[1] Exceptons, si l'on veut, les livres de géométrie et leurs auteurs. Encore, s'il n'y a point d'erreurs dans les propositions mêmes, qui nous assurera qu'il n'y en ait point dans l'ordre de déduction, dans le choix, dans la méthode? Euclide démontre, et parvient à son but ; mais quel chemin prend-il ? combien n'erre-t-il pas dans sa route ? La science a beau être infaillible, l'homme qui la cultive se trompe souvent.

Les erreurs des auteurs sont souvent fort indifférentes, mais il en est aussi de dommageables, même contre l'intention de celui qui les commet. On peut se tromper au préjudice du public comme au sien propre; on peut nuire innocemment. Les controverses sur les matières de jurisprudence, de morale, de religion, tombent fréquemment dans ce cas. Nécessairement un des deux disputants se trompe, et l'erreur sur ces matières, important toujours, devient faute; cependant on ne la punit pas quand on la présume involontaire. Un homme n'est pas coupable pour nuire en voulant servir; et si l'on poursuivait criminellement un auteur pour des fautes d'ignorance ou d'inadvertance, pour de mauvaises maximes qu'on pourroit tirer de ses écrits très-conséquemment, mais contre son gré, quel écrivain pourroit se mettre à l'abri des poursuites? Il faudroit être inspiré du Saint-Esprit pour se faire auteur, et n'avoir que des gens inspirés du Saint-Esprit pour juges.

Si l'on ne m'impute que de pareilles fautes, je ne m'en défends pas plus que des simples erreurs. Je ne puis affirmer n'en avoir point commis de telles, parce que je ne suis pas un ange; mais ces fautes qu'on prétend trouver dans mes écrits peuvent fort bien n'y pas être, parce que ceux qui les y trouvent ne sont pas des anges non plus. Hommes et sujets à l'erreur ainsi que moi, sur quoi prétendent-ils que leur raison soit l'arbitre de la mienne, et que je sois punissable pour n'avoir pas pensé comme eux?

Le public est donc aussi le juge de semblables fautes; son blâme en est le seul châtiment. Nul ne peut se soustraire à ce juge; et quant à moi je n'en appelle pas. Il est vrai que si le magistrat trouve ces fautes nuisibles, il peut défendre le livre qui les contient; mais, je le répète, il ne peut punir pour cela l'auteur qui les a commises, puisque ce seroit punir un délit qui peut être involontaire, et qu'on ne doit punir dans le mal que la volonté. Ainsi ce n'est point encore là ce dont il s'agit.

Mais il y a bien de la différence entre un livre qui contient des erreurs nuisibles et un livre pernicieux. Des principes établis, la chaîne d'un raisonnement suivi, des conséquences déduites, manifestent l'intention de l'auteur, et cette intention, dépendant de sa volonté, rentre sous la juridiction des lois. Si cette intention est évidemment mauvaise, ce n'est plus erreur ni faute, c'est crime; ici tout change. Il ne s'agit plus d'une dispute littéraire dont le public juge selon la raison, mais d'un procès criminel qui doit être jugé dans les tribunaux selon toute la rigueur des lois, telle est la position critique où m'ont mis des magistrats qui se disent justes, et des écrivains zélés qui les trouvent trop cléments. Sitôt qu'on m'apprête des prisons, des bourreaux, des chaînes, quiconque m'accuse est un délateur; il sait qu'il n'attaque pas seulement l'auteur, mais l'homme ; il sait que ce qu'il écrit peut influer sur mon sort[1] : ce n'est plus à ma seule réputation qu'il en veut, c'est à mon honneur, à ma liberté, à ma vie.

Ceci, monsieur, nous ramène tout d'un coup à l'état de la question dont il me paroît que le public s'écarte. Si j'ai écrit des choses répréhensibles, on peut m'en blâmer, on peut supprimer le livre. Mais pour le flétrir, pour m'attaquer personnellement, il faut plus ; la faute ne suffit pas, il faut un délit, un crime ; il faut que j'aie écrit à mauvaise intention un livre pernicieux, et que cela soit prouvé, non comme un auteur prouve qu'un autre auteur se trompe, mais comme un accusateur doit convaincre devant le juge l'accusé. Pour être

---

[1] Il y a quelques années qu'à la première apparition d'un livre célèbre *, je résolus d'en attaquer les principes que je trouvois dangereux. J'exécutois cette entreprise quand j'appris que l'auteur étoit poursuivi. A l'instant je jetai mes feuilles au feu **, jugeant qu'aucun devoir ne pouvoit autoriser la bassesse de s'unir à la foule pour accabler un homme d'honneur opprimé. Quand tout fut pacifié, j'eus occasion de dire mon sentiment sur le même sujet dans d'autres écrits ; mais je l'ai dit sans nommer le livre ni l'auteur. J'ai cru devoir ajouter ce respect pour son malheur à l'estime que j'eus toujours pour sa personne. Je ne crois point que cette façon de penser me soit particulière ; elle est commune à tous les honnêtes gens. Sitôt qu'une affaire est portée au criminel, ils doivent se taire, à moins qu'ils ne soient appelés pour témoigner.

* Le livre de l'Esprit.
** Il les jeta en effet au feu, mais conserva l'exemplaire du livre aux marges duquel elles étoient inscrites. C'est d'après cet exemplaire qu'elles ont été imprimées long-temps après cette époque.

traité comme un malfaiteur, il faut que je sois convaincu de l'être. C'est la première question qu'il s'agit d'examiner. La seconde, en supposant le délit constaté, est d'en fixer la nature, le lieu où il a été commis, le tribunal qui doit en juger, la loi qui le condamne, et la peine qui doit le punir. Ces deux questions une fois résolues décideront si j'ai été traité justement ou non.

Pour savoir si j'ai écrit des livres pernicieux, il faut en examiner les principes, et voir ce qu'il en résulteroit si ces principes étoient admis. Comme j'ai traité beaucoup de matières, je dois me restreindre à celles sur lesquelles je suis poursuivi, savoir, la religion et le gouvernement. Commençons par le premier article, à l'exemple des juges qui ne se sont pas expliqués sur le second.

On trouve dans l'*Émile* la profession de foi d'un prêtre catholique, et dans l'*Héloïse* celle d'une femme dévote. Ces deux pièces s'accordent assez pour qu'on puisse expliquer l'une par l'autre, et de cet accord on peut présumer avec quelque vraisemblance que si l'auteur qui a publié les livres où elles sont contenues ne les adopte pas en entier l'une et l'autre, du moins il les favorise beaucoup. De ces deux professions de foi, la première étant la plus étendue et la seule où l'on ait trouvé le corps du délit, doit être examinée par préférence.

Cet examen, pour aller à son but, rend encore

un éclaircissement nécessaire; car remarquez bien qu'éclaircir et distinguer les propositions que brouillent et confondent mes accusateurs, c'est leur répondre. Comme ils disputent contre l'évidence, quand la question est bien posée ils sont réfutés.

Je distingue dans la religion deux parties, outre la forme du culte qui n'est qu'un cérémonial. Ces deux parties sont le dogme et la morale. Je divise les dogmes encore en deux parties; savoir, celle qui, posant les principes de nos devoirs, sert de base à la morale, et celle qui, purement de foi, ne contient que des dogmes spéculatifs.

De cette division, qui me paroît exacte, résulte celle des sentiments sur la religion, d'une part en vrais, faux ou douteux, et de l'autre en bons, mauvais ou indifférents.

Le jugement des premiers appartient à la raison seule; et si les théologiens s'en sont emparés, c'est comme raisonneurs, c'est comme professeurs de la science par laquelle on parvient à la connoissance du vrai et du faux en matière de foi. Si l'erreur en cette partie est nuisible, c'est seulement à ceux qui errent, et c'est seulement un préjudice pour la vie à venir, sur laquelle les tribunaux humains ne peuvent étendre leur compétence. Lorsqu'ils connoissent de cette matière, ce n'est plus comme juges du vrai et du faux, mais comme ministres des lois civiles qui règlent la forme extérieure du culte : il ne s'agit pas encore ici de cette partie ; il en sera traité ci-après.

Quant à la partie de la religion qui regarde la morale, c'est-à-dire la justice, le bien public, l'obéissance aux lois naturelles et positives, les vertus sociales et tous les devoirs de l'homme et du citoyen, il appartient au gouvernement d'en connoître : c'est en ce point seul que la religion rentre directement sous sa juridiction, et qu'il doit bannir, non l'erreur dont il n'est pas juge, mais tout sentiment nuisible qui tend à couper le nœud social.

Voilà, monsieur, la distinction que vous avez à faire pour juger de cette pièce, portée au tribunal, non des prêtres, mais des magistrats. J'avoue qu'elle n'est pas toute affirmative. On y voit des objections et des doutes. Posons, ce qui n'est pas, que ces doutes soient des négations. Mais elle est affirmative dans sa plus grande partie ; elle est affirmative et démonstrative sur tous les points fondamentaux de la religion civile ; elle est tellement décisive sur tout ce qui tient à la Providence éternelle, à l'amour du prochain, à la justice, à la paix, au bonheur des hommes, aux lois de la société, à toutes les vertus, que les objections, les doutes même, y ont pour objet quelque avantage ; et je défie qu'on m'y montre un seul point de doctrine attaqué que je ne prouve être nuisible aux hommes ou par lui-même ou par ses inévitables effets.

La religion est utile et même nécessaire aux peuples. Cela n'est-il pas dit, soutenu, prouvé dans ce même écrit ? Loin d'attaquer les vrais principes de la religion, l'auteur les pose, les affermit de tout son pouvoir ; ce qu'il attaque, ce qu'il combat, ce qu'il doit combattre, c'est le fanatisme aveugle, la superstition cruelle, le stupide préjugé. Mais il faut, disent-ils, respecter tout cela. Mais pourquoi ? Parce que c'est ainsi qu'on mène les peuples. Oui, c'est ainsi qu'on les mène à leur perte. La superstition est le plus terrible fléau du genre humain ; elle abrutit les simples, elle persécute les sages, elle enchaîne les nations, elle fait partout cent maux effroyables : quel bien fait-elle ? aucun ; si elle en fait, c'est aux tyrans ; elle est leur arme la plus terrible, et cela même est le plus grand mal qu'elle ait jamais fait.

Ils disent qu'en attaquant la superstition je veux détruire la religion même : comment le savent-ils ? Pourquoi confondent-ils ces deux causes, que je distingue avec tant de soin ? Comment ne voient-ils point que cette imputation réfléchit contre eux dans toute sa force, et que la religion n'a point d'ennemis plus terribles que les défenseurs de la superstition ? Il seroit bien cruel qu'il fût si aisé d'inculper l'intention d'un homme, quand il est si difficile de la justifier. Par cela même qu'il n'est pas prouvé qu'elle est mauvaise, on la doit juger bonne : autrement qui pourroit être à l'abri des jugements arbitraires de ses ennemis? Quoi! leur simple affirmation fait preuve de ce qu'ils ne peuvent savoir; et la mienne, jointe à toute ma conduite, n'établit point mes propres sentiments? Quel moyen me reste donc de les faire connoître? Le bien que je sens dans mon cœur, je ne puis le montrer, je l'avoue : mais quel est l'homme abominable qui s'ose vanter d'y voir le mal qui n'y fut jamais?

Plus on seroit coupable de prêcher l'irréligion, dit très-bien M. d'Alembert, plus il est criminel d'en accuser ceux qui ne la prêchent pas en effet. Ceux qui jugent publiquement de mon christianisme montrent seulement l'espèce du leur; et la seule chose qu'ils ont prouvée est qu'eux et moi n'avons pas la même religion. Voilà précisément ce qui les fâche : on sent que le mal prétendu les aigrit moins que le bien même. Ce bien qu'ils sont forcés de trouver dans mes écrits les dépite et les gêne; réduits à le tourner en mal encore, ils sentent qu'ils se découvrent trop. Combien ils seroient plus à leur aise si ce bien n'y étoit pas!

Quand on ne me juge point sur ce que j'ai dit, mais sur ce qu'on assure que j'ai voulu dire, quand on cherche dans mes intentions le mal qui n'est pas dans mes écrits, que puis-je faire? Ils démentent mes discours par mes pensées; quand j'ai dit blanc, ils affirment que j'ai voulu dire noir; ils se mettent à la place de Dieu pour faire l'œuvre du diable : comment dérober ma tête à des coups portés de si haut?

Pour prouver que l'auteur n'a point eu l'horrible intention qu'ils lui prêtent, je ne vois qu'un moyen, c'est d'en juger sur l'ouvrage. Ah! qu'on en juge ainsi, j'y consens; mais cette tâche n'est pas la mienne, et un examen suivi sous ce point de vue seroit de ma part une indignité. Non, monsieur, il n'y a ni malheur ni flétrissure qui puissent me réduire à cette abjection. Je croirois outrager l'auteur, l'éditeur, le lecteur même, par une justification d'autant plus honteuse qu'elle est plus facile. C'est dégrader la vertu que montrer qu'elle n'est pas un crime, c'est obscurcir l'évidence que prouver qu'elle est la vérité. Non, lisez et jugez vous-même. Malheur à vous si, durant cette lecture, votre cœur ne bénit pas cent fois l'homme vertueux et ferme qui ose instruire ainsi les humains!

Eh! comment me résoudrois-je à justifier cet ouvrage, moi qui crois effacer par lui les fautes de ma vie entière, moi qui mets les maux qu'il m'attire en compensation de ceux que j'ai faits, moi qui, plein de confiance, espère un jour dire au Juge suprême : Daigne juger dans ta clémence un homme foible ; j'ai fait le mal sur la terre, mais j'ai publié cet écrit.

Mon cher monsieur, permettez à mon cœur gonflé d'exhaler de temps en temps ses soupirs;

mais soyez sûr que dans mes discussions je ne mêlerai ni déclamations ni plaintes : je n'y mettrai pas même la vivacité de mes adversaires ; je raisonnerai toujours de sang-froid. **Je reviens donc.**

Tâchons de prendre un milieu qui vous satisfasse et qui ne m'avilisse pas. Supposons un moment la profession de foi du vicaire adoptée en un coin du monde chrétien, et voyons ce qu'il en résulteroit en bien et en mal. Ce ne sera ni l'attaquer ni la défendre ; ce sera la juger par ses effets.

Je vois d'abord les choses les plus nouvelles sans aucune apparence de nouveauté ; nul changement dans le culte, et de grands changements dans les cœurs, des conversions sans éclat, de la foi sans dispute, du zèle sans fanatisme, de la raison sans impiété ; peu de dogmes et beaucoup de vertus, la tolérance du philosophe et la charité du chrétien.

Nos prosélytes auront deux règles de foi qui n'en font qu'une : la raison et l'Évangile ; la seconde sera d'autant plus immuable qu'elle ne se fondera que sur la première, et nullement sur certains faits, lesquels, ayant besoin d'être attestés, remettent la religion sous l'autorité des hommes.

Toute la différence qu'il y aura d'eux aux autres chrétiens est que ceux-ci sont des gens qui disputent beaucoup sur l'Évangile sans se soucier de le pratiquer, au lieu que nos gens s'attacheront beaucoup à la pratique, et ne disputeront point.

Quand les chrétiens disputeurs viendront leur dire : Vous vous dites chrétiens sans l'être; car, pour être chrétiens, il faut croire en Jésus-Christ, et vous n'y croyez point; les chrétiens paisibles leur répondront : « Nous ne savons pas bien si « nous croyons en Jésus-Christ dans votre idée, « parce que nous ne l'entendons pas; mais nous « tâchons d'observer ce qu'il nous prescrit. Nous « sommes chrétiens, chacun à notre manière; « nous, en gardant sa parole; et vous, en croyant « en lui. Sa charité veut que nous soyons tous « frères : nous la suivons en vous admettant pour « tels; pour l'amour de lui ne nous ôtez pas un « titre que nous honorons de toutes nos forces, « et qui nous est aussi cher qu'à vous. »

Les chrétiens disputeurs insisteront sans doute. En vous renommant de Jésus, il faudroit nous dire à quel titre. Vous gardez, dites-vous, sa parole; mais quelle autorité lui donnez-vous? Reconnoissez-vous la révélation? ne la reconnoissez-vous pas? Admettez-vous l'Évangile en entier? ne l'admettez-vous qu'en partie? Sur quoi fondez-vous ces distinctious? Plaisants chrétiens, qui marchandent avec le maître, qui choisissent dans sa doctrine ce qu'il leur plaît d'admettre et de rejeter!

A cela les autres diront paisiblement : « Mes

« frères, nous ne marchandons point; car notre
« foi n'est pas un commerce : vous supposez qu'il
« dépend de nous d'admettre ou de rejeter comme
« il nous plaît; mais cela n'est pas, et notre raison
« n'obéit point à notre volonté. Nous aurions beau
« vouloir que ce qui nous paroît faux nous parût
« vrai, il nous paroîtroit faux malgré nous. Tout
« ce qui dépend de nous est de parler selon notre
« pensée ou contre notre pensée, et notre seul
« crime est de ne vouloir pas vous tromper.

« Nous reconnoissons l'autorité de Jésus-Christ
« parce que notre intelligence acquiesce à ses pré-
« ceptes et nous en découvre la sublimité. Elle
« nous dit qu'il convient aux hommes de suivre
« ces préceptes, mais qu'il étoit au-dessus d'eux
« de les trouver. Nous admettons la révélation
« comme émanée de l'esprit de Dieu, sans en sa-
« voir la manière, et sans nous tourmenter pour
« la découvrir; pourvu que nous sachions que
« Dieu a parlé, peu nous importe d'expliquer
« comment il s'y est pris pour se faire entendre.
« Ainsi, reconnoissant dans l'Évangile l'autorité
« divine, nous croyons Jésus-Christ revêtu de
« cette autorité; nous reconnoissons une vertu
« plus qu'humaine dans sa conduite, et une sa-
« gesse plus qu'humaine dans ses leçons. Voilà ce
« qui est bien décidé pour nous. Comment cela
« s'est-il fait? Voilà ce qui ne l'est pas; cela nous
« passe. Cela ne vous passe pas, vous; à la bonne

« heure ; nous vous en félicitons de tout notre
« cœur. Votre raison peut être supérieure à la
« nôtre ; mais ce n'est pas à dire qu'elle doive vous
« servir de loi. Nous consentons que vous sa-
« chiez tout ; souffrez que nous ignorions quelque
« chose.

« Vous nous demandez si nous admettons tout
« l'Évangile. Nous admettons tous les enseigne-
« ments qu'a donnés Jésus-Christ. L'utilité, la né-
« cessité de la plupart de ces enseignements nous
« frappe, et nous tâchons de nous y conformer.
« Quelques uns ne sont pas à notre portée ; ils ont
« été donnés sans doute pour des esprits plus in-
« telligents que nous. Nous ne croyons point avoir
« atteint les limites de la raison humaine, et les
« hommes plus pénétrants ont besoin de préceptes
« plus élevés.

« Beaucoup de choses dans l'Évangile passent
« notre raison, et même la choquent ; nous ne
« les rejetons pourtant pas. Convaincus de la foi-
« blesse de notre entendement, nous savons res-
« pecter ce que nous ne pouvons concevoir, quand
« l'association de ce que nous concevons nous le
« fait juger supérieur à nos lumières. Tout ce qui
« nous est nécessaire à savoir pour être saints nous
« paroît clair dans l'Évangile ; qu'avons-nous be-
« soin d'entendre le reste ? Sur ce point nous de-
« meurons ignorants, mais exempts d'erreurs, et
« nous n'en serons pas moins gens de bien ; cette

« humble réserve elle-même est celle de l'É-
« vangile.

« Nous ne respectons pas précisément ce livre
« sacré comme livre, mais comme la parole et la
« vie de Jésus-Christ. Le caractère de vérité, de
« sagesse et de sainteté qui s'y trouve nous ap-
« prend que cette histoire n'a pas été essentielle-
« ment altérée [1]; mais il n'est pas démontré pour
« nous qu'elle ne l'ait point été du tout. Qui sait
« si les choses que nous n'y comprenons pas ne
« sont point des fautes glissées dans le texte? Qui
« sait si des disciples si fort inférieurs à leur maître
« l'ont bien compris et bien rendu partout? Nous
« ne décidons point là-dessus; nous ne présumons
« pas même, et nous ne vous proposons des con-
« jectures que parce que vous l'exigez.

« Nous pouvons nous tromper dans nos idées,
« mais vous pouvez aussi vous tromper dans les
« vôtres. Pourquoi ne le pourriez-vous pas, étant
« hommes? Vous pouvez avoir autant de bonne
« foi que nous, mais vous n'en sauriez avoir da-
« vantage; vous pouvez être plus éclairés, mais
« vous n'êtes pas infaillibles. Qui jugera donc entre
« les deux partis? Sera-ce vous? cela n'est pas juste.
« Bien moins sera-ce nous, qui nous défions si fort

[1] Où en seroient les simples fidèles, si l'on ne pouvoit savoir cela que par des discussions de critique, ou par l'autorité des pasteurs? De quel front ose-t-on faire dépendre la foi de tant de science ou de tant de soumission?

« de nous-mêmes. Laissons donc cette décision au
« juge commun qui nous entend ; et, puisque nous
« sommes d'accord sur les règles de nos devoirs ré-
« ciproques, supportez-nous sur le reste comme
« nous vous supportons. Soyons hommes de paix,
« soyons frères ; unissons-nous dans l'amour de
« notre commun maître, dans la pratique des ver-
« tus qu'il nous prescrit. Voilà ce qui fait le vrai
« chrétien.

« Que si vous vous obstinez à nous refuser ce
« précieux titre après avoir tout fait pour vivre
« fraternellement avec vous, nous nous console-
« rons de cette injustice, en songeant que les mots
« ne sont pas les choses, que les premiers dis-
« ciples de Jésus ne prenoient point le nom de
« chrétiens, que le martyr Étienne ne le porta
« jamais, et que, quand Paul fut converti à la foi
« de Christ, il n'y avoit encore aucun chrétien [1] sur
« la terre. »

Croyez-vous, monsieur, qu'une controverse
ainsi traitée sera fort animée et fort longue, et
qu'une des parties ne sera pas bientôt réduite au
silence quand l'autre ne voudra point disputer ?

Si nos prosélytes sont maîtres du pays où ils
vivent, ils établiront une forme de culte aussi
simple que leur croyance, et la religion qui résultera de tout cela sera la plus utile aux hommes

[1] Ce nom leur fut donné quelques années après à Antioche pour
la première fois

par sa simplicité même. Dégagée de tout ce qu'ils mettent à la place des vertus, et n'ayant ni rites superstitieux ni subtilités dans la doctrine, elle ira tout entière à son vrai but, qui est la pratique de nos devoirs. Les mots de *dévot* et d'*orthodoxe* y seront sans usage; la monotonie de certains sons articulés n'y sera pas la piété; il n'y aura d'impies que les méchants, ni de fidèles que les gens de bien.

Cette institution une fois faite, tous seront obligés par les lois de s'y soumettre, parce qu'elle n'est point fondée sur l'autorité des hommes, qu'elle n'a rien qui ne soit dans l'ordre des lumières naturelles, qu'elle ne contient aucun article qui ne se rapporte au bien de la société, et qu'elle n'est mêlée d'aucun dogme inutile à la morale, d'aucun point de pure spéculation.

Nos prosélytes seront-ils intolérants pour cela? Au contraire, ils seront tolérants par principe; ils le seront plus qu'on ne peut l'être dans aucune autre doctrine, puisqu'ils admettront toutes les bonnes religions qui ne s'admettent pas entre elles, c'est-à-dire toutes celles qui, ayant l'essentiel qu'elles négligent, font l'essentiel de ce qui ne l'est point. En s'attachant, eux, à ce seul essentiel, ils laisseront les autres en faire à leur gré l'accessoire, pourvu qu'ils ne le rejettent pas : ils les laisseront expliquer ce qu'ils n'expliquent point, décider ce qu'ils ne décident point. Ils laisseront à chacun ses rites, ses formules de foi, sa croyance ; ils diront : Admettez avec nous les principes des devoirs de l'homme et du citoyen; du reste, croyez tout ce qu'il vous plaira. Quant aux religions qui sont essentiellement mauvaises, qui portent l'homme à faire le mal, ils ne les toléreront point, parce que cela même est contraire à la véritable tolérance, qui n'a pour but que la paix du genre humain. Le vrai tolérant ne tolère point le crime, il ne tolère aucun dogme qui rende les hommes méchants.

Maintenant supposons, au contraire, que nos prosélytes soient sous la domination d'autrui : comme gens de paix, ils seront soumis aux lois de leurs maîtres, même en matière de religion, à moins que cette religion ne fût essentiellement mauvaise; car alors, sans outrager ceux qui la professent, ils refuseroient de la professer. Ils leur diroient : Puisque Dieu nous appelle à la servitude, nous voulons être de bons serviteurs, et vos sentiments nous empêcheroient de l'être : nous connoissons nos devoirs, nous les aimons, nous rejetons ce qui nous en détache; c'est afin de vous être fidèles que nous n'adoptons pas la loi de l'iniquité.

Mais si la religion du pays est bonne en elle-même, et que ce qu'elle a de mauvais soit seulement dans des interprétations particulières, ou dans des dogmes purement spéculatifs, ils s'attacheront à l'essentiel, et tolèreront le reste, tant par respect pour les lois que par amour pour la paix. Quand ils seront appelés à déclarer expressément leur croyance, ils le feront, parce qu'il ne faut point mentir ; ils diront au besoin leur sentiment avec fermeté, même avec force ; ils se défendront par la raison, si on les attaque. Du reste, ils ne disputeront point contre leurs frères ; et, sans s'obstiner à vouloir les convaincre, ils leur resteront unis par la charité ; ils assisteront à leurs assemblées, ils adopteront leurs formules, et, ne se croyant pas plus infaillibles qu'eux, ils se soumettront à l'avis du plus grand nombre en ce qui n'intéresse pas leur conscience et ne leur paroît pas importer au salut.

Voilà le bien, me direz-vous ; voyons le mal. Il sera dit en peu de paroles. Dieu ne sera plus l'organe de la méchanceté des hommes. La religion ne servira plus d'instrument à la tyrannie des gens d'église et à la vengeance des usurpateurs ; elle ne servira plus qu'à rendre les croyants bons et justes : ce n'est pas là le compte de ceux qui les mènent ; c'est pis pour eux que si elle ne servoit à rien.

Ainsi donc la doctrine en question est bonne au genre humain, et mauvaise à ses oppresseurs. Dans quelle classe absolue la faut-il mettre ? J'ai dit fidèlement le pour et le contre ; comparez, et choisissez.

Tout bien examiné, je crois que vous conviendrez de deux choses : l'une que ces hommes que je suppose se conduiroient en ceci très-conséquemment à la profession de foi du vicaire ; l'autre, que cette conduite seroit non seulement irréprochable, mais vraiment chrétienne, et qu'on auroit tort de refuser à ces hommes bons et pieux le nom de chrétiens, puisqu'ils le mériteroient parfaitement par leur conduite, et qu'ils seroient moins opposés par leurs sentiments à beaucoup de sectes qui le prennent, et à qui on ne le dispute pas, que plusieurs de ces mêmes sectes ne sont opposées entre elles. Ce ne seroient pas, si l'on veut, des chrétiens à la mode de saint Paul, qui étoit naturellement persécuteur, et qui n'avoit pas entendu Jésus-Christ lui-même, mais ce seroient des chrétiens à la mode de saint Jacques, choisi par le maître en personne, et qui avoit reçu de sa propre bouche les instructions qu'il nous transmet. Tout ce raisonnement est bien simple, mais il me paroît concluant.

Vous me demanderez peut-être comment on peut accorder cette doctrine avec celle d'un homme qui dit que l'Évangile est absurde et pernicieux à la société ; en avouant franchement que cet accord me paroît difficile, je vous demanderai à mon tour où est cet homme qui dit que l'Évangile est absurde et pernicieux. Vos messieurs m'accusent de l'avoir dit : et où ? Dans *le Contrat social*, au chapitre de la religion civile. Voici qui est singulier! Dans ce même livre et dans ce même chapitre je pense avoir dit précisément le contraire : je pense avoir dit que l'Évangile est sublime, et le plus fort lien de la société[1]. Je ne veux pas taxer ces messieurs de mensonge ; mais avouez que deux propositions si contraires dans le même livre et dans le même chapitre doivent faire un tout bien extravagant.

N'y auroit-il point ici quelque nouvelle équivoque, à la faveur de laquelle on me rendit plus coupable ou plus fou que je ne suis? Ce mot de *société* présente un sens un peu vague : il y a dans le monde des sociétés de bien des sortes, et il n'est pas impossible que ce qui sert à l'une nuise à l'autre. Voyons : la méthode favorite de mes agresseurs est toujours d'offrir avec art des idées indéterminées; continuons pour toute réponse à tâcher de les fixer.

Le chapitre dont je parle est destiné, comme on le voit par le titre, à examiner comment les institutions religieuses peuvent entrer dans la constitution de l'état. Ainsi ce dont il s'agit ici n'est point de considérer les religions comme vraies ou fausses, ni même comme bonnes ou mauvaises en elles-mêmes, mais de les considérer uniquement par leurs rapports aux corps politiques, et comme parties de la législation.

[1] *Contrat social.*

Dans cette vue, l'auteur fait voir que toutes les anciennes religions, sans en excepter la juive, furent nationales dans leur origine, appropriées, incorporées à l'état, et formant la base, ou du moins faisant partie du système législatif.

Le christianisme, au contraire, est dans son principe une religion universelle, qui n'a rien d'exclusif, rien de local, rien de propre à tel pays plutôt qu'à tel autre. Son divin auteur, embrassant également tous les hommes dans sa charité sans bornes, est venu lever la barrière qui séparoit les nations, et réunir tout le genre humain dans un peuple de frères : « Car, en toute nation, « celui qui le craint et qui s'adonne à la justice « lui est agréable [1]. » Tel est le véritable esprit de l'Évangile.

Ceux donc qui ont voulu faire du christianisme une religion nationale et l'introduire comme partie constitutive dans le système de la législation, ont fait par-là deux fautes nuisibles, l'une à la religion, et l'autre à l'état. Ils se sont écartés de l'esprit de Jésus-Christ, dont le règne n'est pas de ce monde ; et mêlant aux intérêts terrestres ceux de la religion, ils ont souillé sa pureté céleste, ils en ont fait l'arme des tyrans et l'instrument des persécuteurs. Ils n'ont pas moins blessé les saines maximes de la politique, puisqu'au lieu de simplifier la machine du gouvernement, ils l'ont com-

[1] Act. x, 35.

posée, ils lui ont donné des ressorts étrangers, superflus; et, l'assujettissant à deux mobiles différents, souvent contraires, ils ont causé les tiraillements qu'on sent dans tous les états chrétiens où l'on a fait entrer la religion dans le système politique.

Le parfait christianisme est l'institution sociale universelle; mais pour montrer qu'il n'est point un établissement politique, et qu'il ne concourt point aux bonnes institutions particulières, il falloit ôter les sophismes de ceux qui mêlent la religion à tout, comme une prise avec laquelle ils s'emparent de tout. Tous les établissements humains sont fondés sur les passions humaines, et se conservent par elles : ce qui combat et détruit les passions n'est donc pas propre à fortifier ces établissements. Comment ce qui détache les cœurs de la terre nous donneroit-il plus d'intérêt pour ce qui s'y fait? comment ce qui nous occupe uniquement d'une autre patrie nous attacheroit-il davantage à celle-ci?

Les religions nationales sont utiles à l'état comme parties de sa constitution, cela est incontestable; mais elles sont nuisibles au genre humain, et même à l'état dans un autre sens : j'ai montré comment et pourquoi.

Le christianisme, au contraire, rendant les hommes justes, modérés, amis de la paix, est très-avantageux à la société générale; mais il énerve la force du ressort politique, il complique les mouvements de la machine, il rompt l'unité du corps moral; et ne lui étant pas assez approprié, il faut qu'il dégénère, ou qu'il demeure une pièce étrangère et embarrassante.

Voilà donc un préjudice et des inconvénients des deux côtés relativement au corps politique. Cependant il importe que l'état ne soit pas sans religion, et cela importe par des raisons graves, sur lesquelles j'ai partout fortement insisté : mais il vaudroit mieux encore n'en point avoir, que d'en avoir une barbare et persécutante, qui, tyrannisant les lois mêmes, contrarieroit les devoirs du citoyen. On diroit que tout ce qui s'est passé dans Genève à mon égard n'est fait que pour établir ce chapitre en exemple, pour prouver par ma propre histoire que j'ai très-bien raisonné.

Que doit faire un sage législateur dans cette alternative ? De deux choses l'une : la première, d'établir une religion purement civile, dans laquelle, renfermant les dogmes fondamentaux de toute bonne religion, tous les dogmes vraiment utiles à la société, soit universelle, soit particulière, il omette tous les autres qui peuvent importer à la foi, mais nullement au bien terrestre, unique objet de la législation : car comment le mystère de la Trinité, par exemple, peut-il concourir à la bonne constitution de l'état ? en quoi ses membres seront-ils meilleurs citoyens quand ils auront rejeté le mérite des bonnes œuvres? et que fait au lien de la société civile le dogme du péché originel? Bien que le vrai christianisme soit une institution de paix, qui ne voit que le christianisme dogmatique ou théologique est, par la multitude et l'obscurité de ses dogmes, surtout par l'obligation de les admettre, un champ de bataille toujours ouvert entre les hommes, et cela sans qu'à force d'interprétations et de décisions on puisse prévenir de nouvelles disputes sur les décisions mêmes?

L'autre expédient est de laisser le christianisme tel qu'il est dans son véritable esprit, libre, dégagé de tout lien de chair, sans autre obligation que celle de la conscience, sans autre gêne dans les dogmes que les mœurs et les lois. La religion chrétienne est, par la pureté de sa morale, toujours bonne et saine dans l'état, pourvu qu'on n'en fasse pas une partie de sa constitution, pourvu qu'elle y soit admise uniquement comme religion, sentiment, opinion, croyance; mais, comme loi politique, le christianisme dogmatique est un mauvais établissement.

Telle est, monsieur, la plus forte conséquence qu'on puisse tirer de ce chapitre, où, bien loin de taxer le *pur Évangile*[1] d'être pernicieux à la société, je le trouve en quelque sorte trop sociable, embrassant trop tout le genre humain, pour une

---

[1] *Lettres écrites de la campagne*, page 30.

législation qui doit être exclusive; inspirant l'humanité plutôt que le patriotisme, et tendant à former des hommes plutôt que des citoyens[1]. Si je me suis trompé, j'ai fait une erreur en politique; mais où est mon impiété?

La science du salut et celle du gouvernement sont très-différentes : vouloir que la première embrasse tout est un fanatisme de petit esprit : c'est penser comme les alchimistes, qui, dans l'art de faire de l'or, voient aussi la médecine universelle, ou comme les mahométans, qui prétendent trouver toutes les sciences dans l'Alcoran. La doctrine de l'Évangile n'a qu'un objet, c'est d'appeler et sauver tous les hommes; leur liberté, leur bien-être ici bas n'y entre pour rien; Jésus l'a dit mille fois. Mêler à cet objet des vues terrestres, c'est altérer sa simplicité sublime, c'est souiller sa sainteté par des intérêts humains : c'est cela qui est vraiment une impiété.

Ces distinctions sont de tout temps établies : on ne les a confondues que pour moi seul. En ôtant

---

[1] C'est merveille de voir l'assortiment de beaux sentiments qu'on va nous entassant dans les livres; il ne faut pour cela que des mots, et les vertus en papier ne coûtent guère; mais elles ne s'agencent pas tout-à-fait ainsi dans le cœur de l'homme, et il y a loin des peintures aux réalités. Le patriotisme et l'humanité sont, par exemple, deux vertus incompatibles dans leur énergie, et surtout chez un peuple entier. Le législateur qui les voudra toutes deux n'obtiendra ni l'une ni l'autre : cet accord ne s'est jamais vu; il ne se verra jamais, parce qu'il est contraire à la nature, et qu'on ne peut donner deux objets à la même passion.

des institutions nationales la religion chrétienne, je l'établis la meilleure pour le genre humain. L'auteur de l'*Esprit des Lois* a fait plus, il a dit que la musulmane étoit la meilleure pour les contrées asiatiques¹. Il raisonnoit politique, et moi aussi. Dans quel pays a-t-on cherché querelle, je ne dis pas à l'auteur, mais au livre²? Pourquoi donc suis-je coupable? ou pourquoi ne l'étoit-il pas?

Voilà, monsieur, comment, par des extraits fidèles, un critique équitable parvient à connoître les vrais sentiments d'un auteur et le dessein dans lequel il a composé son livre. Qu'on examine tous les miens par cette méthode, je ne crains point les jugements que tout honnête homme en pourra porter. Mais ce n'est pas ainsi que ces messieurs s'y prennent; ils n'ont garde; ils n'y trouveroient pas ce qu'ils cherchent. Dans le projet de me rendre coupable à tout prix, ils écartent le vrai but de l'ouvrage; ils lui donnent pour but chaque erreur, chaque négligence échappée à l'auteur; et si par hasard il laisse un passage équivoque, ils ne manquent pas de l'interpréter dans le sens qui n'est pas le sien. Sur un grand champ couvert

---

¹ * Voyez livre XXIV, chap. XXVI.

² Il est bon de remarquer que le livre de l'*Esprit des Lois* fut imprimé pour la première fois à Genève, sans que les scholarques y trouvassent rien à reprendre, et que ce fut un pasteur qui corrigea l'édition.

d'une moisson fertile, ils vont triant avec soin quelques mauvaises plantes, pour accuser celui qui l'a semé d'être un empoisonneur.

Mes propositions ne pouvoient faire aucun mal à leur place; elles étoient vraies, utiles, honnêtes, dans le sens que je leur donnois. Ce sont leurs falsifications, leurs subreptions, leurs interprétations frauduleuses qui les rendent punissables; il faut les brûler dans leurs livres, et les couronner dans les miens.

Combien de fois les auteurs diffamés et le public indigné n'ont-ils pas réclamé contre cette manière odieuse de déchiqueter un ouvrage, d'en défigurer toutes les parties, d'en juger sur des lambeaux enlevés çà et là, au choix d'un accusateur infidèle, qui produit le mal lui-même en le détachant du bien qui le corrige et l'explique, en détorquant partout le vrai sens! Qu'on juge La Bruyère ou La Rochefoucauld sur des maximes isolées, à la bonne heure; encore seroit-il juste de comparer et de compter. Mais dans un livre de raisonnement, combien de sens divers ne peut pas avoir la même proposition, selon la manière dont l'auteur l'emploie et dont il la fait envisager! Il n'y a peut-être pas une de celles qu'on m'impute, à laquelle, au lieu où je l'ai mise, la page qui précède ou celle qui suit ne serve de réponse, et que je n'aie prise en un sens différent de celui que lui donnent mes accusateurs. Vous verrez, avant la fin de ces lettres, des preuves de cela qui vous surprendront.

Mais qu'il y ait des propositions fausses, répréhensibles, blâmables en elles-mêmes, cela suffit-il pour rendre un livre pernicieux? Un bon livre n'est pas celui qui ne contient rien de mauvais ou rien qu'on puisse interpréter en mal; autrement il n'y auroit point de bons livres : mais un bon livre est celui qui contient plus de bonnes choses que de mauvaises; un bon livre est celui dont l'effet total est de mener au bien, malgré le mal qui peut s'y trouver. Eh! que seroit-ce, mon dieu! si dans un grand ouvrage, plein de vérités utiles, de leçons d'humanité, de piété, de vertu, il étoit permis d'aller cherchant avec une maligne exactitude toutes les erreurs, toutes les propositions équivoques, suspectes, ou inconsidérées, toutes les inconséquences qui peuvent échapper dans le détail à un auteur surchargé de sa matière, accablé des nombreuses idées qu'elle lui suggère, distrait des unes par les autres, et qui peut à peine assembler dans sa tête toutes les parties de son vaste plan; s'il étoit permis de faire un amas de toutes ses fautes, de les aggraver les unes par les autres, en rapprochant ce qui est épars, en liant ce qui est isolé : puis, taisant la multitude de choses bonnes et louables qui les démentent, qui les expliquent, qui les rachètent, qui montrent le vrai but de l'auteur, de donner cet affreux recueil pour celui de ses principes, d'avancer que c'est là le résumé de ses vrais sentiments, et de le juger sur un pareil extrait? Dans quel désert faudroit-il fuir, dans quel antre faudroit-il se cacher pour échapper aux poursuites de pareils hommes, qui, sous l'apparence du mal, puniroient le bien, qui compteroient pour rien le cœur, les intentions, la droiture partout évidente, et traiteroient la faute la plus légère et la plus involontaire comme le crime d'un scélérat? Y a-t-il un seul livre au monde, quelque vrai, quelque bon, quelque excellent qu'il puisse être, qui pût échapper à cette infâme inquisition? Non, monsieur, il n'y en pas un, pas un seul, non pas l'Évangile même; car le mal qui n'y seroit pas, ils sauroient l'y mettre par leurs extraits infidèles, par leurs fausses interprétations.

« Nous vous déférons, oseroient-ils dire, un
« livre scandaleux, téméraire, impie, dont la mo-
« rale est d'enrichir le riche et de dépouiller [1] le
« pauvre, d'apprendre aux enfants à renier leur
« mère et leurs frères [2], de s'emparer sans scru-
« pule du bien d'autrui [3], de n'instruire point les
« méchants, de peur qu'ils ne se corrigent et qu'ils
« ne soient pardonnés [4], de haïr père, mère,
« femme, enfants, tous ses proches [5]; un livre où

---

[1] Matth., xiii, 12; Luc, xix, 26. — [2] Matth., xii, 48; Marc, iii, 33. — [3] Marc, xi, 2; Luc, xix, 30. — [4] Marc, iv, 12; Jean, xii, 40. — [5] Luc, xiv, 26.

« l'on souffle partout le feu de la discorde¹, où « l'on se vante d'armer le fils contre le père², les « parents l'un contre l'autre³, les domestiques « contre leurs maîtres⁴; où l'on approuve la vio-« lation des lois⁵, où l'on impose en devoir la « persécution⁶, où, pour porter les peuples au « brigandage, on fait du bonheur éternel le prix « de la force et la conquête des hommes vio-« lents⁷. »

Figurez-vous une ame infernale analysant ainsi tout l'Évangile, formant de cette calomnieuse analyse, sous le nom de *Profession de foi évangélique*, un écrit qui feroit horreur, et les dévots pharisiens prônant cet écrit d'un air de triomphe comme l'abrégé des leçons de Jésus-Christ. Voilà pourtant jusqu'où peut mener cette indigne méthode. Quiconque aura lu mes livres, et lira les imputations de ceux qui m'accusent, qui me jugent, qui me condamnent, qui me poursuivent, verra que c'est ainsi que tous m'ont traité.

Je crois vous avoir prouvé que ces messieurs ne m'ont pas jugé selon la raison : j'ai maintenant à vous prouver qu'ils ne m'ont pas jugé selon les lois. Mais laissez-moi reprendre un instant haleine. A quels tristes essais me vois-je réduit à

₁ Matth., x, 34; Luc, xii, 51, 52. — ² Matth., x, 35; Luc, xii, 53. — ³ *Ibid.* — ⁴ Matth., x, 36. — ⁵ Matth. xii, 2 et seq. — ⁶ Luc, xiv, 23. — ⁷ Matth., xi, 12.

mon âge! Dois-je apprendre si tard à faire mon apologie? Étoit-ce la peine de commencer?

LETTRE II.

De la religion de Genève. Principes de la réformation. L'auteur entame la discussion des miracles.

J'ai supposé, monsieur, dans ma précédente lettre, que j'avois commis en effet contre la foi les erreurs dont on m'accuse, et j'ai fait voir que ces erreurs, n'étant point nuisibles à la société, n'étoient pas punissables devant la justice humaine. Dieu s'est réservé sa propre défense et le châtiment des fautes qui n'offensent que lui. C'est un sacrilége à des hommes de se faire les vengeurs de la Divinité, comme si leur protection lui étoit nécessaire. Les magistrats, les rois n'ont aucune autorité sur les ames; et pourvu qu'on soit fidèle aux lois de la société dans ce monde, ce n'est point à eux de se mêler de ce qu'on deviendra dans l'autre, où ils n'ont aucune inspection. Si l'on perdoit ce principe de vue, les lois faites pour le bonheur du genre humain en seroient bientôt le tourment; et, sous leur inquisition terrible, les hommes jugés par leur foi plus que par leurs œuvres, seroient tous à la merci de quiconque voudroit les opprimer.

Si les lois n'ont nulle autorité sur les sentiments des hommes en ce qui tient uniquement à la religion, elles n'en ont point non plus en cette partie sur les écrits où l'on manifeste ses sentiments. Si les auteurs de ces écrits sont punissables, ce n'est jamais précisément pour avoir enseigné l'erreur, puisque la loi ni ses ministres ne jugent pas de ce qui n'est précisément qu'une erreur. L'auteur des *Lettres écrites de la campagne* paroît convenir de ce principe¹. Peut-être même en accordant que *la politique et la philosophie pourront soutenir la liberté de tout écrire,* le pousseroit-il trop loin (page 50). Ce n'est pas ce que je veux examiner ici.

Mais voici comment vos messieurs et lui tournent la chose pour autoriser le jugement rendu contre mes livres et contre moi. Ils me jugent moins comme chrétien que comme citoyen; ils me regardent moins comme impie envers Dieu que comme rebelle aux lois; ils voient moins en moi le péché que le crime, et l'hérésie que la désobéissance. J'ai, selon eux, attaqué la religion de l'état; j'ai donc encouru la peine portée par la loi contre ceux qui l'attaquent. Voilà, je crois, le sens de ce qu'ils ont dit d'intelligible pour justifier leur procédé.

---

¹ « A cet égard, dit-il, page 22, je retrouve assez mes maximes « dans celles des représentations. » Et page 29, il regarde comme « incontestable que personne ne peut être poursuivi pour ses idées « sur la religion. »

Je ne vois à cela que trois petites difficultés : la première, de savoir quelle est cette religion de l'état ; la seconde, de montrer comment je l'ai attaquée ; la troisième, de trouver cette loi selon laquelle j'ai été jugé.

Qu'est-ce que la religion de l'état ? c'est la sainte réformation évangélique. Voilà, sans contredit, des mots bien sonnants. Mais qu'est-ce, à Genève aujourd'hui, que la sainte réformation évangélique ! Le sauriez-vous, monsieur, par hasard ? En ce cas, je vous en félicite : quant à moi je l'ignore. J'avois cru le savoir ci-devant ; mais je me trompois ainsi que bien d'autres, plus savants que moi sur tout autre point, et non moins ignorants sur celui-là.

Quand les réformateurs se détachèrent de l'Église romaine, ils l'accusèrent d'erreur ; et, pour corriger cette erreur dans sa source, ils donnèrent à l'Écriture un autre sens que celui que l'Église lui donnoit. On leur demanda de quelle autorité ils s'écartoient ainsi de la doctrine reçue : ils dirent que c'étoit de leur autorité propre, de celle de leur raison. Ils dirent que le sens de la Bible étant intelligible et clair à tous les hommes en ce qui étoit du salut, chacun étoit juge compétent de la doctrine, et pouvoit interpréter la Bible, qui en est la règle, selon son esprit particulier ; que tous s'accorderoient ainsi sur les choses essentielles ; et que celles sur lesquelles ils ne pourroient s'accorder ne l'étoient point.

Voilà donc l'esprit particulier établi pour unique interprète de l'Écriture; voilà l'autorité de l'Église rejetée; voilà chacun mis, pour la doctrine, sous sa propre juridiction. Tels sont les deux points fondamentaux de la réforme : reconnoître la Bible pour règle de sa croyance, et n'admettre d'autre interprète du sens de la Bible que soi. Ces deux points combinés forment le principe sur lequel les chrétiens réformés se sont séparés de l'Église romaine : et ils ne pouvoient moins faire sans tomber en contradiction; car quelle autorité interprétative auroient-ils pu se réserver, après avoir rejeté celle du corps de l'Église?

Mais, dira-t-on, comment, sur un tel principe, les réformés ont-ils pu se réunir? comment, voulant avoir chacun leur façon de penser, ont-ils fait corps contre l'Église catholique? Ils le devoient faire : ils se réunissoient en ceci, que tous reconnoissoient chacun d'eux comme juge compétent pour lui-même. Ils toléroient et ils devoient tolérer toutes les interprétations, hors une, savoir celle qui ôte la liberté des interprétations. Or cette unique interprétation qu'ils rejetoient étoit celle des catholiques. Ils devoient donc proscrire de concert Rome seule, qui les proscrivoit également tous. La diversité même de leur façon de penser sur tout le reste étoit le lien commun qui les unissoit. C'étoient autant de petits états ligués contre une grande puissance, et dont la confédération générale n'ôtoit rien à l'indépendance de chacun.

Voilà comment la réformation évangélique s'est établie, et voilà comment elle doit se conserver. Il est bien vrai que la doctrine du plus grand nombre peut être proposée à tous comme la plus probable ou la plus autorisée; le souverain peut même la rédiger en formule et la prescrire à ceux qu'il charge d'enseigner, parce qu'il faut quelque ordre, quelque règle dans les instructions publiques; et qu'au fond l'on ne gêne en ceci la liberté de personne, puisque nul n'est forcé d'enseigner malgré lui: mais il ne s'ensuit pas de là que les particuliers soient obligés d'admettre précisément ces interprétations qu'on leur donne et cette doctrine qu'on leur enseigne. Chacun en demeure seul juge pour lui-même, et ne reconnoît en cela d'autre autorité que la sienne propre. Les bonnes instructions doivent moins fixer le choix que nous devons faire, que nous mettre en état de bien choisir. Tel est le véritable esprit de la réformation, tel en est le vrai fondement. La raison particulière y prononce, en tirant la foi de la règle commune qu'elle établit, savoir, l'Évangile; et il est tellement de l'essence de la raison d'être libre, que, quand elle voudroit s'asservir à l'autorité, cela ne dépendroit pas d'elle. Portez la moindre atteinte à ce principe, et tout l'évangélisme croule à l'instant. Qu'on me prouve aujourd'hui qu'en matière de foi je suis obligé de me soumettre aux décisions de quelqu'un, dès demain je me fais catholique, et tout homme conséquent et vrai fera comme moi.

Or la libre interprétation de l'Écriture emporte non seulement le droit d'en expliquer les passages, chacun selon son sens particulier, mais celui de rester dans le doute sur ceux qu'on trouve douteux, et celui de ne pas comprendre ceux qu'on trouve incompréhensibles. Voilà le droit de chaque fidèle, droit sur lequel ni les pasteurs ni les magistrats n'ont rien à voir. Pourvu qu'on respecte toute la Bible et qu'on s'accorde sur les points capitaux, on vit selon la réformation évangélique. Le serment des bourgeois de Genève n'emporte rien de plus que cela.

Or je vois déjà vos docteurs triompher sur ces points capitaux, et prétendre que je m'en écarte. Doucement, messieurs, de grâce; ce n'est pas encore de moi qu'il s'agit, c'est de vous. Sachons d'abord quels sont, selon vous, ces points capitaux; sachons quel droit vous avez de me contraindre à les voir où je ne les vois pas, et où peut-être vous ne les voyez pas vous-mêmes. N'oubliez point, s'il vous plaît, que me donner vos décisions pour lois, c'est vous écarter de la sainte réformation évangélique, c'est en ébranler les vrais fondements; c'est vous qui, par la loi, méritez punition.

Soit que l'on considère l'état politique de votre république lorsque la réformation fut instituée, soit que l'on pèse les termes de vos anciens édits par rapport à la religion qu'ils prescrivent, on voit que la réformation est partout mise en opposition avec l'Église romaine, et que les lois n'ont pour objet que d'abjurer les principes et le culte de celle-ci, destructifs de la liberté dans tous les sens.

Dans cette position particulière l'état n'existoit pour ainsi dire que par la séparation des deux Églises, et la république étoit anéantie si le papisme reprenoit le dessus. Ainsi la loi qui fixoit le culte évangélique n'y considéroit que l'abolition du culte romain. C'est ce qu'attestent les invectives, même indécentes, qu'on voit contre celui-ci dans vos premières ordonnances, et qu'on a sagement retranchées dans la suite quand le même danger n'existoit plus : c'est ce qu'atteste aussi le serment du consistoire, lequel consiste uniquement à empêcher « toutes idolâtries, blasphèmes, « dissolutions, et autres choses contrevenantes à « l'honneur de Dieu et à la réformation de l'Évan- « gile. » Tels sont les termes de l'ordonnance passée en 1562. Dans la revue de la même ordonnance en 1576, on mit à la tête du serment *de veiller sur tous scandales*[1] : ce qui montre que, dans la première formule du serment, on n'avoit pour objet que la séparation de l'Église romaine. Dans la suite on pourvut encore à la police : cela est naturel quand un établissement commence à

---

[1] Ordonn. ecclés., tit. IV, art. LXXV.

prendre de la consistance; mais enfin, dans l'une et dans l'autre leçon, ni dans aucun serment de magistrats, de bourgeois, de ministres, il n'est question ni d'erreur ni d'hérésie. Loin que ce fût là l'objet de la réformation ni des lois, c'eût été se mettre en contradiction avec soi-même. Ainsi vos édits n'ont fixé, sous ce mot de *réformation*, que les points controversés avec l'Église romaine.

Je sais que votre histoire, et celle en général de la réforme, est pleine de faits qui montrent une inquisition très-sévère, et que, de persécutés, les réformateurs devinrent bientôt persécuteurs : mais ce contraste, si choquant dans toute l'histoire du christianisme, ne prouve autre chose dans la vôtre que l'inconséquence des hommes et l'empire des passions sur la raison. A force de disputer contre le clergé catholique, le clergé protestant prit l'esprit disputeur et pointilleux. Il vouloit tout décider, tout régler, prononcer sur tout; chacun proposoit modestement son sentiment pour loi suprême à tous les autres : ce n'étoit pas le moyen de vivre en paix. Calvin, sans doute, étoit un grand homme; mais enfin c'étoit un homme, et, qui pis est, un théologien : il avoit d'ailleurs tout l'orgueil du génie qui sent sa supériorité, et qui s'indigne qu'on la lui dispute. La plupart de ses collègues étoient dans le même cas; tous en cela d'autant plus coupables qu'ils étoient plus inconséquents.

Aussi quelle prise n'ont-ils pas donnée en ce

point aux catholiques! et quelle pitié n'est-ce pas de voir dans leurs défenses ces savants hommes, ces esprits éclairés qui raisonnoient si bien sur tout autre article, déraisonner si sottement sur celui-là. Ces contradictions ne prouvoient cependant autre chose, sinon qu'ils suivoient bien plus leurs passions que leurs principes. Leur dure orthodoxie étoit elle-même une hérésie. C'étoit bien là l'esprit des réformateurs, mais ce n'étoit pas celui de la réformation.

La religion protestante est tolérante par principe, elle est tolérante essentiellement; elle l'est autant qu'il est possible de l'être, puisque le seul dogme qu'elle ne tolère pas est celui de l'intolérance. Voilà l'insurmontable barrière qui nous sépare des catholiques, et qui réunit les autres communions entre elles; chacune regarde bien les autres comme étant dans l'erreur; mais nulle ne regarde ou ne doit regarder cette erreur comme un obstacle au salut [1].

Les réformés de nos jours, du moins les ministres, ne connoissent ou n'aiment plus leur religion. S'ils l'avoient connue et aimée, à la publication de mon livre ils auroient poussé de concert un cri de joie,

---

[1] De toutes les sectes du christianisme la luthérienne me paroît la plus inconséquente. Elle a réuni comme à plaisir contre elle seule toutes les objections qu'elles se font l'une à l'autre. Elle est en particulier intolérante comme l'Église romaine; mais le grand argument de celle-ci lui manque : elle est intolérante sans savoir pourquoi.

ils se seroient tous unis avec moi, qui n'attaquois que leurs adversaires; mais ils aiment mieux abandonner leur propre cause que de soutenir la mienne; avec leur ton risiblement arrogant, avec leur rage de chicane et d'intolérance, ils ne savent plus ce qu'ils croient, ni ce qu'ils veulent, ni ce qu'ils disent. Je ne les vois plus que comme de mauvais valets des prêtres, qui les servent moins par amour pour eux que par haine contre moi [1]? Quand ils auront bien disputé, bien chamaillé, bien ergoté, bien prononcé; tout au fort de leur petit triomphe, le clergé romain, qui maintenant rit et les laisse faire, viendra les chasser, armé d'arguments *ad hominem* sans réplique; et, les battant de leurs propres armes, leur dira : « Cela va bien; « mais à présent ôtez-vous de là, méchants intrus « que vous êtes; vous n'avez travaillé que pour « nous. » Je reviens à mon sujet.

L'Église de Genève n'a donc et ne doit avoir, comme réformée, aucune profession de foi précise, articulée, et commune à tous ses membres. Si l'on vouloit en avoir une, en cela même on blesseroit la liberté évangélique, on renonceroit au principe de la réformation, on violeroit la loi de l'état. Toutes les Églises protestantes qui ont

---

[1] Il est assez superflu, je crois, d'avertir que j'excepte ici mon pasteur, et ceux qui sur ce point pensent comme lui.

J'ai appris depuis cette note à n'excepter personne; mais je la laisse, selon ma promesse, pour l'instruction de tout honnête homme qui peut être tenté de louer des gens d'église.

dressé des formules de profession de foi, tous les synodes qui ont déterminé des points de doctrine, n'ont voulu que prescrire aux pasteurs celle qu'ils devoient enseigner, et cela étoit bon et convenable. Mais si ces Églises et ces synodes ont prétendu faire plus par ces formules, et prescrire aux fidèles ce qu'ils devoient croire ; alors, par de telles décisions, ces assemblées n'ont prouvé autre chose, sinon qu'elles ignoroient leur propre religion.

L'Église de Genève paroissoit depuis long-temps s'écarter moins que les autres du véritable esprit du christianisme, et c'est sur cette trompeuse apparence que j'honorai ses pasteurs d'éloges dont je les croyois dignes ; car mon intention n'étoit assurément pas d'abuser le public. Mais qui peut voir aujourd'hui ces mêmes ministres, jadis si coulants et devenus tout à coup si rigides, chicaner sur l'orthodoxie d'un laïque, et laisser la leur dans une si scandaleuse incertitude ? On leur demande si Jésus-Christ est Dieu, ils n'osent répondre ; on leur demande quels mystères ils admettent, ils n'osent répondre. Sur quoi donc répondront-ils, et quels seront les articles fondamentaux, différents des miens, sur lesquels ils veulent qu'on se décide, si ceux-là n'y sont pas compris ?

Un philosophe jette sur eux un coup d'œil rapide : il les pénètre, il les voit ariens, sociniens : il le dit, et pense leur faire honneur ; mais il ne voit pas qu'il expose leur intérêt temporel, la seule chose qui généralement décide ici bas de la foi des hommes.

Aussitôt, alarmés, effrayés, ils s'assemblent, ils discutent, ils s'agitent, ils ne savent à quel saint se vouer; et après force consultations [1], délibérations, conférences, le tout aboutit à un amphigouri où l'on ne dit ni oui ni non, et auquel il est aussi peu possible de rien comprendre qu'aux deux plaidoyers de Rabelais [2]. La doctrine orthodoxe n'est-elle pas bien claire, et ne la voilà-t-il pas en de sûres mains?

Cependant, parce qu'un d'entre eux, compilant force plaisanteries scolastiques, aussi bénignes qu'élégantes, pour juger mon christianisme, ne craint pas d'abjurer le sien; tout charmés du savoir de leur confrère, et surtout de sa logique, ils avouent son docte ouvrage, et l'en remercient par une députation. Ce sont en vérité de singulières gens que messieurs vos ministres; on ne sait ni ce qu'ils croient, ni ce qu'ils ne croient pas, on ne sait pas même ce qu'ils font semblant de croire: leur seule manière d'établir leur foi est d'attaquer celle des autres: ils font comme les jésuites, qui, dit-on, forçoient tout le monde à signer la constitution, sans vouloir la signer eux-mêmes. Au lieu

[1] « Quand on est bien décidé sur ce qu'on croit, disoit à ce sujet un journaliste, une profession de foi doit être bientôt faite. »

[2] Il y auroit peut-être eu quelque embarras à s'expliquer plus clairement sans être obligé de se rétracter sur certaines choses.

de s'expliquer sur la doctrine qu'on leur impute, ils pensent donner le change aux autres Églises, en cherchant querelle à leur propre défenseur; ils veulent prouver par leur ingratitude qu'ils n'avoient pas besoin de mes soins, et croient se montrer assez orthodoxes en se montrant persécuteurs.

De tout ceci je conclus qu'il n'est pas aisé de dire en quoi consiste à Genève aujourd'hui la sainte réformation. Tout ce qu'on peut avancer de certain sur cet article, est qu'elle doit consister principalement à rejeter les points contestés à l'Église romaine par les premiers réformateurs, et surtout par Calvin. C'est là l'esprit de votre institution ; c'est par-là que vous êtes un peuple libre, et c'est par ce côté seul que la religion fait chez vous partie de la loi de l'état.

De cette première question je passe à la seconde, et je dis : Dans un livre où la vérité, l'utilité, la nécessité de la religion en général est établie avec la plus grande force, où, sans donner aucune exclusion [1], l'auteur préfère la religion chrétienne à tout autre culte, et la réformation évangélique à tout autre secte, comment se peut-il que cette même réformation soit attaquée ? Cela paroît difficile à concevoir. Voyons cependant.

---

[1] J'exhorte tout lecteur équitable à relire et peser dans l'*Émile* ce qui suit immédiatement la Profession de foi du vicaire, et où je reprends la parole.

J'ai prouvé ci-devant en général, et je prouverai plus en détail ci-après, qu'il n'est pas vrai que le christianisme soit attaqué dans mon livre. Or, lorsque les principes communs ne sont pas attaqués, on ne peut attaquer en particulier aucune secte que de deux manières; savoir, indirectement, en soutenant les dogmes distinctifs de ses adversaires; ou directement, en attaquant les siens.

Mais comment aurois-je soutenu les dogmes distinctifs des catholiques, puisqu'au contraire ce sont les seuls que j'aie attaqués, et puisque c'est cette attaque même qui a soulevé contre moi le parti catholique, sans lequel il est sûr que les protestants n'auroient rien dit? Voilà, je l'avoue, une des choses les plus étranges dont on ait jamais ouï parler; mais elle n'en est pas moins vraie. Je suis confesseur de la foi protestante à Paris, et c'est pour cela que je le suis encore à Genève.

Et comment aurois-je attaqué les dogmes distinctifs des protestants, puisqu'au contraire ce sont ceux que j'ai soutenus avec le plus de force, puisque je n'ai cessé d'insister sur l'autorité de la raison en matière de foi, sur la libre interprétation des Écritures, sur la tolérance évangélique, et sur l'obéissance aux lois, même en matière de culte; tous dogmes distinctifs et radicaux de l'Église réformée, et sans lesquels, loin d'être solidement établie, elle ne pourroit pas même exister?

Il y a plus : voyez quelle force la forme même

de l'ouvrage ajoute aux arguments en faveur des réformés. C'est un prêtre catholique qui parle, et ce prêtre n'est ni un impie ni un libertin : c'est un homme croyant et pieux, plein de candeur, de droiture, et, malgré ses difficultés, ses objections, ses doutes, nourrissant au fond de son cœur le plus vrai respect pour le culte qu'il professe; un homme qui, dans les épanchements les plus intimes, déclare qu'appelé dans ce culte au service de l'Église, il y remplit avec toute l'exactitude possible les soins qui lui sont prescrits; que sa conscience lui reprocheroit d'y manquer volontairement dans la moindre chose; que dans le mystère qui choque le plus sa raison, il se recueille au moment de la consécration, pour la faire avec toutes les dispositons qu'exigent l'Église et la grandeur du sacrement; qu'il prononce avec respect les mots sacramentaux; qu'il donne à leur effet toute la foi qui dépend de lui; et que, quoi qu'il en soit de ce mystère inconcevable, il ne craint pas qu'au jour du jugement il soit puni pour l'avoir jamais profané dans son cœur[1].

Voilà comment parle et pense un homme vénérable, vraiment bon, sage, vraiment chrétien, et catholique le plus sincère qui peut-être ait jamais existé.

Écoutez toutefois ce que dit ce vertueux prêtre à un jeune homme protestant qui s'étoit fait ca-

---

[1] * Émile, tome II.

tholique, et auquel il donne des conseils. « Retournez dans votre patrie, reprenez la religion de vos pères, suivez-la dans la sincérité de votre cœur, et ne la quittez plus : elle est très-simple et très-sainte ; je la crois, de toutes les religions qui sont sur la terre, celle dont la morale est la plus pure et dont la raison se contente le mieux [1]. »

Il ajoute un moment après : « Quand vous voudrez écouter votre conscience, mille obstacles vains disparoîtront à sa voix. Vous sentirez que, dans l'incertitude où nous sommes, c'est une inexcusable présomption de professer une autre religion que celle où l'on est né, et une fausseté de ne pas pratiquer sincèrement celle qu'on professe. Si l'on s'égare, on s'ôte une grande excuse au tribunal du souverain juge. Ne pardonnera-t-il pas plutôt l'erreur où l'on fut nourri que celle qu'on osa choisir soi-même [2] ? »

Quelques pages auparavant, il avoit dit : « Si j'avois des protestants à mon voisinage ou dans ma paroisse, je ne les distinguerois point de mes paroissiens en ce qui tient à la charité chrétienne ; je les porterois tous également à s'entr'aimer, à se regarder comme frères, à respecter toutes les religions, et à vivre en paix chacun dans la sienne. Je pense que solliciter quelqu'un de quitter celle où il est né, c'est le solliciter de

[1] *Émile*, tome II. — [2] *Ibid.*

« mal faire, et par conséquent faire mal soi-même.
« En attendant de plus grandes lumières, gardons
« l'ordre public ; dans tout pays respectons les
« lois, ne troublons point le culte qu'elles prescri-
« vent, ne portons point les citoyens à la désobéis-
« sance; car nous ne savons point certainement si
« c'est un bien pour eux de quitter leurs opinions
« pour d'autres, et nous savons très-certainement
« que c'est un mal de désobéir aux lois. »

Voilà, monsieur, comment parle un prêtre catholique dans un écrit où l'on m'accuse d'avoir attaqué le culte des réformés, et où il n'en est pas dit autre chose. Ce qu'on auroit pu me reprocher peut-être étoit une partialité outrée en leur faveur, et un défaut de convenance en faisant parler un prêtre catholique comme jamais prêtre catholique n'a parlé. Ainsi j'ai fait en toute chose précisément le contraire de ce qu'on m'accuse d'avoir fait. On diroit que vos magistrats se sont conduits par gageure : quand ils auroient parié de juger contre l'évidence, ils n'auroient pu mieux réussir.

Mais ce livre contient des objections, des difficultés, des doutes! Eh! pourquoi non, je vous prie? Où est le crime à un protestant de proposer ses doutes sur ce qu'il trouve douteux, et ses objections sur ce qu'il en trouve susceptible? Si ce qui vous paroît clair me paroît obscur, si ce que vous jugez démontré ne me semble pas l'être, de quel droit prétendez-vous soumettre ma raison à la vôtre; et me donner votre autorité pour loi, comme si vous prétendiez à l'infaillibilité du pape? N'est-il pas plaisant qu'il faille raisonner en catholique, pour m'accuser d'attaquer les protestants?

Mais ces objections et ces doutes tombent sur les points fondamentaux de la foi; sous l'apparence de ces doutes on a rassemblé tout ce qui peut tendre et saper, ébranler et détruire les principaux fondements de la religion chrétienne! Voilà qui change la thèse, et, si cela est vrai, je puis être coupable; mais aussi c'est un mensonge, et un mensonge bien impudent de la part de gens qui ne savent pas eux-mêmes en quoi consistent les principes fondamentaux de leur christianisme. Pour moi, je sais très-bien en quoi consistent les principes fondamentaux du mien, et je l'ai dit. Presque toute la profession de foi de la Julie est affirmative; toute la première partie de celle du vicaire est affirmative; la moitié de la seconde partie est encore affirmative; une partie du chapitre de la religion civile est affirmative; la Lettre à M. l'archevêque de Paris est affirmative. Voilà, messieurs, mes articles fondamentaux : voyons les vôtres.

Ils sont adroits, ces messieurs; ils établissent la méthode de discussion la plus nouvelle et la plus commode pour des persécuteurs. Ils laissent avec art tous les principes de la doctrine incertains et vagues ; mais un auteur a-t-il le malheur de leur déplaire, ils vont furetant dans ses livres quelles peuvent être ses opinions. Quand ils croient les avoir bien constatées, ils prennent les contraires de ces mêmes opinions, et en font autant d'articles de foi : ensuite ils crient à l'impie, au blasphème, parce que l'auteur n'a pas d'avance admis dans ses livres les prétendus articles de foi qu'ils ont bâtis après coup pour le tourmenter.

Comment les suivre dans ces multitudes de points sur lesquels ils m'ont attaqué ? comment rassembler tous leurs libelles ? comment les lire ? qui peut aller trier tous ces lambeaux, toutes ces guenilles, chez les fripiers de Genève ou dans le fumier du *Mercure de Neufchâtel?* Je me perds, je m'embourbe au milieu de tant de bêtises. Tirons de ce fatras un seul article pour servir d'exemple, leur article le plus triomphant, celui pour lequel leurs prédicants [1] se sont mis en campagne, et dont ils ont fait le plus de bruit : les miracles.

J'entre dans un long examen. Pardonnez-m'en l'ennui, je vous supplie. Je ne veux discuter ce point si terrible que pour vous épargner ceux sur lesquels ils ont moins insisté.

---

[1] Je n'aurois point employé ce terme que je trouvois déprisant, si l'exemple du Conseil de Genève, qui s'en servoit en écrivant au cardinal de Fleury, ne m'eût appris que mon scrupule étoit mal fondé.

Ils disent donc : « Jean-Jacques Rousseau n'est
« pas chrétien, quoiqu'il se donne pour tel ; car
« nous, qui certainement le sommes, ne pensons
« pas comme lui. Jean-Jacques Rousseau ne croit
« point à la révélation, quoiqu'il dise y croire : en
« voici la preuve.

« Dieu ne révèle pas sa volonté immédiatement
« à tous les hommes ; il leur parle par ses envoyés,
« et ces envoyés ont pour preuve de leur mission
« les miracles : donc quiconque rejette les miracles
« rejette les envoyés de Dieu ; et qui rejette les
« envoyés de Dieu rejette la révélation : or Jean-
« Jacques Rousseau rejette les miracles. »

Accordons d'abord et le principe et le fait comme
s'ils étoient vrais : nous y reviendrons dans la suite.
Cela supposé, le raisonnement précédent n'a
qu'un défaut, c'est qu'il fait directement contre
ceux qui s'en servent : il est très-bon pour les catholiques, mais très-mauvais pour les protestants.
Il faut prouver à mon tour.

Vous trouverez que je me répète souvent ; mais
qu'importe ? Lorsqu'une même proposition m'est
nécessaire à des arguments tout différents, dois-je
éviter de la reprendre ? Cette affectation seroit
puérile. Ce n'est pas de variété qu'il s'agit, c'est de
vérité, de raisonnements justes et concluants. Passez le reste, et ne songez qu'à cela.

Quand les premiers réformateurs commencèrent à se faire entendre, l'Église universelle

PARTIE I, LETTRE II.

étoit en paix; tous les sentiments étoient unanimes; il n'y avoit pas un dogme essentiel débattu parmi les chrétiens.

Dans cet état tranquille, tout à coup deux ou trois hommes élèvent leur voix, et crient dans toute l'Europe: Chrétiens, prenez garde à vous, on vous trompe, on vous égare, on vous mène dans le chemin de l'enfer : le pape est l'antechrist, le suppôt de Satan; son Église est l'école du mensonge. Vous êtes perdus si vous ne nous écoutez.

A ces premières clameurs, l'Europe étonnée resta quelques moments en silence, attendant ce qu'il en arriveroit. Enfin le clergé, revenu de sa première surprise, et voyant que ces nouveaux venus se faisoient des sectateurs, comme s'en fait toujours tout homme qui dogmatise, comprit qu'il falloit s'expliquer avec eux. Il commença par leur demander à qui ils en avoient avec tout ce vacarme. Ceux-ci répondent fièrement qu'ils sont les apôtres de la vérité, appelés à réformer l'Église, et à ramener les fidèles de la voie de perdition où les conduisoient les prêtres.

Mais, leur répliqua-t-on, qui vous a donné cette belle commission, de venir troubler la paix de l'Église et la tranquillité publique? Notre conscience, dirent-ils, la raison, la lumière intérieure, la loi de Dieu, à laquelle nous ne pouvons résister sans crime : c'est lui qui nous appelle à ce saint ministère, et nous suivons notre vocation.

Vous êtes donc envoyés de Dieu? reprirent les catholiques. En ce cas, nous convenons que vous devez prêcher, réformer, instruire, et qu'on doit vous écouter. Mais, pour obtenir ce droit, commencez par nous montrer vos lettres de créance; prophétisez, guérissez, illuminez, faites des miracles, déployez les preuves de votre mission.

La réplique des réformateurs est belle, et vaut bien la peine d'être transcrite.

« Oui, nous sommes les envoyés de Dieu; mais
« notre mission n'est point extraordinaire : elle
« est dans l'impulsion d'une conscience droite,
« dans les lumières d'un entendement sain. Nous
« ne vous apportons point une révélation nouvelle,
« nous nous bornons à celle qui vous a été donnée,
« et que vous n'entendez plus. Nous venons à vous,
« non pas avec des prodiges, qui peuvent être
« trompeurs, et dont tant de fausses doctrines se
« sont étayées, mais avec les signes de la vérité et
« de la raison, qui ne trompent point, avec ce livre
« saint, que vous défigurez, et que nous vous
« expliquons. Nos miracles sont des arguments
« invincibles, nos prophéties sont des démonstra-
« tions : nous vous prédisons que, si vous n'écou-
« tez la voix du Christ, qui vous parle par nos
« bouches, vous serez punis comme des serviteurs
« infidèles, à qui l'on dit la volonté de leur maître,
« et qui ne veulent pas l'accomplir. »

Il n'étoit pas naturel que les catholiques convinssent de l'évidence de cette nouvelle doctrine, et c'est aussi ce que la plupart d'entre eux se gardèrent bien de faire. Or on voit que la dispute étant réduite à ce point ne pouvoit plus finir, et que chacun devoit se donner gain de cause ; les protestants soutenant toujours que leurs interprétations et leurs preuves étoient si claires qu'il falloit être de mauvaise foi pour s'y refuser ; et les catholiques, de leur côté, trouvant que les petits arguments de quelques particuliers, qui même n'étoient pas sans réplique, ne devoient pas l'emporter sur l'autorité de toute l'Église, qui, de tout temps, avoit autrement décidé qu'eux les points débattus.

Tel est l'état où la querelle est restée. On n'a cessé de disputer sur la force des preuves ; dispute qui n'aura jamais de fin, tant que les hommes n'auront pas tous la même tête.

Mais ce n'étoit pas de cela qu'il s'agissoit pour les catholiques. Ils prirent le change, et si, sans s'amuser à chicaner les preuves de leurs adversaires, ils s'en fussent tenus à leur disputer le droit de prouver, ils les auroient embarrassés, ce me semble.

« Premièrement, leur auroient-ils dit, votre
« manière de raisonner n'est qu'une pétition de
« principe ; car si la force de vos preuves est le
« signe de votre mission, il s'ensuit, pour ceux
« qu'elles ne convainquent pas, que votre mission

« est fausse et qu'ainsi nous pouvons légitimement,
« tous tant que nous sommes, vous punir comme
« hérétiques, comme faux apôtres, comme per-
« turbateurs de l'Église et du genre humain.

« Vous ne prêchez pas, dites-vous, des doc-
« trines nouvelles : eh! que faites-vous donc en
« nous prêchant vos nouvelles explications? Don-
« ner un nouveau sens aux paroles de l'Écriture,
« n'est-ce pas établir une nouvelle doctrine? n'est-
« ce pas faire parler Dieu tout autrement qu'il n'a
« fait? Ce ne sont pas les sons, mais les sens des
« mots, qui sont révélés : changer ces sens recon-
« nus et fixés par l'Église, c'est changer la révé-
« lation.

« Voyez de plus combien vous êtes injustes :
« vous convenez qu'il faut des miracles pour au-
« toriser une mission divine; et cependant vous,
« simples particuliers, de votre propre aveu, vous
« venez nous parler avec empire, et comme les
« envoyés de Dieu [1]. Vous réclamez l'autorité d'in-

---

[1] Farel déclara, en propres termes, à Genève, devant le Conseil épiscopal, qu'il étoit envoyé de Dieu; ce qui fit dire à l'un des membres du Conseil, ces paroles de Caïphe : « Il a blasphémé : « qu'est-il besoin d'autre témoignage? Il a mérité la mort. » Dans la doctrine des miracles, il en falloit un pour répondre à cela. Cependant Jésus n'en fit point en cette occasion, ni Farel non plus. Froment déclara de même au magistrat qui lui défendoit de prêcher, « qu'il valoit mieux obéir à Dieu qu'aux hommes, » et continua de prêcher malgré la défense; conduite qui certainement ne pouvoit s'autoriser que par un ordre exprès de Dieu.

« terpréter l'Écriture à votre fantaisie, et vous
« prétendez nous ôter la même liberté. Vous vous
« arrogez à vous seuls un droit que vous refusez
« et à chacun de nous, et à nous tous qui compo-
« sons l'Église. Quel titre avez-vous donc pour
« soumettre ainsi nos jugements communs à votre
« esprit particulier? Quelle insupportable suffi-
« sance de prétendre avoir toujours raison, et
« raison seuls contre tout le monde, sans vouloir
« laisser dans leurs sentiments ceux qui ne sont
« pas du vôtre, et qui pensent avoir raison aussi[1]!
« Les distinctions dont vous nous payez seroient
« tout au plus tolérables si vous disiez simplement
« votre avis, et que vous en restassiez là, mais
« point : vous nous faites une guerre ouverte;
« vous soufflez le feu de toutes parts. Résister à
« vos leçons, c'est être rebelle, idolâtre, digne de
« l'enfer. Vous voulez absolument convertir, con-
« vaincre, contraindre même. Vous dogmatisez,
« vous prêchez, vous censurez, vous anathéma-
« tisez, vous excommuniez, vous punissez, vous
« mettez à mort : vous exercez l'autorité des pro-
« phètes, et vous ne vous donnez que pour des
« particuliers. Quoi! vous novateurs, sur votre

[1] Quel homme, par exemple, fut jamais plus tranchant, plus impérieux, plus décisif, plus divinement infaillible, à son gré, que Calvin, pour qui la moindre opposition, la moindre objection qu'on osoit lui faire, étoit toujours une œuvre de Satan, un crime digne du feu? ce n'est pas au seul Servet qu'il en a coûté la vie pour avoir osé penser autrement que lui.

« seule opinion, soutenus de quelques centaines
« d'hommes, vous brûlez vos adversaires ! et nous,
« avec quinze siècles d'antiquité, et la voix de
« cent millions d'hommes, nous aurons tort de
« vous brûler ? Non, cessez de parler, d'agir en
« apôtres, ou montrez vos titres ; ou, quand nous
« serons les plus forts, vous serez très-justement
« traités en imposteurs. »

A ce discours, voyez-vous, monsieur, ce que nos réformateurs auroient eu de solide à répondre ? Pour moi je ne le vois pas. Je pense qu'ils auroient été réduits à se taire ou à faire des miracles : triste ressource pour des amis de la vérité !

Je conclus de là qu'établir la nécessité des miracles en preuve de la mission des envoyés de Dieu qui prêchent une doctrine nouvelle, c'est renverser la réformation de fond en comble ; c'est faire, pour me combattre, ce qu'on m'accuse faussement d'avoir fait.

Je n'ai pas tout dit, monsieur, sur ce chapitre ; mais ce qui me reste à dire ne peut se couper ; et ne fera qu'une trop longue lettre : il est temps d'achever celle-ci.

LETTRE III.

Continuation du même sujet (les miracles). Court examen de quelques autres accusations.

Je reprends, monsieur, cette question des miracles que j'ai entrepris de discuter avec vous; et après avoir prouvé qu'établir leur nécessité c'étoit détruire le protestantisme, je vais chercher à présent quel est leur usage pour prouver la révélation.

Les hommes, ayant des têtes si diversement organisées, ne sauroient être affectés tous également des mêmes arguments, surtout en matière de foi. Ce qui paroît évident à l'un ne paroît pas même probable à l'autre : l'un par son tour d'esprit n'est frappé que d'un genre de preuves; l'autre ne l'est que d'un genre tout différent. Tous peuvent bien quelquefois convenir des mêmes choses, mais il est très-rare qu'ils en conviennent par les mêmes raisons; ce qui, pour le dire en passant, montre combien la dispute en elle-même est peu sensée : autant vaudroit vouloir forcer autrui de voir par nos yeux.

Lors donc que Dieu donne aux hommes une révélation que tous sont obligés de croire, il faut qu'il l'établisse sur des preuves bonnes pour tous, et qui par conséquent soient aussi diverses que les manières de voir de ceux qui doivent les adopter.

Sur ce raisonnement, qui me paroît juste et simple, on a trouvé que Dieu avoit donné à la mission de ses envoyés divers caractères qui rendoient cette mission reconnoissable à tous les hommes, petits et grands, sages et sots, savants et ignorants. Celui d'entre eux qui a le cerveau assez flexible pour s'affecter à la fois de tous ces caractères est heureux sans doute; mais celui qui n'est frappé que de quelques uns n'est pas à plaindre, pourvu qu'il en soit frappé suffisamment pour être persuadé.

Le premier, le plus important, le plus certain de ces caractères, se tire de la nature de la doctrine, c'est-à-dire de son utilité, de sa beauté [1], de sa sainteté, de sa vérité, de sa profondeur, et de toutes les autres qualités qui peuvent annoncer aux hommes les instructions de la suprême sa-

---

[1] Je ne sais pourquoi l'on veut attribuer au progrès de la philosophie la belle morale de nos livres. Cette morale, tirée de l'Évangile, étoit chrétienne avant d'être philosophique. Les chrétiens l'enseignent sans la pratiquer, je l'avoue; mais que font de plus les philosophes, si ce n'est de se donner à eux-mêmes beaucoup de louanges, qui, n'étant répétées par personne autre, ne prouvent pas grand'chose, à mon avis?

Les préceptes de Platon sont souvent très-sublimes; mais combien n'erre-t-il pas quelquefois, et jusqu'où ne vont pas ses erreurs! Quant à Cicéron, peut-on croire que, sans Platon, ce rhéteur eût trouvé ses Offices? l'Évangile seul est, quant à la morale, toujours sûr, toujours vrai, toujours unique, et toujours semblable à lui-même.

gesse et les préceptes de la suprême bonté. Ce caractère est, comme j'ai dit, le plus sûr, le plus infaillible; il porte en lui-même une preuve qui dispense de toute autre : mais il est le moins facile à constater; il exige, pour être senti, de l'étude, de la réflexion, des connoissances, des discussions qui ne conviennent qu'aux hommes sages qui sont instruits et qui savent raisonner.

Le second caractère est dans celui des hommes choisis de Dieu pour annoncer sa parole; leur sainteté, leur véracité, leur justice, leurs mœurs pures et sans tache, leurs vertus inaccessibles aux passions humaines, sont, avec les qualités de l'entendement, la raison, l'esprit, le savoir, la prudence, autant d'indices respectables, dont la réunion, quand rien ne s'y dément, forme une preuve complète en leur faveur, et dit qu'ils sont plus que des hommes. Ceci est le signe qui frappe par préférence les gens bons et droits, qui voient la vérité partout où ils voient la justice, et n'entendent la voix de Dieu que dans la bouche de la vertu. Ce caractère a sa certitude encore, mais il n'est pas impossible qu'il trompe; et ce n'est pas un prodige qu'un imposteur abuse les gens de bien, ni qu'un homme de bien s'abuse lui-même, entraîné par l'ardeur d'un saint zèle qu'il prendra pour de l'inspiration.

Le troisième caractère des envoyés de Dieu est une émanation de la puissance divine, qui peut interrompre et changer le cours de la nature à la volonté de ceux qui reçoivent cette émanation. Ce caractère est, sans contredit, le plus brillant des trois, le plus frappant, le plus prompt à sauter aux yeux; celui qui, se marquant par un effet subit et sensible, semble exiger le moins d'examen et de discussion : par-là ce caractère est aussi celui qui saisit spécialement le peuple, incapable de raisonnemens suivis, d'observations lentes et sûres, et en toute chose esclave de ses sens : mais c'est ce qui rend ce même caractère équivoque, comme il sera prouvé ci-après; et en effet, pourvu qu'il frappe ceux auxquels il est destiné, qu'importe qu'il soit apparent ou réel? C'est une distinction qu'ils sont hors d'état de faire; ce qui montre qu'il n'y a de signe vraiment certain que celui qui se tire de la doctrine, et qu'il n'y a par conséquent que les bons raisonneurs qui puissent avoir une foi solide et sûre : mais la bonté divine se prête aux foiblesses du vulgaire, et veut bien lui donner des preuves qui fassent pour lui.

Je m'arrête ici sans rechercher si ce dénombrement peut aller plus loin : c'est une discussion inutile à la nôtre; car il est clair que quand tous ces signes se trouvent réunis, c'en est assez pour persuader tous les hommes, les sages, les bons, et le peuple; tous, excepté les fous, incapables de raison, et les méchans, qui ne veulent être convaincus de rien.

Ces caractères sont des preuves de l'autorité de ceux en qui ils résident; ce sont les raisons sur lesquelles on est obligé de les croire. Quand tout cela est fait, la vérité de leur mission est établie; ils peuvent alors agir avec droit et puissance en qualité d'envoyés de Dieu. Les preuves sont les moyens; la foi due à la doctrine est la fin. Pourvu qu'on admette la doctrine, c'est la chose la plus vaine de disputer sur le nombre et le choix des preuves; et si une seule me persuade, vouloir m'en faire adopter d'autres est un soin perdu. Il seroit du moins bien ridicule de soutenir qu'un homme ne croit pas ce qu'il dit de croire, parce qu'il ne le croit pas précisément par les mêmes raisons que nous disons avoir de le croire aussi.

Voilà, ce me semble, des principes clairs et incontestables : venons à l'application. Je me déclare chrétien; mes persécuteurs disent que je ne le suis pas. Ils prouvent que je ne suis pas chrétien, parce que je rejette la révélation; et ils prouvent que je rejette la révélation parce que je ne crois pas aux miracles.

Mais pour que cette conséquence fût juste, il faudroit de deux choses l'une ; ou que les miracles fussent l'unique preuve de la révélation, ou que je rejetasse également les autres preuves qui l'attestent. Or il n'est pas vrai que les miracles soient l'unique preuve de la révélation; et il n'est pas vrai que je rejette les autres preuves, puisqu'au contraire on les trouve établies dans l'ouvrage même où l'on m'accuse de détruire la révélation[1].

Voilà précisément à quoi nous en sommes. Ces messieurs, déterminés à me faire, malgré moi, rejeter la révélation, comptent pour rien que je l'admette sur les preuves qui me convainquent, si je ne l'admets encore sur celles qui ne me convainquent pas; et parce que je ne le puis, ils disent que je la rejette. Peut-on rien concevoir de plus injuste et de plus extravagant?

Et voyez de grâce si j'en dis trop, lorsqu'ils me font un crime de ne pas admettre une preuve que non seulement Jésus n'a pas donnée, mais qu'il a refusée expressément.

Il ne s'annonça pas d'abord par des miracles, mais par la prédication. A douze ans il disputoit déjà dans le temple avec les docteurs, tantôt les interrogeant, et tantôt les surprenant par la sagesse de ses réponses. Ce fut là le commencement de ses fonctions, comme il le déclara lui-même à sa mère et à Joseph[2]. Dans le pays, avant qu'il fît aucun miracle, il se mit à prêcher aux peuples le

[1] Il importe de remarquer que le vicaire pouvoit trouver beaucoup d'objections comme catholique, qui sont nulles pour un protestant. Ainsi le scepticisme dans lequel il reste ne prouve en aucune façon le mien, surtout après la déclaration très-expresse que j'ai faite à la fin de ce même écrit. On voit clairement, dans mes principes, que plusieurs des objections qu'il contient portent à faux.

[2] Luc, xi, 46, 47, 49.

royaume des cieux [1]; et il avoit déjà rassemblé plusieurs disciples sans s'être autorisé près d'eux d'aucun signe, puisqu'il est dit que ce fut à Cana qu'il fit le premier [2].

Quand il fit ensuite des miracles, c'étoit le plus souvent dans des occasions particulières, dont le choix n'annonçoit pas un témoignage public, et dont le but étoit si peu de manifester sa puissance, qu'on ne lui en a jamais demandé pour cette fin qu'il ne les ait refusés. Voyez là-dessus toute l'histoire de sa vie; écoutez surtout sa propre déclaration : elle est si décisive, que vous n'y trouverez rien à répliquer.

Sa carrière étoit déjà fort avancée, quand les docteurs, le voyant faire tout de bon le prophète au milieu d'eux, s'avisèrent de lui demander un signe. A cela qu'auroit dû répondre Jésus, selon vos messieurs? « Vous demandez un signe, vous
« en avez eu cent. Croyez-vous que je sois venu
« m'annoncer à vous pour le Messie sans com-
« mencer par rendre témoignage de moi, comme
« si j'avois voulu vous forcer à me méconnoître et
« vous faire errer malgré vous? Non : Cana, le
« centenier, le lépreux, les aveugles, les paraly-
« tiques, la multiplication des pains, toute la Ga-

---

[1] Matth, iv, 17.

[2] Jean, ii, 11. Je ne puis penser que personne veuille mettre au nombre des signes publics de sa mission la tentation du diable et le jeûne de quarante jours.

« lilée, toute la Judée, déposent pour moi. Voilà
« mes signes : pourquoi feignez-vous de ne les
« pas voir? »

Au lieu de cette réponse, que Jésus ne fit point,
voici, monsieur, celle qu'il fit :

« La nation méchante et adultère demande un
« signe, et il ne lui en sera point donné. » Ailleurs
il ajoute : « Il ne lui sera point donné d'autre signe
« que celui de Jonas le prophète. Et leur tour-
« nant le dos, il s'en alla [1]. »

Voyez d'abord comment, blâmant cette manie
des signes miraculeux, il traite ceux qui les demandent; et cela ne lui arrive pas une fois seulement, mais plusieurs [2]. Dans le système de vos
messieurs cette demande étoit très-légitime : pourquoi donc insulter ceux qui la faisoient?

Voyez ensuite à qui nous devons ajouter foi par
préférence : d'eux, qui soutiennent que c'est rejeter la révélation chrétienne, que de ne pas admettre les miracles de Jésus pour les signes qui
l'établissent; ou de Jésus lui-même, qui déclare
qu'il n'a point de signe à donner.

Ils demanderont ce que c'est donc que le signe
de Jonas le prophète. Je leur répondrai que c'est

---

[1] Marc, VIII, 12; Matth., XVI, 4. Pour abréger, j'ai fondu ensemble ces deux passages; mais j'ai conservé la distinction essentielle à la question.

[2] Conférez les passages suivants : Matth., XII, 39, 41; Marc,
VIII, 12; Luc, XI, 29; Jean, II, 18, 19; IV, 48; V. 34, 36, 39.

sa prédication aux Ninivites, précisément le même signe qu'employoit Jésus avec les Juifs, comme il l'explique lui-même[1]. On ne peut donner au second passage qu'un sens qui se rapporte au premier, autrement Jésus se seroit contredit. Or, dans le premier passage où l'on demande un miracle en signe, Jésus dit positivement qu'il n'en sera donné aucun. Donc le sens du second passage n'indique aucun signe miraculeux.

Un troisième passage, insisteront-ils, explique ce signe par la résurrection de Jésus[2]. Je le nie; il l'explique tout au plus par sa mort. Or la mort d'un homme n'est pas un miracle; ce n'en est pas même un qu'après avoir resté trois jours dans la terre, un corps en soit retiré. Dans ce passage il n'est pas dit un mot de la résurrection. D'ailleurs quel genre de preuve seroit-ce de s'autoriser durant sa vie sur un signe qui n'aura lieu qu'après sa mort? Ce seroit vouloir ne trouver que des incrédules, ce seroit cacher la chandelle sous le boisseau. Comme cette conduite seroit injuste, cette interprétation seroit impie.

De plus, l'argument invincible revient encore. Le sens du troisième passage ne doit pas attaquer le premier, et le premier affirme qu'il ne sera point donné de signe, point du tout, aucun. Enfin, quoi qu'il en puisse être, il reste toujours prouvé, par le témoignage de Jésus même, que, s'il a fait des

---

[1] Matth., xii, 41; Luc, xi, 30, 32. — [2] Matth. xii, 40.

miracles durant sa vie, il n'en a point fait en signe de sa mission.

Toutes les fois que les Juifs ont insisté sur ce genre de preuves, il les a toujours renvoyés avec mépris, sans daigner jamais les satisfaire. Il n'approuvoit pas même qu'on prît en ce sens ses œuvres de charité. « Si vous ne voyez des prodiges « et des miracles, vous ne croyez point, » disoit-il à celui qui le prioit de guérir son fils[1]. Parle-t-on sur ce ton-là quand on veut donner des prodiges en preuves ?

Combien n'étoit-il pas étonnant que, s'il en eût tant donné de telles, on continuât sans cesse à lui en demander ? « Quel miracle fais-tu, lui disoient « les Juifs, afin que l'ayant vu, nous croyions à « toi ? Moïse donna la manne dans le désert à nos « pères; mais toi, quelle œuvre fais-tu[2] ? » C'est à peu près, dans le sens de vos messieurs, et laissant à part la majesté royale, comme si quelqu'un venoit dire à Frédéric : « On te dit un grand ca- « pitaine ; et pourquoi donc ? Qu'as-tu fait qui « te montre tel ? Gustave vainquit à Leipsick, à « Lutzen; Charles à Frawstadt, à Narva : mais où « sont tes monuments ? quelle victoire as-tu rem- « portée ? quelle place as-tu prise ? quelle marche « as-tu faite ? quelle campagne t'a couvert de « gloire ? de quel droit portes-tu le nom de grand ? » L'impudence d'un pareil discours est-elle conce-

[1] Jean, IV, 48.—[2] *Ibid.* VI, 30, 31 et suiv.

vable? et trouveroit-on sur la terre entière un homme capable de le tenir?

Cependant, sans faire honte à ceux qui lui en tenoient un semblable, sans leur accorder aucun miracle, sans les édifier au moins sur ceux qu'il avoit faits, Jésus, en réponse à leur question, se contente d'allégoriser sur le pain du ciel. Aussi, loin que sa réponse lui donnât de nouveaux disciples, elle lui en ôta plusieurs de ceux qu'il avoit, et qui sans doute pensoient comme vos théologiens. La désertion fut telle, qu'il dit aux douze : « Et vous, ne voulez-vous pas aussi vous en aller? » Il ne paroît pas qu'il eût fort à cœur de conserver ceux qu'il ne pouvoit retenir que par des miracles.

Les Juifs demandoient un signe du ciel. Dans leur système, ils avoient raison. Le signe qui devoit constater la venue du Messie ne pouvoit pour eux être trop évident, trop décisif, trop au-dessus de tout soupçon, ni avoir trop de témoins oculaires : comme le témoignage immédiat de Dieu vaut toujours mieux que celui des hommes, il étoit plus sûr d'en croire au signe même qu'aux gens qui diroient l'avoir vu; et pour cet effet le ciel étoit préférable à la terre.

Les Juifs avoient donc raison dans leur vue, parce qu'ils vouloient un Messie apparent et tout miraculeux. Mais Jésus dit, après le prophète, que le royaume des cieux ne vient point avec apparence; que celui qui l'annonce ne débat point, ne crie point, qu'on n'entend point sa voix dans les rues. Tout cela ne respire pas l'ostentation des miracles; aussi n'étoit-elle pas le but qu'il se proposoit dans les siens. Il n'y mettoit ni l'appareil ni l'authenticité nécessaires pour constater de vrais signes, parce qu'il ne les donnoit point pour tels. Au contraire, il recommandoit le secret aux malades qu'il guérissoit, aux boiteux qu'il faisoit marcher, aux possédés qu'il délivroit du démon. L'on eût dit qu'il craignoit que sa vertu miraculeuse ne fût connue : on m'avouera que c'étoit une étrange manière d'en faire la preuve de sa mission.

Mais tout cela s'explique de soi-même, sitôt que l'on conçoit que les Juifs alloient cherchant cette preuve où Jésus ne vouloit point qu'elle fût. *Celui qui me rejette a*, disoit-il, *qui le juge*. Ajoutoit-il, *Les miracles que j'ai faits le condamneront?* Non; mais, *La parole que j'ai portée le condamnera*. La preuve est donc dans la parole, et non pas dans les miracles.

On voit dans l'Évangile que ceux de Jésus étoient tous utiles; mais ils étoient sans éclat, sans apprêt, sans pompe; ils étoient simples comme ses discours, comme sa vie, comme toute sa conduite. Le plus apparent, le plus palpable qu'il ait fait, est sans contredit celui de la multiplication des cinq pains et des deux poissons qui nourrirent cinq mille hommes. Non seulement ses disciples avoient vu le miracle, mais il avoit, pour ainsi dire, passé entre leurs mains; et cependant ils n'y pensoient pas, ils ne s'en doutoient presque pas. Concevez-vous qu'on puisse donner pour signes notoires au genre humain, dans tous les siècles, des faits auxquels les témoins les plus immédiats font à peine attention [1]?

Et tant s'en faut que l'objet réel des miracles de Jésus fût d'établir la foi, qu'au contraire il commençoit par exiger la foi avant que de faire le miracle. Rien n'est si fréquent dans l'Évangile. C'est précisément pour cela, c'est parce qu'un prophète n'est sans honneur que dans son pays, qu'il fit dans le sien très-peu de miracles [2]; il est dit même qu'il n'en put faire à cause de leur incrédulité [3]. Comment! c'étoit à cause de leur incrédulité qu'il en falloit faire pour les convaincre, si ces miracles avoient eu cet objet; mais ils ne l'avoient pas: c'étoient simplement des actes de bonté, de charité, de bienfaisance, qu'il faisoit en faveur de ses amis, et de ceux qui croyoient en lui; et c'étoit dans de pareils actes que consistoient les œuvres de miséricorde, vraiment dignes d'être siennes, qu'il disoit rendre témoignage de lui [4]. Ces œuvres marquoient le pouvoir de bien faire plutôt que la

---

[1] Marc, VI, 52. Il est dit que c'étoit à cause que leur cœur étoit stupide : mais qui s'oseroit vanter d'avoir un cœur plus intelligent dans les choses saintes que les disciples choisis par Jésus?

[2] Matth., XIII, 58.—[3] Marc, VI, 5.—[4] Jean, X, 25, 32, 38.

volonté d'étonner; c'étoient des vertus¹ plus que des miracles. Eh! comment la suprême Sagesse eût-elle employé des moyens si contraires à la fin qu'elle se proposoit? comment n'eût-elle pas prévu que les miracles dont elle appuyoit l'autorité de ses envoyés produiroient un effet tout opposé; qu'ils feroient suspecter la vérité de l'histoire, tant sur les miracles que sur la mission; et que, parmi tant de solides preuves, celle-là ne feroit que rendre plus difficiles sur toutes les autres les gens éclairés et vrais? Oui, je le soutiendrai toujours, l'appui qu'on veut donner à la croyance en est le plus grand obstacle : ôtez les miracles de l'Évangile, et toute la terre est aux pieds de Jésus-Christ².

Vous voyez, monsieur, qu'il est attesté par l'Écriture même que dans la mission de Jésus-Christ les miracles ne sont point un signe tellement nécessaire à la foi qu'on n'en puisse avoir sans les admettre. Accordons que d'autres passages présentent un sens contraire à ceux-ci, ceux-ci

---

¹ C'est le mot employé dans l'Écriture ; nos traducteurs le rendent par celui de miracles.

². Paul, prêchant aux Athéniens, fut écouté fort paisiblement jusqu'à ce qu'il leur parla d'un homme ressuscité. Alors les uns se mirent à rire ; les autres lui dirent, « Cela suffit, nous entendrons « le reste une autre fois. » Je ne sais pas bien ce que pensent au fond de leurs cœurs ces bons chrétiens à la mode ; mais s'ils croient à Jésus par ses miracles, moi j'y crois malgré ces miracles, et j'ai dans l'esprit que ma foi vaut mieux que la leur.

réciproquement présentent un sens contraire aux autres; et alors je choisis, usant de mon droit, celui de ces sens qui me paroît le plus raisonnable et le plus clair. Si j'avois l'orgueil de vouloir tout expliquer, je pourrois, en vrai théologien, tordre et tirer chaque passage à mon sens; mais la bonne foi ne me permet point ces interprétations sophistiques : suffisamment autorisé dans mon sentiment[1]

[1] Ce sentiment ne m'est point tellement particulier, qu'il ne soit aussi celui de plusieurs théologiens dont l'orthodoxie est mieux établie que celle du clergé de Genève. Voici ce que m'écrivoit là-dessus un de ces messieurs, le 28 février 1764 :

« Quoi qu'en dise la cohue des modernes apologistes du christia« nisme, je suis persuadé qu'il n'y a pas un mot dans les livres « sacrés d'où l'on puisse légitimement conclure que les miracles « aient été destinés à servir de preuves pour les hommes de tous « les temps et de tous les lieux. Bien loin de là, ce n'étoit pas, à « mon avis, le principal objet pour ceux qui en furent les témoins « oculaires. Lorsque les Juifs demandoient des miracles à saint « Paul, pour toute réponse il leur prêchoit Jésus crucifié. A coup « sûr, si Grotius, les auteurs de la société de Boyle, Vernes, « Vernet, etc., eussent été à la place de cet apôtre, ils n'auroient « rien eu de plus pressé que d'envoyer chercher des tréteaux pour « satisfaire à une demande qui cadre si bien avec leurs principes. « Ces gens-là croient faire merveille avec leurs ramas d'arguments; « mais un jour on doutera, j'espère, s'ils n'ont pas été compilés « par une société d'incrédules, sans qu'il faille être Hardouin pour « cela. »

Qu'on ne pense pas, au reste, que l'auteur de cette lettre soit mon partisan; tant il s'en faut, il est un de mes adversaires. Il trouve seulement que les autres ne savent ce qu'ils disent. Il soupçonne peut-être pis; car la foi de ceux qui croient sur les miracles sera toujours très-suspecte aux gens éclairés. C'étoit le sentiment d'un des plus illustres réformateurs : « Non satis tuta fides eorum « qui miraculis nituntur. » (Bez., *in Joan.*, cap. II, v. 23.)

par ce que je comprends, je reste en paix sur ce que je ne comprends pas, et que ceux qui me l'expliquent me font encore moins comprendre. L'autorité que je donne à l'Évangile, je ne la donne point aux interprétations des hommes, et je n'entends pas plus les soumettre à la mienne que me soumettre à la leur. La règle est commune et claire en ce qui importe; la raison qui l'explique est particulière, et chacun a la sienne, qui ne fait autorité que pour lui. Se laisser mener par autrui sur cette matière, c'est substituer l'explication au texte, c'est se soumettre aux hommes et non pas à Dieu.

Je reprends mon raisonnement; et, après avoir établi que les miracles ne sont pas un signe nécessaire à la foi, je vais montrer, en confirmation de cela, que les miracles ne sont pas un signe infaillible, et dont les hommes puissent juger.

Un miracle est, dans un fait particulier, un acte immédiat de la puissance divine, un changement sensible dans l'ordre de la nature, une exception réelle et visible à ses lois. Voilà l'idée dont il ne faut pas s'écarter, si l'on veut s'entendre en raisonnant sur cette matière. Cette idée offre deux questions à résoudre.

La première : Dieu peut-il faire des miracles ? c'est-à-dire peut-il déroger aux lois qu'il a établies? Cette question, sérieusement traitée, seroit impie si elle n'étoit absurde : ce seroit faire trop d'honneur à celui qui la résoudroit négativement que de le punir; il suffiroit de l'enfermer. Mais aussi quel homme a jamais nié que Dieu pût faire des miracles? Il falloit être Hébreu pour demander si Dieu pouvoit dresser des tables dans le désert.

Seconde question : Dieu veut-il faire des miracles? C'est autre chose. Cette question en elle-même, et abstraction faite de toute autre considération, est parfaitement indifférente; elle n'intéresse en rien la gloire de Dieu, dont nous ne pouvons sonder les desseins. Je dirai plus : s'il pouvoit y avoir quelque différence quant à la foi dans la manière d'y répondre, les plus grandes idées que nous puissions avoir de la sagesse et de la majesté divine seroient pour la négative; il n'y a que l'orgueil humain qui soit contre. Voilà jusqu'où la raison peut aller. Cette question, du reste, est purement oiseuse, et, pour la résoudre, il faudroit lire dans les décrets éternels; car, comme on verra tout à l'heure, elle est impossible à décider par les faits. Gardons-nous donc d'oser porter un œil curieux sur ces mystères. Rendons ce respect à l'essence infinie, de ne rien prononcer d'elle : nous n'en connoissons que l'immensité.

Cependant, quand un mortel vient hardiment nous affirmer qu'il a vu un miracle, il tranche net cette grande question : jugez si l'on doit l'en croire sur sa parole. Ils seroient mille que je ne les en croirois pas.

Je laisse à part le grossier sophisme d'employer la preuve morale à constater des faits naturellement impossibles, puisque alors le principe même de la crédibilité, fondé sur la possibilité naturelle, est en défaut. Si les hommes veulent bien, en pareil cas, admettre cette preuve dans des choses de pure spéculation, ou dans des faits dont la vérité ne les touche guère, assurons-nous qu'ils seroient plus difficiles s'il s'agissoit pour eux du moindre intérêt temporel. Supposons qu'un mort vînt redemander ses biens à ses héritiers, affirmant qu'il est ressuscité, et requérant d'être admis à la preuve[1]; croyez-vous qu'il y ait un seul tribunal sur la terre où cela lui fût accordé? Mais, encore un coup, n'entamons pas ici ce débat; laissons aux faits toute la certitude qu'on leur donne, et contentons-nous de distinguer ce que le sens peut attester de ce que la raison peut conclure.

Puisqu'un miracle est une exception aux lois de la nature, pour en juger il faut connoître ces lois; et pour en juger sûrement, il faut les connoître toutes : car une seule qu'on ne connoîtroit pas pourroit, en certains cas inconnus aux spectateurs, changer l'effet de celles qu'on connoîtroit. Ainsi, celui qui prononce qu'un tel ou tel acte est un miracle déclare qu'il connoît toutes les lois de la

---

[1] Prenez bien garde que, dans ma supposition, c'est une résurrection véritable, et non pas une fausse mort, qu'il s'agit de constater.

nature, et qu'il sait que cet acte en est une exception.

Mais quel est ce mortel qui connoît toutes les lois de la nature? Newton ne se vantoit pas de les connoître. Un homme sage, témoin d'un fait inouï, peut attester qu'il a vu ce fait, et l'on peut le croire: mais ni cet homme sage, ni nul autre homme sage sur la terre n'affirmera jamais que ce fait, quelque étonnant qu'il puisse être, soit un miracle; car comment peut-il le savoir?

Tout ce qu'on peut dire de celui qui se vante de faire des miracles, est qu'il fait des choses fort extraordinaires: mais qui est-ce qui nie qu'il se fasse des choses fort extraordinaires? J'en ai vu, moi, de ces choses-là, et même j'en ai fait [1].

L'étude de la nature y fait faire tous les jours de nouvelles découvertes : l'industrie humaine se

---

[1] J'ai vu à Venise, en 1743, une manière de sorts assez nouvelle, et plus étranges que ceux de Préneste. Celui qui les vouloit consulter entroit dans une chambre, et y restoit seul s'il le désiroit. Là d'un livre plein de feuillets blancs, il en tiroit un à son choix; puis tenant cette feuille il demandoit, non à haute voix, mais mentalement, ce qu'il vouloit savoir: ensuite il plioit sa feuille blanche, l'enveloppoit, la cachetoit, la plaçoit dans un livre ainsi cachetée; enfin, après avoir récité certaines formules fort baroques, sans perdre son livre de vue, il en alloit tirer le papier, reconnoître le cachet, l'ouvrir, et il trouvoit la réponse écrite.

Le magicien qui faisoit ces sorts étoit le premier secrétaire de l'ambassadeur de France, et il s'appeloit J. J. Rousseau.

Je me contentois d'être sorcier, parce que j'étois modeste; mais si j'avois eu l'ambition d'être prophète, qui m'eût empêché de le devenir?

perfectionne tous les jours. La chimie curieuse a des transmutations, des précipitations, des détonations, des explosions, des phosphores, des pyrophores, des tremblements de terre, et mille autres merveilles à faire signer mille fois le peuple qui les verroit. L'huile de gaïac et l'esprit de nitre ne sont pas des liqueurs fort rares; mêlez-les ensemble, et vous verrez ce qu'il en arrivera; mais n'allez pas faire cette épreuve dans une chambre, car vous pourriez bien mettre le feu à la maison[1]. Si les prêtres de Baal avoient eu M. Rouelle au milieu d'eux, leur bûcher eût pris feu de lui-même, et Élie eût été pris pour dupe.

Vous versez de l'eau dans de l'eau, voilà de l'encre; vous versez de l'eau dans de l'eau, voilà un corps dur. Un prophète du collége d'Harcourt va en Guinée, et dit au peuple : Reconnoissez le pouvoir de celui qui m'envoie; je vais convertir de l'eau en pierre. Par des moyens connus du moindre écolier, il fait de la glace : voilà les Nègres prêts à l'adorer.

Jadis les prophètes faisoient descendre à leur voix le feu du ciel : aujourd'hui les enfants en font autant avec un petit morceau de verre. Josué fit arrêter le soleil : un faiseur d'almanachs va le faire éclipser; le prodige est encore plus sensible. Le

---

[1] Il y a des précautions à prendre pour réussir dans cette opération : l'on me dispensera bien, je pense, d'en mettre ici le récipé.

cabinet de M. l'abbé Nollet est un laboratoire de magie; les *Récréations mathématiques* sont un recueil de miracles; que dis-je! les foires même en fourmilleront, les Briochés n'y sont pas rares : le seul paysan de Nord-Hollande, que j'ai vu vingt fois allumer sa chandelle avec son couteau, a de quoi subjuguer tout le peuple, même à Paris; que pensez-vous qu'il eût fait en Syrie?

C'est un spectacle bien singulier que ces foires de Paris; il n'y en a pas une où l'on ne voie les choses les plus étonnantes, sans que le public daigne presque y faire attention; tant on est accoutumé aux choses étonnantes, et même à celles qu'on ne peut concevoir! On y voit, au moment que j'écris ceci, deux machines portatives séparées, dont l'une marche ou s'arrête exactement à la volonté de celui qui fait marcher ou arrêter l'autre. J'y ai vu une tête de bois qui parloit, et dont on ne parloit pas tant que de celle d'Albert-le-Grand. J'ai vu même une chose plus surprenante ; c'étoit force têtes d'hommes, de savants, d'académiciens, qui couroient aux miracles des convulsions, et qui en revenoient tout émerveillés.

Avec le canon, l'optique, l'aimant, le baromètre, quels prodiges ne fait-on pas chez les ignorants? Les Européens, avec leurs arts, ont toujours passé pour des dieux parmi les barbares. Si dans le sein même des arts, des sciences, des colléges, des académies; si, dans le milieu de l'Europe, en

France, en Angleterre, un homme fût venu, le siècle dernier, armé de tous les miracles de l'électricité que nos physiciens opèrent aujourd'hui, l'eût-on brûlé comme un sorcier, l'eût-on suivi comme un prophète? Il est à présumer qu'on eût fait l'un ou l'autre : il est certain qu'on auroit eu tort.

Je ne sais si l'art de guérir est trouvé, ni s'il se trouvera jamais : ce que je sais, c'est qu'il n'est pas hors de la nature. Il est tout aussi naturel qu'un homme guérisse, qu'il l'est qu'il tombe malade; il peut tout aussi bien guérir subitement que mourir subitement. Tout ce qu'on pourra dire de certaines guérisons, c'est qu'elles sont surprenantes, mais non pas qu'elles sont impossibles : comment prouverez-vous donc que ce sont des miracles? Il y a pourtant, je l'avoue, des choses qui m'étonneroient fort si j'en étois le témoin : ce ne seroit pas tant de voir marcher un boiteux qu'un homme qui n'avoit point de jambes, ni de voir un paralytique mouvoir son bras qu'un homme qui n'en a qu'un reprendre les deux. Cela me frapperoit encore plus, je l'avoue, que de voir ressusciter un mort; car enfin un mort peut n'être pas mort[1]. Voyez le livre de M. Bruhier[2].

---

[1] « Lazare étoit déjà dans la terre. » Seroit-il le premier homme qu'on auroit enterré vivant? « Il y étoit depuis quatre jours. » Qui les a comptés! Ce n'est pas Jésus, qui étoit absent. « Il puoit déjà. » Qu'en savez-vous? Sa sœur le dit : voilà toute la preuve. L'effroi, le dégoût en eût fait dire autant à toute autre femme,

PARTIE I, LETTRE III.

Au reste, quelque frappant que pût me paroître un pareil spectacle, je ne voudrois pour rien au monde en être témoin ; car que sais-je ce qu'il en pourroit arriver ? Au lieu de me rendre crédule, j'aurois grand'peur qu'il ne me rendît que fou. Mais ce n'est pas de moi qu'il s'agit : revenons.

On vient de trouver le secret de ressusciter des noyés ; on a déjà cherché celui de ressusciter les pendus : qui sait si, dans d'autres genres de mort, on ne parviendra pas à rendre la vie à des corps qu'on en avoit crus privés ? On ne savoit jadis ce que c'étoit que d'abattre la cataracte ; c'est un jeu maintenant pour nos chirurgiens. Qui sait s'il n'y a pas quelque secret trouvable pour la faire tomber tout d'un coup ? Qui sait si le possesseur d'un pareil secret ne peut pas faire avec simplicité ce qu'un spectateur ignorant va prendre pour un mi-

---

quand même cela n'eût pas été vrai. « Jésus ne fait que l'appeler, et il sort. » Prenez garde de mal raisonner. Il s'agissoit de l'impossibilité physique ; elle n'y est plus. Jésus faisoit bien plus de façons dans d'autres cas qui n'étoient pas plus difficiles : voyez la note qui suit. Pourquoi cette différence, si tout étoit également miraculeux ? Ceci peut être une exagération, et ce n'est pas la plus forte que saint Jean ait faite ; j'en atteste le dernier verset de son Évangile*.

² * Brubier-d'Ablaincourt, médecin célèbre, mort en 1756, auteur de plusieurs ouvrages, est principalement connu par celui qui a pour titre, *Dissertation sur l'incertitude des signes de la mort et l'abus des enterrements précipités*. Il a été réimprimé plusieurs fois, et traduit en plusieurs langues.

* Voici ce verset : « Sunt autem et alia multa quæ fecit Jesus ; quæ si scribantur per sin-
« gula, nec ipsum arbitror mundum capere posse eos, qui scribendi sunt. libros. »

racle, et ce qu'un auteur prévenu peut donner pour tel[1]? Tout cela n'est pas vraisemblable : soit; mais nous n'avons point de preuve que cela soit impossible, et c'est de l'impossibilité physique qu'il s'agit ici. Sans cela, Dieu, déployant à nos yeux sa puissance, n'auroit pu nous donner que des signes vraisemblables, de simples probabilités; et il arriveroit de là que l'autorité des miracles n'étant fondée que sur l'ignorance de ceux pour qui ils auroient été faits, ce qui seroit miraculeux pour un siècle où pour un peuple ne le seroit plus pour d'autres; de sorte que la preuve universelle étant en défaut, le système établi sur elle seroit détruit.

---

[1] On voit quelquefois, dans le détail des faits rapportés, une gradation qui ne convient point à une opération surnaturelle. On présente à Jésus un aveugle. Au lieu de le guérir à l'instant, il l'emmène hors de la bourgade : là il oint ses yeux de salive, il pose ses mains sur lui, après quoi il lui demande s'il voit quelque chose. L'aveugle répond qu'il voit marcher des hommes qui lui paroissent comme des arbres; sur quoi jugeant que la première opération n'est pas suffisante, Jésus la recommence, et enfin l'homme guérit.

Une autre fois, au lieu d'employer de la salive pure, il la délaie avec de la terre.

Or je demande : A quoi bon tout cela pour un miracle? La nature dispute-t-elle avec son maître! a-t-il besoin d'effort, d'obstination, pour se faire obéir? a-t-il besoin de salive, de terre, d'ingrédients? a-t-il même besoin de parler, et ne suffit-il pas qu'il veuille? ou bien osera-t-on dire que Jésus, sûr de son fait, ne laisse pas d'user d'un petit manége de charlatan, comme pour se faire valoir davantage et amuser les spectateurs? Dans le système de vos messieurs, il faut pourtant l'un ou l'autre. Choisissez.

Non, donnez-moi des miracles qui demeurent tels, quoi qu'il arrive, dans tous les temps et dans tous les lieux. Si plusieurs de ceux qui sont rapportés dans la Bible paroissent être dans ce cas, d'autres aussi paroissent n'y pas être. Réponds-moi donc, théologien ; prétends-tu que je passe le tout en bloc, ou si tu me permets le triage ? Quand tu auras décidé ce point, nous verrons après.

Remarquez bien, monsieur, qu'en supposant tout au plus quelque amplification dans les circonstances, je n'établis aucun doute sur le fond de tous les faits. C'est ce que j'ai déjà dit, et qu'il n'est pas superflu de redire. Jésus, éclairé de l'esprit de Dieu, avoit des lumières si supérieures à celles de ses disciples, qu'il n'est pas étonnant qu'il ait opéré des multitudes de choses extraordinaires où l'ignorance des spectateurs a vu le prodige qui n'y étoit pas. A quel point, en vertu de ces lumières, pouvoit-il agir par des voies naturelles, inconnues à eux et à nous[1] ? Voilà ce que nous ne savons point, et ce que nous ne pouvons savoir.

---

[1] Nos hommes de Dieu veulent à toute force que j'aie fait de Jésus un imposteur. Ils s'échauffent pour répondre à cette indigne accusation, afin qu'on pense que je l'ai faite ; ils la supposent avec un air de certitude ; ils y insistent, ils y reviennent affectueusement. Ah! si ces doux chrétiens pouvoient m'arracher à la fin quelque blasphème, quel triomphe, quel contentement, quelle édification pour leurs charitables ames! avec quelle sainte joie ils apporteroient les tisons allumés au feu de leur zèle pour embraser mon bûcher!

Les spectateurs des choses merveilleuses sont naturellement portés à les décrire avec exagération. Là-dessus on peut, de très-bonne foi, s'abuser soi-même en abusant les autres : pour peu qu'un fait soit au-dessus de nos lumières, nous le supposons au-dessus de la raison, et l'esprit voit enfin du prodige où le cœur nous fait désirer fortement d'en voir.

Les miracles sont, comme j'ai dit, les preuves des simples, pour qui les lois de la nature forment un cercle très-étroit autour d'eux. Mais la sphère s'étend à mesure que les hommes s'instruisent et qu'ils sentent combien il leur reste encore à savoir. Le grand physicien voit si loin les bornes de cette sphère, qu'il ne sauroit discerner un miracle au-delà. *Cela se peut* est un mot qui sort rarement de la bouche des sages; ils disent plus fréquemment, *Je ne sais.*

Que devons-nous donc penser de tant de miracles rapportés par des auteurs, véridiques, je n'en doute pas, mais d'une si crasse ignorance, et si pleins d'ardeur pour la gloire de leur maître? Faut-il rejeter tous ces faits? Non. Faut-il tous les admettre? Je l'ignore[1]. Nous devons les respecter sans prononcer sur leur nature, dussions-nous être cent fois décrétés. Car enfin l'autorité des lois

---

[1] Il y en a dans l'Évangile qu'il n'est pas même possible de prendre au pied de la lettre sans renoncer au bon sens. Tels sont, par exemple, ceux des possédés. On reconnoît le diable à son œuvre,

ne peut s'étendre jusqu'à nous forcer de mal raisonner ; et c'est pourtant ce qu'il faut faire pour trouver nécessairement un miracle où la raison ne peut voir qu'un fait étonnant.

Quand il seroit vrai que les catholiques ont un moyen sûr pour eux de faire cette distinction, que s'ensuivroit-il pour nous ? Dans leur système, lorsque l'Église une fois reconnue a décidé qu'un tel fait est un miracle, il est un miracle ; car l'Église ne peut se tromper. Mais ce n'est pas aux catholiques que j'ai à faire ici, c'est aux réformés. Ceux-ci ont très-bien réfuté quelques parties de la Pro-

---

et les vrais possédés sont les méchants ; la raison n'en reconnoîtra jamais d'autres. Mais passons : voici plus.

Jésus demande à un groupe de démons comment il s'appelle. Quoi ! les démons ont des noms ? les anges ont des noms ? les purs esprits ont des noms ? Sans doute, pour s'entr'appeler entre eux ou pour entendre quand Dieu les appelle ? Mais qui leur a donné ces noms ? en quelle langue en sont les mots ? quelles sont les bouches qui prononcent ces mots, les oreilles que leurs sons frappent ? Ce nom, c'est *Légions ;* car ils sont plusieurs, ce qu'apparemment Jésus ne savoit pas. Ces anges, ces intelligences sublimes dans le mal comme dans le bien, ces êtres célestes qui ont pu se révolter contre Dieu, qui osent combattre ses décrets éternels, se logent en tas dans le corps d'un homme ! Forcés d'abandonner ce malheureux, ils demandent de se jeter dans un troupeau de cochons ; ils l'obtiennent ; ces cochons se précipitent dans la mer. Et ce sont là les augustes preuves de la mission du Rédempteur du genre humain, les preuves qui doivent l'attester à tous les peuples de tous les âges, et dont nul ne sauroit douter, sous peine de damnation ! Juste Dieu ! la tête tourne ; on ne sait où l'on est. Ce sont donc là, messieurs, les fondements de votre foi ? la mienne en a de plus sûrs, ce me semble.

fession de foi du vicaire, qui, n'étant écrite que contre l'Église romaine, ne pouvoit ni ne devoit rien prouver contre eux. Les catholiques pourront de même réfuter aisément ces lettres, parce que je n'ai point à faire ici aux catholiques, et que nos principes ne sont pas les leurs. Quand il s'agit de montrer que je ne prouve pas ce que je n'ai pas voulu prouver, c'est là que mes adversaires triomphent.

De tout ce que je viens d'exposer, je conclus que les faits les plus attestés, quand même on les admettroit dans toutes leurs circonstances, ne prouveroient rien, et qu'on peut même y soupçonner de l'exagération dans les circonstances, sans inculper la bonne foi de ceux qui les ont rapportés. Les découvertes continuelles qui se font dans les lois de la nature, celles qui probablement se feront encore, celles qui resteront toujours à faire; les progrès passés, présents et futurs de l'industrie humaine; les diverses bornes que donnent les peuples à l'ordre des possibles, selon qu'ils sont plus ou moins éclairés; tout nous prouve que nous ne pouvons connoître ces bornes. Cependant il faut qu'un miracle, pour être vraiment tel, les passe. Soit donc qu'il y ait des miracles, soit qu'il n'y en ait pas, il est impossible au sage de s'assurer que quelque fait que ce puisse être en est un.

Indépendamment des preuves de cette impossibilité que je viens d'établir, j'en vois une autre non moins forte dans la supposition même : car accordons qu'il y ait de vrais miracles; de quoi nous serviront-ils s'il y a aussi de faux miracles, desquels il est impossible de les discerner? et faites bien attention que je n'appelle pas ici faux miracle un miracle qui n'est pas réel, mais un acte bien réellement surnaturel, fait pour soutenir une fausse doctrine. Comme le mot de *miracle* en ce sens peut blesser les oreilles pieuses, employons un autre mot, et donnons-lui le nom de *prestige*; mais souvenons-nous qu'il est impossible aux sens humains de discerner un prestige d'un miracle.

La même autorité qui atteste les miracles atteste aussi les prestiges; et cette autorité prouve encore que l'apparence des prestiges ne diffère en rien de celle des miracles. Comment donc distinguer les uns des autres? et que peut prouver le miracle, si celui qui le voit ne peut discerner, par aucune marque assurée et tirée de la chose même, si c'est l'œuvre de Dieu, ou si c'est l'œuvre du démon? Il faudroit un second miracle pour certifier le premier.

Quand Aaron jeta sa verge devant Pharaon, et qu'elle fut changée en serpent, les magiciens jetèrent aussi leurs verges, et elles furent changées en serpents. Soit que ce changement fût réel des deux côtés, comme il est dit dans l'Écriture, soit qu'il n'y eût de réel que le miracle d'Aaron, et que le prestige des magiciens ne fût qu'apparent, comme le disent quelques théologiens, il n'importe ; cette apparence étoit exactement la même ; l'Exode n'y remarque aucune différence ; et s'il y en eût eu, les magiciens se seroient gardés de s'exposer au parallèle, où, s'ils l'avoient fait, ils auroient été confondus.

Or les hommes ne peuvent juger des miracles que par leur sens ; et si la sensation est la même, la différence réelle, qu'ils ne peuvent apercevoir, n'est rien pour eux. Ainsi le signe, comme signe, ne prouve pas plus d'un côté que de l'autre, et le prophète en ceci n'a pas plus d'avantage que le magicien. Si c'est encore là de mon beau style, convenez qu'il en faut un bien-plus beau pour le réfuter.

Il est vrai que le serpent d'Aaron dévora les serpents des magiciens : mais forcé d'admettre une fois la magie, Pharaon put fort bien n'en conclure autre chose sinon qu'Aaron étoit plus habile qu'eux dans cet art ; c'est ainsi que Simon, ravi des choses que faisoit Philippe, voulut acheter des apôtres le secret d'en faire autant qu'eux.

D'ailleurs l'infériorité des magiciens étoit due à la présence d'Aaron : mais, Aaron absent, eux faisant les mêmes signes avoient droit de prétendre à la même autorité : le signe en lui-même ne prouvoit donc rien.

Quand Moïse changea l'eau en sang, les magiciens changèrent l'eau en sang; quand Moïse produisit des grenouilles, les magiciens produisirent des grenouilles. Ils échouèrent à la troisième plaie; mais tenons-nous aux deux premières dont Dieu même avoit fait la preuve du pouvoir divin [1] : les magiciens firent aussi cette preuve-là.

Quant à la troisième plaie, qu'ils ne purent imiter, on ne voit pas ce qui la rendoit si difficile, au point de marquer *que le doigt de Dieu étoit là*. Pourquoi ceux qui purent produire un animal ne purent-ils produire un insecte? et comment, après avoir fait des grenouilles, ne purent-ils faire des poux? S'il est vrai qu'il n'y ait dans ces choses-là que le premier pas qui coûte, c'étoit assurément s'arrêter en beau chemin.

Le même Moïse, instruit par toutes ces expériences, ordonne que si un faux prophète vient annoncer d'autres dieux, c'est-à-dire une fausse doctrine, et que ce faux prophète autorise son dire par des prédictions ou des prodiges qui réussissent, il ne faut point l'écouter, mais le mettre à mort. On peut donc employer de vrais signes en faveur d'une fausse doctrine; un signe en lui-même ne prouve donc rien.

La même doctrine des signes par des prestiges est établie en mille endroits de l'Écriture.

Bien plus; après avoir déclaré qu'il ne fera

[1] Exode, VII, 17.

point de signes, Jésus annonce de faux Christs qui en feront; il dit « qu'ils feront de grands signes, « des miracles capables de séduire les élus mêmes, « s'il étoit possible [1]. » Ne seroit-on pas tenté, sur ce langage, de prendre les signes pour des preuves de fausseté?

Quoi! Dieu, maître du choix de ses preuves, quand il veut parler aux hommes, choisit par préférence celles qui supposent des connoissances qu'il sait qu'ils n'ont pas! Il prend pour les instruire la même voie qu'il sait que prendra le démon pour les tromper! Cette marche seroit-elle donc celle de la divinité? Se pourroit-il que Dieu et le diable suivissent la même route? Voilà ce que je ne puis concevoir.

Nos théologiens, meilleurs raisonneurs, mais de moins bonne foi que les anciens, sont fort embarrassés de cette magie: ils voudroient bien pouvoir tout-à-fait s'en délivrer, mais ils n'osent; ils sentent que la nier seroit nier trop. Ces gens, toujours si décisifs, changent ici de langage; ils ne la nient ni ne l'admettent: ils prennent le parti de tergiverser, de chercher des faux-fuyants; à chaque pas ils s'arrêtent; ils ne savent sur quel pied danser.

Je crois, monsieur, vous avoir fait sentir où gît la difficulté. Pour que rien ne manque à sa clarté, la voici mise en dilemme.

---

[1] Matth., XXIV, 24; Marc, XIII, 22.

Si l'on nie les prestiges, on ne peut prouver les miracles, parce que les uns et les autres sont fondés sur la même autorité.

Et si l'on admet les prestiges avec les miracles, on n'a point de règle sûre, précise et claire, pour distinguer les uns des autres : ainsi les miracles ne prouvent rien.

Je sais bien que nos gens, ainsi pressés, reviennent à la doctrine; mais ils oublient bonnement que si la doctrine est établie, le miracle est superflu; et que si elle ne l'est pas, elle ne peut rien prouver.

Ne prenez pas ici le change, je vous supplie; et de ce que je n'ai pas regardé les miracles comme essentiels au christianisme, n'allez pas conclure que j'ai rejeté les miracles. Non, monsieur, je ne les ai rejetés ni ne les rejette : si j'ai dit des raisons pour en douter, je n'ai point dissimulé les raisons d'y croire. Il y a une grande différence entre nier une chose et ne la pas affirmer, entre la rejeter et ne pas l'admettre; et j'ai si peu décidé ce point, que je défie qu'on trouve un seul endroit dans tous mes écrits où je sois affirmatif contre les miracles.

Eh! comment l'aurois-je été malgré mes propres doutes, puisque partout où je suis, quant à moi, le plus décidé, je n'affirme rien encore? Voyez quelles affirmations peut faire un homme qui parle ainsi dès sa préface [1] :

[1] * Préface d'*Émile*, tome I.

« A l'égard de ce qu'on appellera la partie sys-
« tématique, qui n'est autre chose ici que la mar-
« che de la nature, c'est là ce qui déroutera le plus
« les lecteurs; c'est aussi par-là qu'on m'attaquera
« sans doute, et peut-être n'aura-t-on pas tort. On
« croira moins lire un traité d'éducation que les
« rêveries d'un visionnaire sur l'éducation. Qu'y
« faire? Ce n'est pas sur les idées d'autrui que j'é-
« cris, c'est sur les miennes. Je ne vois point
« comme les autres hommes; il y a long-temps
« qu'on me l'a reproché. Mais dépend-il de moi de
« me donner d'autres yeux, et de m'affecter d'au-
« tres idées? Non, il dépend de moi de ne point
« abonder dans mon sens, de ne point croire être
« seul plus sage que tout le monde; il dépend de
« moi, non de changer de sentiment, mais de me
« défier du mien : voilà tout ce que je puis faire,
« et ce que je fais. Que si je prends quelquefois le
« ton affirmatif, ce n'est point pour en imposer au
« lecteur; c'est pour lui parler comme je pense :
« pourquoi proposerois-je par forme de doute ce
« dont, quant à moi, je ne doute point? Je dis
« exactement ce qui se passe dans mon esprit.

« En exposant avec liberté mon sentiment,
« j'entends si peu qu'il fasse autorité, que j'y joins
« toujours mes raisons, afin qu'on les pèse et qu'on
« me juge. Mais quoique je ne veuille point m'obs-
« tiner à défendre mes idées, je ne me crois pas
« moins obligé de les proposer; car les maximes

« sur lesquelles je suis d'un avis contraire à celui
« des autres ne sont point indifférentes : ce sont
« de celles dont la vérité ou la fausseté importe à
« connoître, et qui font le bonheur ou le malheur
« du genre humain. »

Un auteur qui ne sait lui-même s'il n'est point dans l'erreur, qui craint que tout ce qu'il dit ne soit un tissu de rêveries, qui, ne pouvant changer de sentiments, se défie du sien, qui ne prend point le ton affirmatif pour le donner, mais pour parler comme il pense, qui, ne voulant point faire autorité, dit toujours ses raisons afin qu'on le juge, et qui même ne veut point s'obstiner à défendre ses idées; un auteur qui parle ainsi à la tête de son livre, y veut-il prononcer des oracles? veut-il donner des décisions? et, par cette déclaration préliminaire, ne met-il pas au nombre des doutes ses plus fortes assertions?

Et qu'on ne dise point que je manque à mes engagements en m'obstinant à défendre ici mes idées, ce seroit le comble de l'injustice. Ce ne sont point mes idées que je défends, c'est ma personne. Si l'on n'eût attaqué que mes livres, j'aurois constamment gardé le silence; c'étoit un point résolu. Depuis ma déclaration, faite en 1753, m'a-t-on vu répondre à quelqu'un, ou me taisois-je faute d'agresseurs? Mais quand on me poursuit, quand on me décrète, quand on me déshonore pour avoir dit ce que je n'ai pas dit, il faut bien, pour me défendre, montrer que je ne l'ai pas dit. Ce sont mes ennemis qui, malgré moi, me remettent la plume à la main. Eh! qu'ils me laissent en repos, et j'y laisserai le public, j'en donne de bon cœur ma parole.

Ceci sert déjà de réponse à l'objection rétorsive que j'ai prévenue, de vouloir faire moi-même le réformateur en bravant les opinions de tout mon siècle; car rien n'a moins l'air de bravade qu'un pareil langage, et ce n'est pas assurément prendre un ton de prophète que de parler avec tant de circonspection. J'ai regardé comme un devoir de dire mon sentiment en choses importantes et utiles; mais ai-je dit un mot, ai-je fait un pas pour le faire adopter à d'autres? quelqu'un a-t-il vu dans ma conduite l'air d'un homme qui cherchoit à se faire des sectateurs?

En transcrivant l'écrit particulier qui fait tant d'imprévus zélateurs de la foi, j'avertis encore le lecteur qu'il doit se défier de mes jugements; que c'est à lui de voir s'il peut tirer de cet écrit quelques réflexions utiles; que je ne lui propose ni le sentiment d'autrui ni le mien pour règle, que je le lui présente à examiner.

Et lorsque je reprends la parole, voici ce que j'ajoute encore à la fin.

« J'ai transcrit cet écrit, non comme une règle
« des sentiments qu'on doit suivre en matière de
« religion, mais comme un exemple de la manière

« dont on peut raisonner avec son élève pour ne
« point s'écarter de la méthode que j'ai tâché d'é-
« tablir. Tant qu'on ne donne rien à l'autorité des
« hommes ni aux préjugés des pays où l'on est né,
« les seules lumières de la raison ne peuvent, dans
« l'institution de la nature, nous mener plus loin
« que la religion naturelle, et c'est à quoi je me
« borne avec mon Émile. S'il en doit avoir une
« autre, je n'ai plus en cela le droit d'être son
« guide ; c'est à lui seul de la choisir. »

Quel est après cela l'homme assez impudent pour m'oser taxer d'avoir nié les miracles, qui ne sont pas même niés dans cet écrit ? je n'en ai pas parlé ailleurs [1].

Quoi ! parce que l'auteur d'un écrit publié par un autre y introduit un raisonneur qu'il désapprouve [2], et qui, dans une dispute, rejette les miracles ? il s'ensuit de là que non seulement l'auteur de cet écrit, mais l'éditeur rejette aussi les miracles ? Quel tissu de témérités ! Qu'on se permette de telles présomptions dans la chaleur d'une querelle littéraire, cela est très-blâmable et trop commun : mais les prendre pour des preuves dans les tribunaux, voilà une jurisprudence à faire trem-

---

[1] J'en ai parlé depuis dans ma Lettre à M. de Beaumont ; mais, outre qu'on n'a rien dit sur cette Lettre, ce n'est pas sur ce qu'elle contient qu'on peut fonder les procédures faites avant qu'elle ait paru.

[2] Émile.

bler l'homme le plus juste et le plus ferme qui a le malheur de vivre sous de pareils magistrats.

L'auteur de la profession de foi fait des objections tant sur l'utilité que sur la réalité des miracles, mais ces objections ne sont point des négations. Voici là-dessus ce qu'il dit de plus fort : « C'est l'ordre inaltérable de la nature qui montre « le mieux l'Être suprême. S'il arrivoit beaucoup « d'exceptions, je ne saurois plus qu'en penser ; et « pour moi je crois trop en Dieu pour croire à tant « de miracles si peu dignes de lui. »

Or, je vous prie, qu'est-ce que cela dit? Qu'une trop grande multitude de miracles les rendroit suspects à l'auteur ; qu'il n'admet point indistinctement toute sorte de miracles, et que sa foi en Dieu lui fait rejeter tous ceux qui ne sont pas dignes de Dieu. Quoi donc! celui qui n'admet pas tous les miracles rejette-t-il tous les miracles? et faut-il croire à tous ceux de la légende pour croire l'ascension du Christ?

Pour comble, loin que les doutes contenus dans cette seconde partie de la profession de foi puissent être pris pour des négations, les négations, au contraire, qu'elle peut contenir ne doivent être prises que pour des doutes. C'est la déclaration de l'auteur en la commençant, sur les sentiments qu'il va combattre. « Ne donnez, dit-il, à mes dis- « cours que l'autorité de la raison. J'ignore si je « suis dans l'erreur. Il est difficile, quand on dis-

« cute, de ne pas prendre quelquefois le ton affir-
« matif; mais souvenez-vous qu'ici toutes mes
« affirmations ne sont que des raisons de douter¹. »
Peut-on parler plus positivement?

Quant à moi, je vois des faits attestés dans les
saintes Écritures : cela suffit pour arrêter sur ce
point mon jugement. S'ils étoient ailleurs, je re-
jetterois ces faits, ou je leur ôterois le nom de miracles; mais parce qu'ils sont dans l'Écriture, je
ne les rejette point. Je ne les admets pas non plus,
parce que ma raison s'y refuse, et que ma décision
sur cet article n'intéresse point mon salut. Nul
chrétien judicieux ne peut croire que tout soit
inspiré dans la Bible, jusqu'aux mots et aux erreurs. Ce qu'on doit croire inspiré est tout ce qui
tient à nos devoirs; car pourquoi Dieu auroit-il
inspiré le reste? Or la doctrine des miracles n'y
tient nullement; c'est ce que je viens de prouver.
Ainsi le sentiment qu'on peut avoir en cela n'a nul
trait au respect qu'on doit aux livres sacrés.

D'ailleurs, il est impossible aux hommes de s'assurer que quelque fait que ce puisse être est un
miracle²; c'est encore ce que j'ai prouvé. Donc,

---

¹ * Émile, tome II.

² Si ces messieurs disent que cela est décidé dans l'Écriture, et
que je dois reconnoître pour miracle ce qu'elle me donne pour tel,
je réponds que c'est ce qui est en question, et j'ajoute que ce raisonnement de leur part est un cercle vicieux; car, puisqu'ils veulent
que le miracle serve de preuve à la rélévation, ils ne doivent pas
employer l'autorité de la révélation pour constater le miracle.

en admettant tous les faits contenus dans la Bible, on peut rejeter les miracles sans impiété, et même sans inconséquence. Je n'ai pas été jusque-là.

Voilà comment vos messieurs tirent, des miracles qui ne sont pas certains, qui ne sont pas nécessaires, qui ne prouvent rien, et que je n'ai pas rejetés, la preuve évidente que je renverse les fondements du christianisme, et que je ne suis pas chrétien.

L'ennui vous empêcheroit de me suivre si j'entrois dans le même détail sur les autres accusations qu'ils entassent pour tâcher de couvrir par le nombre l'injustice de chacune en particulier. Ils m'accusent, par exemple, de rejeter la prière. Voyez le livre, et vous trouverez une prière dans l'endroit même dont il s'agit. L'homme pieux qui parle[1] ne croit pas, il est vrai, qu'il soit absolument nécessaire de demander à Dieu telle ou telle chose en particulier[2]; il ne désapprouve point

---

[1] Un ministre de Genève, difficile assurément en christianisme, dans les jugements qu'il porte du mien, affirme que j'ai dit, moi J. J. Rousseau, que je ne priois pas Dieu : il l'assure en tout autant de termes, cinq ou six fois de suite, et toujours en me nommant. Je veux porter respect à l'Église; mais oserois-je lui demander où j'ai dit cela? Il est permis à tout barbouilleur de papier de déraisonner et bavarder tant qu'il veut; mais il n'est pas permis à un bon chrétien d'être un calomniateur public.

[2] « Quand vous prierez, dit Jésus, priez ainsi. » Quand on prie avec des paroles, c'est bien fait de préférer celles-là; mais je ne vois point ici l'ordre de prier avec des paroles. Une autre prière est préférable, c'est d'être disposé à tout ce que Dieu veut. « Me

qu'on le fasse. Quant à moi, dit-il, je ne le fais pas, persuadé que Dieu est un bon père, qui sait mieux que ses enfants ce qui leur convient. Mais ne peut-on lui rendre aucun autre culte aussi digne de lui? Les hommages d'un cœur plein de zèle, les adorations, les louanges, la contemplation de sa grandeur, l'aveu de notre néant, la résignation à sa volonté, la soumission à ses lois, une vie pure et sainte; tout cela ne vaut-il pas bien des vœux intéressés et mercenaires? Près d'un Dieu juste, la meilleure manière de demander est de mériter d'obtenir. Les anges qui le louent autour de son trône le prient-ils? Qu'auroient-ils à lui demander? Ce mot de *prière* est souvent employé dans l'Écriture pour *hommage, adoration*; et qui fait le plus est quitte du moins. Pour moi, je ne rejette aucune des manières d'honorer Dieu; j'ai toujours approuvé qu'on se joignît à l'Église qui le prie : je le fais; le prêtre savoyard le faisoit lui-même. L'écrit si violemment attaqué est plein de

« voici, Seigneur, pour faire ta volonté. » De toutes les formules, l'Oraison dominicale est, sans contredit, la plus parfaite; mais ce qui est plus parfait encore est l'entière résignation aux volontés de Dieu. « Non point ce que je veux, mais ce que tu veux. » Que dis-je! c'est l'Oraison dominicale elle-même. Elle est tout entière dans ces paroles : « Que ta volonté soit faite. » Tout autre prière est superflue, et ne fait que contrarier celle-là. Que celui qui pense ainsi se trompe, cela peut être. Mais celui qui publiquement l'accuse à cause de cela de détruire la morale chrétienne, et de n'être pas chrétien, est-il un fort bon chrétien lui-même?

tout cela. N'importe : je rejette, dit-on, la prière ; je suis un impie à brûler. Me voilà jugé.

Ils disent encore que j'accuse la morale chrétienne de rendre tous nos devoirs impraticables en les outrant. La morale chrétienne est celle de l'Évangile ; je n'en reconnois point d'autre, et c'est en ce sens aussi que l'entend mon accusateur, puisque c'est des imputations où celle-là se trouve comprise, qu'il conclut quelques lignes après, que c'est par dérision que j'appelle l'Évangile divin [1].

Or voyez si l'on peut avancer une fausseté plus noire, et montrer une mauvaise foi plus marquée, puisque, dans le passage de mon livre où ceci se rapporte, il n'est pas même possible que j'aie voulu parler de l'Évangile.

Voici, monsieur, ce passage ; il est dans le troisième tome d'*Émile*, page 44. « En n'asservissant
« les honnêtes femmes qu'à de tristes devoirs, on
« a banni du mariage tout ce qui pouvoit le rendre
« agréable aux hommes. Faut-il s'étonner si la ta-
« citurnité qu'ils voient régner chez eux les en
« chasse, ou s'ils sont peu tentés d'embrasser un
« état si déplaisant ? A force d'outrer tous les de-
« voirs, le christianisme les rend impraticables et
« vains : à force d'interdire aux femmes le chant,
« la danse, et tous les amusements du monde, il
« les rend maussades, grondeuses, insupportables
« dans leurs maisons. »

[1] *Lettres écrites de la campagne.*

Mais où est-ce que l'Évangile interdit aux femmes le chant et la danse? où est-ce qu'il les asservit à de tristes devoirs? Tout au contraire, il y est parlé des devoirs des maris, mais il n'y est pas dit un mot de ceux des femmes. Donc on a tort de me faire dire de l'Évangile ce que je n'ai dit que des jansénistes, des méthodistes, et d'autres dévots d'aujourd'hui, qui font du christianisme une religion aussi terrible et déplaisante[1], qu'elle est agréable et douce sous la véritable loi de Jésus-Christ.

Je ne voudrois pas prendre le ton du père Berruyer, que je n'aime guère, et que je trouve même de très-mauvais goût; mais je ne puis m'empêcher de dire qu'une des choses qui me charment dans le caractère de Jésus n'est pas seulement la douceur des mœurs, la simplicité, mais la facilité, la grâce, et même l'élégance. Il ne fuyoit ni les plaisirs ni les fêtes, il alloit aux noces, il voyoit les femmes, il jouoit avec les enfants, il aimoit les

---

[1] Les premiers réformés donnèrent d'abord dans cet excès avec une dureté qui fit bien des hypocrites; et les premiers jansénistes ne manquèrent pas de les imiter en cela. Un prédicateur de Genève, appelé Henri de la Marre, soutenoit en chaire que c'étoit pécher que d'aller à la noce plus joyeusement que Jésus-Christ n'étoit allé à la mort. Un curé janséniste soutenoit de même que les festins des noces étoient une invention du diable. Quelqu'un lui objecta là-dessus que Jésus-Christ y avoit pourtant assisté, et qu'il avoit même daigné y faire son premier miracle pour prolonger la gaieté du festin. Le curé, un peu embarrassé, répondit en grondant : « Ce « n'est pas ce qu'il fit de mieux. »

parfums, il mangeoit chez les financiers. Ses disciples ne jeûnoient point; son austérité n'étoit point fâcheuse. Il étoit à la fois indulgent et juste, doux aux foibles et terrible aux méchants. Sa morale avoit quelque chose d'attrayant, de caressant, de tendre; il avoit le cœur sensible, il étoit homme de bonne société. Quand il n'eût pas été le plus sage des mortels, il en eût été le plus aimable.

Certains passages de saint Paul, outrés ou mal entendus, ont fait bien des fanatiques, et ces fanatiques ont souvent défiguré et déshonoré le christianisme. Si l'on s'en fût tenu à l'esprit du maître, cela ne seroit pas arrivé. Qu'on m'accuse de n'être pas toujours de l'avis de saint Paul; on peut me réduire à prouver que j'ai quelquefois raison de n'en pas être; mais il ne s'ensuivra jamais de là que ce soit par dérision que je trouve l'Évangile divin. Voilà pourtant comment raisonnent mes persécuteurs.

Pardon, monsieur; je vous excède avec ces longs détails, je le sens, et je les termine : je n'en ai déjà que trop dit pour ma défense, et je m'ennuie moi-même de répondre toujours par des raisons à des accusations sans raison.

LETTRE IV.

L'auteur se suppose coupable ; il compare la procédure à la loi.

Je vous ai fait voir, monsieur, que les imputations tirées de mes livres en preuves que j'attaquois la religion établie par les lois étoient fausses : c'est cependant sur ces imputations que j'ai été jugé coupable, et traité comme tel. Supposons maintenant que je le fusse en effet, et voyons en cet état la punition qui m'étoit due.

Ainsi que la vertu le vice a ses degrés.

Pour être coupable d'un crime, on ne l'est pas de tous. La justice consiste à mesurer exactement la peine à la faute ; et l'extrême justice elle-même est une injure, lorsqu'elle n'a nul égard aux considérations raisonnables qui doivent tempérer la rigueur de la loi.

Le délit supposé réel, il nous reste à chercher quelle est sa nature, et quelle procédure est prescrite en pareil cas par vos lois.

Si j'ai violé mon serment de bourgeois, comme on m'en accuse, j'ai commis un crime d'état, et la connoissance de ce crime appartient directement au Conseil ; cela est incontestable.

Mais si tout mon crime consiste en erreur sur la

doctrine, cette erreur fût-elle même une impiété, c'est autre chose. Selon vos édits, il appartient à un autre tribunal d'en connoître en premier ressort.

Et quand même mon crime seroit un crime d'état, si, pour le déclarer tel, il faut préalablement une décision sur la doctrine, ce n'est pas au Conseil de la donner. C'est bien à lui de punir le crime, mais non pas de le constater. Cela est formel par vos édits, comme nous verrons ci-après.

Il s'agit d'abord de savoir si j'ai violé mon serment de bourgeois, c'est-à-dire le serment qu'ont prêté mes ancêtres quand ils ont été admis à la bourgeoisie; car pour moi, n'ayant pas habité la ville, et n'ayant fait aucune fonction de citoyen, je n'en ai point prêté le serment. Mais passons.

Dans la formule de ce serment, il n'y a que deux articles qui puissent regarder mon délit. On promet, par le premier, « de vivre selon la réforma-
« tion du saint Évangile; » et par le dernier, « de
« ne faire, ne souffrir aucunes pratiques, machi-
« nations ou entreprises contre la réformation du
« saint Évangile. »

Or, loin d'enfreindre le premier article, je m'y suis conformé avec une fidélité et même une hardiesse qui ont peu d'exemples, professant hautement ma religion chez les catholiques, quoique j'eusse autrefois vécu dans la leur; et l'on ne peut alléguer cet écart de mon enfance comme une infraction au serment, surtout depuis ma réunion authentique à votre Église en 1754, et mon rétablissement dans mes droits de bourgeoisie, notoire à tout Genève, et dont j'ai d'ailleurs des preuves positives.

On ne sauroit dire, non plus, que j'ai enfreint ce premier article par les livres condamnés, puisque je n'ai point cessé de m'y déclarer protestant. D'ailleurs, autre chose est la conduite, autre chose sont les écrits. Vivre selon la réformation, c'est professer la réformation, quoiqu'on se puisse écarter par erreur de sa doctrine dans de blâmables écrits, ou commettre d'autres péchés qui offensent Dieu, mais qui, par le seul fait, ne retranchent pas le délinquant de l'Église. Cette distinction, quand on pourroit la disputer en général, est ici dans le serment même, puisqu'on y sépare en deux articles ce qui n'en pourroit faire qu'un, si la profession de la religion étoit incompatible avec toute entreprise contre la religion. On y jure, par le premier, de vivre selon la réformation ; et l'on y jure, par le dernier, de ne rien entreprendre contre la réformation. Ces deux articles sont très-distincts, et même séparés par beaucoup d'autres. Dans le sens du législateur, ces deux choses sont donc séparables : donc quand j'aurois violé ce dernier article, il ne s'ensuit pas que j'aie violé le premier.

Mais ai-je violé ce dernier article ?

Voici comment l'auteur des *Lettres écrites de la campagne* établit l'affirmative, page 30 :

« Le serment des bourgeois leur impose l'obli-
« gation de ne faire, ne souffrir être faites au-
« cunes pratiques, machinations ou entreprises
« contre la sainte réformation évangélique. Il
« semble que c'est *un peu*[1] pratiquer et machiner
« contre elle, que de chercher à prouver, dans
« deux livres si séduisants, que le pur Évangile est
« absurde en lui-même et pernicieux à la société.
« Le Conseil étoit donc obligé de jeter un regard
« sur celui que tant de présomptions si véhémentes
« accusoient de cette entreprise. »

Voyez d'abord que ces messieurs sont agréables ! Il leur semble entrevoir de loin *un peu* de pratique et de machination : sur ce petit semblant éloigné d'une petite manœuvre, ils jettent un regard sur celui qu'ils en présument l'auteur ; et ce regard est un décret de prise de corps.

Il est vrai que le même auteur s'égaie à prouver ensuite que c'est par pure bonté pour moi qu'ils m'ont décrété. « Le Conseil, dit-il, pouvoit ajour-
« ner personnellement M. Rousseau, il pouvoit
« l'assigner pour être ouï, il pouvoit le décréter...
« De ces trois partis, le dernier étoit incompara-

---

[1] Cet *un peu*, si plaisant et si différent du ton grave et décent du reste des Lettres ayant été retranché dans la seconde édition, je m'abstiens d'aller en quête de la griffe à qui ce petit bout, non d'oreille, mais d'ongle, appartient.

« blement le plus doux.... ce n'étoit au fond qu'un
« avertissement de ne pas revenir, s'il ne vouloit
« pas s'exposer à une procédure, ou, s'il vou-
« loit s'y exposer, de bien préparer ses défenses
« (page 31). »

Ainsi plaisantoit, dit Brantôme, l'exécuteur de l'infortuné don Carlos, infant d'Espagne. Comme le prince crioit et vouloit se débattre : « Paix, mon-
« seigneur, lui disoit-il en l'étranglant, tout ce
« qu'on en fait n'est que pour votre bien. »

Mais quelles sont donc ces pratiques et machinations dont on m'accuse? *Pratiquer*, si j'entends ma langue, c'est se ménager des intelligences secrètes; *machiner*, c'est faire de sourdes menées, c'est faire ce que certaines gens font contre le christianisme et contre moi. Mais je ne conçois rien de moins secret, rien de moins caché dans le monde que de publier un livre et d'y mettre son nom. Quand j'ai dit mon sentiment sur quelque matière que ce fût, je l'ai dit hautement, à la face du public; je me suis nommé, et puis je suis demeuré tranquille dans ma retraite : on me persuadera difficilement que cela ressemble à des pratiques et machinations.

Pour bien entendre l'esprit du serment et le sens des termes, il faut se transporter au temps où la formule en fut dressée, et où il s'agissoit essentiellement pour l'état de ne pas retomber sous le double joug qu'on venoit de secouer. Tous les jours on découvroit quelque nouvelle trame en faveur de la maison de Savoie, ou des évêques, sous prétexte de religion. Voilà sur quoi tombent clairement les mots de *pratiques* et de *machinations*, qui, depuis que la langue françoise existe, n'ont sûrement jamais été employés pour les sentiments généraux qu'un homme public dans un livre où il se nomme, sans projet, sans objet, sans vue particulière, et sans trait à aucun gouvernement. Cette accusation paroît si peu sérieuse à l'auteur même qui l'ose faire, qu'il me reconnoît *fidèle aux devoirs du citoyen* (page 8). Or, comment pourrois-je l'être, si j'avois enfreint mon serment de bourgeois?

Il n'est donc pas vrai que j'aie enfreint ce serment. J'ajoute que, quand cela seroit vrai, rien ne seroit plus inouï dans Genève en choses de cette espèce, que la procédure faite contre moi. Il n'y a peut-être pas de bourgeois qui n'enfreigne ce serment en quelque article [1], sans qu'on s'avise pour cela de lui chercher querelle, et bien moins de le décréter.

On ne peut pas dire, non plus, que j'attaque la morale dans un livre où j'établis de tout mon pouvoir la préférence du bien général sur le bien particulier, et où je rapporte nos devoirs envers les hommes à nos devoirs envers Dieu, seul principe

---

[1] Par exemple, de ne point sortir de la ville pour aller habiter ailleurs sans permission. Qui est-ce qui demande cette permission?

sur lequel la morale puisse être fondée, pour être réelle et passer l'apparence. On ne peut pas dire que ce livre tende en aucune sorte à troubler le culte établi ni l'ordre public, puisqu'au contraire j'y insiste sur le respect qu'on doit aux formes établies, sur l'obéissance aux lois en toute chose, même en matière de religion, et puisque c'est de cette obéissance prescrite qu'un prêtre de Genève m'a le plus aigrement repris.

Ce délit si terrible, et dont on fait tant de bruit, se réduit donc, en l'admettant pour réel, à quelque erreur sur la foi, qui, si elle n'est avantageuse à la société, lui est du moins très-indifférente, le plus grand mal qui en résulte étant la tolérance pour les sentiments d'autrui, par conséquent la paix dans l'état et dans le monde sur les matières de religion.

Mais je vous demande, à vous, monsieur, qui connoissez votre gouvernement et vos lois, à qui il appartient de juger, et surtout en première instance, des erreurs sur la foi que peut commettre un particulier : est-ce au Conseil? est-ce au consistoire? Voilà le nœud de la question.

Il falloit d'abord réduire le délit à son espèce. A présent qu'elle est connue, il faut comparer la procédure à la loi.

Vos édits ne fixent pas la peine due à celui qui erre en matière de foi, et qui publie son erreur. Mais, par l'article 88 de l'ordonnance ecclésiastique, au chapitre du consistoire, ils règlent l'ordre de la procédure contre celui qui dogmatise. Cet article est couché en ces termes :

« S'il y a quelqu'un qui dogmatise contre la « doctrine reçue, qu'il soit appelé pour conférer « avec lui : s'il se range, qu'on le supporte sans « scandale ni diffame; s'il est opiniâtre, qu'on l'ad- « moneste par quelques fois pour essayer à le ré- « duire. Si on voit enfin qu'il soit besoin de plus « grande sévérité, qu'on lui interdise la sainte « cène, et qu'on en avertisse le magistrat, afin d'y « pourvoir. »

On voit par-là, 1° que la première inquisition de cette espèce de délit appartient au consistoire;

2° Que le législateur n'entend point qu'un tel délit soit irrémissible, si celui qui l'a commis se repent et se range ;

3° Qu'il prescrit les voies qu'on doit suivre pour ramener le coupable à son devoir;

4° Que ces voies sont pleines de douceur, d'é- gards, de commisération, telles qu'il convient à des chrétiens d'en user, à l'exemple de leur maître, dans les fautes qui ne troublent point la société civile, et n'intéressent que la religion;

5° Qu'enfin la dernière et plus grande peine qu'il prescrit est tirée de la nature du délit, comme cela devroit toujours être, en privant le coupable de la sainte cène et de la communion de l'Église, qu'il a offensée, et qu'il veut continuer d'offenser.

Après tout cela, le consistoire le dénonce au magistrat, qui doit alors y pourvoir, parce que la loi ne souffrant dans l'état qu'une seule religion, celui qui s'obstine à vouloir en professer et enseigner une autre doit être retranché de l'état.

On voit l'application de toutes les parties de cette loi dans la forme de procédure suivie en 1563 contre Jean Morelli.

Jean Morelli, habitant de Genève, avait fait et publié un livre dans lequel il attaquoit la discipline ecclésiastique, et qui fut censuré au synode d'Orléans. L'auteur se plaignant beaucoup de cette censure, et ayant été, pour ce même livre, appelé au consistoire de Genève, n'y voulut point comparoître, et s'enfuit : puis étant revenu, avec la permission du magistrat, pour se réconcilier avec les ministres, il ne tint compte de leur parler ni de se rendre au consistoire, jusqu'à ce qu'y étant cité de nouveau, il comparut enfin; et après de longues disputes, ayant refusé toute espèce de satisfaction, il fut déféré et cité au Conseil, où, au lieu de comparoître, il fit présenter par sa femme une excuse par écrit et s'enfuit derechef de la ville.

Il fut donc enfin procédé contre lui, c'est-à-dire contre son livre; et comme la sentence rendue en cette occasion est importante, même quant aux termes, et peu connue, je vais vous la transcrire ici tout entière; elle peut avoir son utilité.

« ¹ Nous syndiques, juges des causes criminelles
« de cette cité, ayant entendu le rapport du véné-
« rable consistoire de cette Église des procédures
« tenues envers Jean Morelli, habitant de cette
« cité : d'autant que maintenant, pour la seconde
« fois, il a abandonné cette cité, et, au lieu de
« comparoître devant nous et nostre Conseil,
« quand il y étoit renvoyé, s'est montré désobéis-
« sant : à ces causes et autres justes à ce nous
« mouvantes, séants pour tribunal au lieu de nos
« ancêtres, selon nos anciennes coutumes, après
« bonne participation de conseil avec nos citoyens,
« ayant Dieu et ses saintes Écritures devant nos
« yeux, et invoqué son saint nom pour faire droit
« jugement, disant : Au nom du Père, du Fils, et
« du Saint-Esprit ; *Amen.* Par cette nostre défi-
« nitive sentence, laquelle donnons ici par écrit,
« avons avisé par meure délibération de procéder
« plus outre, comme en cas de contumace dudit
« Morelli : surtout afin d'avertir tous ceux qu'il
« appartiendra de se donner garde du livre, afin
« de n'y être point abusés. Estant donc duement
« informés des resveries et erreurs lesquelles y
« sont contenues, et surtout que ledit livre tend
« à faire schismes et troubles dans l'Église d'une
« façon séditieuse, l'avons condamné et condam-
« nons comme un livre nuisible et pernicieux, et,

[1] Extrait des procédures faites et tenues contre Jean Morelli, imprimé à Genève, chez François Perrin, 1563, page 10.

« pour donner exemple, ordonné et ordonnons
« que l'un d'iceux soit présentement bruslé : dé-
« fendant à tous libraires d'en tenir ni exposer en
« vente, et à tous citoyens, bourgeois et habitants
« de cette ville, de quelque qualité qu'ils soient,
« d'en acheter ni avoir pour y lire : commandant
« à tous ceux qui en auroient de nous les apporter,
« et ceux qui sauroient où il y en a de le nous ré-
« véler dans vingt-quatre heures, sous peine d'être
« rigoureusement punis.

« Et à vous, nostre lieutenant, commandons
« que faciez mettre nostre présente sentence à due
« et entière exécution.

« Prononcée et exécutée le jeudi seizième jour
« de septembre mil cinq cent soixante-trois.

« Ainsi signé, P. Chenelat. »

Vous trouverez, monsieur, des observations de
plus d'un genre à faire en temps et lieu sur cette
pièce. Quant à présent ne perdons pas notre objet
de vue. Voilà comment il fut procédé au jugement
de Morelli, dont le livre ne fut brûlé qu'à la fin
du procès, sans qu'il fût parlé de bourreau ni de
flétrissure, et dont la personne ne fut jamais décrétée, quoiqu'il fût opiniâtre et contumax.

Au lieu de cela, chacun sait comment le Conseil
a procédé contre moi dans l'instant que l'ouvrage
a paru, et sans qu'il ait même été fait mention du
consistoire. Recevoir le livre par la poste, le lire,

l'examiner, le déférer, le brûler, me décréter, tout cela fut l'affaire de huit ou dix jours : on ne sauroit imaginer une procédure plus expéditive.

Je me suppose ici dans le cas de la loi, dans le seul cas où je puisse être punissable ; car autrement de quel droit puniroit-on des fautes qui n'attaquent personne, et sur lesquelles les lois n'ont rien prononcé ?

L'édit a-t-il donc été observé dans cette affaire ? Vous autres gens de bon sens, vous imagineriez, en l'examinant, qu'il a été violé comme à plaisir dans toutes ses parties. « Le sieur Rousseau, disent « les représentants, n'a point été appelé au con-« sistoire ; mais le magnifique Conseil a d'abord « procédé contre lui : il devoit être *supporté sans* « *scandale ;* mais ses écrits ont été traités par un « jugement public comme *téméraires, impies,* « *scandaleux :* il devoit être *supporté sans dif-*« *fame ;* mais il a été flétri de la manière la plus « diffamante, ses deux livres ayant été lacérés et « brûlés par la main du bourreau.

« L'édit n'a donc pas été observé, continuent-« ils, tant à l'égard de la juridiction qui appar-« tient au consistoire, que relativement au sieur « Rousseau, qui devoit être appelé, supporté sans « scandale ni diffame, admonesté par quelques « fois, et qui ne pouvoit être jugé qu'en cas d'opi-« niâtreté obstinée. »

Voilà sans doute qui vous paroît plus clair que

le jour, et à moi aussi. Hé bien ! non : vous allez voir comment ces gens, qui savent montrer le soleil à minuit, savent le cacher à midi.

L'adresse ordinaire aux sophistes est d'entasser force arguments pour en couvrir la foiblesse. Pour éviter les répétitions et gagner du temps, divisons ceux des *Lettres écrites de la campagne ;* bornons-nous aux plus essentiels ; laissons ceux que j'ai ci-devant réfutés ; et, pour ne point altérer les autres, rapportons-les dans les termes de l'auteur.

« C'est d'après nos lois, dit-il, que je dois exa-
« miner ce qui s'est fait à l'égard de M. Rousseau. »
Fort bien ; voyons.

« Le premier article du serment des bourgeois
« les oblige à vivre selon la réformation du saint
« Évangile. Or, je le demande, est-ce vivre selon
« l'Évangile que d'écrire contre l'Évangile ? »

Premier sophisme. Pour voir clairement si c'est là mon cas, remettez dans la mineure de cet argument le mot *réformation*, que l'auteur en ôte, et qui est nécessaire pour que son raisonnement soit concluant.

Second sophisme. Il ne s'agit pas, dans cet article du serment, d'écrire selon la réformation, mais de vivre selon la réformation. Ces deux choses, comme on l'a vu ci-devant, sont distinguées dans le serment même ; et l'on a vu encore s'il est vrai que j'aie écrit ni contre la réformation ni contre l'Évangile.

« Le premier devoir des syndics et Conseil est
« de maintenir la pure religion. »

Troisième sophisme. Leur devoir est bien de maintenir la pure religion, mais non pas de prononcer sur ce qui est ou n'est pas la pure religion.

Le souverain les a bien chargés de maintenir la pure religion, mais il ne les a pas faits pour cela juges de la doctrine. C'est un autre corps qu'il a chargé de ce soin, et c'est ce corps qu'ils doivent consulter sur toutes les matières de religion, comme ils ont toujours fait depuis que votre gouvernement existe. En cas de délit en ces matières, deux tribunaux sont établis, l'un pour le constater, et l'autre pour le punir; cela est évident par les termes de l'ordonnance : nous y reviendrons ci-après.

Suivent les imputations ci-devant examinées, et que, par cette raison, je ne répéterai pas : mais je ne puis m'abstenir de transcrire ici l'article qui les termine ; il est curieux.

« Il est vrai que M. Rousseau et ses partisans
« prétendent que ces doutes n'attaquent point
« réellement le christianisme, qu'à cela près il
« continue d'appeler divin. Mais si un livre ca-
« ractérisé comme l'Évangile l'est dans les ou-
« vrages de M. Rousseau peut encore être appelé
« divin, qu'on me dise quel est donc le nouveau
« sens attaché à ce terme. En vérité, si c'est une

« contradiction, elle est choquante; si c'est une
« plaisanterie, convenez qu'elle est bien déplacée
« dans un pareil sujet (page 14). »

J'entends. Le culte spirituel, la pureté du cœur, les œuvres de miséricorde, la confiance, l'humilité, la résignation, la tolérance, l'oubli des injures, le pardon des ennemis, l'amour du prochain, la fraternité universelle, et l'union du genre humain par la charité, sont autant d'inventions du diable. Seroit-ce là le sentiment de l'auteur et de ses amis? On le diroit à leurs raisonnements et surtout à leurs œuvres. En vérité, si c'est une contradiction, elle est choquante; si c'est une plaisanterie, convenez qu'elle est bien déplacée dans un pareil sujet.

Ajoutez que la plaisanterie sur un pareil sujet est si fort du goût de ces messieurs, que, selon leurs propres maximes, elle eût dû, si je l'avois faite, me faire trouver grâce devant eux (page 23).

Après l'exposition de mes crimes, écoutez les raisons pour lesquelles on a si cruellement renchéri sur la rigueur de la loi dans la poursuite du criminel.

« Ces deux livres paroissent sous le nom d'un
« citoyen de Genève. L'Europe en témoigne son
« scandale. Le premier parlement d'un royaume
« voisin poursuit Émile et son auteur. Que fera le
« gouvernement de Genève? »

Arrêtons un moment. Je crois apercevoir ici quelque mensonge.

Selon notre auteur, le scandale de l'Europe força le conseil de Genève de sévir contre le livre et l'auteur d'*Émile*, à l'exemple du parlement de Paris : mais, au contraire, ce furent les décrets de ces deux tribunaux qui causèrent le scandale de l'Europe. Il y avoit peu de jours que le livre étoit public à Paris, lorsque le parlement le condamna [1] ; il ne paroissoit encore en nul autre pays, pas même en Hollande où il étoit imprimé, et il n'y eut, entre le décret du parlement de Paris et celui du Conseil de Genève, que neuf jours d'intervalle [2] ; le temps à peu près qu'il falloit pour avoir avis de ce qui se passoit à Paris. Le vacarme affreux qui fut fait en Suisse sur cette affaire, mon expulsion de chez mon ami, les tentatives faites à Neufchâtel, et même à la cour, pour m'ôter mon dernier asile, tout cela vint de Genève et des environs, après le décret. On sait quels furent les instigateurs, on sait quels furent les émissaires, leur activité fut sans exemple ; il ne tint pas à eux qu'on ne m'ôtât le feu et l'eau dans l'Europe entière, qu'il ne me restât pas une terre pour lit, pas une pierre pour chevet. Ne transposons donc point ainsi les choses, et ne donnons point, pour

[1] C'étoit un arrangement pris avant que le livre parût.
[2] Le décret du parlement fut donné le 9 juin, et celui du Conseil le 19.

motif du décret de Genève, le scandale qui en fut l'effet.

« Le premier parlement d'un royaume voisin « poursuit *Émile* et son auteur. Que fera le gou- « vernement de Genève ? »

La réponse est simple. Il ne fera rien; il ne doit rien faire, ou plutôt il doit ne rien faire. Il renverseroit tout ordre judiciaire, il braveroit le parlement de Paris, il lui disputeroit la compétence en l'imitant. C'étoit précisément parce que j'étois décrété à Paris que je ne pouvois l'être à Genève. Le délit d'un criminel a certainement un lieu, et un lieu unique; il ne peut pas plus être coupable à la fois du même délit dans deux états qu'il ne peut être en deux lieux dans le même temps; et, s'il veut purger les deux décrets, comment voulez-vous qu'il se partage? En effet, avez-vous jamais ouï dire qu'on ait décrété le même homme en deux pays à la fois pour le même fait? C'en est ici le premier exemple, et probablement ce sera le dernier. J'aurai, dans mes malheurs, le triste honneur d'être à tous égards un exemple unique.

Les crimes les plus atroces, les assassinats même, ne sont pas et ne doivent pas être poursuivis par-devant d'autres tribunaux que ceux des lieux où ils ont été commis. Si un Génevois tuoit un homme, même un autre Génevois, en pays étranger, le Conseil de Genève ne pourroit s'attribuer la connoissance de ce crime : il pourroit livrer le coupable s'il étoit réclamé, il pourroit en solliciter le châtiment; mais, à moins qu'on ne lui remît volontairement le jugement avec les pièces de la procédure, il ne le jugeroit pas, parce qu'il ne lui appartient pas de connoître d'un délit commis chez un autre souverain, et qu'il ne peut pas même ordonner les informations nécessaires pour le constater. Voilà la règle, et voilà la réponse à la question, « Que fera le gouvernement de Genève? » Ce sont ici les plus simples notions du droit public, qu'il seroit honteux au dernier magistrat d'ignorer. Faudra-t-il toujours que j'enseigne à mes dépens les éléments de la jurisprudence à mes juges?

« Il devoit, suivant les auteurs des représenta-
« tions, se borner à défendre provisionnellement
« le débit dans la ville (page 12). » C'est en effet tout ce qu'il pouvoit légitimement faire pour contenter son animosité; c'est ce qu'il avoit déjà fait pour la *Nouvelle Héloïse* : mais voyant que le parlement de Paris ne disoit rien, et qu'on ne faisoit nulle part une semblable défense, il en eut honte, et la retira tout doucement [1]. « Mais une
« improbation si foible n'auroit-elle pas été taxée
« de secrète connivence? Mais il y a long-temps que, pour d'autres écrits beaucoup moins tolérables, on taxe le Conseil de Genève d'une conni-

---

[1] Il faut convenir que si l'*Émile* doit être défendu, l'*Héloïse* doit être tout au moins brûlée; les notes surtout en sont d'une hardiesse dont la Profession de foi du vicaire n'approche assurément pas.

vence assez peu secrète, sans qu'il se mette fort en peine de ce jugement. « Personne, dit-on, « n'auroit pu se scandaliser de la modération dont « on auroit usé. » Le cri public vous apprend combien on est scandalisé du contraire. « De bonne « foi, s'il s'étoit agi d'un homme aussi désagréable « au public que monsieur Rousseau lui étoit cher, « ce qu'on appelle modération n'auroit-il pas été « taxé d'indifférence, de tiédeur impardonnable? » Ce n'auroit pas été un si grand mal que cela, et l'on ne donne pas des noms si honnêtes à la dureté qu'on exerce envers moi pour mes écrits, ni au support que l'on prête à ceux d'un autre.

En continuant de me supposer coupable, supposons de plus que le Conseil de Genève avoit droit de me punir, que la procédure eût été conforme à la loi, et que cependant, sans vouloir même censurer mes livres, il m'eût reçu paisiblement arrivant de Paris; qu'auroient dit les honnêtes gens? le voici :

« Ils ont fermé les yeux, ils le devoient. Que « pouvoient-ils faire? User de rigueur en cette oc- « casion eût été barbarie, ingratitude, injustice « même, puisque la véritable justice compense le « mal par le bien. Le coupable a tendrement aimé « sa patrie; il en a bien mérité, il l'a honorée dans « l'Europe; et tandis que ses compatriotes avoient « honte du nom génevois, il en a fait gloire, il l'a « réhabilité chez l'étranger. Il a donné ci-devant

« des conseils utiles; il vouloit le bien public; il
« s'est trompé, mais il étoit pardonnable. Il a fait
« les plus grands éloges des magistrats, il cher-
« choit à leur rendre la confiance de la bourgeoi-
« sie; il a défendu la religion des ministres, il
« méritoit quelque retour de la part de tous. Et de
« quel front eussent-ils osé sévir, pour quelques
« erreurs, contre le défenseur de la Divinité,
« contre l'apologiste de la religion si généralement
« attaquée, tandis qu'ils toléroient, qu'ils permet-
« toient même les écrits les plus odieux, les plus in-
« décents, les plus insultants au christianisme, aux
« bonnes mœurs, les plus destructifs de toute vertu,
« de toute morale, ceux mêmes que Rousseau a
« cru devoir réfuter? On eût cherché les motifs
« secrets d'une partialité si choquante; on les eût
« trouvés dans le zèle de l'accusé pour la liberté,
« et dans les projets des juges pour la détruire.
« Rousseau eût passé pour le martyr des lois de sa
« patrie. Ses persécuteurs, en prenant en cette
« seule occasion le masque de l'hypocrisie, eussent
« été taxés de se jouer de la religion, d'en faire
« l'arme de leur vengeance et l'instrument de leur
« haine. Enfin, par cet empressement de punir un
« homme dont l'amour pour sa patrie est le plus
« grand crime, ils n'eussent fait que se rendre
« odieux aux gens de bien, suspects à la bourgeoi-
« sie et méprisables aux étrangers. » Voilà, monsieur, ce qu'on auroit pu dire; voilà tout le risque

qu'auroit couru le Conseil dans le cas supposé du délit, en s'abstenant d'en connoître.

« Quelqu'un a eu raison de dire qu'il falloit
« brûler l'Évangile ou les livres de M. Rousseau. »

La commode méthode que suivent toujours ces messieurs contre moi ! S'il leur faut des preuves, ils multiplient les assertions ; et s'il leur faut des témoignages, ils font parler des quidams.

La sentence de celui-ci n'a qu'un sens qui me soit pas extravagant, et ce sens est un blasphème. Car quel blasphème n'est-ce pas de supposer l'Évangile et le recueil de mes livres si semblables dans leurs maximes qu'ils se suppléent mutuellement, et qu'on en puisse indifféremment brûler l'un comme superflu, pourvu que l'on conserve l'autre ! Sans doute, j'ai suivi du plus près que j'ai pu la doctrine de l'Évangile ; je l'ai aimée, je l'ai adoptée, étendue, expliquée, sans m'arrêter aux obscurités, aux difficultés, aux mystères, sans me détourner de l'essentiel : je m'y suis attaché avec tout le zèle de mon cœur ; je me suis indigné, récrié de voir cette sainte doctrine ainsi profanée, avilie par nos prétendus chrétiens, et surtout par ceux qui font profession de nous en instruire. J'ose même croire, et je m'en vante, qu'aucun d'eux ne parla plus dignement que moi du vrai christianisme et de son auteur. J'ai là-dessus le témoignage, l'applaudissement même de mes adversaires, non de ceux de Genève, à la vérité, mais de ceux dont la haine n'est point une rage, et à qui la passion n'a point ôté tout sentiment d'équité. Voilà ce qui est vrai; voilà ce que prouvent et ma *Réponse au roi de Pologne*, et ma *Lettre à M. d'Alembert*, et l'*Héloïse*, et l'*Émile*, et tous mes écrits, qui respirent le même amour pour l'Évangile, la même vénération pour Jésus-Christ. Mais qu'il s'ensuive de là qu'en rien je puisse approcher de mon maître, et que mes livres puissent suppléer à ses leçons, c'est ce qui est faux, absurde, abominable; je déteste ce blasphème, et désavoue cette témérité. Rien ne peut se comparer à l'Évangile; mais sa sublime simplicité n'est pas également à la portée de tout le monde. Il faut quelquefois, pour l'y mettre, l'exposer sous bien des jours. Il faut conserver ce livre sacré comme la règle du maître, et les miens comme les commentaires de l'écolier.

J'ai traité jusqu'ici la question d'une manière un peu générale; rapprochons-la maintenant des faits, par le parallèle des procédures de 1563 et de 1762, et des raisons qu'on donne de leurs différences. Comme c'est ici le point décisif par rapport à moi, je ne puis, sans négliger ma cause, vous épargner ces détails, peut-être ingrats en eux-mêmes, mais intétessants, à bien des égards, pour vous et pour vos concitoyens. C'est une autre discussion, qui ne peut être interrompue, et qui tiendra seule une longue lettre. Mais, monsieur, encore un peu de courage; ce sera la dernière de cette espèce dans laquelle je vous entretiendrai de moi.

LETTRE V.

Continuation du même sujet. Jurisprudence tirée des procédures faites en cas semblables. But de l'auteur en publiant la Profession de foi.

Après avoir établi, comme vous avez vu, la nécessité de sévir contre moi, l'auteur des Lettres prouve, comme vous allez voir, que la procédure faite contre Jean Morelli, quoique exactement conforme à l'ordonnance, et dans un cas semblable au mien, n'étoit point un exemple à suivre à mon égard; attendu, premièrement, que le Conseil, étant au-dessus de l'ordonnance, n'est point obligé de s'y conformer; que d'ailleurs mon crime, étant plus grave que le délit de Morelli, devoit être traité plus sévèrement. A ces preuves l'auteur ajoute qu'il n'est pas vrai qu'on m'ait jugé sans m'entendre, puisqu'il suffisoit d'entendre le livre même, et que la flétrissure du livre ne tombe en aucune façon sur l'auteur; qu'enfin les ouvrages qu'on reproche au Conseil d'avoir tolérés sont innocents et tolérables en comparaison des miens.

Quant au premier article, vous aurez peut-être peine à croire qu'on ait osé mettre sans façon le petit Conseil au-dessus des lois. Je ne connois rien de plus sûr pour vous en convaincre que de vous transcrire le passage où ce principe est établi, et, de peur de changer le sens de ce passage en le tronquant, je le transcrirai tout entier.

(Page 4.) « L'ordonnance a-t-elle voulu lier les « mains à la puissance civile, et l'obliger à ne ré-« primer aucun délit contre la religion qu'après que « le consistoire en auroit connu? Si cela étoit, il « en résulteroit qu'on pourroit impunément écrire « contre la religion, que le gouvernement seroit « dans l'impuissance de réprimer cette licence, et « de flétrir aucun livre de cette espèce; car si l'or-« donnance veut que le délinquant paroisse d'a-« bord au consistoire, l'ordonnance ne prescrit « pas moins que, *s'il se range, on le supporte sans* « *diffame*. Ainsi, quel qu'ait été son délit contre « la religion, l'accusé, en faisant semblant de se « ranger, pourra toujours échapper; et celui qui « auroit diffamé la religion par toute la terre, au « moyen d'un repentir simulé, devroit être sup-« porté *sans diffame*. Ceux qui connoissent l'es-« prit de sévérité, pour ne rien dire de plus, qui « régnoit lorsque l'ordonnance fut compilée, pour-« ront-ils croire que ce soit là le sens de l'article 88 « de l'ordonnance?

« Si le consistoire n'agit pas, son inaction en-« chaînera-t-elle le Conseil? ou du moins sera-« t-il réduit à la fonction de délateur auprès du

« consistoire ? Ce n'est pas là ce qu'a entendu l'or-
« donnance, lorsque après avoir traité de l'établis-
« sement, du devoir, et du pouvoir du consistoire,
« elle conclut que la puissance civile reste en son
« entier, en sorte qu'il ne soit en rien dérogé à
« son autorité, ni au cours de la justice ordinaire,
« par aucunes remontrances ecclésiastiques. Cette
« ordonnance ne suppose donc point, comme on
« le fait dans les représentations, que dans cette
« matière les ministres de l'Évangile soient des juges
« plus naturels que les Conseils. Tout ce qui est
« du ressort de l'autorité en matière de religion est
« du ressort du gouvernement. C'est le principe des
« protestants ; et c'est singulièrement le principe
« de notre constitution, qui, en cas de dispute,
« attribue aux Conseils le droit de décider sur le
« dogme. »

Vous voyez, monsieur, dans ces dernières lignes le principe sur lequel est fondé ce qui les précède. Ainsi, pour procéder dans cet examen avec ordre, il convient de commencer par la fin.

« Tout ce qui est du ressort de l'autorité en
« matière de religion est du ressort du gouverne-
« ment. »

Il y a ici dans le mot *gouvernement* une équivoque qu'il importe beaucoup d'éclaircir ; et je vous conseille, si vous aimez la constitution de votre patrie, d'être attentif à la distinction que je vais faire : vous en sentirez bientôt l'utilité.

Le mot de *gouvernement* n'a pas le même sens dans tous les pays, parce que la constitution des états n'est pas partout la même.

Dans les monarchies, où la puissance exécutive est jointe à l'exercice de la souveraineté, le gouvernement n'est autre chose que le souverain lui-même, agissant par ses ministres, par son conseil, ou par des corps qui dépendent absolument de sa volonté. Dans les républiques, surtout dans les démocraties, où le souverain n'agit jamais immédiatement par lui-même, c'est autre chose. Le gouvernement n'est alors que la puissance exécutive ; et il est absolument distinct de la souveraineté.

Cette distinction est très-importante en ces matières. Pour l'avoir bien présente à l'esprit, on doit lire avec quelque soin dans le *Contrat social* les deux premiers chapitres du livre troisième, où j'ai tâché de fixer, par un sens précis, des expressions qu'on laissoit avec art incertaines, pour leur donner au besoin telle acception qu'on vouloit. En général, les chefs des républiques aiment extrêmement à employer le langage des monarchies. A la faveur de termes qui semblent consacrés, ils savent amener peu à peu les choses que ces mots signifient. C'est ce que fait ici très-habilement l'auteur des Lettres, en prenant le mot de *gouvernement*, qui n'a rien d'effrayant en lui-même, pour l'exercice de la souveraineté, qui seroit révoltant, attribué sans détour au petit Conseil.

C'est ce qu'il fait encore plus ouvertement dans un autre passage (page 66), où, après avoir dit que « le petit Conseil est le gouvernement même, » ce qui est vrai en prenant ce mot de *gouvernement* dans un sens subordonné, il ose ajouter qu'à ce titre il exerce toute l'autorité qui n'est pas attribuée aux autres corps de l'état, prenant ainsi le mot de *gouvernement* dans le sens de la souveraineté ; comme si tous les corps de l'état, et le Conseil général lui-même, étoient institués par le petit Conseil : car ce n'est qu'à la faveur de cette supposition qu'il peut s'attribuer à lui seul tous les pouvoirs que la loi ne donne expressément à personne. Je reprendrai ci-après cette question.

Cette équivoque éclaircie, on voit à découvert le sophisme de l'auteur. En effet, dire que tout ce qui est du ressort de l'autorité, en matière de religion, est du ressort du gouvernement, est une proposition véritable, si par ce mot de *gouvernement* on entend la puissance législative ou le souverain : mais elle est très-fausse si l'on entend la puissance exécutive ou le magistrat; et l'on ne trouvera jamais dans votre république que le Conseil général ait attribué au petit Conseil le droit de régler en dernier ressort tout ce qui concerne la religion.

Une seconde équivoque, plus subtile encore, vient à l'appui de la première dans ce qui suit : « C'est le principe des protestants ; c'est singuliè-

« rement l'esprit de notre constitution, qui, dans
« le cas de dispute, attribue aux Conseils le droit
« de décider sur le dogme. » Ce droit, soit qu'il y
ait dispute ou qu'il n'y en ait pas, appartient sans
contredit *aux Conseils*, mais non pas *au Conseil*.
Voyez comment, avec une lettre de plus ou de
moins, on pourroit changer la constitution d'un
état.

Dans les principes des protestants, il n'y a point
d'autre Église que l'état, et point d'autre législateur
ecclésiastique que le souverain. C'est ce qui est
manifeste, surtout à Genève, où l'ordonnance ecclésiastique a reçu du souverain, dans le Conseil
général, la même sanction que les édits civils.

Le souverain, ayant donc prescrit, sous le nom
de réformation, la doctrine qui devoit être enseignée à Genève, et la forme du culte qu'on y devoit
suivre, a partagé entre deux corps le soin de maintenir cette doctrine et ce culte tels qu'ils sont fixés
par la loi : à l'un elle a remis la matière des enseignements publics, la décision de ce qui est conforme
ou contraire à la religion de l'état, les avertissements et admonitions convenables, et même les punitions spirituelles, telles que l'excommunication ;
elle a chargé l'autre de pourvoir à l'exécution des
lois sur ce point comme sur tout autre, et de punir
civilement les prévaricateurs obstinés.

Ainsi toute procédure régulière sur cette matière
doit commencer par l'examen du fait; savoir, s'il

est vrai que l'accusé soit coupable d'un délit contre la religion; et, par la loi, cet examen appartient au seul consistoire.

Quand le délit est constaté, et qu'il est de nature à mériter une punition civile, c'est alors au magistrat seul de faire droit et de décerner cette punition. Le tribunal ecclésiastique dénonce le coupable au tribunal civil, et voilà comment s'établit sur cette matière la compétence du Conseil.

Mais lorsque le Conseil veut prononcer en théologien sur ce qui est ou n'est pas du dogme, lorsque le consistoire veut usurper la juridiction civile, chacun de ces corps sort de sa compétence; il désobéit à la loi et au souverain qui l'a portée, lequel n'est pas moins législateur en matière ecclésiastique qu'en matière civile, et doit être reconnu tel des deux côtés.

Le magistrat est toujours juge des ministres en tout ce qui regarde le civil, jamais en ce qui regarde le dogme; c'est le consistoire. Si le Conseil prononçoit les jugements de l'Église, il auroit le droit d'excommunication; et, au contraire, ses membres y sont soumis eux-mêmes. Une contradiction bien plaisante dans cette affaire est que je suis décrété pour mes erreurs, et que je ne suis pas excommunié. Le Conseil me poursuit comme apostat, et le consistoire me laisse au rang des fidèles! Cela n'est-il pas singulier?

Il est bien vrai que s'il arrive des dissensions

entre les ministres sur la doctrine, et que, par l'obstination d'une des parties, ils ne puissent s'accorder ni entre eux ni par l'entremise des anciens, il est dit, par l'article XVIII, que la cause doit être portée au magistrat *pour y mettre ordre*.

Mais mettre ordre à la querelle n'est pas décider du dogme. L'ordonnance explique elle-même le motif du recours au magistrat; c'est l'obstination d'une des parties. Or, la police dans tout l'état, l'inspection sur les querelles, le maintien de la paix et de toutes les fonctions publiques, la réduction des obstinés, sont incontestablement du ressort du magistrat. Il ne jugera pas pour cela de la doctrine, mais il rétablira dans l'assemblée l'ordre convenable pour qu'elle puisse en juger.

Et quand le Conseil seroit juge de la doctrine en dernier ressort, toujours ne lui seroit-il pas permis d'intervenir l'ordre établi par la loi, qui attribue au consistoire la première connoissance en ces matières; tout de même qu'il ne lui est pas permis, bien que juge suprême, d'évoquer à soi les causes civiles avant qu'elles aient passé aux premières appellations.

L'article XVIII dit bien qu'en cas que les ministres ne puissent s'accorder, la cause doit être portée au magistrat pour y mettre ordre; mais il ne dit point que la première connoissance de la doctrine pourra être ôtée au consistoire par le magistrat; et il n'y a pas un seul exemple de pareille usurpation depuis que la république existe [1]. C'est de quoi l'auteur des Lettres paroît convenir lui-même, en disant qu'*en cas de dispute* les Conseils ont le droit de décider sur le dogme ; car c'est dire qu'ils n'ont ce droit qu'après l'examen du consistoire, et qu'ils ne l'ont point quand le consistoire est d'accord.

[1] Il y eut, dans le seizième siècle, beaucoup de disputes sur la prédestination, dont on auroit dû faire l'amusement des écoliers, et dont on ne manqua pas, selon l'usage, de faire une grande affaire d'état. Cependant ce furent les ministres qui la décidèrent, et même contre l'intérêt public. Jamais, que je sache, depuis les édits, le petit Conseil ne s'est avisé de prononcer sur le dogme sans leur concours. Je ne connois qu'un jugement de cette espèce, et il fut rendu par les Deux-cents. Ce fut dans la grande querelle de 1669, sur la grâce particulière. Après de longs et de vains débats dans la compagnie et dans le consistoire, les professeurs, ne pouvant s'accorder, portèrent l'affaire au petit Conseil, qui ne la jugea pas. Le Deux-cents l'évoqua et la jugea. L'importante question dont il s'agissoit étoit de savoir si Jésus étoit mort seulement pour le salut des élus, ou s'il étoit mort aussi pour le salut des damnés. Après bien des séances et de mûres délibérations, le magnifique Conseil des Deux-cents prononça que Jésus n'étoit mort que pour le salut des élus. On conçoit bien que ce jugement fut une affaire de faveur, et que Jésus seroit mort pour les damnés, si le professeur Tronchin avoit eu plus de crédit que son adversaire. Tout cela sans doute est fort ridicule : on peut dire toutefois qu'il ne s'agissoit pas ici d'un dogme de foi, mais de l'uniformité de l'instruction publique, dont l'inspection appartient sans contredit au gouvernement. On peut ajouter que cette belle dispute avoit tellement excité l'attention, que toute la ville étoit en rumeur. Mais n'importe ; les Conseils devoient apaiser la querelle sans prononcer sur la doctrine. La décision de toutes les questions qui n'intéressent personne, et où qui que ce soit ne comprend rien, doit toujours être laissée aux théologiens.

Ces distinctions du ressort civil et du ressort ecclésiastique sont claires, et fondées non seulement sur la loi, mais sur la raison, qui ne veut pas que les juges, de qui dépend le sort des particuliers, en puissent décider autrement que sur des faits constants, sur des corps de délits positifs, bien avérés, et non sur des imputations aussi vagues, aussi arbitraires que celles des erreurs sur la religion. Eh! de quelle sûreté jouiroient les citoyens, si, dans tant de dogmes obscurs, susceptibles de diverses interprétations, le juge pouvoit choisir au gré de sa passion celui qui chargeroit ou disculperoit l'accusé, pour le condamner ou l'absoudre?

La preuve de ces distinctions est dans l'institution même, qui n'auroit pas établi un tribunal inutile; puisque, si le Conseil pouvoit juger, surtout en premier ressort, des matières ecclésiastiques, l'institution du consistoire ne serviroit de rien.

Elle est encore en mille endroits de l'ordonnance, où le législateur distingue avec tant de soin l'autorité des deux ordres, distinction bien vaine, si, dans l'exercice de ses fonctions, l'un étoit en tout soumis à l'autre. Voyez dans les articles XXIII et XXIV la spécification des crimes punissables par les lois, et de ceux dont « la première inquisition « appartient au consistoire. »

Voyez la fin du même article XXIV, qui veut

qu'en ce dernier cas, après la conviction du coupable, le consistoire en fasse rapport au Conseil, en y ajoutant son avis : « afin, dit l'ordonnance, « que le jugement concernant la punition soit tou- « jours réservé à la seigneurie ; » termes d'où l'on doit inférer que le jugement concernant la doctrine appartient au consistoire.

Voyez le serment des ministres, qui jurent de se rendre pour leur part sujets et obéissants aux lois et au magistrat, en tant que leur ministère le porte, c'est-à-dire sans préjudicier à la liberté qu'ils doivent avoir d'enseigner selon que Dieu le leur commande. Mais où seroit cette liberté, s'ils étoient, par les lois, sujets pour cette doctrine aux décisions d'un autre corps que le leur?

Voyez l'article LXXX, où non seulement l'édit prescrit au consistoire de veiller et pourvoir aux désordres généraux et particuliers de l'Église, mais où il l'institue à cet effet. Cet article a-t-il un sens, ou n'en a-t-il point? est-il absolu, n'est-il que conditionnel? et le consistoire établi par la loi n'auroit-il qu'une existence précaire, et dépendante du bon plaisir du Conseil?

Voyez l'article XCVII de la même ordonnance, où, dans les cas qui exigent punition civile, il est dit que le consistoire, ayant ouï les parties et fait les remontrances et censures ecclésiastiques, doit rapporter le tout au Conseil, lequel, « sur son « rapport, » remarquez bien la répétition de ce

mot, « avisera d'ordonner et faire jugement selon
« l'exigence du cas. » Voyez enfin ce qui suit dans
le même article, et n'oubliez pas que c'est le souverain qui parle : « Car combien que ce soient
« choses conjointes et inséparables que la seigneu-
« rie et supériorité que Dieu nous a données, et le
« gouvernement spirituel qu'il a établi dans son
« Eglise, elles ne doivent nullement être confuses,
« puisque celui qui a tout empire de commander,
« et auquel nous voulons rendre toute sujétion,
« comme nous devons, veut être tellement re-
« connu auteur du gouvernement politique et ec-
« clésiastique, que cependant il a expressément
« discerné tant les vocations que l'administration
« de l'un et de l'autre. »

Mais comment ces administrations peuvent-
elles être distinguées sous l'autorité commune du
législateur, si l'une peut empiéter à son gré sur
celle de l'autre? S'il n'y a pas là de la contradiction, je n'en saurois voir nulle part.

A l'article LXXXVIII, qui prescrit expressément
l'ordre de procédure qu'on doit observer contre
ceux qui dogmatisent, j'en joins un autre qui n'est
pas moins important, c'est l'article LIII, au titre
du catéchisme, où il est ordonné que ceux qui
contreviendront au bon ordre, après avoir été
remontrés suffisamment, s'ils persistent, soient
appelés au consistoire : « et si lors ils ne veulent
« obtempérer (aux remontrances qui leur seront

« faites), qu'il en soit fait rapport à la seigneurie. »

De quel bon ordre est-il parlé là? Le titre le dit; c'est du bon ordre en matière de doctrine, puisqu'il ne s'agit que du catéchisme, qui en est le sommaire.

D'ailleurs le maintien du bon ordre en général paroît bien plus appartenir au magistrat qu'au tribunal ecclésiastique. Cependant voyez quelle gradation! Premièrement *il faut remontrer* : si le coupable persiste, *il faut l'appeler au consistoire*, enfin, s'il ne veut obtempérer, *il faut faire rapport à la seigneurie*. En toute matière de foi, le dernier ressort est toujours attribué aux Conseils; telle est la loi, telles sont toutes vos lois. J'attends de voir quelque article, quelque passage dans vos édits, en vertu duquel le petit Conseil s'attribue aussi le premier ressort, et puisse faire tout d'un coup d'un pareil délit le sujet d'une procédure criminelle.

Cette marche n'est pas seulement contraire à la loi, elle est contraire à l'équité, au bon sens, à l'usage universel. Dans tous les pays du monde la règle veut qu'en ce qui concerne une science ou un art, on prenne, avant que de prononcer, le jugement des professeurs dans cette science, ou des experts en cet art: pourquoi, dans la plus obscure, dans la plus difficile de toutes les sciences; pourquoi, lorsqu'il s'agit de l'honneur et de la liberté d'un homme, d'un citoyen, les magistrats négligeroient-ils les précautions qu'ils prennent dans l'art le plus mécanique au sujet du plus vil intérêt?

Encore une fois, à tant d'autorités, à tant de raisons qui prouvent l'illégalité et l'irrégularité d'une telle procédure, quelle loi, quel édit oppose-t-on pour la justifier? Le seul passage qu'ait pu citer l'auteur des Lettres est celui-ci, dont encore il transpose les termes pour en altérer l'esprit.

« Que toutes les remontrances ecclésiastiques
« se fassent en telle sorte, que par le consistoire
« ne soit en rien dérogé à l'autorité de la seigneu-
« rie ni de la justice ordinaire; mais que la puis-
« sance civile demeure en son entier[1]. »

Or voici la conséquence qu'il en tire : « Cette
« ordonnance ne suppose donc point, comme on
« le fait dans les représentations, que les ministres
« de l'Évangile soient dans ces matières des juges
« plus naturels que les Conseils. » Commençons d'abord par mettre le mot conseil au singulier, et pour cause.

Mais où est-ce que les représentants ont supposé que les ministres de l'Évangile fussent, dans ces matières, des juges plus naturels que le Conseil[2]?

---

[1] Ordonnances ecclésiastiques, act. xcvii.

[2] « L'examen et la discussion de cette matière, disent-ils page 42,
« appartient mieux aux ministres de l'Évangile qu'au magnifique

Selon l'édit, le consistoire et le Conseil sont juges naturels, chacun dans sa partie, l'un de la doctrine, et l'autre du délit. Ainsi la puissance civile et l'ecclésiastique restent chacune en son entier sous l'autorité commune du souverain : et que signifieroit ici ce mot même de *puissance civile*, s'il n'y avoit une autre *puissance* sous-entendue? Pour moi, je ne vois rien dans ce passage qui change le sens naturel de ceux que j'ai cités. Et bien loin de là, les lignes qui suivent les confirment, en déterminant l'état où le consistoire doit avoir mis la procédure, avant qu'elle soit portée au Conseil. C'est précisément la conclusion contraire à celle que l'auteur en voudroit tirer.

Mais voyez comment, n'osant attaquer l'ordonnance par les termes, il l'attaque par les conséquences.

« L'ordonnance a-t-elle voulu lier les mains à
« la puissance civile, et l'obliger à ne réprimer
« aucun délit contre la religion qu'après que le
« consistoire en auroit connu? si cela étoit ainsi,

« Conseil. » Quelle est la matière dont il s'agit dans ce passage? c'est la question si, sous l'apparence des doutes, j'ai rassemblé dans mon livre tout ce qui peut tendre à saper, ébranler et détruire les principaux fondements de la religion chrétienne. L'auteur des Lettres part de là pour faire dire aux représentants que dans ces matières, les ministres sont des juges plus naturels que les Conseils. Ils sont sans contredit des juges plus naturels de la question de théologie, mais non pas de la peine due au délit, et c'est aussi ce que les représentants n'ont ni dit ni fait entendre.

« il en résulteroit qu'on pourroit impunément
« écrire contre la religion ; car, en faisant sem-
« blant de se ranger, l'accusé pourroit toujours
« échapper, et celui qui auroit diffamé la religion
« par toute la terre devroit être supporté sans dif-
« fame au moyen d'un repentir simulé (page 14). »

C'est donc pour éviter ce malheur affreux, cette impunité scandaleuse, que l'auteur ne veut pas qu'on suive la loi à la lettre. Toutefois, seize pages après, le même auteur vous parle ainsi :

« La politique et la philosophie pourront soute-
« nir cette liberté de tout écrire ; mais nos lois l'ont
« réprouvée : or il s'agit de savoir si le jugement du
« Conseil contre les ouvrages de M. Rousseau et le
« décret contre sa personne sont contraires à nos
« lois, et non de savoir s'ils sont conformes à la
« philosophie et à la politique (page 30). »

Ailleurs encore cet auteur, convenant que la flétrissure d'un livre n'en détruit pas les arguments, et peut même leur donner une publicité plus grande, ajoute : « A cet égard, je retrouve assez
« mes maximes dans celles des représentations.
« Mais ces maximes ne sont pas celles de nos lois
« (page 22). »

En resserrant et liant tous ces passages, je leur trouve à peu près le sens qui suit :

« Quoique la philosophie, la politique et la rai-
« son puissent soutenir la liberté de tout écrire, on
« doit, dans notre état, punir cette liberté, parce

« que nos lois la réprouvent. Mais il ne faut pour-
« tant pas suivre nos lois à la lettre, parce qu'alors
« on ne puniroit pas cette liberté. »

A parler vrai, j'entrevois là je ne sais quel galimatias qui me choque; et pourtant l'auteur me paroît homme d'esprit : ainsi dans ce résumé, je penche à croire que je me trompe, sans qu'il me soit possible de voir en quoi. Comparez donc vous-même les pages 14, 22, 30, et vous verrez si j'ai tort ou raison.

Quoi qu'il en soit, en attendant que l'auteur nous montre ces autres lois où les préceptes de la philosophie et de la politique sont réprouvés, reprenons l'examen de ses objections contre celle-ci.

Premièrement, loin que, de peur de laisser un délit impuni, il soit permis dans une république au magistrat d'aggraver la loi, il ne lui est pas même permis de l'étendre aux délits sur lesquels elle n'est pas formelle; et l'on sait combien de coupables échappent en Angleterre, à la faveur de la moindre distinction subtile dans les termes de la loi. « Quiconque est plus sévère que les lois, dit
« Vauvenargue, est un tyran[1]. »

Mais voyons si la conséquence de l'impunité,

---

[1] Comme il n'y a point à Genève de lois pénales proprement dites, le magistrat inflige arbitrairement la peine des crimes, ce qui est assurément un grand défaut dans la législation, et un abus énorme dans un état libre. Mais cette autorité du magistrat ne s'étend qu'aux crimes contre la loi naturelle, et reconnus tels dans

dans l'espèce dont il s'agit, est si terrible que l'a faite l'auteur des Lettres.

Il faut, pour bien juger de l'esprit de la loi, se rappeler ce grand principe, que les meilleures lois criminelles sont toujours celles qui tirent de la nature des crimes les châtiments qui leur sont imposés. Ainsi les assassins doivent être punis de mort; les voleurs, de la perte de leur bien, ou, s'ils n'en ont pas, de celle de leur liberté, qui est alors le seul bien qui leur reste. De même, dans les délits qui sont uniquement contre la religion, les peines doivent être tirées uniquement de la religion; telle est, par exemple, la privation de la preuve par serment en choses qui l'exigent; telle est encore l'excommunication, prescrite ici comme la peine la plus grande de quiconque a dogmatisé contre la religion, sauf ensuite le renvoi au magistrat, pour la peine civile due au délit civil, s'il y en a.

Or il faut se ressouvenir que l'ordonnance, l'auteur des Lettres, et moi, ne parlons ici que d'un délit simple contre la religion. Si le délit étoit complexe, comme si, par exemple, j'avois imprimé mon livre dans l'état sans permission, il

---

toute société, ou aux choses spécialement défendues par la loi positive; elle ne va pas jusqu'à forger un délit imaginaire où il n'y en a point, ni, sur quelque délit que ce puisse être, jusqu'à renverser, de peur qu'un coupable n'échappe, l'ordre de la procédure fixé par la loi.

est incontestable que, pour être absous devant le consistoire, je ne le serois pas devant le magistrat.

Cette distinction faite, je reviens, et je dis : Il y a cette différence entre les délits contre la religion et les délits civils, que les derniers font aux hommes ou aux lois un tort, un mal réel, pour lequel la sûreté publique exige nécessairement réparation et punition; mais les autres sont seulement des offenses contre la Divinité, à qui nul ne peut nuire, et qui pardonne au repentir. Quand la Divinité est apaisée, il n'y a plus de délit à punir, sauf le scandale, et le scandale se répare en donnant au repentir la même publicité qu'a eue la faute. La charité chrétienne imite alors la clémence divine : et ce seroit une inconséquence absurde de venger la religion par une rigueur que la religion réprouve. La justice humaine n'a et ne doit avoir nul égard au repentir, je l'avoue; mais voilà précisément pourquoi, dans une espèce de délit que le repentir peut réparer, l'ordonnance a pris des mesures pour que le tribunal civil n'en prît pas d'abord connoissance.

L'inconvénient terrible que l'auteur trouve à laisser impunis civilement les délits contre la religion, n'a donc pas la réalité qu'il lui donne; et la conséquence qu'il en tire pour prouver que tel n'est pas l'esprit de la loi n'est point juste contre les termes formels de la loi.

« Ainsi, quel qu'ait été le délit contre la religion,

« ajoute-t-il, l'accusé, en faisant semblant de se
« ranger, pourra toujours échapper. » L'ordonnance ne dit pas, *s'il fait semblant de se ranger;*
elle dit, *s'il se range;* et il y a des règles aussi
certaines qu'on en puisse avoir en tout autre cas
pour distinguer ici la réalité de la fausse apparence, surtout quant aux effets extérieurs, seuls
compris sous ce mot, *s'il se range.*

Si le délinquant, s'étant rangé, retombe, il commet un nouveau délit plus grave, et qui mérite
un traitement plus rigoureux. Il est relaps, et les
voies de le ramener à son devoir sont plus sévères.
Le Conseil a là-dessus pour modèle les formes judiciaires de l'inquisition[1]; et si l'auteur des Lettres
n'approuve pas qu'il soit aussi doux qu'elle, il doit
au moins lui laisser toujours la distinction des cas;
car il n'est pas permis, de peur qu'un délinquant
ne retombe, de le traiter d'avance comme s'il étoit
déjà retombé.

C'est pourtant sur ces fausses conséquences que
cet auteur s'appuie pour affirmer que l'édit, dans
cet article, n'a pas eu pour objet de régler la procédure, et de fixer la compétence des tribunaux.
Qu'a donc voulu l'édit, selon lui? Le voici:

Il a voulu empêcher que le consistoire ne sévît
contre des gens auxquels on imputeroit ce qu'ils
n'auroient peut-être point dit, ou dont on auroit
exagéré les écarts, qu'il ne sévît, dis-je, contre

[1] Voyez le *Manuel des inquisiteurs.*

ces gens-là sans en avoir conféré avec eux, sans avoir essayé de les gagner.

Mais qu'est-ce que sévir de la part du consistoire? C'est excommunier, et déférer au Conseil. Ainsi, de peur que le consistoire ne défère trop légèrement un coupable au Conseil, l'édit le livre tout d'un coup au Conseil. C'est une précaution d'une espèce toute nouvelle. Cela est admirable que, dans le même cas, la loi prenne tant de mesures pour empêcher le consistoire de sévir précipitamment, et qu'elle n'en prenne aucune pour empêcher le Conseil de sévir précipitamment; qu'elle porte une attention si scrupuleuse à prévenir la diffamation, et qu'elle n'en donne aucune à prévenir le supplice; qu'elle pourvoie à tant de choses pour qu'un homme ne soit pas excommunié mal à propos, et qu'elle ne pourvoie à rien pour qu'il ne soit pas brûlé mal à propos; qu'elle craigne si fort la rigueur des ministres, et si peu celle des juges! C'étoit bien fait assurément de compter pour beaucoup la communion des fidèles; mais ce n'étoit pas bien fait de compter pour si peu leur sûreté, leur liberté, leur vie; et cette même religion qui prescrivoit tant d'indulgence à ses gardiens, ne devoit pas donner tant de barbarie à ses vengeurs.

Voilà toutefois, selon notre auteur, la solide raison pourquoi l'ordonnance n'a pas voulu dire ce qu'elle dit. Je crois que l'exposer c'est assez y répondre. Passons maintenant à l'application ; nous ne la trouverons pas moins curieuse que l'interprétation.

L'article LXXXVIII n'a pour objet que celui qui dogmatise, qui enseigne, qui instruit. Il ne parle point d'un simple auteur, d'un homme qui ne fait que publier un livre, et qui au surplus se tient en repos. A dire la vérité, cette distinction me paroît un peu subtile ; car, comme disent très-bien les représentants, on dogmatise par écrit tout comme de vive voix. Mais admettons cette subtilité ; nous y trouverons une distinction de faveur pour adoucir la loi, non de rigueur pour l'aggraver.

Dans tous les états du monde, la police veille avec le plus grand soin sur ceux qui instruisent, qui enseignent, qui dogmatisent : elle ne permet ces sortes de fonctions qu'à gens autorisés ; il n'est pas même permis de prêcher la bonne doctrine, si l'on n'est reçu prédicateur. Le peuple aveugle est facile à séduire ; un homme qui dogmatise attroupe, et bientôt il peut ameuter. La moindre entreprise en ce point est toujours regardée comme un attentat punissable à cause des conséquences qui peuvent en résulter.

Il n'en est pas de même de l'auteur d'un livre ; s'il enseigne, au moins il n'attroupe point, il n'ameute point, il ne force personne à l'écouter, à le lire ; il ne vous recherche point, il ne vient que quand vous le recherchez vous-même; il vous laisse réfléchir sur ce qu'il vous dit, il ne dispute point avec vous, ne s'anime point, ne s'obstine point, ne lève point vos doutes, ne résout point vos objections, ne vous poursuit point : voulez-vous le quitter, il vous quitte; et, ce qui est ici l'article important, il ne parle pas au peuple.

Aussi jamais la publication d'un livre ne fut-elle regardée par aucun gouvernement du même œil que les pratiques d'un dogmatiseur. Il y a même des pays où la liberté de la presse est entière; mais il n'y en a aucun où il soit permis à tout le monde de dogmatiser indifféremment. Dans les pays où il est défendu d'imprimer des livres sans permission, ceux qui désobéissent sont punis quelquefois pour avoir désobéi; mais la preuve qu'on ne regarde pas au fond ce que dit un livre comme une chose fort importante, est la facilité avec laquelle on laisse entrer dans l'état ces mêmes livres que; pour n'en pas paroître approuver les maximes, on n'y laisse pas imprimer.

Tout ceci est vrai, surtout des livres qui ne sont point écrits pour le peuple, tels qu'ont toujours été les miens. Je sais que votre Conseil affirme dans ses réponses que, « selon l'intention de « l'auteur, l'Émile doit servir de guide aux pères « et aux mères [1] : » mais cette assertion n'est pas

---

[1] Pages 22 et 23 des Représentations imprimées.

excusable, puisque j'ai manifesté dans la préface, et plusieurs fois dans le livre, une intention toute différente. Il s'agit d'un nouveau systèm d'éducation, dont j'offre le plan à l'examen des sages, et non pas d'une méthode pour les pères, les mères, à laquelle je n'ai jamais songé. Si quelquefois, par une figure assez commune, je parois leur adresser la parole, c'est, ou pour me faire mieux entendre, ou pour m'exprimer en moins de mots. Il est vrai que j'entrepris mon livre à la sollicitation d'une mère; mais cette mère, toute jeune et tout aimable qu'elle est, a de la philosophie, et connoît le cœur humain; elle est par la figure un ornement de son sexe, et par le génie une exception. C'est pour les esprits de la trempe du sien que j'ai pris la plume, non pour des messieurs tel ou tel, ni pour d'autres messieurs de pareille étoffe, qui me lisent sans m'entendre, et qui m'outragent sans me fâcher.

Il résulte de la distinction supposée que si la procédure prescrite par l'ordonnance contre un homme qui dogmatise n'est pas applicable à l'auteur d'un livre, c'est qu'elle est trop sévère pour ce dernier. Cette conséquence si naturelle, cette conséquence que vous et tous mes lecteurs tirez sûrement ainsi que moi, n'est point celle de l'auteur des Lettres. Il en tire une toute contraire. Il faut l'écouter lui-même : vous ne m'en croiriez pas si je vous parlois d'après lui.

« Il ne faut que lire cet article de l'ordonnance
« pour voir évidemment qu'elle n'a en vue que cet
« ordre de personnes qui répandent par leurs dis-
« cours des principes estimés dangereux. *Si ces*
« *personnes se rangent*, y est-il dit, *qu'on les*
« *supporte sans diffame*. Pourquoi? c'est qu'alors
« on a une sûreté raisonnable qu'elles ne répan-
« dront plus cette ivraie, c'est qu'elles ne sont
« plus à craindre. Mais qu'importe la rétractation
« vraie ou simulée de celui qui, par la voie de
« l'impression, a imbu tout le monde de ses opi-
« nions? Le délit est consommé, il subsistera tou-
« jours; et ce délit, aux yeux de la loi, est de la
« même espèce que tous les autres, où le repentir
« est inutile dès que la justice en a pris connois-
« sance. »

Il y a là de quoi s'émouvoir; mais calmons-nous
et raisonnons. Tant qu'un homme dogmatise, il
fait du mal continuellement; jusqu'à ce qu'il se
soit rangé, cet homme est à craindre; sa liberté
même est un mal, parce qu'il en use pour nuire,
pour continuer de dogmatiser. Que s'il se range à
la fin, n'importe; les enseignements qu'il a donnés sont toujours donnés, et le délit à cet égard
est autant consommé qu'il peut l'être. Au contraire, aussitôt qu'un livre est publié, l'auteur ne
fait plus de mal, c'est le livre seul qui en fait. Que
l'auteur soit libre ou soit arrêté, le livre va toujours son train. La détention de l'auteur peut être

un châtiment que la loi prononce ; mais elle n'est jamais un remède au mal qu'il a fait, ni une précaution pour en arrêter les progrès.

Ainsi les remèdes à ces deux maux ne sont pas les mêmes. Pour tarir la source du mal que fait le dogmatiseur, il n'y a nul moyen prompt et sûr que de l'arrêter : mais arrêter l'auteur, c'est ne remédier à rien du tout ; c'est, au contraire, augmenter la publicité du livre, et par conséquent empirer le mal, comme le dit très-bien ailleurs l'auteur des Lettres. Ce n'est donc pas là un préliminaire à la procédure, ce n'est pas une précaution convenable à la chose ; c'est une peine qui ne doit être infligée que par jugement, et qui n'a d'utilité que le châtiment du coupable. A moins donc que son délit ne soit un délit civil, il faut commencer par raisonner avec lui, l'admonester, le convaincre, l'exhorter à réparer le mal qu'il a fait, à donner une rétractation publique, à la donner librement afin qu'elle fasse son effet, et à la motiver si bien, que ses derniers sentiments ramènent ceux qu'ont égarés les premiers. Si, loin de se ranger, il s'obstine, alors seulement on doit sévir contre lui. Telle est certainement la marche pour aller au bien de la chose ; tel est le but de la loi ; tel sera celui d'un sage gouvernement, qui « doit bien moins se pro-« poser de punir l'auteur que d'empêcher l'effet de l'ouvrage (page 25). »

Comment ne le seroit-ce pas pour l'auteur d'un

livre, puisque l'ordonnance, qui suit en tout les voies convenables à l'esprit du christianisme, ne veut pas même qu'on arrête le dogmatiseur avant d'avoir épuisé tous les moyens possibles pour le ramener au devoir? Elle aime mieux courir les risques du mal qu'il peut continuer de faire que de manquer à la charité. Cherchez, de grâce, comment de cela seul on peut conclure que la même ordonnance veut qu'on débute contre l'auteur par un décret de prise de corps.

Cependant l'auteur des Lettres, après avoir déclaré qu'il retrouvoit assez ses maximes sur cet article dans celles des représentants, ajoute : « Mais « ces maximes ne sont pas celles de nos lois; » et un moment après il ajoute encore que « ceux qui « inclinent à une pleine tolérance pourroient tout « au plus critiquer le Conseil de n'avoir pas, dans « ce cas, fait taire une loi dont l'exercice ne leur « paroît pas convenable (page 23). » Cette conclusion doit surprendre, après tant d'efforts pour prouver que la seule loi qui paroît s'appliquer à mon délit ne s'y applique pas nécessairement Ce qu'on reproche au Conseil n'est point de n'avoir pas fait taire une loi qui existe, c'est d'en avoir fait parler une qui n'existe pas.

La logique employée ici par l'auteur me paroît toujours nouvelle. Qu'en pensez-vous, monsieur? connoissez-vous beaucoup d'arguments dans la forme de celui-ci?

« La loi force le Conseil à sévir contre l'auteur
« du livre. »

Et où est-elle cette loi qui force le Conseil à sévir contre l'auteur?

« Elle n'existe pas, à la vérité ; mais il en existe
« une autre qui, ordonnant de traiter avec dou-
« ceur celui qui dogmatise, ordonne par consé-
« quent de traiter avec rigueur l'auteur dont elle
« ne parle point. »

Ce raisonnement devient bien plus étrange encore pour qui sait que ce fut comme auteur et non comme dogmatiseur que Morelli fut poursuivi : il avoit aussi fait un livre; et ce fut pour ce livre seul qu'il fut accusé. Ce corps du délit, selon la maxime de notre auteur, étoit dans le livre même; l'auteur n'avoit pas besoin d'être entendu; cependant il le fut; et non seulement on l'entendit, mais on l'attendit : on suivit de point en point toute la procédure prescrite par ce même article de l'ordonnance qu'on nous dit ne regarder ni les livres ni les auteurs. On ne brûla même le livre qu'après la retraite de l'auteur; jamais il ne fut décrété; l'on ne parla pas du bourreau[1]; enfin tout cela se fit sous les yeux du législateur, par les rédacteurs

[1] Ajoutez la circonspection du magistrat dans toute cette affaire, sa marche lente et graduelle dans la procédure, le rapport du consistoire, l'appareil du jugement. Les syndics montent sur leur tribunal public, ils invoquent le nom de Dieu, ils ont sous leurs yeux la sainte Écriture; après une mûre délibération, après avoir pris conseil des citoyens, ils prononcent leur jugement devant le peuple,

de l'ordonnance, au moment qu'elle venoit de passer dans le temps même où régnoit cet esprit de sévérité qui, selon notre anonyme, l'avoit dictée, et qu'il allègue en justification très-claire de la rigueur exercée aujourd'hui contre moi.

Or écoutez là-dessus la distinction qu'il fait. Après avoir exposé toutes les voies de douceur dont on usa envers Morelli, le temps qu'on lui donna pour se ranger, la procédure lente et régulière qu'on suivit avant que son livre fût brûlé, il ajoute : « Toute cette marche est très-sage. Mais « en faut-il conclure que dans tous les cas, et dans « des cas très-différents, il en faille absolument « tenir une semblable ? Doit-on procéder contre un « homme absent qui attaque la religion de la même « manière qu'on procéderoit contre un homme « présent qui censure la discipline (page 17) ? » C'est-à-dire, en d'autres termes, « doit-on procé- « der contre un homme qui n'attaque point les « lois, et qui vit hors de leur juridiction, avec au- « tant de douceur que contre un homme qui vit « sous leur juridiction, et qui les attaque ? » Il ne sembleroit pas en effet que cela dût faire une ques-

---

afin qu'il en sache les causes ; ils le font imprimer et publier, et tout cela pour la simple condamnation d'un livre, sans flétrissure, sans décret contre l'auteur, opiniâtre et contumax. Ces messieurs, depuis lors, ont appris à disposer moins cérémonieusement de l'honneur et de la liberté des hommes, et surtout des citoyens ; car il est à remarquer que Morelli ne l'étoit pas.

tion. Voici, j'en suis sûr, la première fois qu'il a passé par l'esprit humain d'aggraver la peine d'un coupable, uniquement parce que le crime n'a pas été commis dans l'état.

« A la vérité, continue-t-il, on remarque dans
« les représentations à l'avantage de M. Rousseau
« que Morelli avoit écrit contre un point de disci-
« pline, au lieu que les livres de M. Rousseau, au
« sentiment de ses juges, attaquent proprement
« la religion. Mais cette remarque pourroit bien
« n'être pas généralement adoptée, et ceux qui re-
« gardent la religion comme l'ouvrage de Dieu, et
« l'appui de la constitution, pourront penser qu'il
« est moins permis de l'attaquer que des points
« de discipline, qui, n'étant que l'ouvrage des
« hommes, peuvent être suspects d'erreur, et du
« moins susceptibles d'une infinité de formes et de
« combinaisons différentes (page 18). »

Ce discours, je vous l'avoue, me paroîtroit tout au plus passable dans la bouche d'un capucin; mais il me choqueroit fort sous la plume d'un magistrat. Qu'importe que la remarque des représentants ne soit pas généralement adoptée, si ceux qui la rejettent ne le font que parce qu'ils raisonnent mal?

Attaquer la religion est sans contredit un plus grand péché devant Dieu que d'attaquer la discipline. Il n'en est pas de même devant les tribunaux humains, qui sont établis pour punir les crimes, non les péchés, et qui ne sont pas les vengeurs de Dieu, mais des lois.

La religion ne peut jamais faire partie de la législation qu'en ce qui concerne les actions des hommes. La loi ordonne de faire ou de s'abstenir; mais elle ne peut ordonner de croire. Ainsi quiconque n'attaque point la pratique de la religion n'attaque point la loi.

Mais la discipline établie par la loi fait essentiellement partie de la législation, elle devient loi elle-même. Quiconque l'attaque attaque la loi, et ne tend pas à moins qu'à troubler la constitution de l'état. Que cette constitution fût, avant d'être établie, susceptible de plusieurs formes et combinaisons différentes, en est-elle moins respectable et sacrée sous une de ces formes, quand elle en est une fois revêtue à l'exclusion de toutes les autres? et dès-lors la loi politique n'est-elle pas constante et fixe, ainsi que la loi divine?

Ceux donc qui n'adopteroient pas en cette affaire la remarque des représentants auroient d'autant plus de tort que cette remarque fut faite par le Conseil même dans la sentence contre le livre de Morelli, qu'elle accuse surtout de « tendre à « faire schisme et trouble dans l'état, d'une ma- « nière séditieuse; » imputation dont il seroit difficile de charger le mien.

Ce que les tribunaux civils ont à défendre n'est pas l'ouvrage de Dieu, c'est l'ouvrage des hommes;

ce n'est pas des ames qu'ils sont chargés, c'est des corps ; c'est de l'état, et non de l'Église, qu'ils sont les vrais gardiens ; et, lorsqu'ils se mêlent des matières de religion, ce n'est qu'autant qu'elles sont du ressort des lois, autant que ces matières importent au bon ordre et à la sûreté publique. Voilà les saines maximes de la magistrature. Ce n'est pas, si l'on veut, la doctrine de la puissance absolue, mais c'est celle de la justice et de la raison. Jamais on ne s'en écartera dans les tribunaux civils, sans donner dans les plus funestes abus, sans mettre l'état en combustion, sans faire des lois et de leur autorité le plus odieux brigandage. Je suis fâché, pour le peuple de Genève que le Conseil le méprise assez pour l'oser leurrer par de tels discours, dont les plus bornés et les plus superstitieux de l'Europe ne sont plus les dupes. Sur cet article, vos représentants raisonnent en hommes d'état, et vos magistrats raisonnent en moines.

Pour prouver que l'exemple de Morelli ne fait pas règle, l'auteur des Lettres oppose à la procédure faite contre lui celle qu'on fit en 1632 contre Nicolas Antoine, un pauvre fou, qu'à la sollicitation des ministres le Conseil fit brûler pour le bien de son ame. Ces auto-da-fé n'étoient pas rares jadis à Genève ; et il paroît, par ce qui me regarde, que ces messieurs ne manquent pas de goût pour les renouveler.

Commençons toujours par transcrire fidèlement

les passages, pour ne pas imiter la méthode de mes persécuteurs.

« Qu'on voie le procès de Nicolas Antoine. L'or-
« donnance ecclésiastique existoit, et on étoit assez
« près du temps où elle avoit été rédigée pour en
« connoître l'esprit : Antoine fut-il cité au consis-
« toire? Cependant, parmi tant de voix qui s'éle-
« vèrent contre cet arrêt sanguinaire, et au milieu
« des efforts que firent pour le sauver les gens hu-
« mains et modérés, y eut-il quelqu'un qui récla-
« mât contre l'irrégularité de la procédure? Morelli
« fut cité au consistoire; Antoine ne le fut pas : la
« citation au consistoire n'est donc pas nécessaire
« dans tous les cas (page 17). »

Vous croirez là-dessus que le Conseil procéda d'emblée contre Nicolas Antoine, comme il a fait contre moi, et qu'il ne fut pas seulement question du consistoire ni des ministres : vous allez voir.

Nicolas Antoine ayant été, dans un de ses accès de fureur, sur le point de se précipiter dans le Rhône, le magistrat se détermina à le tirer du logis public où il étoit, pour le mettre à l'hôpital, où les médecins le traitèrent. Il y resta quelque temps, proférant divers blasphèmes contre la religion chrétienne. « Les ministres le voyoient tous
« les jours, et tâchoient, lorsque sa fureur parois-
« soit un peu calmée, de le faire revenir de ses
« erreurs; ce qui n'aboutit à rien, Antoine ayant
« dit qu'il persisteroit dans ses sentiments jusqu'à

« la mort, qu'il étoit prêt à souffrir pour la gloire
« *du grand Dieu d'Israël.* N'ayant pu rien gagner
« sur lui, ils en informèrent le Conseil, où ils le
« représentèrent pire que Servet, Gentilis, et tous
« les autres antitrinitaires, concluant à ce qu'il fût
« mis en chambre close; ce qui fut exécuté [1]. »

Vous voyez là d'abord pourquoi il ne fut pas cité au consistoire; c'est qu'étant grièvement malade, et entre les mains des médecins, il lui étoit impossible d'y comparoître. Mais s'il n'alloit pas au consistoire, le consistoire ou ses membres alloient vers lui; les ministres le voyoient tous les jours, l'exhortoient tous les jours : enfin, n'ayant pu rien gagner sur lui, ils le dénoncent au Conseil, le représentent pire que d'autres qu'on avoit punis de mort, requièrent qu'il soit mis en prison; et sur leur réquisition cela est exécuté.

En prison même, les ministres firent de leur mieux pour le ramener, entrèrent avec lui dans la discussion des divers passages de l'ancien Testament, et le conjurèrent, par tout ce qu'ils purent imaginer de plus touchant, de renoncer à ses erreurs [2] : mais il y demeura ferme. Il le fut aussi

---

[1] *Histoire de Genève*, in-12, tome II, pages 550 et suiv., à la note.

[2] S'il y eût renoncé, eût-il également été brûlé? Selon la maxime de l'auteur des Lettres, il auroit dû l'être. Cependant il paroît qu'il ne l'auroit pas été, puisque, malgré son obstination, le magistrat ne laissa pas de consulter les ministres. Il le regardoit en quelque sorte comme étant encore sous leur juridiction.

devant le magistrat qui lui fit subir les interrogatoires ordinaires. Lorsqu'il fut question de juger cette affaire, le magistrat consulta encore les ministres, qui comparurent en Conseil au nombre de quinze, tant pasteurs que professeurs. Leurs opinions furent partagées, mais l'avis du plus grand nombre fut suivi, et Nicolas exécuté. De sorte que le procès fut tout ecclésiastique, et que Nicolas fut, pour ainsi dire, brûlé par la main des ministres.

Tel fut, monsieur, l'ordre de la procédure, dans laquelle l'auteur des Lettres nous assure qu'Antoine ne fut pas cité au consistoire, d'où il conclut que cette citation n'est donc pas toujours nécessaire. L'exemple vous paroît-il bien choisi?

Supposons qu'il le soit, que s'ensuivra-t-il? Les représentants concluoient d'un fait en confirmation d'une loi. L'auteur des Lettres conclut d'un fait contre cette même loi. Si l'autorité de chacun de ces deux faits détruit celle de l'autre, reste la loi dans son entier. Cette loi, quoique une fois enfreinte, en est-elle moins expresse? et suffiroit-il de l'avoir violée une fois pour avoir droit de la violer toujours?

Concluons à notre tour. Si j'ai dogmatisé, je suis certainement dans le cas de la loi; si je n'ai pas dogmatisé, qu'a-t-on à me dire? Aucune loi n'a parlé de moi[1]. Donc on a transgressé la

[1] Rien de ce qui ne blesse aucune loi naturelle ne devient cri-

loi qui existe, ou supposé celle qui n'existe pas.

Il est vrai qu'en jugeant l'ouvrage on n'a pas jugé définitivement l'auteur : on n'a fait encore que le décréter, et l'on compte cela pour rien. Cela me paroît dur cependant. Mais ne soyons jamais injustes, même envers ceux qui le sont envers nous, et ne cherchons point l'iniquité où elle peut ne pas être. Je ne fais point un crime au Conseil, ni même à l'auteur des Lettres, de la distinction qu'ils mettent entre l'homme et le livre, pour se disculper de m'avoir jugé sans m'entendre. Les juges ont pu voir la chose comme ils la montrent; ainsi, je ne les accuse en cela ni de supercherie ni de mauvaise foi; je les accuse seulement de s'être trompés à mes dépens en un point très-grave : et se tromper pour absoudre est pardonnable; mais se tromper pour punir est une erreur bien cruelle.

Le Conseil avançoit, dans ses réponses, que, malgré la flétrissure de mon livre, je restois, quant à ma personne, dans toutes mes exceptions et défenses.

Les auteurs des représentations répliquent qu'on ne comprend pas quelles exceptions et défenses il reste à un homme déclaré impie, téméraire, scandaleux, et flétri même par la main du bourreau dans des ouvrages qui portent son nom.

---

minel que lorsqu'il est défendu par quelque loi positive. Cette remarque a pour but de faire sentir aux raisonneurs superficiels que mon dilemme est exact.

« Vous supposez ce qui n'est point, dit à cela
« l'auteur des Lettres; savoir, que le jugement
« porte sur celui dont l'ouvrage porte le nom :
« mais ce jugement ne l'a pas encore effleuré ;
« ses exceptions et défenses lui restent donc en-
« tières (page 21). »

Vous vous trompez vous-même, dirois-je à cet écrivain. Il est vrai que le jugement qui qualifie et flétrit le livre, n'a pas encore attaqué la vie de l'auteur; mais il a déjà tué son honneur : ses exceptions et défenses lui restent encore entières pour ce qui regarde la peine afflictive; mais il a déjà reçu la peine infamante : il est déjà flétri et déshonoré autant qu'il dépend de ses juges; la seule chose qui leur reste à décider, c'est s'il sera brûlé ou non.

La distinction sur ce point entre le livre et l'auteur est inepte, puisqu'un livre n'est pas punissable. Un livre n'est en lui-même ni impie ni téméraire; ces épithètes ne peuvent tomber que sur la doctrine qu'il contient; c'est-à-dire sur l'auteur de cette doctrine. Quand on brûle un livre, que fait là le bourreau? Déshonore-t-il les feuillets du livre? Qui jamais ouït dire qu'un livre eût de l'honneur?

Voilà l'erreur; en voici la source : un usage mal entendu.

On écrit beaucoup de livres; on en écrit peu avec un désir sincère d'aller au bien. De cent ouvrages qui paroissent, soixante au moins ont pour objet des motifs d'intérêt ou d'ambition; trente autres, dictés par l'esprit de parti, par la haine, vont, à la faveur de l'anonyme, porter dans le public le poison de la calomnie et de la satire. Dix peut-être, et c'est beaucoup, sont écrits dans de bonnes vues: on y dit la vérité qu'on sait, on y cherche le bien qu'on aime. Oui; mais où est l'homme à qui l'on pardonne la vérité? il faut donc se cacher pour la dire. Pour être utile impunément, on lâche son livre dans le public, et l'on fait le plongeon.

De ces divers livres, quelques uns des mauvais, et à peu près tous les bons, sont dénoncés et proscrits dans les tribunaux: la raison de cela se voit sans que je la dise. Ce n'est, au surplus, qu'une simple formalité, pour ne pas paroître approuver tacitement ces livres. Du reste, pourvu que les noms des auteurs n'y soient pas, ces auteurs, quoique tout le monde les connoisse et les nomme, ne sont pas connus du magistrat. Plusieurs même sont dans l'usage d'avouer ces livres pour s'en faire honneur, et de les renier pour se mettre à couvert; le même homme sera l'auteur ou ne le sera pas devant le même homme, selon qu'ils seront à l'audience ou dans un souper. C'est alternativement oui et non, sans difficulté, sans scrupule. De cette façon la sûreté ne coûte rien à la vanité, c'est là la prudence et l'habileté que l'auteur des Lettres me reproche de n'avoir pas eue, et qui pourtant n'exige pas, ce me semble, que, pour l'avoir, on se mette en grands frais d'esprit.

Cette manière de procéder contre des livres anonymes, dont on ne veut pas connoître les auteurs, est devenue un usage judiciaire. Quand on veut sévir contre le livre, on le brûle parce qu'il n'y a personne à entendre, et qu'on voit bien que l'auteur qui se cache n'est pas d'humeur à l'avouer; sauf à rire le soir avec lui-même des informations qu'on vient d'ordonner le matin contre lui. Tel est l'usage.

Mais lorsqu'un auteur maladroit, c'est-à-dire un auteur qui connoît son devoir, qui le veut remplir, se croit obligé de ne rien dire au public qu'il ne l'avoue, qu'il ne se nomme, qu'il ne se montre pour en répondre, alors l'équité, qui ne doit pas punir comme un crime la maladresse d'un homme d'honneur, veut qu'on procède avec lui d'une autre manière; elle veut qu'on ne sépare point la cause du livre de celle de l'homme, puisqu'il déclare, en mettant son nom, ne les vouloir point séparer; elle veut qu'on ne juge l'ouvrage, qui ne peut répondre, qu'après avoir ouï l'auteur, qui répond pour lui. Ainsi, bien que condamner un livre anonyme soit en effet ne condamner que le livre, condamner un livre qui porte le nom de l'auteur, c'est condamner l'auteur même; et quand on ne l'a point mis à portée de répondre, c'est le juger sans l'avoir entendu.

L'assignation préliminaire, même, si l'on veut, le décret de prise de corps, est donc indispensable en pareil cas avant de procéder au jugement du livre : et vainement diroit-on, avec l'auteur des Lettres, que le délit est évident, qu'il est dans le livre même : cela ne dispense point de suivre la forme judiciaire qu'on suit dans les plus grands crimes, dans les plus avérés, dans les mieux prouvés. Car, quand toute la ville auroit vu un homme en assassiner un autre, encore ne jugeroit-on point l'assassin sans l'entendre, ou sans l'avoir mis à portée d'être entendu.

Et pourquoi cette franchise d'un auteur qui se nomme tourneroit-elle ainsi contre lui? Ne doit-elle pas, au contraire, lui mériter des égards? ne doit-elle pas imposer aux juges plus de circonspection que s'il ne se fût pas nommé? Pourquoi, quand il traite des questions hardies, s'exposeroit-il ainsi, s'il ne se sentoit rassuré contre les dangers par des raisons qu'il peut alléguer en sa faveur, et qu'on peut présumer, sur sa conduite même, valoir la peine d'être entendues? L'auteur des Lettres aura beau qualifier cette conduite d'imprudence et de maladresse, elle n'en est pas moins celle d'un homme d'honneur, qui voit son devoir où d'autres voient cette imprudence, qui sent n'avoir rien à craindre de quiconque voudra procéder avec lui justement, et qui regarde comme une lâcheté punissable de publier des choses qu'on ne veut pas avouer.

S'il n'est question que de la réputation d'auteur, a-t-on besoin de mettre son nom à son livre ? Qui ne sait comment on s'y prend pour en avoir tout l'honneur sans rien risquer, pour s'en glorifier sans en répondre, pour prendre un air humble à force de vanité ? De quels auteurs d'une certaine volée ce petit tour d'adresse est-il ignoré ? qui d'entre eux ne sait qu'il est même au-dessous de la dignité de se nommer, comme si chacun ne devoit pas, en lisant l'ouvrage, deviner le grand homme qui l'a composé ?

Mais ces messieurs n'ont vu que l'usage ordinaire ; et, loin de voir l'exception qui faisoit en ma faveur, ils l'ont fait servir contre moi. Ils devoient brûler le livre sans faire mention de l'auteur, ou, s'ils en vouloient à l'auteur, attendre qu'il fût présent ou contumace pour brûler le livre. Mais point ; ils brûlent le livre comme si l'auteur n'étoit pas connu, et décrètent l'auteur comme si le livre n'étoit pas brûlé. Me décréter après m'avoir diffamé ! Que me vouloient-ils donc encore ? que me réservoient-ils de pis dans la suite ? Ignoroient-ils que l'honneur d'un honnête homme lui est plus cher que la vie ? Quel mal reste-t-il à lui faire quand on a commencé par le flétrir ? Que me sert de me présenter innocent devant les juges, quand le traitement qu'ils me font avant de m'entendre est la plus cruelle peine qu'ils pourroient m'imposer si j'étois jugé criminel ?

On commence par me traiter à tous égards comme un malfaiteur qui n'a plus d'honneur à perdre, et qu'on ne peut punir désormais que dans son corps; et puis on dit tranquillement que je reste dans toutes mes exceptions et défenses! Mais comment ces exceptions et défenses effaceront-elles l'ignominie et le mal qu'on m'aura fait souffrir d'avance et dans mon livre et dans ma personne, quand j'aurai été promené dans les rues par des archers; quand aux maux qui m'accablent on aura pris soin d'ajouter les rigueurs de la prison! Quoi donc! pour être juste doit-on confondre dans la même classe et dans le même traitement toutes les fautes et tous les hommes? Pour un acte de franchise, appelé maladresse, faut-il débuter par traîner un citoyen sans reproche dans les prisons comme un scélérat? Et quel avantage aura donc devant les juges l'estime publique et l'intégrité de la vie entière, si cinquante ans d'honneur vis-à-vis du moindre indice [1] ne sauvent un homme d'aucun affront?

« La comparaison d'*Émile* et du *Contrat social*
« avec d'autres ouvrages qui ont été tolérés, et la
« partialité qu'on en prend occasion de repro-

---

[1] Il y auroit à l'examen beaucoup à rabattre des présomptions que l'auteur des Lettres affecte d'accumuler contre moi. Il dit, par exemple, que les livres déférés paroissoient sous le même format que mes autres ouvrages. Il est vrai qu'ils étoient in-12 et in-8° : sous quel format sont donc ceux des autres auteurs? Il ajoute qu'ils

« cher au Conseil, ne me semblent pas fondées.
« Ce ne seroit pas bien raisonner que de prétendre
« qu'un gouvernement, parce qu'il auroit une fois
« dissimulé, seroit obligé de dissimuler toujours : si
« c'est une négligence, on peut la redresser; si
« c'est un silence forcé par les circonstances ou
« par la politique, il y auroit peu de justice à en
« faire la matière d'un reproche. Je ne prétends
« point justifier les ouvrages désignés dans les re-
« présentations; mais, en conscience, y a-t-il pa-
« rité entre des livres où l'on trouve des traits
« épars et indiscrets contre la religion, et des livres
« où, sans détour, sans ménagement, on l'attaque
« dans ses dogmes, dans sa morale, dans son in-
« fluence sur la société civile? Faisons impartiale-
« ment la comparaison de ces ouvrages, jugeons-en
« par l'impression qu'ils ont faite dans le monde :
« les uns s'impriment et se débitent partout; on
« sait comment y ont été reçus les autres (pages 23
« et 24). »

J'ai cru devoir transcrire d'abord ce paragraphe
en entier; je le reprendrai maintenant par frag-
ments : il mérite un peu d'analyse.

Que n'imprime-t-on pas à Genève? que n'y to-

étoient imprimés par le même libraire; voilà ce qui n'est pas.
L'*Émile* fut imprimé par des libraires différents du mien, et avec
des caractères qui n'avoient servi à nul autre de mes écrits. Ainsi
l'indice qui résultoit de cette confrontation n'étoit point contre moi,
il étoit à ma décharge.

lère-t-on pas? Des ouvrages qu'on a peine à lire sans indignation s'y débitent publiquement; tout le monde les lit, tout le monde les aime: les magistrats se taisent, les ministres sourient; l'air austère n'est plus du bon air. Moi seul et mes livres avons mérité l'animadversion du Conseil; et quelle animadversion! l'on ne peut même l'imaginer plus violente ni plus terrible. Mon Dieu! je n'aurois jamais cru d'être un si grand scélérat.

« La comparaison d'*Émile* et du *Contrat social*
« avec d'autres ouvrages tolérés ne me semble pas
« fondée. » Ah! je l'espère.

« Ce ne seroit pas bien raisonner de prétendre
« qu'un gouvernement, parce qu'il auroit une fois
« dissimulé, seroit obligé de dissimuler toujours. »
Soit, mais voyez le temps, les lieux, les personnes; voyez les écrits sur lesquels on dissimule, et ceux qu'on choisit pour ne plus dissimuler; voyez les auteurs qu'on fête à Genève, et voyez ceux qu'on y poursuit.

« Si c'est une négligence, on peut la redres-
« ser. » On le pouvoit, on l'auroit dû; l'a-t-on fait? Mes écrits et leur auteur ont été flétris sans avoir mérité de l'être, et ceux qui l'ont mérité ne sont pas moins tolérés qu'auparavant. L'exception n'est que pour moi seul.

« Si c'est un silence forcé par les circonstances
« et par la politique, il y auroit peu de justice à
« en faire la matière d'un reproche. » Si l'on vous

force à tolérer des écrits punissables, tolérez donc aussi ceux qui ne le sont pas. La décence au moins exige qu'on cache au peuple ces choquantes acceptions de personnes, qui punissent le foible innocent des fautes du puissant coupable. Quoi! ces distinctions scandaleuses sont-elles donc des raisons, et feront-elles toujours des dupes? Ne diroit-on pas que le sort de quelques satires obscènes intéresse beaucoup les potentats, que votre ville va être écrasée si l'on n'y tolère, si l'on n'y imprime, si l'on n'y vend publiquement ces mêmes ouvrages qu'on proscrit dans le pays des auteurs? Peuples! combien on vous en fait accroire, en faisant si souvent intervenir les puissances pour autoriser le mal qu'elles ignorent et qu'on veut faire en leur nom!

Lorsque j'arrivai dans ce pays, on eût dit que tout le royaume de France étoit à mes trousses : on brûle mes livres à Genève; c'est pour complaire à la France; on m'y décrète; la France le veut ainsi; l'on me fait chasser du canton de Berne; c'est la France qui l'a demandé : l'on me poursuit jusque dans les montagnes ; si l'on m'en eût pu chasser, c'eût encore été la France. Forcé par mille outrages, j'écris une lettre apologétique[1]; pour le coup tout étoit perdu : j'étois entouré, surveillé; la France envoyoit des espions pour me guetter, des soldats pour m'enlever, des brigands

[1] Lettre à M. de Beaumont.

pour m'assassiner; il étoit même imprudent de sortir de ma maison : tous les dangers me venoient toujours de la France, du parlement, du clergé, de la cour même ; on ne vit de la vie un pauvre barbouilleur de papier devenir, pour son malheur, un homme aussi important. Ennuyé de tant de bêtises, je vais en France; je connoissois les François, et j'étois malheureux ! On m'accueille, on me caresse, je reçois mille honnêtetés, et il ne tient qu'à moi d'en recevoir davantage. Je retourne tranquillement chez moi. L'on tombe des nues ; on n'en revient pas ; on blâme fortement mon étourderie, mais on cesse de me menacer de la France. On a raison : si jamais des assassins daignent terminer mes souffrances, ce n'est sûrement pas de ce pays-là qu'ils viendront.

Je ne confonds point les diverses causes de mes disgrâces ; je sais bien discerner celles qui sont l'effet des circonstances, l'ouvrage de la triste nécessité, de celles qui me viennent uniquement de la haine de mes ennemis. Eh ! plût à Dieu que je n'en eusse pas plus à Genève qu'en France, et qu'ils n'y fussent pas plus implacables ! Chacun sait aujourd'hui d'où sont partis les coups qu'on m'a portés, et qui m'ont été les plus sensibles. Vos gens me reprochent mes malheurs comme s'ils n'étoient pas leur ouvrage. Quelle noirceur plus cruelle que de me faire un crime à Genève des persécutions qu'on me suscitoit dans la Suisse, et de m'accuser de n'être admis nulle part, en me faisant chasser de partout? Faut-il que je reproche à l'amitié qui m'appela dans ces contrées le voisinage de mon pays? J'ose en attester tous les peuples de l'Europe; y en a-t-il un seul, excepté la Suisse, où je n'eusse pas été reçu même avec honneur? Toutefois dois-je me plaindre du choix de ma retraite? Non, malgré tant d'acharnement et d'outrages, j'ai plus gagné que perdu; j'ai trouvé un homme, ame noble et grande; ô George Keith! mon protecteur, mon ami, mon père! où que vous soyez, où que j'achève mes tristes jours, et dussé-je ne vous revoir de ma vie, non, je ne reprocherai point au ciel mes misères; je leur dois votre amitié.

« En conscience, y a-t-il parité entre les livres
« où l'on trouve quelques traits épars et indiscrets
« contre la religion, et des livres où, sans détour,
« sans ménagement, on l'attaque dans ses dogmes,
« dans sa morale, dans son influence sur la so-
« ciété? »

En conscience!... Il ne siéroit pas à un impie tel que moi d'oser parler de conscience... surtout vis-à-vis de ces bons chrétiens... ainsi je me tais... C'est pourtant une singulière conscience que celle qui fait dire à des magistrats : Nous souffrons volontiers qu'on blasphème, mais nous ne souffrons pas qu'on raisonne! Otons, monsieur, la disparité des sujets; c'est avec ces mêmes façons de penser que les Athéniens applaudissoient aux impiétés d'Aristophane, et firent mourir Socrate.

Une des choses qui me donnent le plus de confiance dans mes principes, c'est de trouver leur application toujours juste dans les cas que j'avois le moins prévus ; tel est celui qui se présente ici. Une des maximes qui découlent de l'analyse que j'ai faite de la religion et de ce qui lui est essentiel, est que les hommes ne doivent se mêler de celle d'autrui qu'en ce qui les intéresse ; d'où il suit qu'ils ne doivent jamais punir des offenses [1] faites uniquement à Dieu, qui saura bien les punir lui-même. « Il faut honorer la Divinité, et ne la venger « jamais, » disent, après Montesquieu, les représentants : ils ont raison. Cependant les ridicules

---

[1] Notez que je me sers de ce mot *offenser Dieu*, selon l'usage, quoique je sois très-éloigné de l'admettre dans son sens propre, et que je le trouve très-mal appliqué ; comme si quelque être que ce soit, un homme, un ange, le diable même pouvoit jamais offenser Dieu ! Le mot que nous rendons par *offenses* est traduit, comme presque tout le reste, du texte sacré ; c'est tout dire. Des hommes enfarinés de leur théologie ont rendu et défiguré ce livre admirable selon leurs petites idées ; et voilà de quoi l'on entretient la folie et le fanatisme du peuple. Je trouve très-sage la circonspection de l'Église romaine sur les traductions de l'Écriture en langue vulgaire ; et comme il n'est pas nécessaire de proposer toujours au peuple les méditations voluptueuses du Cantique des Cantiques, ni les malédictions continuelles de David contre ses ennemis, ni les subtilités de saint Paul sur la grâce, il est dangereux de lui proposer la sublime morale de l'Évangile dans des termes qui ne rendent pas exactement le sens de l'auteur ; car, pour peu qu'on s'en écarte en prenant une autre route, on va très-lon

outrageants, les impiétés grossières, les blasphèmes contre la religion sont punissables, jamais les raisonnements. Pourquoi cela? parce que dans ce premier cas on n'attaque pas seulement la religion, mais ceux qui la professent; on les insulte, on les outrage dans leur culte, on marque un mépris révoltant pour ce qu'ils respectent, et par conséquent pour eux. De tels outrages doivent être punis par les lois, parce qu'ils retombent sur les hommes, et que les hommes ont droit de s'en ressentir. Mais où est le mortel sur la terre qu'un raisonnement doive offenser? Où est celui qui peut se fâcher de ce qu'on le traite en homme, et qu'on le suppose raisonnable? Si le raisonneur se trompe ou nous trompe, et que vous vous intéressiez à lui ou à nous, montrez-lui son tort, désabusez-nous, battez-le de ses propres armes. Si vous n'en voulez pas prendre la peine, ne dites rien, ne l'écoutez pas, laissez-le raisonner ou déraisonner, et tout est fini sans bruit, sans querelle, sans insulte quelconque pour qui que ce soit. Mais sur quoi peut-on fonder la maxime contraire de tolérer la raillerie, le mépris, l'outrage, et de punir la raison? la mienne s'y perd.

Ces messieurs voient si souvent M. de Voltaire, comment ne leur a-t-il point inspiré cet esprit de tolérance qu'il prêche sans cesse, et dont il a quelquefois besoin? S'ils l'eussent un peu consulté dans cette affaire, il me paroît qu'il eût pu leur parler à peu près ainsi :

« Messieurs, ce ne sont point les raisonneurs
« qui font du mal, ce sont les cafards. La philo-
« sophie peut aller son train sans risque, le peu-
« ple ne l'entend pas ou la laisse dire, et lui rend
« tout le dédain qu'elle a pour lui. Raisonner, est
« de toutes les folies des hommes celle qui nuit le
« moins au genre humain ; et l'on voit même des
« gens sages entichés parfois de cette folie-là. Je
« ne raisonne pas, moi, cela est vrai ; mais d'au-
« tres raisonnent : quel mal en arrive-t-il ? Voyez
« tel, tel et tel ouvrage : n'y a-t-il que des plai-
« santeries dans ces livres-là ? Moi-même enfin, si
« je ne raisonne pas, je fais mieux, je fais raisonner
« mes lecteurs. Voyez mon chapitre des Juifs ;
« voyez le même chapitre plus développé dans le
« *Sermon des Cinquante* : il y a là du raisonne-
« ment, ou l'équivalent, je pense. Vous convien-
« drez aussi qu'il y a peu de *détour*, et quelque
« chose de plus que *des traits épars et indiscrets*.

« Nous avons arrangé que mon grand crédit à la
« cour et ma toute-puissance prétendue vous ser-
« viroient de prétexte pour laisser courir en paix
« les jeux badins de mes vieux ans : cela est bon ;
« mais ne brûlez pas pour cela des écrits plus gra-
« ves, car alors cela seroit trop choquant.

« J'ai tant prêché la tolérance ! il ne faut pas tou-
« jours l'exiger des autres, et n'en jamais user avec

« eux. Ce pauvre homme croit en Dieu, passons-
« lui cela, il ne fera pas secte : il est ennuyeux; tous
« les raisonneurs le sont : nous ne mettrons pas
« celui-ci de nos soupers ; du reste, que nous im-
« porte? Si l'on brûloit tous les livres ennuyeux,
« que deviendroient les bibliothèques? et si l'on
« brûloit tous les gens ennuyeux, il faudroit faire
« un bûcher du pays. Croyez-moi, laissons raison-
« ner ceux qui nous laissent plaisanter; ne brû-
« lons ni gens ni livres, et restons en paix ; c'est
« mon avis. » Voilà, selon moi, ce qu'eût pu dire
d'un meilleur ton M. de Voltaire ; et ce n'eût pas
été là, ce me semble, le plus mauvais conseil qu'il
auroit donné [1].

« Faisons impartialement la comparaison de ces
« ouvrages; jugeons-en par l'impression qu'ils ont
« faite dans le monde. » J'y consens de tout mon
cœur. « Les uns s'impriment et se débitent par-
« tout; on sait comment y ont été reçus les au-
« tres. »

Ces mots, *les uns* et *les autres*, sont équivoques.
Je ne dirai pas sous lesquels l'auteur entend mes
écrits : mais ce que je puis dire, c'est qu'on les imprime dans tous les pays, qu'on les traduit dans
toutes les langues, qu'on a même fait à la fois deux

---

[1] * Voltaire répondit à cette plaisanterie par le pamphlet intitulé : *Sentiments des citoyens*, dans lequel il représente Rousseau
ayant une *maladie honteuse*, et traînant de village en village une
femme de mauvaise vie.

traductions de l'*Émile*, à Londres, honneur que n'eut jamais aucun autre livre, excepté l'*Héloïse*, au moins que je sache. Je dirai, de plus, qu'en France, en Angleterre, en Allemagne, même en Italie, on me plaint, on m'aime, on voudroit m'accueillir, et qu'il n'y a partout qu'un cri d'indignation contre le conseil de Genève. Voilà ce que je sais du sort de mes écrits; j'ignore celui des autres.

Il est temps de finir. Vous voyez, monsieur, que dans cette lettre et dans la précédente, je me suis supposé coupable : mais dans les trois premières j'ai montré que je ne l'étois pas. Or jugez de ce qu'une procédure injuste contre un coupable doit être contre un innocent!

Cependant ces messieurs, bien déterminés à laisser subsister cette procédure, ont hautement déclaré que le bien de la religion ne leur permettoit pas de reconnoître leur tort, ni l'honneur du gouvernement de réparer leur injustice. Il faudroit un ouvrage entier pour montrer les conséquences de cette maxime, qui consacre et change en arrêt du destin toutes les iniquités des ministres des lois. Ce n'est pas de cela qu'il s'agit encore, et je ne me suis proposé jusqu'ici que d'examiner si l'injustice avoit été commise, et non si elle devoit être réparée. Dans le cas de l'affirmative, nous verrons ci-après quelle ressource vos lois se sont ménagée pour remédier à leur violation. En attendant, que faut-il penser de ces juges inflexibles qui procèdent dans leurs jugements aussi légèrement que s'ils ne tiroient point à conséquence, et qui les maintiennent avec autant d'obstination que s'ils y avoient apporté le plus mûr examen?

Quelque longues qu'aient été ces discussions, j'ai cru que leur objet vous donneroit la patience de les suivre; j'ose même dire que vous le deviez, puisqu'elles sont autant l'apologie de vos lois que la mienne. Dans un pays libre et dans une religion raisonnable, la loi qui rendroit criminel un livre pareil au mien seroit une loi funeste, qu'il faudroit se hâter d'abroger pour l'honneur et le bien de l'état. Mais, grâce au ciel, il n'existe rien de tel parmi vous, comme je viens de le prouver, et il vaut mieux que l'injustice dont je suis la victime soit l'ouvrage du magistrat que des lois; car les erreurs des hommes sont passagères, mais celles des lois durent autant qu'elles. Loin que l'ostracisme qui m'exile à jamais de mon pays soit l'ouvrage de mes fautes, je n'ai jamais mieux rempli mon devoir de citoyen qu'au moment que je cesse de l'être, et j'en aurois mérité le titre par l'acte qui m'y fait renoncer.

Rappelez-vous ce qui venoit de se passer, il y avoit peu d'années, au sujet de l'article *Genève* de M. d'Alembert. Loin de calmer les murmures excités par cet article, l'écrit publié par les pasteurs les avoit augmentés; et il n'y a personne qui ne sache que mon ouvrage leur fit plus de bien que le leur. Le parti protestant, mécontent d'eux, n'éclatoit pas, mais il pouvoit éclater d'un moment à l'autre ; et malheureusement les gouvernements s'alarment de si peu de chose en ces matières, que les querelles des théologiens, faites pour tomber dans l'oubli d'elles-mêmes, prennent toujours de l'importance par celle qu'on leur veut donner.

Pour moi, je regardois comme la gloire et le bonheur de la patrie d'avoir un clergé animé d'un esprit si rare dans son ordre, et qui, sans s'attacher à la doctrine purement spéculative, rapportoit tout à la morale et aux devoirs de l'homme et du citoyen. Je pensois que, sans faire directement son apologie, justifier les maximes que je lui supposois et prévenir les censures qu'on en pourroit faire, c'étoit un service à rendre à l'état. En montrant que ce qu'il négligeoit n'étoit ni certain ni utile, j'espérois contenir ceux qui voudroient lui en faire un crime : sans le nommer, sans le désigner, sans compromettre son orthodoxie, c'étoit le donner en exemple aux autres théologiens.

L'entreprise étoit hardie, mais elle n'étoit pas téméraire ; et, sans des circonstances qu'il étoit difficile de prévoir, elle devoit naturellement réussir. Je n'étois pas seul de ce sentiment ; des gens très-éclairés, d'illustres magistrats même, pensoient comme moi. Considérez l'état religieux de l'Europe au moment où je publiai mon livre ; et vous verrez qu'il étoit plus que probable qu'il seroit partout accueilli. La religion, décréditée en tout lieu par la philosophie, avoit perdu son ascendant jusque sur le peuple. Les gens d'Église, obstinés à l'étayer par son côté foible, avoient laissé miner tout le reste; et l'édifice entier, portant à faux, étoit prêt à s'écrouler. Les controverses avoient cessé parce qu'elles n'intéressoient plus personne; et la paix régnoit entre les différents partis, parce que nul ne se soucioit plus du sien. Pour ôter les mauvaises branches, on avoit abattu l'arbre; pour le replanter, il falloit n'y laisser que le tronc.

Quel moment plus heureux pour établir solidement la paix universelle, que celui où l'animosité des parties suspendue laissoit tout le monde en état d'écouter la raison? A qui pouvoit déplaire un ouvrage où, sans blâmer, du moins sans exclure personne, on faisoit voir qu'au fond tous étoient d'accord; que tant de dissensions ne s'étoient élevées, que tant de sang n'avoit été versé que pour des malentendus; que chacun devoit rester en repos dans son culte, sans troubler celui des autres; que partout on devoit servir Dieu, aimer son prochain, obéir aux lois, et qu'en cela seul consistoit l'essence de toute bonne religion? C'étoit établir à la fois la liberté philosophique et la piété religieuse; c'étoit concilier l'amour de l'ordre et les égards pour les préjugés d'autrui : c'étoit, sans détruire les divers partis, les ramener tous au terme commun de l'humanité et de la raison : loin d'exciter des querelles, c'étoit couper la racine à celles qui germent encore, et qui renaîtront infailliblement d'un jour à l'autre, lorsque le zèle du fanatisme, qui n'est qu'assoupi, se réveillera : c'étoit, en un mot, dans ce siècle pacifique par indifférence, donner à chacun des raisons très-fortes d'être toujours ce qu'il est maintenant sans savoir pourquoi.

Que de maux tout prêts à renaître n'étoient point prévenus si l'on m'eût écouté! Quels inconvénients étoient attachés à cet avantage! Pas un, non, pas un. Je défie qu'on m'en montre un seul probable et même possible, si ce n'est l'impunité des erreurs innocentes, et l'impuissance des persécuteurs. Eh! comment se peut-il qu'après tant de tristes expériences, et dans un siècle si éclairé, les gouvernements n'aient pas encore appris à jeter et briser cette arme terrible, qu'on ne peut manier avec tant d'adresse qu'elle ne coupe la main qui s'en veut servir? L'abbé de Saint-Pierre vouloit qu'on ôtât les écoles de théologie, et qu'on soutînt la religion. Quel parti prendre pour parvenir sans bruit à ce double objet qui, bien vu, se confond en un? Le parti que j'avois pris.

Une circonstance malheureuse, en arrêtant l'effet de mes bons desseins, a rassemblé sur ma tête tous les maux dont je voulois délivrer le genre humain. Renaîtra-t-il jamais un autre ami de la vérité que mon sort n'effraie pas? Je l'ignore. Qu'il soit plus sage, s'il a le même zèle, en sera-t-il plus heureux? J'en doute. Le moment que j'avois saisi, puisqu'il est manqué, ne reviendra plus. Je souhaite de tout mon cœur que le parlement de Paris ne se repente pas un jour lui-même d'avoir remis dans la main de la superstition le poignard que j'en faisois tomber.

Mais laissons les lieux et les temps éloignés, et retournons à Genève. C'est là que je veux vous ramener par une dernière observation, que vous êtes bien à portée de faire, et qui doit certainement vous frapper. Jetez les yeux sur ce qui se passe autour de vous. Quels sont ceux qui me poursuivent? quels sont ceux qui me défendent? Voyez parmi les représentants l'élite de vos citoyens: Genève en a-t-elle de plus estimables? Je ne veux point parler de mes persécuteurs; à Dieu ne plaise que je souille jamais ma plume et ma cause des traits de la satire! je laisse sans regret cette arme à mes ennemis. Mais comparez et jugez vous-même. De quel côté sont les mœurs, les vertus, la solide piété, le plus vrai patriotisme? Quoi! j'offense les lois, et leurs plus zélés défenseurs sont les miens! j'attaque le gouvernement, et les meilleurs citoyens m'approuvent! j'attaque la religion, et j'ai pour moi ceux qui ont le plus de religion! Cette seule observation dit tout; elle seule montre mon vrai crime et le vrai sujet de mes disgrâces. Ceux qui me haïssent et m'outragent font mon éloge en dépit d'eux. Leur haine s'explique d'elle-même. Un Génevois peut-il s'y tromper?

LETTRE VI.

S'il est vrai que l'auteur attaque les gouvernements. Courte analyse de son livre. La procédure faite à Genève est sans exemple, et n'a été suivie en aucun pays.

Encore une lettre, monsieur, et vous êtes délivré de moi. Mais je me trouve, en la commençant, dans une situation bien bizarre, obligé de l'écrire, et ne sachant de quoi la remplir. Concevez-vous qu'on ait à se justifier d'un crime qu'on ignore, et qu'il faille se défendre sans savoir de quoi l'on est accusé? C'est pourtant ce que j'ai à faire au sujet des gouvernements. Je suis, non pas accusé, mais jugé, mais flétri, pour avoir publié deux ouvrages « téméraires, scandaleux, impies, tendants à dé-« truire la religion chrétienne et tous les gouver-« nements. » Quant à la religion, nous avons eu du moins quelque prise pour trouver ce qu'on a voulu dire, et nous l'avons examiné. Mais, quant aux gouvernements, rien ne peut nous fournir le moindre indice. On a toujours évité toute espèce d'explication sur ce point : on n'a jamais voulu dire en quel lieu j'entreprenois ainsi de les détruire, ni comment, ni pourquoi, ni rien de ce qui peut constater que le délit n'est pas imaginaire. C'est comme si l'on jugeoit quelqu'un pour avoir tué un homme, sans dire ni où, ni qui, ni quand, pour un meurtre abstrait. A l'inquisition, l'on force bien l'accusé de deviner de quoi on l'accuse; mais on ne le juge pas sans dire sur quoi.

L'auteur des *Lettres écrites de la campagne* évite avec le même soin de s'expliquer sur ce prétendu délit; il joint également la religion et les gouvernements dans la même accusation générale; puis, entrant en matière sur la religion, il déclare vouloir s'y borner, et il tient parole. Comment parviendrons-nous à vérifier l'accusation qui regarde les gouvernements, si ceux qui l'intentent refusent de dire sur quoi elle porte?

Remarquez même comment, d'un trait de plume, cet auteur change l'état de la question. Le Conseil prononce que mes livres tendent à détruire tous les gouvernements; l'auteur des Lettres dit seulement que les gouvernements y sont livrés à la plus audacieuse critique. Cela est fort différent. Une critique, quelque audacieuse qu'elle puisse être, n'est point une conspiration. Critiquer ou blâmer quelques lois, n'est pas renverser toutes les lois. Autant vaudroit accuser quelqu'un d'assassiner les malades, lorsqu'il montre les fautes des médecins.

Encore une fois, que répondre à des raisons qu'on ne veut pas dire? Comment se justifier contre un jugement porté sans motif? Que, sans preuve de part ni d'autre, ces messieurs disent que je veux renverser tous les gouvernements; et que je dise, moi, que je ne veux pas renverser tous les gouvernements, il y a dans ces assertions parité exacte; excepté que le préjugé est pour moi; car il est à présumer que je sais mieux que personne ce que je veux faire.

Mais où la parité manque, c'est dans l'effet de l'assertion. Sur la leur, mon livre est brûlé, ma personne est décrétée; et ce que j'affirme ne rétablit rien. Seulement, si je prouve que l'accusation est fausse et le jugement inique, l'affront qu'ils m'ont fait retourne à eux-mêmes: le décret, le bourreau, tout y devroit retourner, puisque nul ne détruit si radicalement le gouvernement que celui qui en tire un usage directement contraire à la fin pour laquelle il est institué.

Il ne suffit pas que j'affirme, il faut que je prouve; et c'est ici qu'on voit combien est déplorable le sort d'un particulier soumis à d'injustes magistrats, quand ils n'ont rien à craindre du souverain, et qu'ils se mettent au-dessus des lois. D'une affirmation sans preuve ils font une démonstration; voilà l'innocent puni. Bien plus, de sa défense même ils lui font un nouveau crime, et il ne tiendroit pas à eux de le punir encore d'avoir prouvé qu'il étoit innocent.

Comment m'y prendre pour montrer qu'ils n'ont pas dit vrai, pour prouver que je ne détruis point les gouvernements? Quelque endroit de mes écrits que je défende, ils diront que ce n'est pas celui-là qu'ils ont condamné, quoiqu'ils aient condamné tout, le bon comme le mauvais, sans nulle distinction. Pour ne leur laisser aucune défaite, il faudroit donc tout reprendre, tout suivre d'un bout à l'autre, livre à livre, page à page, ligne à ligne, et presque enfin mot à mot. Il faudroit de plus examiner tous les gouvernements du monde, puisqu'ils disent que je les détruis tous. Quelle entreprise! Que d'années y faudroit-il employer? Que d'*in-folio* faudroit-il écrire? et après cela qui les liroit?

Exigez de moi ce qui est faisable. Tout homme sensé doit se contenter de ce que j'ai à vous dire : vous ne voulez sûrement rien de plus.

De mes deux livres, brûlés à la fois sous des imputations communes, il n'y en a qu'un qui traite du droit politique et des matières de gouvernement. Si l'autre en traite, ce n'est que dans un extrait du premier. Ainsi je suppose que c'est sur celui-ci seulement que tombe l'accusation. Si cette accusation portoit sur quelque passage particulier, on l'auroit cité sans doute; on en auroit du moins extrait quelque maxime fidèle ou infidèle, comme on a fait sur les points concernant la religion.

C'est donc le système établi dans le corps de l'ouvrage qui détruit les gouvernements : il ne s'agit donc que d'exposer ce système, ou de faire une analyse du livre; et si nous n'y voyons évidemment les principes destructifs dont il s'agit, nous saurons du moins où les chercher dans l'ouvrage, en suivant la méthode de l'auteur.

Mais, monsieur, si, durant cette analyse, qui sera courte, vous trouvez quelque conséquence à tirer, de grâce, ne vous pressez pas; attendez que nous en raisonnions ensemble : après cela vous y reviendrez si vous voulez.

Qui est-ce qui fait que l'état est un? C'est l'union de ses membres. Et d'où naît l'union de ses membres? De l'obligation qui les lie. Tout est d'accord jusqu'ici.

Mais quel est le fondement de cette obligation? Voilà où les auteurs se divisent. Selon les uns, c'est la force; selon d'autres, l'autorité paternelle; selon d'autres, la volonté de Dieu. Chacun établit son principe et attaque celui des autres : je n'ai pas moi-même fait autrement; et suivant la plus saine partie de ceux qui ont discuté ces matières, j'ai posé pour fondement du corps politique la convention de ses membres; j'ai réfuté les principes différents du mien.

Indépendamment de la vérité de ce principe, il l'emporte sur tous les autres par la solidité du fondement qu'il établit; car quel fondement plus sûr peut avoir l'obligation parmi les hommes, que le libre engagement de celui qui s'oblige? On peut disputer tout autre principe [1]; on ne sauroit disputer celui-là.

Mais par cette condition de la liberté, qui en renferme d'autres, toutes sortes d'engagements ne sont pas valides, même devant les tribunaux humains. Ainsi, pour déterminer celui-ci, l'on doit en expliquer la nature, on doit en trouver l'usage et la fin, on doit prouver qu'il est convenable à des hommes, et qu'il n'a rien de contraire aux lois naturelles : car il n'est pas plus permis d'enfreindre les lois naturelles par le contrat social, qu'il n'est permis d'enfreindre les lois positives par les contrats des particuliers; et ce n'est que par ces lois mêmes qu'existe la liberté qui donne force à l'engagement.

J'ai, pour résultat de cet examen, que l'établissement du contrat social est un pacte d'une espèce particulière, par lequel chacun s'engage envers tous; d'où s'ensuit l'engagement réciproque de tous envers chacun, qui est l'objet immédiat de l'union.

Je dis que cet engagement est d'une espèce par-

---

[1] Même celui de la volonté de Dieu, du moins quant à l'application. Car, bien qu'il soit clair que ce que Dieu veut l'homme doit le vouloir, il n'est pas clair que Dieu veuille qu'on préfère tel gouvernement à tel autre, ni qu'on obéisse à Jacques plutôt qu'à Guillaume. Or voilà de quoi il s'agit.

ticulière, en ce qu'étant absolu, sans condition, sans réserve, il ne peut toutefois être injuste ni susceptible d'abus, puisqu'il n'est pas possible que le corps se veuille nuire à lui-même, tant que le tout ne veut que pour tous.

Il est encore d'une espèce particulière, en ce qu'il lie les contractants sans les assujettir à personne, et qu'en leur donnant leur seule volonté pour règle, il les laisse aussi libres qu'auparavant.

La volonté de tous est donc l'orde, la règle suprême; et cette règle générale et personnifiée est ce que j'appelle le souverain.

Il suit de là que la souveraineté est indivisible, inaliénable, et qu'elle réside essentiellement dans tous les membres du corps.

Mais comment agit cet être abstrait et collectif? Il agit par des lois, et il ne sauroit agir autrement.

Et qu'est-ce qu'une loi? C'est une déclaration publique et solennelle de la volonté générale sur un objet d'intérêt commun.

Je dis sur un objet d'intérêt commun, parce que la loi perdroit sa force, et cesseroit d'être légitime, si l'objet n'en importoit à tous.

La loi ne peut par sa nature avoir un objet particulier et individuel : mais l'application de la loi tombe sur des objets particuliers et individuels.

Le pouvoir législatif, qui est le souverain, a donc besoin d'un autre pouvoir qui exécute, c'est-à-dire qui réduise la loi en actes particuliers. Ce second pouvoir doit être établi de manière qu'il exécute toujours la loi, et qu'il n'exécute jamais que la loi. Ici vient l'institution du gouvernement.

Qu'est-ce que le gouvernement? C'est un corps intermédiaire établi entre les sujets et le souverain pour leur mutuelle correspondance, chargé de l'exécution des lois et du maintien de la liberté tant civile que politique.

Le gouvernement, comme partie intégrante du corps politique, participe à la volonté générale qui le constitue; comme corps lui-même, il a sa volonté propre. Ces deux volontés quelquefois s'accordent, et quelquefois se combattent. C'est de l'effet combiné de ce concours et de ce conflit que résulte le jeu de toute la machine.

Le principe qui constitue les diverses formes du gouvernement consiste dans le nombre des membres qui le composent. Plus ce nombre est petit, plus le gouvernement a de force; plus le nombre est grand, plus le gouvernement est foible; et comme la souveraineté tend toujours au relâchement, le gouvernement tend toujours à se renforcer. Ainsi le corps exécutif doit l'emporter à la longue sur le corps législatif; et quand la loi est enfin soumise aux hommes, il ne reste que des esclaves et des maîtres; l'état est détruit.

Avant cette destruction, le gouvernement doit, par son progrès naturel, changer de forme et passer par degrés du grand nombre au moindre.

Les diverses formes dont le gouvernement est susceptible se réduisent à trois principales. Après les avoir comparées par leurs avantages et par leurs inconvénients, je donne la préférence à celle qui est intermédiaire entre les deux extrêmes, et qui porte le nom d'aristocratie. On doit se souvenir ici que la constitution de l'état et celle du gouvernement sont deux choses très-distinctes, et que je ne les ai pas confondues. Le meilleur des gouvernements est l'aristocratique ; la pire des souverainetés est l'aristocratique.

Ces discussions en amènent d'autres sur la manière dont le gouvernement dégénère, et sur les moyens de retarder la destruction du corps politique.

Enfin, dans le dernier livre, j'examine, par voie de comparaison avec le meilleur gouvernement qui ait existé, savoir celui de Rome, la police la plus favorable à la bonne constitution de l'état ; puis je termine ce livre et tout l'ouvrage par des recherches sur la manière dont la religion peut et doit entrer comme partie constitutive dans la composition du corps politique.

Que pensez-vous, monsieur, en lisant cette analyse courte et fidèle de mon livre ? Je le devine. Vous disiez en vous-même : Voilà l'histoire du gouvernement de Genève. C'est ce qu'ont dit à la lecture du même ouvrage tous ceux qui connoissent votre constitution.

Et en effet, ce contrat primitif, cette essence de la souveraineté, cet empire des lois, cette institution du gouvernement, cette manière de le resserrer à divers degrés pour compenser l'autorité par la force, cette tendance à l'usurpation, ces assemblées périodiques, cette adresse à les ôter, cette destruction prochaine, enfin, qui vous menace et que je voulois prévenir, n'est-ce pas trait pour trait l'image de votre république, depuis sa naissance jusqu'à ce jour?

J'ai donc pris votre constitution, que je trouvois belle, pour modèle des institutions politiques ; et vous proposant en exemple à l'Europe, loin de chercher à vous détruire, j'exposois les moyens de vous conserver. Cette constitution, toute bonne qu'elle est, n'est pas sans défaut; on pouvoit prévenir les altérations qu'elle a souffertes, la garantir du danger qu'elle court aujourd'hui. J'ai prévu ce danger, je l'ai fait entendre, j'indiquois des préservatifs : étoit-ce la vouloir détruire, que de montrer ce qu'il falloit faire pour la maintenir? C'étoit par mon attachement pour elle que j'aurois voulu que rien ne pût l'altérer. Voilà tout mon crime : j'avois tort peut-être ; mais si l'amour de la patrie m'aveugla sur cet article, étoit-ce à elle de m'en punir?

Comment pouvois-je tendre à renverser tous les gouvernements, en posant en principes tous ceux du vôtre? Le fait seul détruit l'accusation.

Puisqu'il y avoit un gouvernement existant sur mon modèle, je ne tendois donc pas à détruire tous ceux qui existoient. Eh! monsieur, si je n'avois fait qu'un système, vous êtes bien sûr qu'on n'auroit rien dit : on se fût contenté de reléguer le *Contrat social*, avec *la République de Platon*, *l'Utopie*, et *les Sévarambes*, dans le pays des chimères. Mais je peignois un objet existant, et l'on vouloit que cet objet changeât de face. Mon livre portoit témoignage contre l'attentat qu'on alloit faire : voilà ce qu'on ne m'a pas pardonné.

Mais voici qui vous paroîtra bizarre. Mon livre attaque tous les gouvernements, et il n'est proscrit dans aucun! Il en établit un seul, il le propose en exemple, et c'est dans celui-là qu'il est brûlé! N'est-il pas singulier que les gouvernements attaqués se taisent, et que le gouvernement respecté sévisse? Quoi! le magistrat de Genève se fait le protecteur des autres gouvernements contre le sien même! Il punit son propre citoyen d'avoir préféré les lois de son pays à toutes les autres! Cela est-il concevable? et le croiriez-vous si vous ne l'eussiez vu? Dans tout le reste de l'Europe quelqu'un s'est-il avisé de flétrir l'ouvrage? Non; pas même l'état où il a été imprimé [1]; pas même

---

[1] Dans le fort des premières clameurs, causées par les procédures de Paris et de Genève, le magistrat surpris défendit les deux livres : mais, sur son propre examen, ce sage magistrat a bien changé de sentiment, surtout quant au *Contrat social*.

la France, où les magistrats sont là-dessus si sévères. Y a-t-on défendu le livre? rien de semblable : on n'a pas laissé d'abord entrer l'édition de Hollande; mais on l'a contrefaite en France; et l'ouvrage y court sans difficulté. C'étoit donc une affaire de commerce et non de police : on préféroit le profit du libraire de France au profit du libraire étranger : voilà tout.

Le *Contrat social* n'a été brûlé nulle part qu'à Genève, où il n'a pas été imprimé ; le seul magistrat de Genève y a trouvé des principes destructifs de tous les gouvernements. A la vérité, ce magistrat n'a point dit quels étoient ces principes ; en cela je crois qu'il a fort prudemment fait.

L'effet des défenses indiscrètes est de n'être point observées et d'énerver la force de l'autorité. Mon livre est dans les mains de tout le monde à Genève ; et que n'est-il également dans tous les cœurs! Lisez-le, monsieur, ce livre si décrié, mais si nécessaire; vous y verrez partout la loi mise au-dessus des hommes; vous y verrez partout la liberté réclamée, mais toujours sous l'autorité des lois, sans lesquelles la liberté ne peut exister, et sous lesquelles on est toujours libre, de quelque façon qu'on soit gouverné. Par-là je ne fais pas, dit-on, ma cour aux puissances : tant pis pour elles; car je fais leurs vrais intérêts, si elles savoient les voir et les suivre. Mais les passions aveuglent les hommes sur leur propre bien. Ceux qui soumettent les lois aux passions humaines sont les vrais destructeurs des gouvernements : voilà les gens qu'il faudroit punir.

Les fondements de l'état sont les mêmes dans tous les gouvernements, et ces fondements sont mieux posés dans mon livre que dans aucun autre. Quand il s'agit ensuite de comparer les diverses formes de gouvernement, on ne peut éviter de peser séparément les avantages et les inconvéniens de chacun : c'est ce que je crois avoir fait avec impartialité. Tout balancé, j'ai donné la préférence au gouvernement de mon pays ; cela étoit naturel et raisonnable ; on m'auroit blâmé si je ne l'eusse pas fait : mais je n'ai point donné d'exclusion aux autres gouvernemens ; au contraire, j'ai montré que chacun avoit sa raison qui pouvoit le rendre préférable à tout autre, selon les hommes, les temps et les lieux. Ainsi, loin de détruire tous des gouvernemens, je les ai tous établis.

En parlant du gouvernement monarchique en particulier, j'en ai bien fait valoir l'avantage, et je n'en ai pas non plus déguisé les défauts ; cela est, je pense, du droit d'un homme qui raisonne : et quand je lui aurois donné l'exclusion, ce qu'assurément je n'ai pas fait, s'ensuivroit-il qu'on dût m'en punir à Genève ? Hobbes a-t-il été décrété dans quelque monarchie, parce que ses principes sont destructifs de tout gouvernement républicain ? et fait-on le procès chez les rois aux auteurs qui rejettent et dépriment les républiques ? le droit n'est-il pas réciproque ? et les républicains ne sont-ils pas souverains dans leur pays comme les rois le sont dans le leur? Pour moi, je n'ai rejeté aucun gouvernement, je n'en ai méprisé aucun. En les examinant, en les comparant, j'ai tenu la balance, et j'ai calculé les poids : je n'ai rien fait de plus.

On ne doit punir la raison nulle part, ni même le raisonnement; cette punition prouveroit trop contre ceux qui l'infligeroient. Les représentants ont très-bien établi que mon livre, où je ne sors pas de la thèse générale, n'attaquant point le gouvernement de Genève, et imprimé hors du territoire, ne peut être considéré que dans le nombre de ceux qui traitent du droit naturel et politique, sur lesquels les lois ne donnent au Conseil aucun pouvoir, et qui se sont toujours vendus publiquement dans la ville, quelque principe qu'on y avance, et quelque sentiment qu'on y soutienne. Je ne suis pas le seul qui, discutant par abstraction des questions de politique, aie pu les traiter avec quelque hardiesse : chacun ne le fait pas, mais tout homme a droit de le faire ; plusieurs usent de ce droit, et je suis le seul qu'on punisse pour en avoir usé. L'infortuné Sidney pensoit comme moi, mais il agissoit; c'est pour son fait et non pour son livre qu'il eut l'honneur de verser son sang. Althusius, en Allemagne, s'attira des ennemis; mais on ne s'avisa pas de le poursuivre criminellement [1]. Locke, Montesquieu, l'abbé de Saint-Pierre, ont traité les mêmes matières et souvent avec la même liberté tout au moins. Locke en particulier les a traitées exactement dans les mêmes principes que moi. Tous trois sont nés sous des rois, ont vécu tranquilles, et sont morts honorés dans leur pays. Vous savez comment j'ai été traité dans le mien.

Aussi soyez sûr que, loin de rougir de ces flétrissures, je m'en glorifie, puisqu'elles ne servent qu'à mettre en évidence le motif qui me les attire, et que ce motif n'est que d'avoir bien mérité de mon pays. La conduite du Conseil envers moi m'afflige sans doute, en rompant des nœuds qui m'étoient si chers; mais peut-elle m'avilir? Non, elle m'élève, elle me met au rang de ceux qui ont souffert pour la liberté. Mes livres, quoi qu'on fasse, porteront toujours témoignage d'eux-mêmes, et le traitement qu'ils ont reçu ne fera que sauver de l'opprobre ceux qui auront l'honneur d'être brûlés après eux.

---

[1] Althusen ou Althusius, jurisconsulte protestant, né vers le milieu du seizième siècle, fut professeur de droit à Herborn, et syndic à Brême. Il publia en 1603 un livre intitulé, *Politica methodicè digesta*, qui fit beaucoup de bruit, et dans lequel il soutenoit que le peuple est la source de toute autorité, de toute majesté; que les rois ne sont que les mandataires, qu'il peut changer à son gré, même les punir de mort s'il juge qu'ils ont mérité cette peine. Althusen mourut dans les premières années du dix-septième siècle.

SECONDE PARTIE.

LETTRE VII.

États présent du Gouvernement de Genève, fixé par l'édit de la médiation.

Vous m'aurez trouvé diffus, monsieur; mais il falloit l'être, et les sujets que j'avois à traiter ne se discutent pas par des épigrammes. D'ailleurs ces sujets m'éloignoient moins qu'il me semble de celui qui vous intéresse. En perlant de moi, je pensois à vous; et votre question tenoit si bien à la mienne, que l'une est déjà résolue avec l'autre; il ne me reste que la conséquence à tirer. Partout où l'innocence n'est pas en sûreté, rien n'y peut être; partout où les lois sont violées impunément, il n'y a plus de liberté.

Cependant, comme on peut séparer l'intérêt d'un particulier de celui du public, vos idées sur ce point sont encore incertaines; vous persistez à vouloir que je vous aide à les fixer. Vous demandez quel est l'état présent de votre république, et ce que doivent faire ses citoyens. Il est plus aisé de répondre à la première question qu'à l'autre.

Cette première question vous embarrasse sûrement moins par elle-même que par les solutions contradictoires qu'on lui donne autour de vous. Des gens de très-bon sens vous disent : Nous sommes le plus libre de tous les peuples; et d'autres gens de très-bon sens vous disent : Nous vivons sous le plus dur esclavage. Lesquels ont raison ? me demandez-vous. Tous, monsieur, mais à différents égards : une distinction très-simple les concilie. Rien n'est plus libre que votre état légitime ; rien n'est plus servile que votre état actuel.

Vos lois ne tiennent leur autorité que de vous; vous ne reconnoissez que celles que vous faites ; vous ne payez que les droits que vous imposez ; vous élisez les chefs qui vous gouvernent; ils n'ont droit de vous juger que par des formes prescrites. En Conseil général, vous êtes législateurs, souverains, indépendants de toute puissance humaine ; vous ratifiez les traités, vous décidez de la paix et de la guerre ; vos magistrats eux-mêmes vous traitent de *magnifiques, très-honorés et souverains seigneurs;* voilà votre liberté ; voici votre servitude.

Le corps chargé de l'exécution de vos lois en est l'interprète et l'arbitre suprême ; il les fait parler comme il lui plaît, il peut les faire taire ; il peut même les violer sans que vous puissiez y mettre ordre ; il est au-dessus des lois.

Les chefs que vous élisez ont, indépendamment de votre choix, d'autres pouvoirs qu'ils ne tiennent pas de vous, et qu'ils étendent aux dépens de ceux qu'ils en tiennent. Limités dans vos élections à un petit nombre d'hommes, tous dans les mêmes principes et tous animés du même intérêt, vous faites avec un grand appareil un choix de peu d'importance. Ce qui importeroit dans cette affaire seroit de pouvoir rejeter tous ceux entre lesquels on vous force de choisir. Dans une élection libre en apparence, vous êtes si gênés de toutes parts, que vous ne pouvez pas même élire un premier syndic ni un syndic de la garde : le chef de la république et le commandant de la place ne sont pas à votre choix.

Si l'on n'a pas le droit de mettre sur vous de nouveaux impôts, vous n'avez pas celui de rejeter les vieux. Les finances de l'état sont sur un tel pied, que, sans votre concours, elles peuvent suffire à tout. On n'a donc jamais besoin de vous ménager dans cette vue, et vos droits à cet égard se réduisent à être exempts en partie, et à n'être jamais nécessaires.

Les procédures qu'on doit suivre en vous jugeant sont prescrites ; mais, quand le Conseil veut ne les pas suivre, personne ne peut l'y contraindre, ni l'obliger à réparer les irrégularités qu'il commet. Là-dessus je suis qualifié pour faire preuve, et vous savez si je suis le seul.

En Conseil général, votre souveraine puissance est enchaînée : vous ne pouvez agir que quand il plaît à vos magistrats, ni parler que quand ils vous interrogent. S'ils veulent même ne point assembler de Conseil général, votre autorité, votre existence est anéantie, sans que vous puissiez leur opposer que de vains murmures qu'ils sont en possession de mépriser.

Enfin, si vous êtes souverains seigneurs dans l'assemblée, en sortant de là vous n'êtes plus rien.

Quatre heures par an souverains subordonnés, vous êtes sujets le reste de la vie, et livrés sans réserve à la discrétion d'autrui.

Il vous est arrivé, messieurs, ce qu'il arrive à tous les gouvernements semblables au vôtre. D'abord la puissance législative et la puissance exécutive qui constituent la souveraineté n'en sont pas distinctes. Le peuple souverain veut par lui-même, et par lui-même il fait ce qu'il veut. Bientôt l'incommodité de ce concours de tous à toute chose, force le peuple souverain de charger quelques uns de ses membres d'exécuter ses volontés. Ces officiers, après avoir rempli leur commission, en rendent compte, et rentrent dans la commune égalité. Peu à peu ces commissions deviennent fréquentes, enfin permanentes. Insensiblement il se forme un corps qui agit toujours. Un corps qui agit toujours ne peut pas rendre compte de chaque acte; il ne rend plus compte que des principaux, bientôt il vient à bout de n'en rendre aucun. Plus la puissance qui agit est active, plus elle énerve la puissance qui veut. La volonté d'hier est censée être aussi celle d'aujourd'hui; au lieu que l'acte d'hier ne dispense pas d'agir aujourd'hui. Enfin l'inaction de la puissance qui veut la soumet à la puissance qui exécute : celle-ci rend peu à peu ses actions indépendantes, bientôt ses volontés; au lieu d'agir pour la puissance qui veut, elle agit sur elle. Il ne reste alors dans l'état qu'une puissance agissante, c'est l'exécutive. La puissance exécutive n'est que la force; et, où règne la seule force, l'état est dissous. Voilà, monsieur, comment périssent à la fin tous les états démocratiques.

Parcourez les annales du vôtre, depuis le temps où vos syndics, simples procureurs établis par la communauté pour vaquer à telle ou telle affaire, lui rendoient compte de leur commission le chapeau bas, et rentroient à l'instant dans l'ordre des particuliers, jusqu'à celui où ces mêmes syndics, dédaignant les droits de chefs et de juges qu'ils tiennent de leur élection, leur préfèrent le pouvoir arbitraire d'un corps dont la communauté n'élit point les membres, et qui s'établit au-dessus d'elle contre les lois : suivez les progrès qui séparent ces deux termes; vous connoîtrez à quel point vous en êtes, et par quels degrés vous y êtes parvenus.

Il y a deux siècles qu'un politique auroit pu prévoir ce qui vous arrive. Il auroit dit : L'institution que vous formez est bonne pour le présent, et mauvaise pour l'avenir : elle est bonne pour établir la liberté publique, mauvaise pour la conserver ; et ce qui fait maintenant votre sûreté sera dans peu la matière de vos chaînes. Ces trois corps, qui rentrent tellement l'un dans l'autre, que du moindre dépend l'activité du plus grand, sont en équilibre tant que l'action du plus grand est nécessaire et que la législation ne peut se passer du législateur. Mais quand une fois l'établissement sera fait, le corps qui l'a formé manquant de pouvoir pour le maintenir, il faudra qu'il tombe en ruine ; et ce seront vos lois mêmes qui causeront votre destruction. Voilà précisément ce qui vous est arrivé. C'est, sauf la disproportion, la chute du gouvernement polonois par l'extrémité contraire. La constitution de la république de Pologne n'est bonne que pour un gouvernement où il n'y a plus rien à faire ; la vôtre, au contraire, n'est bonne qu'autant que le corps législatif agit toujours.

Vos magistrats ont travaillé de tous les temps et sans relâche à faire passer le pouvoir suprême du Conseil général au petit Conseil par la gradation du Deux-cents ; mais leurs efforts ont eu des effets différents, selon la manière dont ils s'y sont pris. Presque toutes leurs entreprises d'éclat ont échoué, parce qu'alors ils ont trouvé de la résistance, et que, dans un état tel que le vôtre, la résistance publique est toujours sûre quand elle est fondée sur les lois.

La raison de ceci est évidente. Dans tout état la loi parle où parle le souverain. Or, dans une démocratie où le peuple est souverain, quand les divisions intestines suspendent toutes les formes et font taire toutes les autorités, la sienne seule demeure; et où se porte alors le plus grand nombre, là résident la loi et l'autorité.

Que si les citoyens et bourgeois réunis ne sont pas le souverain, les Conseils sans les citoyens et bourgeois le sont beaucoup moins encore, puisqu'ils n'en font que la moindre partie en quantité. Sitôt qu'il s'agit de l'autorité suprême, tout rentre à Genève dans l'égalité, selon les termes de l'édit: « Que tous soient contents en degrés de citoyens « et bourgeois, sans vouloir se préférer et s'attri- « buer quelque autorité et seigneurie par-dessus les « autres. » Hors du Conseil général, il n'y a point d'autre souverain que la loi; mais quand la loi même est attaquée par ses ministres, c'est au législateur à la soutenir. Voilà ce qui fait que, partout où règne une véritable liberté, dans les entreprises marquées le peuple a presque toujours l'avantage.

Mais ce n'est pas par des entreprises marquées que vos magistrats ont amené les choses au point où elles sont; c'est par des efforts modérés et continus, par des changements presque insensibles dont vous ne pouviez prévoir la conséquence, et qu'à peine même pouviez-vous remarquer. Il n'est pas possible au peuple de se tenir sans cesse en garde contre tout ce qui se fait; et cette vigilance lui tourneroit même à reproche. On l'accuseroit d'être inquiet et remuant, toujours prêt à s'alarmer sur des riens. Mais de ces riens-là sur lesquels on se tait, le Conseil sait avec le temps faire quelque chose : ce qui se passe actuellement sous vos yeux en est la preuve.

Toute l'autorité de la république réside dans les syndics qui sont élus dans le Conseil général. Ils y prêtent serment, parce qu'il est leur seul supérieur; et ils ne le prêtent que dans ce Conseil, parce que c'est à lui seul qu'ils doivent compte de leur conduite, de leur fidélité à remplir le serment qu'ils y ont fait. Ils jurent de rendre bonne et droite justice, ils sont les seuls magistrats qui jurent cela dans cette assemblée, parce qu'ils sont les seuls à qui ce droit soit conféré par le souverain [1], et qui l'exercent sous sa seule autorité. Dans le jugement public des criminels, ils jurent encore

---

[1] Il n'est conféré à leur lieutenant qu'en sous-ordre; et c'est pour cela qu'il ne prête point serment en Conseil général. « Mais, dit « l'auteur des Lettres, le serment que prêtent les membres du Con- « seil est-il moins obligatoire? et l'exécution des engagements « contractés avec la Divinité même dépend-elle du lieu dans lequel « on les contracte? » Non, sans doute : mais s'ensuit-il qu'il soit indifférent dans quels lieux et dans quelles mains le serment soit prêté? et ce choix ne marque-t-il pas ou par qui l'autorité est conférée, ou à qui l'on doit compte de l'usage qu'on en fait? A quels hommes d'état avons-nous à faire, s'il faut leur dire ces choses-là? Les ignorent-ils, ou s'ils feignent de les ignorer?

seuls devant le peuple, en se levant[1] et haussant leurs bâtons, « d'avoir fait droit jugement, sans « haine ni faveur, priant Dieu de les punir s'ils « ont fait au contraire. » Et jadis les sentences criminelles se rendoient en leur nom seul, sans qu'il fût fait mention d'autre Conseil que de celui des citoyens, comme on le voit par la sentence de Morelli, ci-devant transcrite, et par celle de Valentin Gentil, rapportée dans les opuscules de Calvin.

Or vous sentez bien que cette puissance exclusive, ainsi reçue immédiatement du peuple, gêne beaucoup les prétentions du Conseil. Il est donc naturel que, pour se délivrer de cette dépendance, il tâche d'affoiblir peu à peu l'autorité des syndics, de fondre dans le Conseil la juridiction qu'ils ont reçue, et de transmettre insensiblement à ce corps permanent, dont le peuple n'élit point les membres, le pouvoir grand, mais passager, des magistrats qu'il élit. Les syndics eux-mêmes, loin de s'opposer à ce changement, doivent aussi le favoriser, parce qu'ils sont syndics seulement tous les quatre ans, et qu'ils peuvent même ne pas l'être; au lieu que, quoi qu'il arrive, ils sont conseillers toute leur vie, le grabeau n'étant plus qu'un vain cérémonial[2].

---

[1] Le Conseil est présent aussi; mais ses membres ne jurent point, et demeurent assis.

[2] Dans la première institution, les quatre syndics nouvellement

Cela gagné, l'élection des syndics deviendra de même une cérémonie toute aussi vaine que l'est déjà la tenue des Conseils généraux ; et le petit Conseil verra fort paisiblement les exclusions ou préférences que le peuple peut donner pour le syndicat à ses membres, lorsque tout cela ne décidera plus de rien.

Il a d'abord, pour parvenir à cette fin, un grand moyen dont le peuple ne peut connoître, c'est la police intérieure du Conseil, dont, quoique réglée par les édits, il peut diriger la forme à son gré [1],

élus et les quatre anciens syndics rejetoient tous les ans huit membres des seize restants du petit Conseil, et en proposoient huit nouveaux, lesquels passoient ensuite aux suffrages des Deux-cents pour être admis ou rejetés. Mais insensiblement on ne rejeta des vieux conseillers que ceux dont la conduite avoit donné prise au blâme ; et lorsqu'ils avoient commis quelque faute grave, on n'attendoit pas les élections pour les punir, mais on les mettoit d'abord en prison, et on leur faisoit leur procès comme au dernier particulier. Par cette règle d'anticiper le châtiment, et de le rendre sévère ; les conseillers restés étant tous irréprochables ne donnoient aucune prise à l'exclusion ; ce qui changea cet usage en la formalité cérémonieuse et vaine qui porte aujourd'hui le nom de *grabeau*. Admirable effet des gouvernements libres, où les usurpations mêmes ne peuvent s'établir qu'à l'appui de la vertu !

Au reste, le droit réciproque des deux Conseils empêcheroit seul aucun des deux d'oser s'en servir sur l'autre, sinon de concert avec lui ; de peur de s'exposer aux représailles. Le grabeau ne sert proprement qu'à les tenir bien unis contre la bourgeoisie, et à faire sauter l'un par l'autre les membres qui n'auroient pas l'esprit du corps.

[1] C'est ainsi que, dès l'année 1655, le petit Conseil et les Deux-cents établirent dans leur corps la ballotte et les billets contre l'édit.

n'ayant aucun surveillant qui l'en empêche ; car, quant au procureur-général, on doit en ceci le compter pour rien¹. Mais cela ne suffit pas encore : il faut accoutumer le peuple même à ce transport de juridiction. Pour cela on ne commence pas par ériger dans d'importantes affaires des tribunaux composés de seuls conseillers, mais on en érige d'abord de moins remarquables sur des objets peu intéressants. On fait ordinairement présider ces tribunaux par un syndic, auquel on substitue quelquefois un ancien syndic, puis un conseiller, sans que personne y fasse attention ; on répète sans bruit cette manœuvre jusqu'à ce qu'elle fasse usage : on la transporte au criminel. Dans une occasion plus importante, on érige un tribunal pour juger des citoyens. A la faveur de la

---

¹ Le procureur-général, établi pour être l'homme de la loi, n'est que l'homme du conseil. Deux causes font presque toujours exercer cette charge contre l'esprit de son institution : l'une est le vice de l'institution même, qui fait de cette magistrature un degré pour parvenir au Conseil ; au lieu qu'un procureur-général ne devoit rien voir au-dessus de sa place, et qu'il devoit lui être interdit par la loi d'aspirer à nulle autre : la seconde cause est l'imprudence du peuple, qui confie cette charge à des hommes apparentés dans le Conseil, ou qui sont de famille en possession d'y entrer, sans considérer qu'ils ne manqueront pas ainsi d'employer contre lui les armes qu'il leur donne pour sa défense. J'ai ouï des Génevois distinguer l'homme du peuple d'avec l'homme de la loi, comme si ce n'étoit pas la même chose. Les procureurs-généraux devroient être, durant leurs six ans, les chefs de la bourgeoisie, et devenir son conseil après cela : mais ne la voilà-t-il pas bien protégée, et bien conseillée, et n'a-t-elle pas fort à se féliciter de son choix ?

loi des récusations, on fait présider ce tribunal par un conseiller. Alors le peuple ouvre les yeux et murmure. On lui dit : De quoi vous plaignez-vous ? voyez les exemples ; nous n'innovons rien.

Voilà, monsieur, la politique de vos magistrats. Ils font leurs innovations peu à peu, lentement, sans que personne en voie la conséquence ; et quand enfin l'on s'en aperçoit, et qu'on y veut porter remède, ils crient qu'on veut innover.

Et voyez, en effet, sans sortir de cet exemple, ce qu'ils ont dit à cette occasion. Ils s'appuyoient sur la loi des récusations, on leur répond : La loi fondamentale de l'état veut que les citoyens ne soient jugés que par leurs syndics. Dans la concurrence de ces deux lois, celle-ci doit exclure l'autre ; en pareil cas, pour les observer toutes deux, on devroit plutôt élire un syndic *ad actum*. A ce mot, tout est perdu. Un syndic *ad actum* ! innovation ! Pour moi, je ne vois rien là de si nouveau qu'ils disent : si c'est le mot, on s'en sert tous les ans aux élections ; et si c'est la chose, elle est encore moins nouvelle, puisque les premiers syndics qu'ait eus la ville n'ont été syndics qu'*ad actum*. Lorsque le procureur-général est récusable, n'en faut-il pas un autre *ad actum* pour faire ses fonctions ? et les adjoints tirés du Deux-cents pour remplir les tribunaux, que sont-ils autre chose que des conseillers *ad actum* ? Quand un nouvel abus s'introduit, ce n'est point innover que d'y proposer un nouveau remède; au contraire, c'est chercher à rétablir les choses sur l'ancien pied. Mais ces messieurs n'aiment point qu'on fouille ainsi dans les antiquités de leur ville; ce n'est que dans celles de Carthage et de Rome qu'ils permettent de chercher l'explication de vos lois.

Je n'entreprendrai point le parallèle de celles de leurs entreprises qui ont manqué et de celles qui ont réussi: quand il y auroit compensation dans le nombre, il n'y en auroit point dans l'effet total. Dans une entreprise exécutée, ils gagnent des forces, dans une entreprise manquée ils ne perdent que du temps. Vous, au contraire, qui ne cherchez et ne pouvez chercher qu'à maintenir votre constitution, quand vous perdez, vos pertes sont réelles; et quand vous gagnez, vous ne gagnez rien. Dans un progrès de cette espèce, comment espérer de rester au même point?

De toutes les époques qu'offre à méditer l'histoire instructive de votre gouvernement, la plus remarquable par sa cause, et la plus importante par son effet, est celle qui a produit le réglement de la médiation. Ce qui donna lieu primitivement à cette célèbre époque fut une entreprise indiscrète, faite hors de temps par vos magistrats. Ils avoient doucement usurpé le droit de mettre des impôts. Avant d'avoir assez affermi leur puissance, ils voulurent abuser de ce droit. Au lieu de réserver ce coup pour le dernier, l'avidité le leur fit porter avant les autres, et précisément après une commotion qui n'étoit pas bien assoupie. Cette faute en attira de plus grandes, difficiles à réparer. Comment de si fins politiques ignoroient-ils une maxime aussi simple que celle qu'ils choquèrent en cette occasion ? Par tout pays, le peuple ne s'aperçoit qu'on attente à sa liberté que lorsqu'on attente à sa bourse ; ce qu'aussi les usurpateurs adroits se gardent bien de faire que tout le reste ne soit fait. Ils voulurent renverser cet ordre, et s'en trouvèrent mal [1]. Les suites de cette affaire produisirent les mouvements de 1734, et l'affreux complot qui en fut le fruit.

Ce fut une seconde faute pire que la première. Tous les avantages du temps sont pour eux ; ils se les ôtent dans les entreprises brusques, et mettent la machine dans le cas de se remonter tout d'un coup : c'est ce qui faillit arriver dans cette affaire. Les événements qui précédèrent la médiation leur firent perdre un siècle, et produisirent un autre effet défavorable pour eux ; ce fut d'apprendre à l'Europe que cette bourgeoisie qu'ils avoient voulu

---

[1] L'objet des impôts établis en 1716 étoit la dépense des nouvelles fortifications. Le plan de ces nouvelles fortifications étoit immense, et il a été exécuté en partie. De si vastes fortifications rendoient nécessaire une grosse garnison ; et cette grosse garnison avoit pour but de tenir les citoyens et bourgeois sous le joug. On parvenoit par cette voie à former, à leurs dépens, les fers qu'on leur préparoit. Le projet étoit bien lié, mais il marchoit dans un ordre rétrograde : aussi n'a-t-il pu réussir.

détruire, et qu'ils peignoient comme une populace effrénée, savoit garder dans ses avantages la modération qu'ils ne connurent jamais dans les leurs.

Je ne dirai pas si ce recours à la médiation doit être compté comme une troisième faute. Cette médiation fut ou parut offerte ; si cette offre fut réelle ou sollicitée, c'est ce que je ne puis ni ne veux pénétrer ; je sais seulement que, tandis que vous couriez le plus grand danger, tout garda le silence, et que ce silence ne fut rompu que quand le danger passa dans l'autre parti. Du reste, je veux d'autant moins imputer à vos magistrats d'avoir imploré la médiation, qu'oser même en parler est à leurs yeux le plus grand des crimes.

Un citoyen, se plaignant d'un emprisonnement illégal, injuste et déshonorant, demandoit comment il falloit s'y prendre pour recourir à la garantie. Le magistrat auquel il s'adressoit osa lui répondre que cette seule proposition méritoit la mort. Or, vis-à-vis du souverain, le crime seroit aussi grand, et plus grand peut-être de la part du Conseil que de la part d'un simple particulier ; et je ne vois pas où l'on en peut trouver un digne de mort dans un second recours, rendu légitime par la garantie qui fut l'effet du premier.

Encore un coup, je n'entreprends point de discuter une question si délicate à traiter et si difficile à résoudre. J'entreprends simplement d'examiner, sur l'objet qui nous occupe, l'état de votre gouvernement, fixé ci-devant par le réglement des plénipotentiaires, mais dénaturé maintenant par les nouvelles entreprises de vos magistrats. Je suis obligé de faire un long circuit pour aller à mon but; mais daignez me suivre, et nous nous retrouverons bien.

Je n'ai point la témérité de vouloir critiquer ce réglement; au contraire, j'en admire la sagesse et j'en respecte l'impartialité. J'y crois voir les intentions les plus droites et les dispositions les plus judicieuses. Quand on sait combien de choses étoient contre vous dans ce moment critique, combien vous aviez de préjugés à vaincre, quel crédit à surmonter, que de faux exposés à détruire; quand on se rappelle avec quelle confiance vos adversaires comptoient vous écraser par les mains d'autrui, l'on ne peut qu'honorer le zèle, la constance et les talents de vos défenseurs, l'équité des puissances médiatrices, et l'intégrité des plénipotentiaires qui ont consommé cet ouvrage de paix.

Quoi qu'on en puisse dire, l'édit de la médiation a été le salut de la république; et quand on ne l'enfreindra pas, il en sera la conservation. Si cet ouvrage n'est pas parfait en lui-même, il l'est relativement, il l'est quant aux temps, aux lieux, aux circonstances; il est le meilleur qui vous pût convenir. Il doit vous être inviolable et sacré par prudence, quand il ne le seroit pas par nécessité, et vous n'en devriez pas ôter une ligne, quand vous seriez les maîtres de l'anéantir. Bien plus, la raison même qui le rend nécessaire le rend nécessaire dans son entier. Comme tous les articles balancés forment l'équilibre, un seul article altéré le détruit. Plus le réglement est utile, plus il seroit nuisible ainsi mutilé. Rien ne seroit plus dangereux que plusieurs articles pris séparément et détachés du corps qu'ils affermissent. Il vaudroit mieux que l'édifice fût rasé qu'ébranlé. Laissez ôter une seule pierre de la voûte, et vous serez écrasés sous ses ruines.

Rien n'est plus facile à sentir par l'examen des articles dont le Conseil se prévaut et de ceux qu'il veut éluder. Souvenez-vous, monsieur, de l'esprit dans lequel j'entreprends cet examen. Loin de vous conseiller de toucher à l'édit de la médiation, je veux vous faire sentir combien il vous importe de n'y laisser porter nulle atteinte. Si je parois critiquer quelques articles, c'est pour montrer de quelle conséquence il seroit d'ôter ceux qui les rectifient. Si je parois proposer des expédients qui ne s'y rapportent pas, c'est pour montrer la mauvaise foi de ceux qui trouvent des difficultés insurmontables où rien n'est plus aisé que de lever ces difficultés. Après cette explication j'entre en matière sans scrupule, bien persuadé que je parle à un homme trop équitable pour me prêter un dessein tout contraire au mien.

Je sens bien que si je m'adressois aux étrangers,

il conviendroit, pour me faire entendre, de commencer par un tableau de votre constitution; mais ce tableau se trouve déjà tracé suffisamment pour eux dans l'article *Genève* de M. d'Alembert; et un exposé plus détaillé seroit superflu pour vous, qui connoissez vos lois politiques mieux que moi-même, ou qui du moins en avez vu le jeu de plus près. Je me borne donc à parcourir les articles du réglement qui tiennent à la question présente, et qui peuvent le mieux en fournir la solution.

Dès le premier je vois votre gouvernement composé de cinq ordres subordonnés, mais indépendants; c'est-à-dire existants nécessairement, dont aucun ne peut donner atteinte aux droits et attributs d'un autre; et dans ces cinq ordres je vois compris le Conseil général. Dès-là je vois dans chacun des cinq une portion particulière du gouvernement; mais je n'y vois point la puissance constitutive qui les établit, qui les lie, et de laquelle ils dépendent tous : je n'y vois point le souverain. Or dans tout état politique il faut une puissance suprême, un centre où tout se rapporte, un principe d'où tout dérive, un souverain qui puisse tout.

Figurez-vous, monsieur, que quelqu'un, vous rendant compte de la constitution de l'Angleterre, vous parle ainsi : « Le gouvernement de la Grande-« Bretagne est composé de quatre ordres dont au-« cun ne peut attenter aux droits et attributions

« des autres; savoir, le roi, la chambre haute, la
« chambre basse, et le parlement. » Ne diriez-vous
pas à l'instant : Vous vous trompez : il n'y a que
trois ordres? Le parlement, qui, lorsque le roi y
siége, les comprend tous, n'en est pas un quatrième : il est le tout; il est le pouvoir unique et
suprême, duquel chacun tire son existence et ses
droits. Revêtu de l'autorité législative, il peut changer même la loi fondamentale en vertu de laquelle
chacun de ses ordres existe ; il le peut, et, de plus,
il l'a fait.

Cette réponse est juste, et l'application en est
claire : et cependant il y a encore cette différence
que le parlement d'Angleterre n'est souverain qu'en
vertu de la loi, et seulement par attribution et députation; au lieu que le Conseil général de Genève
n'est établi ni député de personne ; il est le souverain de son propre chef; il est la loi vivante et fondamentale qui donne vie et force à tout le reste,
et qui ne connoît d'autres droits que les siens. Le
Conseil général n'est pas un ordre dans l'état, il est
l'état même. L'article second porte que les syndics
ne pourront être pris que dans le Conseil des
Vingt-cinq. Or les syndics sont des magistrats annuels que le peuple élit et choisit, non seulement
pour être ses juges, mais pour être ses protecteurs
au besoin contre les membres perpétuels des conseils qu'il ne choisit pas[1].

[1] En attribuant la nomination des membres du petit Conseil au

L'effet de cette restriction dépend de la différence qu'il y a entre l'autorité des membres du Conseil et celle des syndics; car si la différence n'est très-grande, et qu'un syndic n'estime pas plus son autorité annuelle comme syndic que son autorité perpétuelle comme conseiller, cette élection lui sera presque indifférente; il fera peu pour l'obtenir, et ne fera rien pour la justifier. Quand tous les membres du Conseil, animés du même esprit, suivront les mêmes maximes, le peuple, sur une conduite commune à tous, ne pouvant donner d'exclusion à personne, ni choisir que des syndics déjà conseillers, loin de s'assurer par cette élection des patrons contre les attentats du Conseil, ne fera que donner au Conseil de nouvelles forces pour opprimer la liberté.

Quoique ce même choix eût lieu pour l'ordinaire dans l'origine de l'institution, tant qu'il fut libre, il n'eut pas la même conséquence. Quand le peuple nommoit les conseillers lui-même, ou quand il les

---

Deux-cents, rien n'étoit plus aisé que d'ordonner cette attribution selon la loi fondamentale; il suffisoit pour cela d'ajouter qu'on ne pourroit entrer au Conseil qu'après avoir été auditeur. De cette manière, la gradation des charges étoit mieux observée, et les trois Conseils concouroient au choix de celui qui fait tout mouvoir; ce qui étoit non seulement important, mais indispensable pour maintenir l'unité de la constitution. Les Génevois pourront ne pas sentir l'avantage de cette clause, vu que le choix des auditeurs est aujourd'hui de peu d'effet, mais on l'eût considéré bien différemment, quand cette charge fut devenue la seule porte du Conseil.

nommoit indirectement par les syndics qu'il avoit nommés, il lui étoit indifférent et même avantageux de choisir ses syndics parmi des conseillers déjà de son choix [1]; et il étoit sage alors de préférer des chefs déjà versés dans les affaires: mais une considération plus importante eût dû l'emporter aujourd'hui sur celle-là, tant il est vrai qu'un même usage a des effets différents par les changements des usages qui s'y rapportent, et qu'en cas pareil c'est innover que n'innover pas.

L'article III du réglement est plus considérable. Il traite du Conseil général légitimement assemblé: il en traite pour fixer les droits et attributions qui lui sont propres, et il lui en rend plusieurs que les Conseils inférieurs avoient usurpés. Ces droits en totalité sont grands et beaux sans doute, mais premièrement ils sont spécifiés, et par cela seuls limités; ce qu'on pose exclut ce qu'on ne pose pas;

---

[1] Le petit Conseil, dans son origine, n'étoit qu'un choix fait entre le peuple par les syndics, de quelques notables ou prud'hommes pour leur servir d'assesseurs. Chaque syndic en choisissoit quatre ou cinq, dont les fonctions finissoient avec les siennes, quelquefois même il les changeoit durant le cours de son syndicat. *Henri*, dit *l'Espagne*, fut le premier conseiller à vie en 1487, et il fut établi par le Conseil général. Il n'étoit pas même nécessaire d'être citoyen pour remplir ce poste. La loi n'en fut faite qu'à l'occasion d'un certain Michel Guillet de Thonon, qui, ayant été mis du Conseil étroit, s'en fit chasser pour avoir usé de mille finesses ultramontaines qu'il apportoit de Rome, où il avoit été nourri. Les magistrats de la ville, alors vrais Génevois et pères du peuple, avoient toutes ces subtilités en horreur.

et même le mot *limités* est dans l'article. Or il est de l'essence de la puissance souveraine de ne pouvoir être limitée : elle peut tout, ou elle n'est rien. Comme elle contient éminemment toutes les puissances actives de l'état, et qu'il n'existe que par elle, elle n'y peut reconnoître d'autres droits que les siens et ceux qu'elle communique. Autrement les possesseurs de ces droits ne feroient point partie du corps politique; ils lui seroient étrangers par ces droits qui ne seroient pas en lui; et la personne morale, manquant d'unité, s'évanouiroit.

Cette limitation même est positive en ce qui concerne les impôts. Le Conseil souverain lui-même n'a pas le droit d'abolir ceux qui étoient établis avant 1714. Le voilà donc à cet égard soumis à une puissance supérieure. Quelle est cette puissance?

Le pouvoir législatif consiste en deux choses inséparables : faire les lois, et les maintenir; c'est-à-dire avoir inspection sur le pouvoir exécutif. Il n'y a point d'état au monde où le souverain n'ait cette inspection. Sans cela toute liaison, toute subordination manquant entre ces deux pouvoirs, le dernier ne dépendroit point de l'autre; l'exécution n'auroit aucun rapport nécessaire aux lois; la *loi* ne seroit qu'un mot, et ce mot ne signifieroit rien. Le Conseil général eut de tout temps ce droit de protection sur son propre ouvrage, il l'a toujours exercé. Cependant il n'en est point parlé dans cet article; et s'il n'y étoit suppléé dans un autre, par ce seul silence votre état seroit renversé. Ce point est important, et j'y reviendrai ci-après.

Si vos droits sont bornés d'un côté dans cet article, ils y sont étendus de l'autre par les paragraphes III et IV : mais cela fait-il compensation ? Par les principes établis dans le *Contrat social*, on voit que, malgré l'opinion commune, les alliances d'état à état, les déclarations de guerre et les traités de paix, ne sont pas des actes de souveraineté, mais de gouvernement; et ce sentiment est conforme à l'usage des nations qui ont le mieux connu les vrais principes du droit politique. L'exercice extérieur de la puissance ne convient point au peuple ; les grandes maximes d'état ne sont pas à sa portée; il doit s'en rapporter là-dessus à ses chefs, qui, toujours plus éclairés que lui sur ce point, n'ont guère intérêt à faire au dehors des traités désavantageux à la patrie ; l'ordre veut qu'il leur laisse tout l'éclat extérieur, et qu'il s'attache uniquement au solide. Ce qui importe essentiellement à chaque citoyen, c'est l'observation des lois au dedans, la propriété des biens, la sûreté des particuliers. Tant que tout ira bien sur ces trois points, laissez les Conseils négocier et traiter avec l'étranger : ce n'est pas de là que viendront vos dangers les plus à craindre. C'est autour des individus qu'il faut rassembler les droits du peuple ; et quand on peut l'attaquer séparément, on le subjugue toujours. Je pourrois alléguer la sagesse des Romains, qui, laissant au sénat un grand pouvoir au dehors, le forçoient dans la ville à respecter le dernier citoyen. Mais n'allons pas si loin chercher des modèles : les bourgeois de Neufchâtel se sont conduits bien plus sagement sous leurs princes que vous sous vos magistrats[1]. Ils ne font ni la paix ni la guerre, ils ne ratifient point les traités, mais ils jouissent en sûreté de leurs franchises ; et comme la loi n'a point présumé que dans une petite ville un petit nombre d'honnêtes bourgeois seroient des scélérats, on ne réclame point dans leurs murs, on n'y connoît pas même l'odieux droit d'emprisonner sans formalités. Chez vous on s'est toujours laissé séduire à l'apparence, et l'on a négligé l'essentiel. On s'est trop occupé du Conseil général, et pas assez de ses membres : il falloit moins songer à l'autorité, et plus à la liberté. Revenons aux Conseils généraux.

Outre les limitations de l'article III, les articles V et VI en offrent de bien plus étranges ; un corps souverain qui ne peut ni se former ni former aucune opération de lui-même est soumis absolument, quant à son activité et quant aux matières qu'il traite, à des tribunaux subalternes. Comme ces tribunaux n'approuveront certainement pas des propositions qui leur seroient en particulier préjudiciables, si l'intérêt de l'état se trouve en

---

[1] Ceci soit dit en mettant à part les abus, qu'assurément je suis bien éloigné d'approuver.

conflit avec le leur, le dernier a toujours la préférence, parce qu'il n'est permis au législateur de connoître que de ce qu'ils ont approuvé.

A force de tout soumettre à la règle, on détruit la première des règles, qui est la justice et le bien public. Quand les hommes sentiront-ils qu'il n'y a point de désordre aussi funeste que le pouvoir arbitraire, avec lequel ils pensent y remédier? Ce pouvoir est lui-même le pire de tous les désordres : employer un tel moyen pour les prévenir, c'est tuer les gens afin qu'ils n'aient pas la fièvre.

Une grande troupe formée en tumulte peut faire beaucoup de mal. Dans une assemblée nombreuse, quoique régulière, si chacun peut dire et proposer ce qu'il veut, on perd bien du temps à écouter des folies, et l'on peut être en danger d'en faire. Voilà des vérités incontestables. Mais est-ce prévenir l'abus d'une manière raisonnable que de faire dépendre cette assemblée uniquement de ceux qui voudroient l'anéantir, et que nul n'y puisse rien proposer que ceux qui ont le plus grand intérêt de lui nuire? Car, monsieur, n'est-ce pas exactement là l'état des choses? et y a-t-il un seul Génevois qui puisse douter que, si l'existence du Conseil général dépendoit tout-à-fait du petit Conseil, le Conseil général ne fût pour jamais supprimé?

Voilà pourtant le corps qui seul convoque ces assemblées, et qui seul y propose ce qu'il lui plaît :

car pour le Deux-cents, il ne fait que répéter les ordres du petit Conseil; et quand une fois celui-ci sera délivré du Conseil général, le Deux-cents ne l'embarrassera guère ; il ne fera que suivre avec lui la route qu'il a frayée avec vous.

Or, qu'ai-je à craindre d'un supérieur incommode dont je n'ai jamais besoin, qui ne peut se montrer que quand je le lui permets, ni répondre que quand je l'interroge? Quand je l'ai réduit à ce point, ne puis-je pas m'en regarder comme délivré ?

Si l'on dit que la loi de l'état a prévenu l'abolition des Conseils généraux en les rendant nécessaires à l'élection des magistrats et à la sanction des nouveaux édits, je réponds, quant au premier point, que toute la force du gouvernement étant passée des mains des magistrats élus par le peuple dans celles du petit Conseil qu'il n'élit point, et d'où se tirent les principaux de ces magistrats, l'élection et l'assemblée où elle se fait ne sont plus qu'une vaine formalité sans consistance, et que des Conseils généraux tenus pour cet unique objet peuvent être regardés comme nuls. Je réponds encore que, par le tour que prennent les choses, il seroit même aisé d'éluder cette loi sans que le cours des affaires en fût arrêté ; car supposons que, soit par la réjection de tous les sujets présentés, soit sous d'autres prétextes, on ne procède point à l'élection des syndics, le Conseil, dans lequel leur juridiction se fond insensiblement, ne l'exercera-t-il pas à leur défaut, comme il l'exerce dès à présent indépendamment d'eux ? N'ose-t-on pas déjà vous dire que le petit Conseil, même sans les syndics, est le gouvernement ? donc, sans les syndics, l'état n'en sera pas moins gouverné. Et quant aux nouveaux édits, je réponds qu'ils ne seront jamais assez nécessaires pour qu'à l'aide des anciens et de ses usurpations, ce même Conseil ne trouve aisément le moyen d'y suppléer. Qui se met au-dessus des anciennes lois peut bien se passer des nouvelles.

Toutes les mesures sont prises pour que vos assemblées générales ne soient jamais nécessaires. Non seulement le Conseil périodique, institué ou plutôt rétabli l'an 1707, n'a jamais été tenu qu'une fois et seulement pour l'abolir [2] ; mais par le paragraphe v du troisième article du réglement,

---

[1] Ces Conseils périodiques sont aussi anciens que la législation, comme on le voit par le dernier article de l'ordonnance ecclésiastique. Dans celle de 1576, imprimée en 1735, ces Conseils sont fixés de cinq en cinq ans; mais dans l'ordonnance de 1561, imprimée en 1562, ils étoient fixés de trois en trois ans. Il n'est pas raisonnable de dire que ces conseils n'avoient pour objet que la lecture de cette ordonnance, puisque l'impression qui en fut faite en même temps donnoit à chacun la facilité de la lire à toute heure à son aise, sans qu'on eût besoin pour cela seul de l'appareil d'un Conseil général. Malheureusement on a pris grand soin d'effacer bien des traditions anciennes, qui seroient maintenant d'un grand usage pour l'éclaircissement des édits.

[2] J'examinerai ci-après cet édit d'abolition.

il a été pourvu sans vous et pour toujours aux frais de l'administration. Il n'y a que le seul cas chimérique d'une guerre indispensable où le Conseil général doive absolument être convoqué.

Le petit Conseil pourroit donc supprimer absolument les Conseils généraux sans autre inconvénient que de s'attirer quelques représentations qu'il est en possession de rebuter, ou d'exciter quelques vains murmures qu'il peut mépriser sans risque; car, par les articles VII, XXIII, XXIV, XXV, XLIII, toute espèce de résistance est défendue en quelque cas que ce puisse être, et les ressources qui sont hors de la constitution n'en font pas partie et n'en corrigent pas les défauts.

Il ne le fait pas toutefois, parce qu'au fond cela lui est très-indifférent, et qu'un simulacre de liberté fait endurer plus patiemment la servitude. Il vous amuse à peu de frais, soit par des élections sans conséquence quant au pouvoir qu'elles confèrent et quant au choix des sujets élus, soit par des lois qui paroissent importantes, mais qu'il a soin de rendre vaines, en ne les observant qu'autant qu'il lui plaît.

D'ailleurs on ne peut rien proposer dans ces assemblées, on n'y peut rien discuter, on n'y peut délibérer sur rien. Le petit Conseil y préside, et par lui-même, et par les syndics, qui n'y portent que l'esprit du corps. Là même il est magistrat encore et maître de son souverain. N'est-il pas contre toute raison que le corps exécutif règle la police du corps législatif, qu'il lui prescrive les matières dont il doit connoître, qu'il lui interdise le droit d'opiner, et qu'il exerce sa puissance absolue jusque dans les actes faits pour la contenir ?

Qu'un corps si nombreux ¹ ait besoin de police et d'ordre, je l'accorde ; mais que cette police et cet ordre ne renversent pas le but de son institution. Est-ce donc une chose plus difficile d'établir

---

¹ Les Conseils généraux étoient autrefois très-fréquents à Genève, et tout ce qui se faisoit de quelque importance y étoit porté. En 1707, M. le syndic Chouet disoit, dans une harangue devenue célèbre, que de cette fréquence venoient jadis la foiblesse et le malheur de l'état : nous verrons bientôt ce qu'il en faut croire. Il insiste aussi sur l'extrême augmentation du nombre des membres, qui rendroit aujourd'hui cette fréquence impossible, affirmant qu'autrefois cette assemblée ne passoit pas deux ou trois cents, et qu'elle est à présent de treize à quatorze cents. Il y a des deux côtés beaucoup d'exagération.

Les plus anciens Conseils généraux étoient au moins de cinq à six cents membres ; on seroit peut-être bien embarrassé d'en citer un seul qui n'ait été que de deux ou trois cents. En 1420, on y en compta sept cent vingt, stipulant pour tous les autres, et peu de temps après on reçut encore plus de deux cents bourgeois.

Quoique la ville de Genève soit devenue plus commerçante et plus riche, elle n'a pu devenir beaucoup plus peuplée, les fortifications n'ayant pas permis d'agrandir l'enceinte de ses murs, et ayant fait raser ses faubourgs. D'ailleurs, presque sans territoire et à la merci de ses voisins pour sa subsistance, elle n'auroit pu s'agrandir sans s'affoiblir. En 1404, on y compta treize cents feux faisant au moins treize mille ames. Il n'y en a guère plus de vingt mille aujourd'hui ; rapport bien éloigné de celui de 3 à 14. Or de ce nombre il faut déduire encore celui des natifs, habitants, étran-

la règle sans servitude entre quelques centaines d'hommes naturellement graves et froids, qu'elle ne l'étoit à Athènes, dont on nous parle, dans l'assemblée de plusieurs milliers de citoyens emportés, bouillants, et presque effrénés ; qu'elle ne l'étoit dans la capitale du monde, où le peuple en corps exerçoit en partie la puissance exécutive ; et qu'elle ne l'est aujourd'hui même dans le grand Conseil de Venise, aussi nombreux que votre Conseil général ? On se plaint de l'impolice qui

gers, qui n'entrent pas au Conseil général, nombre fort augmenté relativement à celui des bourgeois, depuis le refuge des François et le progrès de l'industrie. Quelques Conseils généraux sont allés de nos jours à quatorze et même à quinze cents ; mais communément ils n'approchent pas de ce nombre ; si quelques uns même vont à treize, ce n'est que dans des occasions critiques où tous les bons citoyens croiroient manquer à leur serment de s'absenter, et où les magistrats, de leur côté, font venir du dehors leurs clients pour favoriser leurs manœuvres : or ces manœuvres, inconnues au quinzième siècle, n'exigeoient point alors de pareils expédients. Généralement le nombre ordinaire roule entre huit à neuf cents ; quelquefois il reste au-dessous de celui de l'an 1420, surtout lorsque l'assemblée se tient en été, et qu'il s'agit de choses peu importantes. J'ai moi-même assisté, en 1754, à un Conseil général qui n'étoit certainement pas de sept cents membres.

Il résulte de ces diverses considérations que, tout balancé, le Conseil général est à peu près aujourd'hui, quant au nombre, ce qu'il étoit il y a deux ou trois siècles, ou du moins que la différence est peu considérable. Cependant tout le monde y parloit alors ; la police et la décence qu'on y voit régner aujourd'hui n'étoient pas établies. On crioit quelquefois ; mais le peuple étoit libre, le magistrat respecté, et le Conseil s'assembloit fréquemment. Donc M. le syndic Chouet accusoit faux et raisonnoit mal.

règne dans le parlement d'Angleterre; et toutefois, dans ce corps composé de plus de sept cents membres, où se traitent de si grandes affaires, où tant d'intérêts se croisent, où tant de cabales se forment, où tant de têtes s'échauffent, où chaque membre a le droit de parler, tout se fait, tout s'expédie; cette grande monarchie va son train : et chez vous, où les intérêts sont si simples, si peu compliqués, où l'on n'a pour ainsi dire à régler que les affaires d'une famille, on vous fait peur des orages comme si tout alloit renverser! Monsieur, la police de votre Conseil général est la chose du monde la plus facile ; qu'on veuille sincèrement l'établir pour le bien public, alors tout y sera libre, et tout s'y passera plus tranquillement qu'aujourd'hui.

Supposons que dans le réglement on eût pris la méthode opposée à celle qu'on a suivie; qu'au lieu de fixer les droits du Conseil général, on eût fixé ceux des autres Conseils, ce qui par-là même eût montré les siens : convenez qu'on eût trouvé dans le seul petit Conseil un assemblage de pouvoirs bien étrange pour un état libre et démocratique, dans des chefs que le peuple ne choisit point et qui restent en place toute leur vie.

D'abord l'union de deux choses partout ailleurs incompatibles : savoir, l'administration des affaires de l'état, et l'exercice suprême de la justice sur les biens, la vie et l'honneur des citoyens.

Un ordre, le dernier de tous par son rang, et le premier par sa puissance.

Un Conseil inférieur, sans lequel tout est mort dans la république, qui propose seul, qui décide le premier, et dont la seule voix, même dans son propre fait, permet à ses supérieurs d'en avoir une.

Un corps qui reconnoît l'autorité d'un autre, et qui seul a la nomination des membres de ce corps auquel il est subordonné.

Un tribunal suprême duquel on appelle : ou bien, au contraire, un juge inférieur qui préside dans les tribunaux supérieurs au sien ;

Qui, après avoir siégé comme juge inférieur dans le tribunal dont on appelle, non seulement va siéger comme juge suprême dans le tribunal où il est appelé, mais n'a dans ce tribunal suprême que les collègues qu'il s'est lui-même choisis.

Un ordre enfin qui seul a son activité propre, qui donne à tous les autres la leur, et qui, dans tous, soutenant les résolutions qu'il a prises, opine deux fois et vote trois [1].

---

[1] Dans un état qui se gouverne en république, et où l'on parle la langue françoise, il faudroit se faire un langage à part pour le gouvernement. Par exemple, *délibérer, opiner, voter,* sont trois choses très-différentes, et que les François ne distinguent pas assez. *Délibérer,* c'est peser le pour et le contre ; *opiner,* c'est dire son avis et le motiver ; *voter,* c'est donner son suffrage quand il ne reste plus qu'à recueillir les voix. On met d'abord la matière en délibération : au premier tour on opine, on vote au dernier. Les

L'appel du petit Conseil au Deux-cents est un véritable jeu d'enfant ; c'est une farce en politique s'il en fut jamais : aussi n'appelle-t-on pas proprement cet appel un appel ; c'est une grâce qu'on implore en justice, un recours en cassation d'arrêt : on ne comprend pas ce que c'est. Croit-on que si le petit Conseil n'eût bien senti que ce dernier recours étoit sans conséquence, il s'en fût volontairement dépouillé comme il fit? Ce désintéressement n'est pas dans ses maximes.

Si les jugements du petit Conseil ne sont pas toujours confirmés au Deux-cents, c'est dans les affaires particulières et contradictoires, où il n'importe guère au magistrat laquelle des deux parties perde ou gagne son procès ; mais dans les affaires qu'on poursuit d'office, dans toute affaire où le Conseil lui-même prend intérêt, le Deux-cents répare-t-il jamais ses injustices, protége-t-il jamais l'opprimé, ose-t-il ne pas confirmer tout ce qu'a fait le Conseil, usa-t-il jamais une seule fois avec honneur de son droit de faire grâce? Je rappelle à regret des temps dont la mémoire est terrible et

---

tribunaux ont partout à peu près les mêmes formes ; mais comme, dans les monarchies, le public n'a pas besoin d'en apprendre les termes, ils restent consacrés au barreau. C'est par une autre inexactitude de la langue en ces matières que M. de Montesquieu, qui la savoit si bien, n'a pas laissé de dire toujours *la puissance exécutrice*, blessant ainsi l'analogie, et faisant adjectif le mot *exécuteur*, qui est substantif. C'est la même faute que s'il eût dit *le pouvoir législateur*.

nécessaire. Un citoyen que le Conseil immole à sa vengeance a recours au Deux-cents; l'infortuné s'avilit jusqu'à demander grâce; son innocence n'est ignorée de personne; toutes les règles ont été violées dans son procès : la grâce est refusée, et l'innocent périt. Fatio sentit si bien l'inutilité du recours au Deux-cents, qu'il ne daigna pas s'en servir.

Je vois clairement ce qu'est le Deux-cents à Zurich, à Berne, à Fribourg, et dans les autres états aristocratiques; mais je ne saurois voir ce qu'il est dans votre constitution, ni quelle place il y tient. Est-ce un tribunal supérieur? en ce cas il est absurde que le tribunal inférieur y siége. Est-ce un corps qui représente le souverain? en ce cas c'est au représenté de nommer son représentant. L'établissement du Deux-cents ne peut avoir d'autre fin que de modérer le pouvoir énorme du petit Conseil; et au contraire il ne fait que donner plus de poids à ce même pouvoir. Or, tout corps qui agit constamment contre l'esprit de son institution est mal institué.

Que sert d'appuyer ici sur des choses notoires qui ne sont ignorées d'aucun Génevois? Le Deux-cents n'est rien par lui-même; il n'est que le petit Conseil, qui reparoît sous une autre forme. Une seule fois il voulut tâcher de secouer le joug de ses maîtres et se donner une existence indépendante, et par cet unique effort l'état faillit être renversé.

Ce n'est qu'au seul Conseil général que le Deux-cents doit encore une apparence d'autorité. Cela se vit bien clairement dans l'époque dont je parle, et cela se verra bien mieux dans la suite, si le petit Conseil parvient à son but : ainsi, quand, de concert avec ce dernier, le Deux-cents travaille à déprimer le Conseil général, il travaille à sa propre ruine ; et s'il croit suivre les brisées du Deux-cents de Berne, il prend bien grossièrement le change. Mais on a presque toujours vu dans ce corps peu de lumières et moins de courage ; et cela ne peut guère être autrement par la manière dont il est rempli [1].

Vous voyez, monsieur, combien, au lieu de spécifier les droits du Conseil souverain, il eût été plus utile de spécifier les attributions des corps qui lui sont subordonnés, et, sans aller plus loin, vous

---

[1] Ceci s'entend en général, et seulement de l'esprit du corps ; car je sais qu'il y a dans le Deux-cents des membres très-éclairés, et qui ne manquent pas de zèle : mais incessamment sous les yeux du petit Conseil, livrés à sa merci, sans appui, sans ressources, et sentant bien qu'ils seroient abandonnés de leur corps, ils s'abstiennent de tenter des démarches inutiles qui ne feroient que les compromettre et les perdre. La vile tourbe bourdonne et triomphe ; le sage se tait et gémit tout bas.

Au reste, le Deux-cents n'a pas toujours été dans le discrédit où il est tombé. Jadis il jouit de la considération publique et de la confiance des citoyens : aussi lui laissoient-ils sans inquiétude exercer les droits du Conseil général, que le petit Conseil tâcha dès-lors d'attirer à lui par cette voie indirecte. Nouvelle preuve de ce qui sera dit plus bas, que la bourgeoisie de Genève est peu remuante, et ne cherche guère à s'intriguer des affaires d'état.

voyez plus évidemment encore que, par la force de certains articles pris séparément, le petit Conseil est l'arbitre suprême des lois, et par elles du sort de tous les particuliers. Quand on considère les droits des citoyens et bourgeois assemblés en Conseil général, rien n'est plus brillant; mais considérez hors de là ces mêmes citoyens et bourgeois comme individus, que sont-ils? que deviennent-ils? Esclaves d'un pouvoir arbitraire, ils sont livrés sans défense à la merci de vingt-cinq despotes : les Athéniens du moins en avoient trente. Et que dis-je vingt-cinq? neuf suffisent pour un jugement civil, treize pour un jugement criminel[1]. Sept ou huit, d'accord dans ce nombre, vont être pour vous autant de décemvirs : encore les décemvirs furent-ils élus par le peuple; au lieu qu'aucun de ces juges n'est de votre choix : et l'on appelle cela être libres!

LETTRE VIII.

Esprit de l'édit de la médiation. Contre-poids qu'il donne à la puissance aristocratique. Entreprise du petit Conseil d'anéantir ce contre-poids par voie de fait. Examen des inconvénients allégués. Système des édits sur les emprisonnements.

J'ai tiré, monsieur, l'examen de votre gouvernement présent du réglement de la médiation, par lequel ce gouvernement est fixé; mais, loin d'im-

---

[1] Édits civils, tit. 1, art. XXXVI.

PARTIE II, LETTRE VIII.

puter aux médiateurs d'avoir voulu vous réduire en servitude, je prouverois aisément, au contraire, qu'ils ont rendu votre situation meilleure à plusieurs égards qu'elle n'étoit avant les troubles qui vous forcèrent d'accepter leurs bons offices. Ils ont trouvé une ville en armes ; tout étoit à leur arrivée dans un état de crise et de confusion qui ne leur permettoit pas de tirer de cet état la règle de leur ouvrage. Ils sont remontés aux temps pacifiques, ils ont étudié la constitution primitive de votre gouvernement : dans les progrès qu'il avoit déjà faits, pour le remonter il eût fallu le refondre ; la raison, l'équité, ne permettoient pas qu'ils vous en donnassent un autre, et vous ne l'auriez pas accepté. N'en pouvant donc ôter les défauts, ils ont borné leurs soins à l'affermir tel que l'avoient laissé vos pères : ils l'ont corrigé même en divers points ; et des abus que je viens de remarquer, il n'y en a pas un qui n'existât dans la république long-temps avant que les médiateurs en eussent pris connoissance. Le seul tort qu'ils semblent vous avoir fait a été d'ôter au législateur tout exercice du pouvoir exécutif, et l'usage de la force à l'appui de la justice : mais en vous donnant une ressource aussi sûre et plus légitime, ils ont changé ce mal apparent en un vrai bienfait ; en se rendant garants de vos droits, ils vous ont dispensés de les défendre vous-mêmes. Eh ! dans la misère des choses humaines, quel bien vaut la peine d'être acheté du sang de nos frères ? La liberté même est trop chère à ce prix.

Les médiateurs ont pu se tromper, ils étoient hommes; mais ils n'ont point voulu vous tromper, ils ont voulu être justes, cela se voit, même cela se prouve; et tout montre en effet que ce qui est équivoque ou défectueux dans leur ouvrage vient souvent de nécessité, quelquefois d'erreur, jamais de mauvaise volonté. Ils avoient à concilier des choses presque incompatibles, les droits du peuple et les prétentions du Conseil, l'empire des lois et la puissance des hommes, l'indépendance de l'état et la garantie du réglement. Tout cela ne pouvoit se faire sans un peu de contradiction; et c'est de cette contradiction que votre magistrat tire avantage, en tournant tout en sa faveur, et faisant servir la moitié de vos lois à violer l'autre.

Il est clair d'abord que le réglement lui-même n'est point une loi que les médiateurs aient voulu imposer à la république, mais seulement un accord qu'ils ont établi entre ses membres, et qu'ils n'ont par conséquent porté nulle atteinte à sa souveraineté. Cela est clair, dis-je, par l'article XLIV, qui laisse au Conseil général, légitimement assemblé, le droit de faire aux articles du réglement tel changement qu'il lui plaît. Ainsi les médiateurs ne mettent point leur volonté au-dessus de la sienne; ils n'interviennent qu'en cas de division. C'est le sens de l'article XV.

Mais de là résulte aussi la nullité des réserves et limitations données dans l'article III aux droits et attributions du Conseil général : car si le Conseil général décide que ces réserves et limitations ne borneront plus sa puissance, elles ne la borneront plus ; et quand tous les membres d'un état souverain règlent son pouvoir sur eux-mêmes, qui est-ce qui a droit de s'y opposer ? Les exclusions qu'on peut inférer de l'article III ne signifient donc autre chose sinon que le Conseil général se renferme dans leurs limites jusqu'à ce qu'il trouve à propos de les passer.

C'est ici l'une des contradictions dont j'ai parlé, et l'on en démêle aisément la cause. Il étoit d'ailleurs bien difficile aux plénipotentiaires, pleins des maximes de gouvernements tout différents, d'approfondir assez les vrais principes du vôtre. La constitution démocratique a jusqu'à présent été mal examinée. Tous ceux qui en ont parlé, ou ne la connoissoient pas, ou y prenoient trop peu d'intérêt, ou avoient intérêt de la présenter sous un faux jour. Aucun d'eux n'a suffisamment distingué le souverain du gouvernement ; la puissance législative de l'exécutive. Il n'y a point d'état où ces deux pouvoirs soient si séparés, et où l'on ait tant affecté de les confondre. Les uns s'imaginent qu'une démocratie est un gouvernement où tout le peuple est magistrat et juge ; d'autres ne voient la liberté que dans le droit d'élire ses chefs, et, n'étant soumis qu'à des princes, croient que celui qui commande est toujours le souverain. La constitution démocratique est certainement le chef-d'œuvre de l'art politique : mais plus l'artifice en est admirable, moins il appartient à tous les yeux de le pénétrer. N'est-il pas vrai, monsieur, que la première précaution de n'admettre aucun Conseil général légitime que sous la convocation du petit Conseil, et la seconde précaution de n'y souffrir aucune proposition qu'avec l'approbation du petit Conseil, suffisoient seules pour maintenir le Conseil général dans la plus entière dépendance? La troisième précaution, d'y régler la compétence des matières, étoit donc la chose du monde la plus superflue. Et quel eût été l'inconvénient de laisser au Conseil général la plénitude des droits suprêmes, puisqu'il n'en peut faire aucun usage qu'autant que le petit Conseil le lui permet? En ne bornant pas les droits de la puissance souveraine, on ne la rendoit pas dans le fait moins dépendante, et l'on évitoit une contradiction : ce qui prouve que c'est pour n'avoir pas bien connu votre constitution qu'on a pris des précautions vaines en elles-mêmes et contradictoires dans leur objet.

On dira que ces limitations avoient seulement pour fin de marquer les cas où les Conseils inférieurs seroient obligés d'assembler le Conseil général. J'entends bien cela ; mais n'étoit-il pas plus naturel et plus simple de marquer les droits qui leur étoient attribués à eux-mêmes, et qu'ils pouvoient exercer sans le concours du Conseil général? Les bornes étoient-elles moins fixées par ce qui est au-deçà que par ce qui est au-delà? et lorsque les Conseils inférieurs vouloient passer ces bornes, n'est-il pas clair qu'ils avoient besoin d'être autorisés? Par-là, je l'avoue, on mettoit plus en vue tant de pouvoirs réunis dans les mêmes mains; mais on présentoit les objets dans leur jour véritable, on tiroit de la nature de la chose le moyen de fixer les droits respectifs des divers corps, et l'on sauvoit toute contradiction.

A la vérité, l'auteur des Lettres prétend que le petit Conseil, étant le gouvernement même, doit exercer à ce titre toute l'autorité qui n'est pas attribuée aux autres corps de l'état : mais c'est supposer la sienne antérieure aux édits; c'est supposer que le petit Conseil, source primitive de la puissance, garde ainsi tous les droits qu'il n'a pas aliénés. Reconnoissez-vous, monsieur, dans ce principe celui de votre constitution? Une preuve si curieuse mérite de nous arrêter un moment.

Remarquez d'abord qu'il s'agit là * du pouvoir du petit Conseil, mis en opposition avec celui des syndics, c'est-à-dire de chacun de ces deux pouvoirs séparé de l'autre. L'édit parle du pouvoir des syndics sans le Conseil, il ne parle point de

* *Lettres écrites de la campagne*, page 66.

pouvoir du Conseil sans les syndics. Pourquoi cela? Parce que le Conseil sans les syndics est le gouvernement. Donc le silence même des édits sur le pouvoir du Conseil, loin de prouver la nullité de ce pouvoir, en prouve l'étendue. Voilà sans doute une conclusion bien neuve. Admettons-la toutefois, pourvu que l'antécédent soit prouvé.

Si c'est parce que le petit Conseil est le gouvernement que les édits ne parlent point de son pouvoir, ils diront du moins que le petit Conseil est le gouvernement, à moins que de preuve en preuve leur silence n'établisse toujours le contraire de ce qu'ils ont dit.

Or je demande qu'on me montre dans vos édits où il est dit que le petit Conseil est le gouvernement; et en attendant je vais vous montrer, moi, où il est dit tout le contraire. Dans l'édit politique de 1568, je trouve le préambule conçu dans ces termes : « Pour ce que le gouvernement et estat
« de cette ville consiste par quatre syndicques, le
« Conseil des Vingt-cinq, le Conseil des Soixante,
« des Deux-cents, du général, et un lieutenant en
« la justice ordinaire, avec autres offices, selon
« que bonne police le requiert, tant pour l'admi-
« nistration du bien public que de la justice, nous
« avons recueilli l'ordre qui jusqu'ici a été obser-
« vé... afin qu'il soit gardé à l'avenir.... comme
« s'ensuit. »

Dès l'article premier de l'édit de 1738, je vois

encore que « cinq ordres composent le gouverne-
« ment de Genève. » Or de ces cinq ordres les
quatre syndics tous seuls en font un ; le Conseil
des Vingt-cinq, où sont certainement compris les
quatre syndics, en fait un autre, et les syndics
entrent encore dans les trois suivants. Le petit
Conseil sans les syndics n'est donc pas le gouvernement.

J'ouvre l'édit de 1707, et j'y vois à l'article v,
en propres termes, que « messieurs les syndics ont
« la direction et le gouvernement de l'état. » A
l'instant je ferme le livre, et je dis : Certainement,
selon les édits, le petit Conseil sans les syndics
n'est pas le gouvernement, quoique l'auteur des
Lettres affirme qu'il l'est.

On dira que moi-même j'attribue souvent dans
ces Lettres le gouvernement au petit Conseil. J'en
conviens ; mais c'est au petit Conseil présidé par
les syndics ; et alors il est certain que le gouvernement provisionnel y réside dans le sens que je
donne à ce mot : mais ce sens n'est pas celui de
l'auteur des Lettres, puisque dans le mien le
gouvernement n'a que les pouvoirs qui lui sont
donnés par la loi, et que dans le sien, au contraire,
le gouvernement a tous les pouvoirs que la loi ne
lui ôte pas.

Reste donc dans toute sa force l'objection des
représentants, que, quand l'édit parle des syndics, il parle de leur puissance, et que, quand il

parle du Conseil, il ne parle que de son devoir. Je dis que cette objection reste dans toute sa force; car l'auteur des Lettres n'y répond que par une assertion démentie par tous les édits. Vous me ferez plaisir, monsieur, si je me trompe, de m'apprendre en quoi pèche mon raisonnement.

Cependant cet auteur, très-content du sien, demande comment, « si le législateur n'avoit pas « considéré de cet œil le petit Conseil, on pourroit « concevoir que dans aucun endroit de l'édit il n'en « réglât l'autorité, qu'il la supposât partout, et « qu'il ne la déterminât nulle part [1]. »

J'oserai tenter d'éclaircir ce profond mystère. Le législateur ne règle point la puissance du Conseil, parce qu'il ne lui en donne aucune indépendamment des syndics; et lorsqu'il la suppose, c'est en le supposant aussi présidé par eux. Il a déterminé la leur, par conséquent il est superflu de déterminer la sienne. Les syndics ne peuvent pas tout sans le Conseil, mais le Conseil ne peut rien sans les syndics; il n'est rien sans eux, il est moins que n'étoit le Deux-cents même lorsqu'il fut présidé par l'auditeur Sarrazin.

Voilà, je crois, la seule manière raisonnable d'expliquer le silence des édits sur le pouvoir du Conseil; mais ce n'est pas celle qu'il convient aux magistrats d'adopter. On eût prévenu dans le réglement leurs singulières interprétations, si l'on

[1] *Lettres écrites de la campagne*, page 67.

eût pris une méthode contraire, et qu'au lieu de marquer les droits du Conseil général, on eût déterminé les leurs. Mais pour n'avoir pas voulu dire ce que n'ont pas dit les édits, on a fait entendre ce qu'ils n'ont jamais supposé.

Que de choses contraires à la liberté publique et aux droits des citoyens et bourgeois! et combien n'en pourrois-je pas ajouter encore! Cependant tous ces désavantages qui naissoient ou sembloient naître de votre constitution, et qu'on n'auroit pu détruire sans l'ébranler, ont été balancés et réparés avec la plus grande sagesse par des compensations qui en naissoient aussi; et telle étoit précisément l'intention des médiateurs, qui, selon leur propre déclaration, fut « de conserver à « chacun ses droits, ses attributions particulières « provenant de la loi fondamentale de l'état. » M. Micheli Ducret, aigri par ses malheurs contre cet ouvrage, dans lequel il fut oublié, l'accuse de renverser l'institution fondamentale du gouvernement, et de dépouiller les citoyens et bourgeois de leurs droits, sans vouloir voir combien de ces droits, tant publics que particuliers, ont été conservés ou rétablis par cet édit, dans les articles III, IV, X, XI, XII, XXII, XXX, XXXI, XXXII, XXXIV, XLII, et XLIV, sans songer surtout que la force de tous ces articles dépend d'un seul qui vous a aussi été conservé; article essentiel, article équipondérant à tous ceux qui vous sont contraires, et si nécessaire à l'effet de ceux qui vous sont favorables, qu'ils seroient tous inutiles si l'on venoit à bout d'éluder celui-là, ainsi qu'on l'a entrepris. Nous voici parvenus au point important; mais, pour en bien sentir l'importance, il falloit peser tout ce que je viens d'exposer.

On a beau vouloir confondre l'indépendance et la liberté, ces deux choses sont si différentes que même elles s'excluent mutuellement. Quand chacun fait ce qu'il lui plaît, on fait souvent ce qui déplaît à d'autres, et cela ne s'appelle pas un état libre. La liberté consiste moins à faire sa volonté qu'à n'être pas soumis à celle d'autrui; elle consiste encore à ne pas soumettre la volonté d'autrui à la nôtre. Quiconque est maître ne peut être libre; et régner, c'est obéir. Vos magistrats savent cela mieux que personne, eux qui, comme Othon, n'omettent rien de servile pour commander[1]. Je ne connois de volonté vraiment libre que celle à laquelle nul n'a droit d'opposer de la résistance; dans la liberté commune, nul n'a droit de faire ce que la liberté d'un autre lui interdit, et la vraie liberté n'est jamais destructive d'elle-même. Ainsi

[1] « En général, dit l'auteur des Lettres, les hommes craignent « encore plus d'obéir qu'ils n'aiment à commander. » Tacite en jugeoit autrement, et connoissoit le cœur humain. Si la maxime étoit vraie, les valets des grands seroient moins insolents avec les bourgeois, et l'on verroit moins de fainéants ramper dans les cours des princes. Il y a peu d'hommes d'un cœur assez sain pour savoir aimer la liberté. Tous veulent commander; à ce prix, nul ne craint d'o-

la liberté sans la justice est une véritable contradiction; car, comme qu'on s'y prenne, tout gêne dans l'exécution d'une volonté désordonnée.

Il n'y a donc point de liberté sans lois, ni où quelqu'un est au-dessus des lois : dans l'état même de nature, l'homme n'est libre qu'à la faveur de la loi naturelle, qui commande à tous. Un peuple libre obéit, mais il ne sert pas; il a des chefs, et non pas des maîtres; il obéit aux lois, mais il n'obéit qu'aux lois, et c'est par la force des lois qu'il n'obéit pas aux hommes. Toutes les barrières qu'on donne dans les républiques au pouvoir des magistrats ne sont établies que pour garantir de leurs atteintes l'enceinte sacrée des lois : ils en sont les ministres, non les arbitres; ils doivent les garder, non les enfreindre. Un peuple est libre, quelque forme qu'ait son gouvernement, quand, dans celui qui le gouverne, il ne voit point l'homme, mais l'organe de la loi. En un mot, la liberté suit toujours le sort des lois, elle règne ou périt avec elles; je ne sache rien de plus certain.

Vous avez des lois bonnes et sages, soit en elles-mêmes, soit par cela seul que ce sont des lois.

béir. Un petit parvenu se donne cent maîtres pour acquérir dix valets. Il n'y a qu'à voir la fierté des nobles dans les monarchies; avec quelle emphase ils prononcent ces mots de *service* et de *servir;* combien ils s'estiment grands et respectables quand ils peuvent avoir l'honneur de dire, *le roi mon maître;* combien ils méprisent des républicains qui ne sont que libres, et qui certainement sont plus nobles qu'eux.

Toute condition imposée à chacun par tous ne peut être onéreuse à personne, et la pire des lois vaut encore mieux que le meilleur maître; car tout maître a des préférences, et la loi n'en a jamais.

Depuis que la constitution de votre état a pris une forme fixe et stable, vos fonctions de législateur sont finies : la sûreté de l'édifice veut qu'on trouve à présent autant d'obstacles pour y toucher qu'il falloit d'abord de facilités pour le construire. Le droit négatif des Conseils pris en ce sens est l'appui de la république : l'article vi du réglement est clair et précis; je me rends sur ce point aux raisonnements de l'auteur des Lettres, je les trouve sans réplique; et quand ce droit, si justement réclamé par vos magistrats, seroit contraire à vos intérêts, il faudroit souffrir et vous taire. Des hommes droits ne doivent jamais fermer les yeux à l'évidence, ni disputer contre la vérité.

L'ouvrage est consommé, il ne s'agit plus que de le rendre inaltérable. Or l'ouvage du législateur ne s'altère et ne se détruit jamais que d'une manière ; c'est quand les dépositaires de cet ouvrage abusent de leur dépôt, et se font obéir au nom des lois en leur désobéissant eux-mêmes [1].

---

[1] Jamais le peuple ne s'est rebellé contre les lois, que les chefs n'aient commencé par les enfreindre en quelque chose. C'est sur ce principe certain qu'à la Chine, quand il y a quelque révolte dans une province, on commence toujours par punir le gouverneur. En

Alors la pire chose naît de la meilleure, et la loi qui sert de sauvegarde à la tyrannie est plus funeste que la tyrannie elle-même. Voilà précisément ce que prévient le droit de représentation stipulé dans vos édits, et restreint mais confirmé par la médiation. Ce droit vous donne inspection, non plus sur la législation comme auparavant, mais sur l'administration ; et vos magistrats, tout puissants au nom des lois, seuls maîtres d'en proposer au législateur de nouvelles, sont soumis à ses jugements s'ils s'écartent de celles qui sont établies. Par cet article seul votre gouvernement, sujet d'ailleurs à plusieurs défauts considérables, devient le meilleur qui jamais ait existé : car quel meilleur gouvernement que celui dont toutes les parties se balancent dans un parfait équilibre, où les particuliers ne peuvent transgresser les lois, parce qu'ils sont surveillés par le peuple ?

Il est vrai que pour trouver quelque réalité dans cet avantage, il ne faut pas le fonder sur un vain droit : mais qui dit un droit ne dit pas une chose vaine. Dire à celui qui a transgressé la loi qu'il a

---

Europe, les rois suivent constamment la maxime contraire : aussi voyez comment prospèrent leurs états ! La population diminue partout d'un dixième tous les trente ans ; elle ne diminue point à la Chine. Le despotisme oriental se soutient, parce qu'il est plus sévère sur les grands que sur le peuple ; il tire ainsi de lui-même son propre remède. J'entends dire qu'on commence à prendre à la Porte la maxime chrétienne. Si cela est, on verra dans peu ce qu'il en résultera.

transgressé la loi, c'est prendre une peine bien ridicule ; c'est lui apprendre une chose qu'il sait aussi bien que vous.

Le droit est, selon Puffendorf, une qualité morale par laquelle il nous est dû quelque chose. La simple liberté de se plaindre n'est donc pas un droit, ou du moins c'est un droit que la nature accorde à tous, et que la loi d'aucun pays n'ôte à personne. S'avisa-t-on jamais de stipuler dans des lois que celui qui perdroit un procès auroit la liberté de se plaindre? s'avisa-t-on jamais de punir quelqu'un pour l'avoir fait? Où est le gouvernement, quelque absolu qu'il puisse être, où tout citoyen n'ait pas le droit de donner des mémoires au prince ou à son ministre sur ce qu'il croit utile à l'état? et quelle risée n'exciteroit pas un édit public par lequel on accorderoit formellement aux sujets le droit de donner de pareils mémoires? Ce n'est pourtant pas dans un état despotique, c'est dans une république, c'est dans une démocratie, qu'on donne authentiquement aux citoyens, aux membres du souverain, la permission d'user auprès de leur magistrat de ce même droit que nul despote n'ôta jamais au dernier de ses esclaves.

Quoi! ce droit de représentation consisteroit uniquement à remettre un papier qu'on est même dispensé de lire au moyen d'une réponse sèchement négative[1]? Ce droit, si solennellement stipulé en

[1] Telle, par exemple, que celle que fit le Conseil, le 10

compensation de tant de sacrifices, se borneroit à la rare prérogative de demander et ne rien obtenir? Oser avancer une telle proposition, c'est accuser les médiateurs d'avoir usé avec la bourgeoisie de Genève de la plus indigne supercherie, c'est offenser la probité des plénipotentiaires, l'équité des puissances médiatrices, c'est blesser toute bienséance, c'est outrager même le bon sens.

Mais enfin quel est ce droit? jusqu'où s'étend-il? comment peut-il être exercé? Pourquoi rien de tout cela n'est-il spécifié dans l'article VII? Voilà des questions raisonnables; elles offrent des difficultés qui méritent examen.

La solution d'une seule nous donnera celle de toutes les autres, et nous dévoilera le véritable esprit de cette institution.

Dans un état tel que le vôtre, où la souveraineté est entre les mains du peuple, le législateur existe toujours, quoiqu'il ne se montre pas toujours. Il n'est rassemblé et ne parle authentiquement que dans le Conseil général; mais hors du Conseil général il n'est pas anéanti; ses membres sont épars, mais ils ne sont pas morts; ils ne peuvent parler par des lois, mais ils peuvent toujours veiller sur l'administration des lois; c'est un droit, c'est même un devoir attaché à leurs personnes, et qui ne peut leur être ôté dans aucun temps. De là le droit de

août 1763, aux représentations remises le 8 à M. le premier syndic par un grand nombre de citoyens et bourgeois.

représentation. Ainsi la représentation d'un citoyen, d'un bourgeois ou de plusieurs, n'est que la déclaration de leur avis sur une matière de leur compétence. Ceci est le sens clair et nécessaire de l'édit de 1707 dans l'article v, qui concerne les représentations.

Dans cet article on proscrit avec raison la voie des signatures, parce que cette voie est une manière de donner son suffrage, de voter par tête, comme si déjà l'on étoit en Conseil général, et que la forme du Conseil général ne doit être suivie que lorsqu'il est légitimement assemblé. La voie des représentations a le même avantage sans avoir le même inconvénient. Ce n'est pas voter en Conseil général, c'est opiner sur les matières qui doivent y être portées; puisqu'on ne compte pas les voix, ce n'est pas donner son suffrage, c'est seulement dire son avis. Cet avis n'est à la vérité que celui d'un particulier ou de plusieurs; mais ces particuliers étant membres du souverain, et pouvant le représenter quelquefois par leur multitude, la raison veut qu'alors on ait égard à leur avis, non comme une décision, mais comme à une proposition qui la demande, et qui la rend quelquefois nécessaire.

Ces représentations peuvent rouler sur deux objets principaux, et la différence de ces objets décide de la diverse manière dont le conseil doit faire droit sur ces mêmes représentations. De ces deux objets, l'un est de faire quelque changement à la loi, l'autre de réparer quelque transgression de la loi. Cette division est complète, et comprend toute la matière sur laquelle peuvent rouler les représentations. Elle est fondée sur l'édit même, qui, distinguant les termes selon ses objets, impose au procureur-général de faire des *instances* ou des *remontrances*, selon que les citoyens lui ont fait des *plaintes* ou des *réquisitions*[1].

Cette distinction une fois établie, le Conseil auquel ces représentations sont adressées doit les envisager bien différemment selon celui de ces deux objets auquel elles se rapportent. Dans les états où le gouvernement et les lois ont déjà leur assiette, on doit, autant qu'il se peut, éviter d'y toucher et surtout dans les petites républiques, où le moindre ébranlement désunit tout. L'aversion des nouveautés est donc généralement bien fondée; elle l'est surtout pour vous qui ne pouvez qu'y perdre; et le gouvernement ne peut apporter un trop grand obstacle à leur établissement; car, quelque utiles,

---

[1] *Requérir* n'est pas seulement demander, mais demander en vertu d'un droit qu'on a d'obtenir. Cette acception est établie par toutes les formules judiciaires dans lesquelles ce terme de palais est employé. On dit *requérir justice*, on n'a jamais dit *requérir grâce*. Ainsi, dans les deux cas, les citoyens avoient également droit d'exiger que leurs *réquisitions* ou leurs *plaintes*, rejetées par les Conseils inférieurs, fussent portées en Conseil général. Mais, par le mot ajouté dans l'article vi de l'édit de 1738, ce droit est restreint seulement au cas de la plainte, comme il sera dit dans le texte.

que fussent des lois nouvelles, les avantages en sont presque toujours moins sûrs que les dangers n'en sont grands. A cet égard, quand le citoyen, quand le bourgeois a proposé son avis, il a fait son devoir, il doit au surplus avoir assez de confiance en son magistrat pour le juger capable de peser l'avantage de ce qu'il lui propose, et porté à l'approuver s'il le croit utile au bien public. La loi a donc très-sagement pourvu à ce que l'établissement et même la proposition de pareilles nouveautés ne passât pas sans l'aveu des Conseils; et voilà en quoi doit consister le droit négatif qu'ils réclament, et qui, selon moi, leur appartient incontestablement.

Mais le second objet, ayant un principe tout opposé, doit être envisagé bien différemment. Il ne s'agit pas ici d'innover; il s'agit, au contraire, d'empêcher qu'on innove; il s'agit, non d'établir de nouvelles lois, mais de maintenir les anciennes. Quand les choses tendent au changement par leur pente, il faut sans cesse de nouveaux soins pour les arrêter. Voilà ce que les citoyens et bourgeois, qui ont un si grand intérêt à prévenir tout changement, se proposent dans les plaintes dont parle l'édit: Le législateur, existant toujours, voit l'effet ou l'abus de ses lois; il voit si elles sont suivies ou transgressées, interprétées de bonne ou de mauvaise foi; il y veille, il y doit veiller; cela est de son droit, de son devoir, même de son serment.

C'est ce devoir qu'il remplit dans les représentations ; c'est ce droit alors qu'il exerce ; et il seroit contre toute raison, il seroit même indécent de vouloir étendre le droit négatif du Conseil à cet objet-là.

Cela seroit contre toute raison quant au législateur, parce que alors toute la solennité des lois seroit vaine et ridicule, et que réellement l'état n'auroit point d'autre loi que la volonté du petit Conseil, maître absolu de négliger, mépriser, violer, tourner à sa mode les règles qui lui seroient prescrites, et prononcer *noir* où la loi diroit *blanc*, sans en répondre à personne. A quoi bon s'assembler solennellement dans le temple de Saint-Pierre, pour donner aux édits une sanction sans effet, pour dire au petit Conseil : « Messieurs, « voilà le corps de lois que nous établissons dans « l'état, et dont nous vous rendons les déposi- « taires, pour vous y conformer quand vous le « jugerez à propos, et pour le transgresser quand « il vous plaira ? »

Cela seroit contre la raison quant aux représentations, parce que alors le droit stipulé par un article exprès de l'édit de 1707, et confirmé par un article exprès de l'édit de 1738, seroit un droit illusoire et fallacieux, qui ne signifieroit que la liberté de se plaindre inutilement quand on est vexé ; liberté qui, n'ayant jamais été disputée à personne, est ridicule à établir par la loi.

Enfin cela seroit indécent en ce que, par une

telle supposition, la probité des médiateurs seroit outragée ; que ce seroit prendre vos magistrats pour des fourbes et vos bourgeois pour des dupes d'avoir négocié, traité, transigé avec tant d'appareil, pour mettre une des parties à l'entière discrétion de l'autre, et d'avoir compensé les concessions les plus fortes par des sûretés qui ne signifieroient rien.

Mais, disent ces messieurs, les termes de l'édit sont formels : « Il ne sera rien porté au Conseil « général qu'il n'ait été traité et approuvé d'abord « dans le Conseil des Vingt-cinq, puis dans celui « des Deux-cents. »

Premièrement, qu'est-ce que cela prouve autre chose dans la question présente, si ce n'est une marche réglée et conforme à l'ordre, et l'obligation dans les Conseils inférieurs de traiter et approuver préalablement ce qui doit être porté au Conseil-général ? Les Conseils ne sont-ils pas tenus d'approuver ce qui est prescrit par la loi ? Quoi ! si les Conseils n'approuvoient pas qu'on procédât à l'élection des syndics, n'y devroit-on plus procéder ? et si les sujets qu'ils proposent sont rejetés, ne sont-ils pas contraints d'approuver qu'il en soit proposé d'autres ?

D'ailleurs, qui ne voit que ce droit d'approuver et de rejeter, pris dans son sens absolu, s'applique seulement aux propositions qui renferment des nouveautés, et non à celles qui n'ont pour objet que le maintien de ce qui est établi? Trouvez-vous du bon sens à supposer qu'il faille une approbation nouvelle pour réparer les transgressions d'une ancienne loi? Dans l'approbation donnée à cette loi, lorsqu'elle fut promulguée, sont contenues toutes celles qui se rapportent à son exécution. Quand les Conseils approuvèrent que cette loi seroit établie, ils approuvèrent qu'elle seroit observée, par conséquent qu'on en puniroit les transgresseurs; et quand les bourgeois, dans leurs plaintes, se bornent à demander réparation sans punition, l'on veut qu'une telle proposition ait de nouveau besoin d'être approuvée! Monsieur, si ce n'est pas là se moquer des gens, dites-moi comment on peut s'en moquer.

Toute la difficulté consiste donc ici dans la seule question de fait. La loi a-t-elle été transgressée ou ne l'a-t-elle pas été? Les citoyens et bourgeois disent qu'elle l'a été; les magistrats le nient. Or voyez, je vous prie, si l'on peut rien concevoir de moins raisonnable en pareil cas que ce droit négatif qu'ils s'attribuent. On leur dit : Vous avez transgressé la loi; et ils répondent : Nous ne l'avons pas transgressée : et, devenus ainsi juges suprêmes dans leur propre cause, les voilà justifiés, contre l'évidence, par leur seule affirmation.

Vous me demanderez si je prétends que l'affirmation contraire soit toujours l'évidence. Je ne dis pas cela; je dis que, quand elle le seroit, vos magistrats ne s'en tiendroient pas moins, contre l'évidence, à leur prétendu droit négatif. Le cas est actuellement sous vos yeux. Et pour qui doit être ici le préjugé le plus légitime? Est-il croyable, est-il naturel que des particuliers sans pouvoir, sans autorité, viennent dire à leurs magistrats qui peuvent être demain leurs juges, *Vous avez fait une injustice,* lorsque cela n'est pas vrai? Que peuvent espérer ces particuliers d'une démarche aussi folle, quand même ils seroient sûrs de l'impunité? Peuvent-ils penser que des magistrats si hautains jusque dans leurs torts iront convenir sottement des torts mêmes qu'ils n'auroient pas? Au contraire, y a-t-il rien de plus naturel que de nier les fautes qu'on a faites? N'a-t-on pas intérêt de les soutenir? et n'est-on pas toujours tenté de le faire lorsqu'on le peut impunément et qu'on a la force en main? Quand le foible et le fort ont ensemble quelque dispute, ce qui n'arrive guère qu'au détriment du premier, le sentiment par cela seul le plus probable est toujours que c'est le plus fort qui a tort.

Les probabilités, je le sais, ne sont pas des preuves, mais dans des faits notoires comparés aux lois, lorsque nombre de citoyens affirment qu'il y a injustice, et que le magistrat accusé de cette injustice affirme qu'il n'y en a pas, qui peut être juge, si ce n'est le public instruit? et où trouver ce public instruit à Genève, si ce n'est dans le Conseil général composé des deux partis?

Il n'y a point d'état au monde où le sujet lésé par un magistrat injuste ne puisse, par quelque voie, porter sa plainte au souverain ; et la crainte que cette ressource inspire est un frein qui contient beaucoup d'iniquités. En France même, où l'attachement des parlements aux lois est extrême, la voix judiciaire est ouverte contre eux en plusieurs cas par des requêtes en cassation d'arrêt. Les Génevois sont privés d'un pareil avantage ; la partie condamnée par les Conseils ne peut plus, en quelque cas que ce puisse être, avoir aucun recours au souverain. Mais ce qu'un particulier ne peut faire pour son intérêt privé, tous peuvent le faire pour l'intérêt commun ; car toute transgression des lois étant une atteinte portée à la liberté, devient une affaire publique ; et quand la voix publique s'élève, la plainte doit être portée au souverain. Il n'y auroit sans cela ni parlement, ni sénat, ni tribunal sur la terre qui fût armé du funeste pouvoir qu'ose usurper votre magistrat ; il n'y auroit point dans aucun état de sort aussi dur que le vôtre. Vous m'avouerez que ce seroit là une étrange liberté !

Le droit de représentation est intimement lié à votre constitution ; il est le seul moyen possible d'unir la liberté à la subordination, et de maintenir le magistrat dans la dépendance des lois sans altérer son autorité sur le peuple. Si les plaintes sont clairement fondées, si les raisons sont palpables, on doit présumer le Conseil assez équitable pour y déférer. S'il ne l'étoit pas, ou que les griefs n'eussent pas ce degré d'évidence qui les met au-dessus du doute, le cas changeroit, et ce seroit alors à la volonté générale de décider, car dans votre état cette volonté est le juge suprême et l'unique souverain. Or comme, dès le commencement de la république, cette volonté avoit toujours des moyens de se faire entendre, et que ces moyens tenoient à votre constitution, il s'ensuit que l'édit de 1707, fondé d'ailleurs sur un droit immémorial, et sur l'usage constant de ce droit, n'avoit pas besoin de plus grande explication.

Les médiateurs, ayant eu pour maxime fondamentale de s'écarter des anciens édits le moins qu'il étoit possible, ont laissé cet article tel qu'il étoit auparavant, et même y ont renvoyé. Ainsi, par le réglement de la médiation, votre droit sur ce point est demeuré parfaitement le même, puisque l'article qui le pose est rappelé tout entier.

Mais les médiateurs n'ont pas vu que les changements qu'ils étoient forcés de faire à d'autres articles les obligeoient, pour être conséquents, d'éclaircir celui-ci, et d'y ajouter de nouvelles explications que leur travail rendoit nécessaires. L'effet des représentations des particuliers négligées est de devenir enfin la voix du public; et d'obvier ainsi au déni de justice. Cette transformation étoit alors légitime, et conforme à la loi fondamentale qui par tout pays arme en dernier ressort le souverain de la force publique pour l'exécution de ses volontés.

Les médiateurs n'ont pas supposé ce déni de justice. L'événement prouve qu'ils l'ont dû supposer. Pour assurer la tranquillité publique, ils ont jugé à propos de séparer du droit la puissance, et de supprimer même les assemblées et députations pacifiques de la bourgeoisie; mais, puisqu'ils lui ont d'ailleurs confirmé son droit, ils devoient lui fournir dans la forme de l'institution d'autres moyens de le faire valoir à la place de ceux qu'ils lui ôtoient. Ils ne l'ont pas fait : leur ouvrage, à cet égard, est donc resté défectueux; car le droit étant demeuré le même, doit toujours avoir les mêmes effets.

Aussi voyez avec quel art vos magistrats se prévalent de l'oubli des médiateurs! En quelque nombre que vous puissiez être, ils ne voient plus en vous que des particuliers; et, depuis qu'il vous a été interdit de vous montrer en corps, ils regardent ce corps comme anéanti : il ne l'est pas toutefois, puisqu'il conserve tous ses droits, tous ses priviléges, et qu'il fait toujours la principale partie de l'état et du législateur. Ils partent de cette supposition fausse pour vous faire mille difficultés chimériques sur l'autorité qui peut les obliger d'assembler le Conseil général. Il n'y a point d'autorité qui le puisse, hors celle des lois, quand ils les observent : mais l'autorité de la loi qu'ils transgressent retourne au législateur ; et, n'osant nier tout-à-fait qu'en pareil cas cette autorité ne soit dans le plus grand nombre, ils rassemblent leurs objections sur les moyens de le constater. Ces moyens seront toujours faciles, sitôt qu'ils seront permis ; et ils seront sans inconvénient, puisqu'il est aisé d'en prévenir les abus.

Il ne s'agissoit là ni de tumultes ni de violence : il ne s'agissoit point de ces ressources quelquefois nécessaires, mais toujours terribles, qu'on vous a très-sagement interdites ; non que vous en ayez jamais abusé, puisqu'au contraire vous n'en usâtes jamais qu'à la dernière extrémité, seulement pour votre défense, et toujours avec une modération qui peut-être eût dû vous conserver le droit des armes, si quelque peuple eût pu l'avoir sans danger. Toutefois je bénirai le ciel, quoi qu'il arrive, de ce qu'on n'en verra plus l'affreux appareil au milieu de vous. « Tout est permis dans les maux « extrêmes, » dit plusieurs fois l'auteur des Lettres. Cela fût-il vrai, tout ne seroit pas expédient. Quand l'excès de la tyrannie met celui qui la souffre au-dessus des lois, encore faut-il que ce qu'il tente pour la détruire lui laisse quelque espoir d'y réussir. Voudroit-on vous réduire à cette extrémité ? Je ne puis le croire ; et quand vous y seriez, je pense encore moins qu'aucune voie de fait pût jamais vous en tirer. Dans votre position, toute fausse démarche est fatale, tout ce qui vous induit à la faire est un piége; et, fussiez-vous un instant les maîtres, en moins de quinze jours vous seriez écrasés pour jamais. Quoi que fassent vos magistrats, quoi que dise l'auteur des Lettres, les moyens violents ne conviennent point à la cause juste : sans croire qu'on veuille vous forcer à les prendre, je crois qu'on vous les verroit prendre avec plaisir; et je crois qu'on ne doit pas vous faire envisager comme une ressource ce qui ne peut que vous ôter toutes les autres. La justice et les lois sont pour vous. Ces appuis, je le sais, sont bien foibles contre le crédit et l'intrigue ; mais ils sont les seuls qui vous restent : tenez-vous-y jusqu'à la fin.

Eh ! comment approuverois-je qu'on voulût troubler la paix civile pour quelque intérêt que ce fût, moi qui lui sacrifiai le plus cher de tous les miens? Vous le savez, monsieur, j'étois désiré, sollicité; je n'avois qu'à paroître, mes droits étoient soutenus, peut-être mes affronts réparés. Ma présence eût du moins intrigué mes persécuteurs, et j'étois dans une de ces positions enviées dont quiconque aime à faire un rôle se prévaut toujours avidement. J'ai préféré l'exil perpétuel de ma patrie; j'ai renoncé à tout, même à l'espérance, plutôt que d'exposer la tranquillité publique : j'ai mérité d'être cru sincère lorsque je parle en sa faveur.

Mais pourquoi supprimer des assemblées paisibles et purement civiles, qui ne pouvoient avoir qu'un objet légitime, puisqu'elles restoient toujours dans la subordination due au magistrat? Pourquoi, laissant à la bourgeoisie le droit de faire des représentations, ne les lui pas laisser faire avec l'ordre et l'authenticité convenables? Pourquoi lui ôter les moyens d'en délibérer entre elle, et, pour éviter des assemblées trop nombreuses, au moins par des députés? Peut-on rien imaginer de mieux réglé, de plus décent, de plus convenable, que les assemblées par compagnies, et la forme de traiter qu'a suivie la bourgeoisie pendant qu'elle a été la maîtresse de l'état? N'est-il pas d'une police mieux entendue de voir monter à l'Hôtel-de-ville une trentaine de députés au nom de tous leurs concitoyens, que de voir toute une bourgeoisie y monter en foule, chacun ayant sa déclaration à faire, et nul ne pouvant parler que pour soi? Vous avez vu, monsieur, les représentants en grand nombre, forcés de se diviser par pelotons, pour ne pas faire tumulte et cohue, venir séparément par bandes de trente ou quarante, et mettre dans leur démarche encore plus de bienséance et de modestie qu'il ne leur en étoit prescrit par la loi. Mais tel est l'esprit de la bourgeoisie de Genève; toujours plutôt en deçà qu'en delà de ses droits, elle est ferme quelquefois, elle n'est jamais séditieuse. Toujours la loi dans le cœur, toujours le respect du magistrat sous les yeux, dans le temps même où la plus vive indignation devoit animer sa colère, et où rien ne l'empêchoit de la contenter, elle ne s'y livra jamais. Elle fut juste étant la plus forte ; même elle sut pardonner. En eût-on pu dire autant de ses oppresseurs ? On sait le sort qu'ils lui firent éprouver autrefois, on sait celui qu'ils lui préparoient encore.

Tels sont les hommes vraiment dignes de la liberté, parce qu'ils n'en abusent jamais, qu'on charge pourtant de liens et d'entraves comme la plus vile populace. Tels sont les citoyens, les membres du souverain qu'on traite en sujets, et plus mal que des sujets mêmes, puisque, dans les gouvernements les plus absolus, on permet assemblées de communautés qui ne sont présidées d'aucun magistrat.

Jamais, comme qu'on s'y prenne, des réglements contradictoires ne pourront être observés à la fois. On permet, on autorise le droit de représentation ; et l'on reproche aux représentants de manquer de consistance, en les empêchant d'en avoir ! Cela n'est pas juste ; et quand on vous met hors d'état de faire en corps vos démarches, il ne faut pas vous objecter que vous n'êtes que des particuliers. Comment ne voit-on point que si le poids des représentations dépend du nombre des représentants, quand elles sont générales, il est impossible de les faire un à un ? Et quel ne seroit pas l'embarras du magistrat, s'il avoit à lire successivement les mémoires ou à écouter les discours d'un millier d'hommes, comme il y est obligé par la loi!

Voici donc la facile solution de cette grande difficulté que l'auteur des Lettres fait valoir comme insoluble[1] : que lorsque le magistrat n'aura eu nul égard aux plaintes des particuliers portées en représentations, il permette l'assemblée des compagnies bourgeoises; qu'il la permette séparément, en des lieux, en des temps différents; que celles de ces compagnies qui voudront à la pluralité des suffrages appuyer les représentations, le fassent par leurs députés. Qu'alors le nombre des députés représentants se compte : leur nombre total est fixe; on verra bientôt si leurs vœux sont ou ne sont pas ceux de l'état.

Ceci ne signifie pas, prenez-y bien garde, que ces assemblées partielles puissent avoir aucune autorité, si ce n'est de faire entendre leur sentiment sur la matière des représentations. Elles n'auront, comme assemblées autorisées pour ce seul cas, nul autre droit que celui des particuliers : leur objet n'est pas de changer la loi, mais de juger si elle est suivie; ni de redresser des griefs, mais de montrer le besoin d'y pourvoir: leur avis, fût-il unanime, ne sera jamais qu'une représentation. On saura seulement par-là si cette représentation mérite qu'on y défère, soit pour assembler le Conseil

[1] Page 88.

général, si les magistrats l'approuvent, soit pour s'en dispenser, s'ils l'aiment mieux, en faisant droit par eux-mêmes sur les justes plaintes des citoyens et bourgeois.

Cette voie est simple, naturelle, sûre; elle est sans inconvénient. Ce n'est pas même une loi nouvelle à faire, c'est seulement un article à révoquer pour ce seul cas. Cependant si elle effraie encore trop vos magistrats, il en reste une autre non moins facile, et qui n'est pas plus nouvelle; c'est de rétablir les Conseils généraux périodiques, et d'en borner l'objet aux plaintes mises en représentations durant l'intervalle écoulé de l'un à l'autre sans qu'il soit permis d'y porter aucune autre question. Ces assemblées, qui, par une distinction très-importante[1], n'auroient pas l'autorité du souverain, mais du magistrat suprême, loin de pouvoir rien innover, ne pourroient qu'empêcher toute innovation de la part des conseils, et remettre toutes choses dans l'ordre de la législation, dont le corps, dépositaire de la force publique, peut maintenant s'écarter sans gêne autant qu'il lui plaît. En sorte que, pour faire tomber ces assemblées d'elles-mêmes, les magistrats n'auroient qu'à suivre exactement les lois: car la convocation d'un Conseil général seroit inutile et ridicule lorsqu'on n'auroit rien à y porter; et il y a grande apparence que c'est ainsi que se perdit l'usage des Conseils géné-

[1] Voyez le *Contrat social*, Liv. III, chap. 17.

raux périodiques au seizième siècle, comme il a été dit ci-devant.

Ce fut dans la vue que je viens d'exposer qu'on les rétablit en 1707 ; et cette vieille question, renouvelée aujourd'hui, fut décidée alors par le fait même de trois Conseils généraux consécutifs, au dernier desquels passa l'article concernant le droit de représentation. Ce droit n'étoit pas contesté, mais éludé : les magistrats n'osoient disconvenir que, lorsqu'ils refusoient de satisfaire aux plaintes de la bourgeoisie, la question ne dût être portée en Conseil général : mais comme il appartient à eux seuls de le convoquer, ils prétendoient sous ce prétexte pouvoir en différer la tenue à leur volonté, et comptoient lasser à force de délais la constance de la bourgeoisie. Toutefois son droit fut enfin si bien reconnu, qu'on fit, dès le 9 avril, convoquer l'assemblée générale pour le 5 mai, « afin, dit le placard, de lever par ce moyen les « insinuations qui ont été répandues que la con- « vocation en pourroit être éludée et renvoyée « encore loin. »

Et qu'on ne dise pas que cette convocation fut forcée par quelque acte de violence ou par quelque tumulte tendant à sédition, puisque tout se traitoit alors par députations, comme le Conseil l'avoit désiré, et que jamais les citoyens et bourgeois ne furent plus paisibles dans leurs assemblées, évitant de les faire trop nombreuses et de leur donner un air imposant. Ils poussèrent même si loin la décence, et j'ose dire la dignité, que ceux d'entre eux qui portoient habituellement l'épée, la posèrent toujours pour y assister[1]. Ce ne fut qu'après que tout fut fait, c'est-à-dire à la fin du troisième Conseil général, qu'il y eut un cri d'armes causé par la faute du Conseil, qui eut l'imprudence d'envoyer trois compagnies de la garnison, la baïonnette au bout du fusil, pour forcer deux ou trois cents citoyens encore assemblés à Saint-Pierre.

Ces Conseils périodiques, rétablis en 1707, furent révoqués cinq ans après; mais par quels moyens et dans quelles circonstances? Un court examen de cet édit de 1712 nous fera juger de sa validité.

Premièrement, le peuple, effrayé par les exécutions et proscriptions récentes, n'avoit ni liberté ni sûreté; il ne pouvoit plus compter sur rien, après la frauduleuse amnistie qu'on employa pour le surprendre. Il croyoit à chaque instant revoir à ses portes les Suisses qui servirent d'archers à ces sanglantes exécutions. Mal revenu d'un effroi que le début de l'édit étoit très-propre à réveiller,

---

[1] Ils eurent la même attention en 1734, dans leurs représentations du 4 mars, appuyées de mille ou douze cents citoyens ou bourgeois en personne, dont pas un seul n'avoit l'épée au côté. Ces soins, qui paroîtroient minutieux dans tout autre état, ne le sont pas dans une démocratie, et caractérisent peut-être mieux un peuple que dans des traits plus éclatants.

il eût tout accordé par la seule crainte ; il sentoit bien qu'on ne l'assembloit pas pour donner la loi, mais pour la recevoir.

Les motifs de cette révocation, fondés sur les dangers des Conseils généraux périodiques, sont d'une absurdité palpable à qui connoît le moins du monde l'esprit de votre constitution et celui de votre bourgeoisie. On allègue les temps de peste, de famine et de guerre, comme si la famine ou la guerre étoit un obstacle à la tenue d'un Conseil; et quant à la peste, vous m'avouerez que c'est prendre ses précautions de loin. On s'effraie de l'ennemi, des malintentionnés, des cabales; jamais on ne vit des gens si timides : l'expérience du passé devoit les rassurer. Les fréquents Conseils généraux ont été, dans les temps les plus orageux, le salut de la république, comme il sera montré ci-après; et jamais on n'y a pris que des résolutions sages et courageuses. On soutient ces assemblées contraires à la constitution, dont elles sont le plus ferme appui; on les dit contraires aux édits, et elles sont établies par les édits; on les accuse de nouveauté, et elles sont aussi anciennes que la législation. Il n'y a pas une ligne dans ce préambule qui ne soit une fausseté ou une extravagance : et c'est sur ce bel exposé que la révocation passe, sans programme antérieur qui ait instruit les membres de l'assemblée de la proposition qu'on leur vouloit faire, sans leur donner le loisir d'en délibérer entre eux, même d'y penser, et dans un temps où la bourgeoisie, mal instruite de l'histoire de son gouvernement, s'en laissoit aisément imposer par le magistrat !

Mais un moyen de nullité plus grave encore est la violation de l'édit dans sa partie à cet égard la plus importante, savoir la manière de déchiffrer les billets ou de compter les voix. Car dans l'article IV de l'édit de 1707, il est dit qu'on établira quatre secrétaires *ad actum* pour recueillir les suffrages, deux des Deux-cents et deux du peuple, lesquels seront choisis sur-le-champ par M. le premier syndic, et prêteront serment dans le temple; et toutefois, dans le Conseil général de 1712, sans aucun égard à l'édit précédent, on fait recueillir les suffrages par les deux secrétaires d'état. Quelle fut donc la raison de ce changement ? et pourquoi cette manœuvre illégale dans un point si capital, comme si l'on eût voulu transgresser à plaisir la loi qui venoit d'être faite ? On commence par violer dans un article l'édit qu'on veut annuler dans un autre ! cette marche est-elle régulière ? Si, comme porte cet édit de révocation, l'avis du Conseil fut approuvé *presque unanimement*[1], pourquoi donc

---

[1] Par la manière dont il m'est rapporté qu'on s'y prit, cette unanimité n'étoit pas difficile à obtenir, et il ne tint qu'à ces messieurs de la rendre complète.

Avant l'asemblée, le secrétaire d'état Mestrezat dit : « Laissez-les « venir, je les tiens. » Il employa, dit-on, pour cette fin, les deux

la surprise et la consternation que marquoient les citoyens en sortant du Conseil, tandis qu'on voyoit un air de triomphe et de satisfaction sur les visages des magistrats[1] ? Ces différentes contenances sont-elles naturelles à gens qui viennent d'être unanimement du même avis?

Ainsi donc, pour arracher cet édit de révocation, l'on usa de terreur, de surprise, vraisemblablement de fraude, et, tout au moins, on viola certainement la loi. Qu'on juge si ces caractères sont compatibles avec ceux d'une loi sacrée, comme on affecte de l'appeler.

Mais supposons que cette révocation soit légi-

mots *approbation* et *réjection*, qui depuis sont demeurés en usage dans les billets : en sorte que, quelque parti qu'on prît, tout revenait au même. Car, si l'on choisissait *approbation*, l'on approuvoit l'avis des Conseils, qui rejetoit l'assemblée périodique ; et si l'on prenoit *réjection*, l'on rejetoit l'assemblée périodique. Je n'invente pas ce fait, et je ne le rapporte pas sans autorité, je prie le lecteur de le croire : mais je dois à la vérité de dire qu'il ne me vient pas de Genève, et à la justice d'ajouter que je ne le crois pas vrai : je sais seulement que l'équivoque de ces deux mots abusa bien des votants sur celui qu'ils devoient choisir pour exprimer leur intention, et j'avoue encore que je ne puis imaginer aucun motif honnête, ni aucune excuse légitime à la transgression de la loi, dans le recueillement des suffrages. Rien ne prouve mieux la terreur dont le peuple étoit saisi que le silence avec lequel il laissa passer cette irrégularité.

[1] Ils disoient entre eux en sortant, et bien d'autres l'entendirent : « Nous venons de faire une grande journée. » Le lendemain nombre de citoyens furent se plaindre qu'on les avoit trompés, et qu'ils n'avoient point entendu rejeter les assemblées générales, mais l'avis des Conseils. On se moqua d'eux.

PARTIE II, LETTRE VIII.

time, et qu'on n'en ait pas enfreint les conditions[1], quel autre effet peut-on lui donner que de remettre les choses sur le pied où elles étoient avant l'établissement de la loi révoquée, et par conséquent la bourgeoisie dans le droit dont elle étoit en possession? Quand on casse une transaction, les parties ne restent-elles pas comme elles étoient avant qu'elle fût passée?

Convenons que ces Conseils généraux périodiques n'auroient eu qu'un seul inconvénient, mais terrible; c'eût été de forcer les magistrats et tous les ordres de se contenir dans les bornes de leurs devoirs et de leurs droits. Par cela seul je sais que ces assemblées si effarouchantes ne seront jamais rétablies, non plus que celles de la bourgeoisie par compagnies; mais aussi n'est-ce pas de cela qu'il s'agit : je n'examine point ici ce qui doit ou ne doit pas se faire, ce qu'on fera ni ce qu'on ne fera pas. Les expédients que j'indique simplement comme possibles et faciles, comme tirés de votre constitution, n'étant plus conformes aux nouveaux édits, ne peuvent passer que du consentement des Conseils; et mon avis n'est assurément pas qu'on les leur propose : mais adoptant un moment la supposition de l'auteur des Lettres, je résous des

---

[1] Ces conditions portent « qu'aucun changement à l'édit n'aura « force qu'il n'ait été approuvé dans ce souverain Conseil. » Reste donc à savoir si les infractions de l'édit ne sont pas des changements à l'édit.

objections frivoles; je fais voir qu'il cherche dans la nature des choses des obstacles qui n'y sont point; qu'ils ne sont tous que dans la mauvaise volonté du Conseil; et qu'il y avoit, s'il l'eût voulu, cent moyens de lever ces prétendus obstacles, sans altérer la constitution, sans troubler l'ordre, et sans jamais exposer le repos public.

Mais, pour rentrer dans la question, tenons-nous exactement au dernier édit, et vous n'y verrez pas une seule difficulté réelle contre l'effet nécessaire du droit de représentation.

1. Celle d'abord de fixer le nombre des représentants est vaine par l'édit même, qui ne fait aucune distinction du nombre, et ne donne pas moins de force à la représentation d'un seul qu'à celle de cent.

2. Celle de donner à des particuliers le droit de faire assembler le Conseil général est vaine encore, puisque ce droit, dangereux ou non, ne résulte pas de l'effet nécessaire des représentations. Comme il y a tous les ans deux Conseils généraux pour les élections, il n'en faut point pour cet effet assembler d'extraordinaire. Il suffit que la représentation, après avoir été examinée dans les Conseils, soit portée au plus prochain Conseil général, quand elle est de nature à l'être[1]. La séance n'en sera pas même prolongée d'une heure, comme il

---

[1] J'ai distingué ci-devant les cas où les Conseils sont tenus de l'y porter, et ceux où ils ne le sont pas.

est manifeste à qui connoît l'ordre observé dans ces assemblées. Il faut seulement prendre la précaution que la proposition passe aux voix avant les élections; car si l'on attendoit que l'élection fût faite, les syndics ne manqueroient pas de rompre aussitôt l'assemblée, comme ils firent en 1735.

3. Celle de multiplier les Conseils généraux est levée avec la précédente; et quand elle ne le seroit pas, où seroient les dangers qu'on y trouve? c'est ce que je ne saurois voir.

On frémit en lisant l'énumération de ces dangers dans les *Lettres écrites de la campagne*, dans l'édit de 1712, dans la harangue de M. Chouet: mais vérifions. Ce dernier dit que la république ne fut tranquille que quand ces assemblées devinrent plus rares. Il y a là une petite inversion à rétablir. Il falloit dire que ces assemblées devinrent plus rares quand la république fut tranquille. Lisez, monsieur, les fastes de votre ville durant le seizième siècle. Comment secoua-t-elle le double joug qui l'écrasoit? comment étouffa-t-elle les factions qui la déchiroient? comment résista-t-elle à ses voisins avides, qui ne la secouroient que pour l'asservir? comment s'établit dans son sein la liberté évangélique et politique? comment sa constitution prit-elle de la consistance? comment se forma le système de son gouvernement? L'histoire de ces mémorables temps est un enchaînement de prodiges. Les tyrans, les voisins, les ennemis, les amis, les sujets, les citoyens, la guerre, la peste, la famine, tout sembloit concourir à la perte de cette malheureuse ville. On conçoit à peine comment un état déjà formé eût pu échapper à tous ces périls. Non seulement Genève en échappe, mais c'est durant ces crises terribles que se consomme le grand ouvrage de sa législation. Ce fut par ses fréquents Conseils généraux [1], ce fut par la prudence et la fermeté que ses citoyens y portèrent qu'ils vainquirent enfin tous les obstacles, et rendirent leur ville libre et tranquille, de sujette et déchirée qu'elle étoit auparavant; ce fut après avoir tout mis en ordre au dedans qu'ils se virent en état de faire au dehors la guerre avec gloire. Alors le Conseil souverain avoit fini ses fonctions; c'étoit au gouvernement de faire les siennes : il ne restoit plus aux Génevois qu'à défendre la liberté qu'ils venoient d'établir, et à se montrer aussi braves soldats en campagne qu'ils s'étoient montrés dignes citoyens au Conseil : c'est ce qu'ils firent. Vos annales attestent partout l'uti-

---

[1] Comme on les assembloit alors dans tous les cas *ardus*, selon les édits, et que ces cas ardus revenoient très-souvent dans ces temps orageux, le Conseil général étoit alors plus fréquemment convoqué que n'est aujourd'hui le Deux-cents. Qu'on en juge par une seule époque. Durant les huit premiers mois de l'année 1540, il se tint dix-huit Conseils généraux ; et cette année n'eut rien de plus extraordinaire que celles qui avoient précédé et que celles qui suivirent.

lité des Conseils généraux; vos messieurs n'y voient que des maux effroyables. Ils font l'objection, mais l'histoire la résout.

4. Celle de s'exposer aux saillies du peuple, quand on avoisine de grandes puissances, se résout de même. Je ne sache point en ceci de meilleure réponse à des sophismes que des faits constants. Toutes les résolutions des Conseils généraux ont été dans tous les temps aussi pleines de sagesse que de courage; jamais elles ne furent insolentes ni lâches : on y a quelquefois juré de mourir pour la patrie; mais je défie qu'on m'en cite un seul, même de ceux où le peuple a le plus influé, dans lequel on ait par étourderie indisposé les puissances voisines, non plus qu'un seul où l'on ait rampé devant elles. Je ne ferois pas un pareil défi pour tous les arrêtés du petit Conseil : mais passons. Quand il s'agit de nouvelles résolutions à prendre, c'est aux Conseils inférieurs de les proposer, au Conseil général de les rejeter ou de les admettre; il ne peut rien faire de plus, on ne dispute pas de cela : cette objection porte donc à faux.

5. Celle de jeter du doute et de l'obscurité sur toutes les lois n'est pas plus solide, parce qu'il ne s'agit pas ici d'une interprétation vague, générale, et susceptible de subtilités, mais d'une application nette et précise d'un fait à la loi. Le magistrat peut avoir ses raisons pour trouver obscure une chose

claire, mais cela n'en détruit pas la clarté. Ces messieurs dénaturent la question. Montrer par la lettre d'une loi qu'elle a été violée, n'est pas proposer des doutes sur cette loi. S'il y a dans les termes de la loi un seul sens selon lequel le fait soit justifié, le Conseil, dans sa réponse, ne manquera pas d'établir ce sens. Alors la représentation perd sa force; et si l'on y persiste, elle tombe infailliblement en Conseil général : car l'intérêt de tous est trop grand, trop présent, trop sensible surtout dans une ville de commerce, pour que la généralité veuille jamais ébranler l'autorité, le gouvernement, la législation, en prononçant qu'une loi a été transgressée, lorsqu'il est possible qu'elle ne l'ait pas été.

C'est au législateur, c'est au rédacteur des lois à n'en pas laisser les termes équivoques. Quand ils le sont, c'est à l'équité du magistrat d'en fixer le sens dans la pratique : quand la loi a plusieurs sens, il use de son droit en préférant celui qu'il lui plaît; mais ce droit ne va point jusqu'à changer le sens littéral des lois, et à leur en donner un qu'elles n'ont pas, autrement il n'y auroit plus de loi. La question ainsi posée est si nette, qu'il est facile au bon sens de prononcer, et ce bon sens qui prononce se trouve alors dans le Conseil général. Loin que de là naissent des discussions interminables, c'est par-là qu'au contraire on les prévient; c'est par-là qu'élevant les édits au-dessus des interprétations arbitraires et particulières, que l'intérêt ou la passion peut suggérer, on est sûr qu'ils disent toujours ce qu'ils disent, et que les particuliers ne sont plus en doute, sur chaque affaire, du sens qu'il plaira au magistrat de donner à la loi. N'est-il pas clair que les difficultés dont il s'agit maintenant n'existeroient plus, si l'on eût pris d'abord ce moyen de les résoudre?

6. Celle de soumettre les Conseils aux ordres des citoyens est ridicule. Il est certain que des représentations ne sont pas des ordres, non plus que la requête d'un homme qui demande justice n'est pas un ordre; mais le magistrat n'en est pas moins obligé de rendre au suppliant la justice qu'il demande, et le Conseil de faire droit sur les représentations des citoyens et bourgeois. Quoique les magistrats soient les supérieurs des particuliers, cette supériorité ne les dispense pas d'accorder à leurs inférieurs ce qu'ils leur doivent; et les termes respectueux qu'emploient ceux-ci pour le demander n'ôtent rien au droit qu'ils ont de l'obtenir. Une représentation est, si l'on veut, un ordre donné au Conseil, comme elle est un ordre donné au premier syndic, à qui on la présente, de la communiquer au Conseil; car c'est ce qu'il est toujours obligé de faire, soit qu'il approuve la représentation, soit qu'il ne l'approuve pas.

Au reste, quand le Conseil tire avantage du mot de *représentation*, qui marque infériorité, en disant une chose que personne ne dispute, il oublie cependant que ce mot employé dans le réglement n'est pas dans l'édit auquel il renvoie, mais bien celui de *remontrances*, qui présente un tout autre sens : à quoi l'on peut ajouter qu'il y a de la différence entre les remontrances qu'un corps de magistrature fait à son souverain et celles que des membres du souverain font à un corps de magistrature. Vous direz que j'ai tort de répondre à une pareille objection ; mais elle vaut bien la plupart des autres.

7. Celle enfin d'un homme en crédit contestant le sens ou l'application d'une loi qui le condamne, et séduisant le public en sa faveur, est telle que je crois devoir m'abstenir de la qualifier. Eh ! qui donc a connu la bourgeoisie de Genève pour un peuple servile, ardent, imitateur, stupide, ennemi des lois, et si prompt à s'enflammer pour les intérêts d'autrui ? Il faut que chacun ait bien vu le sien compromis dans les affaires publiques avant qu'il puisse se résoudre à s'en mêler.

Souvent l'injustice et la fraude trouvent des protecteurs ; jamais elles n'ont le public pour elles : c'est en ceci que la voix du peuple est la voix de Dieu ; mais malheureusement cette voix sacrée est toujours foible dans les affaires contre le cri de la puissance, et la plainte de l'innocence opprimée s'exhale en murmures méprisés par la tyrannie. Tout ce qui se fait par brigue et séduction se fait par préférence au profit de ceux qui gouvernent ; cela ne sauroit être autrement. La ruse, le préjugé, l'intérêt, la crainte, l'espoir, la vanité, les couleurs spécieuses, un air d'ordre et de subordination, tout est pour des hommes habiles constitués en autorité et versés dans l'art d'abuser le peuple. Quand il s'agit d'opposer l'adresse à l'adresse, ou le crédit au crédit, quel avantage immense n'ont pas dans une petite ville les premières familles, toujours unies pour dominer, leurs amis, leurs clients, leurs créatures, tout cela joint à tout le pouvoir des Conseils pour écraser des particuliers qui oseroient leur faire tête avec de sophismes pour toutes armes ! Voyez autour de vous dans cet instant même : l'appui des lois, l'équité, la vérité, l'évidence, l'intérêt commun, le soin de la sûreté particulière, tout ce qui devroit entraîner la foule suffit à peine pour protéger des citoyens respectés qui réclament contre l'iniquité la plus manifeste ; et l'on veut que, chez un peuple éclairé, l'intérêt d'un brouillon fasse plus de partisans que n'en peut faire celui de l'état ! Ou je connois mal votre bourgeoisie et vos chefs, ou, si jamais il se fait une seule représentation mal fondée, ce qui n'est pas encore arrivé que je sache, l'auteur, s'il n'est méprisable, est un homme perdu.

Est-il besoin de réfuter des objections de cette espèce, quand on parle à des Génevois ? Y a-t-il dans votre ville un seul homme qui n'en sente la mauvaise foi? et peut-on sérieusement balancer l'usage d'un droit sacré, fondamental, confirmé, nécessaire, par des inconvénients chimériques, que ceux mêmes qui les objectent savent mieux que personne ne pouvoir exister; tandis qu'au contraire ce droit enfreint ouvre la porte aux excès de la plus odieuse oligarchie, au point qu'on la voit attenter déjà sans prétexte à la liberté des citoyens, et s'arroger hautement le pouvoir de les emprisonner sans astriction ni condition, sans formalité d'aucune espèce, contre la teneur des lois les plus précises, et malgré toutes les protestations?

L'explication qu'on ose donner à ces lois est plus insultante encore que la tyrannie qu'on exerce en leur nom. De quel raisonnement on vous paie! Ce n'est pas assez de vous traiter en esclaves, si l'on ne vous traite encore en enfants. Eh Dieu! comment a-t-on pu mettre en doute des questions aussi claires? Comment a-t-on pu les embrouiller à ce point? Voyez, monsieur, si les poser n'est pas les résoudre. En finissant par-là cette lettre, j'espère ne la pas alonger de beaucoup.

Un homme peut être constitué prisonnier de trois manières: l'une, à l'instance d'un autre homme, qui fait contre lui partie formelle; la seconde, étant surpris en flagrant délit, et saisi sur-le-champ, ou, ce qui revient au même, pour crime notoire, dont le public est témoin; et la troisième, d'office, par la simple autorité du magistrat, sur des avis secrets, sur des indices, ou sur d'autres raisons qu'il trouve suffisantes.

Dans le premier cas, il est ordonné par les lois de Genève que l'accusateur revête les prisons, ainsi que l'accusé; et de plus, s'il n'est pas solvable, qu'il donne caution des dépens et de l'adjugé. Ainsi l'on a de ce côté, dans l'intérêt de l'accusateur, une sûreté raisonnable que le prévenu n'est pas arrêté injustement.

Dans le second cas, la preuve est dans le fait même, et l'accusé est, en quelque sorte, convaincu par sa propre détention.

Mais dans le troisième cas on n'a ni la même sûreté que dans le premier, ni la même évidence que dans le second; et c'est pour ce dernier cas que la loi, supposant le magistrat équitable, prend seulement des mesures pour qu'il ne soit pas surpris.

Voilà les principes sur lesquels le législateur se dirige dans ces trois cas; en voici maintenant l'application.

Dans le cas de la partie formelle, on a, dès le commencement, un procès en règle qu'il faut suivre dans toutes les formes judiciaires : c'est pourquoi l'affaire est d'abord traitée en première instance. L'emprisonnement ne peut être fait, « si, parties « ouïes, il n'a été permis par justice [1]. » Vous sa-

---

[1] Edits civils, tit. XII, art. 1.

vez que ce qu'on appelle à Genève la justice est le tribunal du lieutenant et de ses assistants, appelés auditeurs. Ainsi c'est à ces magistrats et non à d'autres, pas même aux syndics, que la plainte en pareil cas doit être portée; et c'est à eux d'ordonner l'emprisonnement des deux parties, sauf alors le recours de l'une des deux aux syndics, « si, « selon les termes de l'édit, elle se sentoit grevée « par ce qui aura été ordonné[1]. » Les trois premiers articles du titre XII sur les matières criminelles se rapportent évidemment à ce cas-là.

Dans le cas du flagrant délit, soit pour crime, soit pour excès que la police doit punir, il est permis à toute personne d'arrêter le coupable; mais il n'y a que les magistrats chargés de quelque partie du pouvoir exécutif, tels que les syndics, le Conseil, le lieutenant, un auditeur, qui puissent l'écrouer; un conseiller ni plusieurs ne le pourroient pas; et le prisonnier doit être interrogé dans les vingt-quatre heures. Les cinq articles suivants du même édit se rapportent uniquement à ce second cas, comme il est clair, tant par l'ordre de la matière que par le nom de *criminel* donné au prévenu, puisqu'il n'y a que le seul cas du flagrant délit ou du crime notoire où l'on puisse appeler criminel un accusé avant que son procès lui soit fait. Que si l'on s'obstine à vouloir qu'*accusé* et *criminel* soient synonymes, il faudra, par ce

---

[1] Edits civils, art. 2.

même langage, qu'*innocent* et *criminel* le soient aussi.

Dans le reste du titre XII il n'est plus question d'emprisonnement; et depuis l'article IX inclusivement, tout roule sur la procédure et sur la forme du jugement, dans toute espèce de procès criminel. Il n'y est point parlé des emprisonnements faits d'office.

Mais il en est parlé dans l'édit politique sur l'office des quatre syndics. Pourquoi cela? parce que cet article tient immédiatement à la liberté civile, que le pouvoir exercé sur ce point par le magistrat est un acte de gouvernement plutôt que de magistrature, et qu'un simple tribunal de justice ne doit pas être revêtu d'un pareil pouvoir. Aussi l'édit l'accorde-t-il aux syndics seuls, non au lieutenant ni à aucun autre magistrat.

Or, pour garantir les syndics de la surprise dont j'ai parlé, l'édit leur prescrit de *mander* premièrement *ceux qu'il appartiendra d'examiner, d'interroger*, et enfin de *faire emprisonner, si mestier est*. Je crois que, dans un pays libre, la loi ne pouvoit pas moins faire pour mettre un frein à ce terrible pouvoir. Il faut que les citoyens aient toutes les sûretés raisonnables qu'en faisant leur devoir ils pourront coucher dans leur lit.

L'article suivant du même titre rentre, comme il est manifeste, dans le cas du crime notoire et du flagrant délit; de même que l'article premier du titre des matières criminelles, dans le même édit politique. Tout cela peut paroître une répétition : mais dans l'édit civil, la matière est considérée quant à l'exercice de la justice; et dans l'édit politique, quant à la sûreté des citoyens. D'ailleurs les lois ayant été faites en différents temps, et ces lois étant l'ouvrage des hommes, on n'y doit pas chercher un ordre qui ne se démente jamais et une perfection sans défaut. Il suffit qu'en méditant sur le tout, et en comparant les articles, on y découvre l'esprit du législateur et les raisons du dispositif de son ouvrage.

Ajoutez une réflexion. Ces droits si judicieusement combinés, ces droits réclamés par les représentants en vertu des édits, vous en jouissiez sous la souveraineté des évêques, Neufchâtel en jouit sous ses princes; et à vous, républicains, on veut les ôter! Voyez les articles x, xi, et plusieurs autres des franchises de Genève, dans l'acte d'Ademarus Fabri. Ce monument n'est pas moins respectable aux Génevois que ne l'est aux Anglois la grande chartre encore plus ancienne; et je doute qu'on fût bien venu chez ces derniers à parler de leur chartre avec autant de mépris que l'auteur des Lettres ose en marquer pour la vôtre.

Il prétend qu'elle a été abrogée par les constitutions de la république[1]. Mais, au contraire, je

---

[1] C'étoit par une logique toute semblable qu'en 1742 on n'eut aucun égard au traité de Soleure de 1579, soutenant qu'il étoit su-

vois très-souvent dans vos édits ce mot, *comme d'ancienneté*, qui renvoie aux usages anciens, par conséquent aux droits sur lesquels ils étoient fondés; et comme si l'évêque eût prévu que ceux qui devoient protéger les franchises les attaqueroient, je vois qu'il déclare dans l'acte même qu'elles seront perpétuelles, sans que le non-usage ni aucune prescription les puisse abolir. Voici, vous en conviendrez, une opposition bien singulière. Le savant syndic Chouet dit, dans son Mémoire à milord Towsend, que le peuple de Genève entra, par la réformation, dans les droits de l'évêque, qui étoit prince temporel et spirituel de cette ville : l'auteur des Lettres nous assure au contraire que ce même peuple perdit en cette occasion les franchises que l'évêque lui avoit accordées. Auquel des deux croirons-nous ?

Quoi! vous perdez, étant libres, des droits dont vous jouissiez étant sujets! Vos magistrats vous dépouillent de ceux que vous accordèrent vos princes! Si telle est la liberté que vous ont acquise vos pères, vous avez de quoi regretter le sang qu'ils versèrent pour elle. Cet acte singulier qui, vous rendant souverains, vous ôta vos franchises valoit bien, ce me semble, la peine d'être énoncé; et du moins, pour le rendre croyable, on

ranné, quoiqu'il fût déclaré perpétuel dans l'acte même, qu'il n'ait jamais été abrogé par aucun autre, et qu'il ait été rappelé plusieurs fois, notamment dans l'acte de médiation.

ne pouvoit le rendre trop solennel. Où est-il donc cet acte d'abrogation? Assurément, pour se prévaloir d'une pièce aussi bizarre, le moins qu'on puisse faire est de commencer par la montrer.

De tout ceci je crois pouvoir conclure avec certitude qu'en aucun cas possible la loi dans Genève n'accorde aux syndics, ni à personne, le droit absolu d'emprisonner les particuliers sans astriction ni condition. Mais n'importe : le Conseil, en réponse aux représentations, établit ce droit sans réplique. Il n'en coûte que de vouloir, et le voilà en possession. Telle est la commodité du droit négatif.

Je me proposois de montrer dans cette lettre que le droit de représentation, intimement lié à la forme de votre constitution, n'étoit pas un droit illusoire et vain, mais qu'ayant été formellement établi par l'édit de 1707, et confirmé par celui de 1738, il devoit nécessairement avoir un effet réel; que cet effet n'avoit pas été stipulé dans l'acte de la médiation, parce qu'il ne l'étoit pas dans l'édit; et qu'il ne l'avoit pas été dans l'édit, tant parce qu'il résultoit alors par lui-même de la nature de votre constitution que parce que le même édit en établissoit la sûreté d'une autre manière; que ce droit, et son effet nécessaire, donnant seul de la consistance à tous les autres, étoit l'unique et véritable équivalent de ceux qu'on avoit ôtés à la bourgeoisie; que cet équivalent, suffisant pour établir un solide équilibre entre toutes les parties de l'état, montroit la sagesse du réglement qui, sans cela, seroit l'ouvrage le plus inique qu'il fût possible d'imaginer; qu'enfin les difficultés qu'on élevoit contre l'exercice de ce droit étoient des difficultés frivoles, qui n'existoient que dans la mauvaise volonté de ceux qui les proposoient, et qui ne balançoient en aucune manière les dangers du droit négatif absolu. Voilà, monsieur, ce que j'ai voulu faire; c'est à vous à voir si j'ai réussi.

LETTRE IX.

Manière de raisonner de l'auteur des *Lettres écrites de la campagne.* Son vrai but dans cet écrit. Choix de ses exemples. Caractère de la bourgeoisie de Genève. Preuve par les faits. Conclusion.

J'ai cru, monsieur, qu'il valoit mieux établir directement ce que j'avois à dire que de m'attacher à de longues réfutations. Entreprendre un examen suivi des *Lettres écrites de la campagne,* seroit s'embarquer dans une mer de sophismes. Les saisir, les exposer, seroit, selon moi, les réfuter; mais ils nagent dans un tel flux de doctrine, ils en sont si fort inondés, qu'on se noie en voulant les mettre à sec.

Toutefois, en achevant mon travail, je ne puis me dispenser de jeter un coup d'œil sur celui de cet auteur. Sans analyser les subtilités politiques dont il vous leurre, je me contenterai d'en examiner les principes, et de vous montrer dans quelques exemples le vice de ses raisonnements.

Vous en avez vu ci-devant l'inconséquence par rapport à moi : par rapport à votre république, ils sont plus captieux quelquefois, et ne sont jamais plus solides. Le seul et véritable objet de ces lettres est d'établir le prétendu droit négatif dans la plénitude que lui donnent les usurpations du Conseil. C'est à ce but que tout se rapporte, soit directement, par un enchaînement nécessaire, soit indirectement, par un tour d'adresse, en donnant le change au public sur le fond de la question.

Les imputations qui me regardent sont dans le premier cas. Le Conseil m'a jugé contre la loi : des représentations s'élèvent. Pour établir le droit négatif, il faut éconduire les représentants ; pour les éconduire, il faut prouver qu'ils ont tort ; pour prouver qu'ils ont tort, il faut soutenir que je suis coupable, mais coupable à tel point, que, pour punir mon crime, il a fallu déroger à la loi.

Que les hommes frémiroient au premier mal qu'ils font s'ils voyoient qu'ils se mettent dans la triste nécessité d'en toujours faire, d'être méchants toute leur vie pour avoir pu l'être un moment, et de poursuivre jusqu'à la mort le malheureux qu'ils ont une fois persécuté !

La question de la présidence des syndics dans

les tribunaux criminels se rapporte au second cas. Croyez-vous qu'au fond le Conseil s'embarrasse beaucoup que ce soient des syndics ou des conseillers qui président, depuis qu'il a fondu les droits des premiers dans tout le corps? Les syndics, jadis choisis parmi tout le peuple [1], ne l'étant plus que dans le Conseil, de chefs qu'ils étoient des autres magistrats, sont demeurés leurs collègues, et vous avez pu voir clairement dans cette affaire que vos syndics, peu jaloux d'une autorité passagère, ne sont plus que des conseillers. Mais on feint de traiter cette question comme importante, pour vous distraire de celle qui l'est véritablement, pour vous laisser croire encore que vos premiers magistrats sont toujours élus par vous, et que leur puissance est toujours la même.

Laissons donc ici ces questions accessoires, que, par la manière dont l'auteur les traite, on voit qu'il ne prend guère à cœur. Bornons-nous à peser les raisons qu'il allègue en faveur du droit négatif, auquel il s'attache avec plus de soin, et par lequel seul, admis ou rejeté, vous êtes esclaves ou libres.

L'art qu'il emploie le plus adroitement pour cela est de réduire en propositions générales un

---

[1] On poussoit si loin l'attention pour qu'il n'y eût dans ce choix ni exclusion ni préférence autre que celle du mérite, que, par un édit qui a été abrogé, deux syndics devoient toujours être pris dans le bas de la ville et deux dans le haut.

système dont on verroit trop aisément le foible s'il en faisoit toujours l'application. Pour vous écarter de l'objet particulier, il flatte votre amour-propre en étendant vos vues sur de grandes questions; et tandis qu'il met ces questions hors de la portée de ceux qu'il veut séduire, il les cajole et les gagne en paraissant les traiter en hommes d'état. Il éblouit ainsi le peuple pour l'aveugler, et change en thèses de philosophie des questions qui n'exigent que du bon sens, afin qu'on ne puisse l'en dédire, et que, ne l'entendant pas, on n'ose le désavouer.

Vouloir le suivre dans ces sophismes abstraits, seroit tomber dans la faute que je lui reproche. D'ailleurs, sur des questions ainsi traitées, on prend le parti qu'on veut sans avoir jamais tort: car il entre tant d'éléments dans ces propositions, on peut les envisager par tant de faces, qu'il y a toujours quelque côté susceptible de l'aspect qu'on veut leur donner. Quand on fait pour tout le public en général un livre de politique, on y peut philosopher à son aise : l'auteur ne voulant qu'être lu et jugé par les hommes instruits de toutes les nations et versés dans la matière qu'il traite, abstrait et généralise sans crainte; il ne s'appesantit pas sur les détails élémentaires. Si je parlois à vous seul, je pourrois user de cette méthode; mais le sujet de ces Lettres intéresse un peuple entier, composé, dans son plus grand nombre, d'hommes qui ont plus de sens et de jugement que de lecture, et d'étude, et qui, pour n'avoir pas le jargon scientifique, n'en sont que plus propres à saisir le vrai dans toute sa simplicité. Il faut opter en pareil cas entre l'intérêt de l'auteur et celui des lecteurs; et qui veut se rendre plus utile doit se résoudre à être moins éblouissant.

Une autre source d'erreurs et de fausses applications est d'avoir laissé les idées de ce droit négatif trop vagues, trop inexactes; ce qui sert à citer avec un air de preuve les exemples qui s'y rapportent le moins, à détourner vos concitoyens de leur objet par la pompe de ceux qu'on leur présente, à soulever leur orgueil contre leur raison, et à les consoler doucement de n'être pas plus libres que les maîtres du monde. On fouille avec érudition dans l'obscurité des siècles; on vous promène avec faste chez les peuples de l'antiquité; on vous étale successivement Athènes, Sparte, Rome, Carthage; on vous jette aux yeux le sable de la Libye, pour vous empêcher de voir ce qui se passe autour de vous.

Qu'on fixe avec précision, comme j'ai tâché de faire, ce droit négatif, tel que prétend l'exercer le Conseil, et je soutiens qu'il n'y eut jamais un seul gouvernement sur la terre où le législateur, enchaîné de toutes manières par le corps exécutif, après avoir livré les lois sans réserve à sa merci, fût réduit à les lui voir expliquer, éluder, transgresser à volonté, sans pouvoir jamais apporter à cet abus d'autre opposition, d'autre droit, d'autre résistance, qu'un murmure inutile et d'impuissantes clameurs.

Voyez en effet à quel point votre anonyme est forcé de dénaturer la question, pour y rapporter moins mal à propos ses exemples.

« Le droit négatif, n'étant pas, dit-il page 110,
« le pouvoir de faire des lois, mais d'empêcher que
« tout le monde indistinctement ne puisse mettre
« en mouvement la puissance qui fait les lois, et
« ne donnant pas la facilité d'innover, mais le pou-
« voir de s'opposer aux innovations, va directe-
« ment au grand but que se propose une société
« politique, qui est de se conserver en conservant
« sa constitution. »

Voilà un droit négatif très-raisonnable; et, dans le sens exposé, ce droit est en effet une partie si essentielle de la constitution démocratique, qu'il seroit généralement impossible qu'elle se maintînt, si la puissance législative pouvoit toujours être mise en mouvement par chacun de ceux qui la composent. Vous concevez qu'il n'est pas difficile d'apporter des exemples en confirmation d'un principe aussi certain.

Mais si cette notion n'est point celle du droit négatif en question, s'il n'y a pas dans ce passage un seul mot qui ne porte à faux par l'application que l'auteur en veut faire, vous m'avouerez que les preuves de l'avantage d'un droit négatif tout différent ne sont pas fort concluantes en faveur de celui qu'il veut établir.

« Le droit négatif n'est pas celui de faire des « lois...... » Non, mais il est celui de se passer de lois. Faire de chaque acte de sa volonté une loi particulière est bien plus commode que de suivre des lois générales, quand même on en seroit soi-même l'auteur. « Mais d'empêcher que tout le « monde indistinctement ne puisse mettre en mou-« vement la puissance qui fait les lois. » Il falloit dire, au lieu de cela : « Mais d'empêcher que qui « que ce soit ne puisse protéger les lois contre la « puissance qui les subjugue. »

« Qui, ne donnant pas la facilité d'innover.... » Pourquoi non ? Qui est-ce qui peut empêcher d'innover celui qui a la force en main, et qui n'est obligé de rendre compte de sa conduite à personne ? « Mais le pouvoir d'empêcher les innova-« tions. » Disons mieux, « le pouvoir d'empêcher « qu'on ne s'oppose aux innovations. »

C'est ici, monsieur, le sophisme le plus subtil, et qui revient le plus souvent dans l'écrit que j'examine. Celui qui a la puissance exécutive n'a jamais besoin d'innover par des actions d'éclat. Il n'a jamais besoin de constater cette innovation par des actes solennels. Il lui suffit, dans l'exercice continu de sa puissance, de plier peu à peu chaque chose à sa volonté, et cela ne fait jamais une sensation bien forte.

Ceux, au contraire, qui ont l'œil assez attentif et l'esprit assez pénétrant pour remarquer ce progrès et pour en prévoir la conséquence n'ont, pour l'arrêter, qu'un de ces deux partis à prendre ; ou de s'opposer d'abord à la première innovation, qui n'est jamais qu'une bagatelle, et alors on les traite de gens inquiets, brouillons, pointilleux, toujours prêts à chercher querelle ; ou bien de s'élever enfin contre un abus qui se renforce, et alors on crie à l'innovation. Je défie que, quoi que vos magistrats entreprennent, vous puissiez, en vous y opposant, éviter à la fois ces deux reproches. Mais, à choix, préférez le premier. Chaque fois que le Conseil altère quelque usage, il a son but que personne ne voit, et qu'il se garde bien de montrer. Dans le doute, arrêtez toujours toute nouveauté, petite ou grande. Si les syndics étoient dans l'usage d'entrer au Conseil du pied droit, et qu'ils y voulussent entrer du pied gauche, je dis qu'il faudroit les en empêcher.

Nous avons ici la preuve bien sensible de la facilité de conclure le pour et le contre par la méthode que suit notre auteur. Car appliquez au droit de représentation des citoyens ce qu'il applique au droit négatif des Conseils, et vous trouverez que sa proposition générale convient encore mieux à votre application qu'à la sienne. « Le droit « de représentation, direz-vous, n'étant pas le droit « de faire des lois, mais d'empêcher que la puis- « sance qui doit les administrer ne les transgresse,

« et ne donnant pas le pouvoir d'innover, mais de
« s'opposer aux nouveautés, va directement au
« grand but que se propose une société politique,
« celui de se conserver en conservant sa constitu-
« tion. » N'est-ce pas exactement là ce que les
représentants avoient à dire? et ne semble-t-il
pas que l'auteur ait raisonné pour eux? il ne faut
point que les mots nous donnent le change sur les
idées. Le prétendu droit négatif du Conseil est
réellement un droit positif, et le plus positif même
que l'on puisse imaginer, puisqu'il rend le petit
Conseil seul maître direct et absolu de l'état et de
toutes les lois; et le droit de représentation, pris
dans son vrai sens, n'est lui-même qu'un droit négatif. Il consiste uniquement à empêcher la puissance exécutive de rien exécuter contre les lois.

Suivons les aveux de l'auteur sur les propositions
qu'il présente; avec trois mots ajoutés, il aura posé
le mieux du monde votre état présent.

« Comme il n'y auroit point de liberté dans un
« état où le corps chargé de l'exécution des lois
« auroit droit de les faire parler à sa fantaisie, puis-
« qu'il pourroit faire exécuter comme des lois ses
« volontés les plus tyranniques... »

Voilà, je pense, un tableau d'après nature ;
vous allez voir un tableau de fantaisie mis en opposition.

« Il n'y auroit point aussi de gouvernement dans
« un état où le peuple exerceroit sans règle la puis-

« sance législative. » D'accord; mais qui est-ce qui a proposé que le peuple exerçât sans règle la puissance législative?

Après avoir ainsi posé un autre droit négatif que celui dont il s'agit, l'auteur s'inquiète beaucoup pour savoir où l'on doit placer ce droit négatif dont il ne s'agit point, et il établit là-dessus un principe qu'assurément je ne contesterai pas; c'est que, « si cette force négative peut sans inconvé-
« nient résider dans le gouvernement, il sera de la
« nature et du bien de la chose qu'on l'y place. »
Puis viennent les exemples, que je ne m'attacherai pas à suivre, parce qu'ils sont trop éloignés de nous, et, de tout point, étrangers à la question.

Celui seul de l'Angleterre, qui est sous nos yeux, et qu'il cite avec raison comme un modèle de la juste balance des pouvoirs respectifs, mérite un moment d'examen; et je ne me permets ici qu'après lui la comparaison du petit au grand.

« Malgré la puissance royale, qui est très-grande,
« la nation n'a pas craint de donner encore au roi
« la voix négative. Mais comme il ne peut se passer
« long-temps de la puissance législative, et qu'il
« n'y auroit pas de sûreté pour lui à l'irriter, cette
« force négative n'est dans le fait qu'un moyen
« d'arrêter les entreprises de la puissance législa-
« tive; et le prince, tranquille dans la possession
« du pouvoir étendu que la constitution lui assure,
« sera intéressé à la protéger (page 117). »

Sur ce raisonnement et sur l'application qu'on en veut faire, vous croiriez que le pouvoir exécutif du roi d'Angleterre est plus grand que celui du Conseil à Genève, que le droit négatif qu'a ce prince est semblable à celui qu'usurpent vos magistrats, que votre gouvernement ne peut pas plus se passer que celui d'Angleterre de la puissance législative, et qu'enfin l'un et l'autre ont le même intérêt de protéger la constitution. Si l'auteur n'a pas voulu dire cela, qu'a-t-il donc voulu dire, et que fait cet exemple à son sujet?

C'est pourtant tout le contraire à tous égards. Le roi d'Angleterre, revêtu par les lois d'une si grande puissance pour les protéger, n'en a point pour les enfreindre : personne, en pareil cas, ne lui voudroit obéir, chacun craindroit pour sa tête; les ministres eux-mêmes la peuvent perdre s'ils irritent le parlement : on y examine sa propre conduite. Tout Anglois, à l'abri des lois, peut braver la puissance royale ; le dernier du peuple peut exiger et obtenir la réparation la plus authentique, s'il est le moins du monde offensé : supposé que le prince osât enfreindre la loi dans la moindre chose, l'infraction seroit à l'instant relevée; il est sans droit, et seroit sans pouvoir pour la soutenir.

Chez vous la puissance du petit Conseil est absolue à tous égards; il est le ministre et le prince, la partie et le juge tout à-la-fois : il ordonne et il exécute; il cite, il saisit, il emprisonne, il juge, il punit lui-même ; il a la force en main pour tout faire ; tous ceux qu'il emploie sont irrecherchables ; il ne rend compte de sa conduite ni de la leur à personne ; il n'a rien à craindre du législateur, auquel il a seul droit d'ouvrir la bouche, et devant lequel il n'ira pas s'accuser. Il n'est jamais contraint de réparer ses injustices ; et tout ce que peut espérer de plus heureux l'innocent qu'il opprime, c'est d'échapper enfin sain et sauf, mais sans satisfaction ni dédommagement.

Jugez de cette différence par les faits les plus récents. On imprime à Londres un ouvrage violemment satirique contre les ministres, le gouvernement, le roi même. Les imprimeurs sont arrêtés : la loi n'autorise pas cet arrêt : un murmure public s'élève, il faut les relâcher. L'affaire ne finit pas là ; les ouvriers prennent à leur tour le magistrat à partie, et ils obtiennent d'immenses dommages et intérêts. Qu'on mette en parallèle avec cette affaire celle du sieur Bardin, libraire à Genève ; j'en parlerai ci-après. Autre cas : il se fait un vol dans la ville ; sans indice et sur des soupçons en l'air, un citoyen est emprisonné contre les lois ; sa maison est fouillée, on ne lui épargne aucun des affronts faits pour les malfaiteurs. Enfin son innocence est reconnue, il est relâché ; il se plaint, on le laisse dire, et tout est fini.

Supposons qu'à Londres j'eusse eu le malheur de déplaire à la cour ; que, sans justice et sans raison, elle eût saisi le prétexte d'un de mes livres pour le faire brûler et me décréter : j'aurois présenté requête au parlement, comme ayant été jugé contre les lois; je l'aurois prouvé, j'aurois obtenu la satisfaction la plus authentique, et le juge eût été puni, peut-être cassé.

Transportons maintenant M. Wilkes à Genève, disant, écrivant, imprimant, publiant contre le petit Conseil le quart de ce qu'il a dit, écrit, imprimé, publié hautement à Londres contre le gouvernement, la cour, le prince. Je n'affirmerai pas absolument qu'on l'eût fait mourir, quoique je le pense; mais sûrement il eût été saisi dans l'instant même, et dans peu très-grièvement puni ²?

On dira que M. Wilkes étoit membre du corps

---

¹ * Jean Wilkes, l'un des aldermen de Londres, élu membre de la chambre des communes en 1761, s'y montra l'adversaire le plus redoutable du ministère et de l'autorité royale, et à ce titre fut long-temps l'idole du peuple anglois, qui lui donna des marques d'affection poussée même jusqu'au délire. Wilkes, ayant publié un écrit des plus virulents contre les ministres et contre le roi lui-même, fut mis à la Tour par ordre du gouvernement. Cette incarcération fit naître un procès, aux débats duquel toute la nation prit l'intérêt le plus vif, et dont le résultat fut non seulement l'entier acquittement et la mise en liberté de Wilkes, mais la prise à partie des magistrats, contre lesquels il obtint une indemnité de quatre mille livres sterling.

² La loi mettant M. Wilkes à couvert de ce côté, il a fallu, pour l'inquiéter, prendre un autre tour; et c'est encore la religion qu'on a fait intervenir dans cette affaire *.

* Wilkes avoit composé et fait imprimer sous le titre d'*Essai sur la Femme*, un poëme obscène, dans lequel il faisoit figurer l'évêque Warburton.

législatif dans son pays; et moi, ne l'étois-je pas aussi dans le mien? Il est vrai que l'auteur des Lettres veut qu'on n'ait aucun égard à la qualité de citoyen. « Les règles, dit-il, de la procédure « sont et doivent être égales pour tous les hommes: « elles ne dérivent pas du droit de la cité; elles « émanent du droit de l'humanité (page 54.) »

Heureusement pour vous le fait n'est pas vrai[1]; et quant à la maxime, c'est sous des mots très-honnêtes cacher un sophisme bien cruel. L'intérêt du magistrat, qui, dans votre état, le rend souvent partie contre le citoyen, jamais contre

[1] Le droit de recours à la grâce n'appartenoit par l'édit qu'aux citoyens et bourgeois; mais par leurs bons offices ce droit et d'autres furent communiqués aux natifs et habitants, qui, ayant fait cause commune avec eux, avoient besoin des mêmes précautions pour leur sûreté; les étrangers en sont demeurés exclus. L'on sent aussi que le choix de quatre parents ou amis pour assister le prévenu dans un procès criminel n'est pas fort utile à ces derniers; il ne l'est qu'à ceux que le magistrat peut avoir intérêt de perdre, et à qui la loi donne leur ennemi naturel pour juge. Il est étonnant même qu'après tant d'exemples effrayants les citoyens et bourgeois n'aient pas pris plus de mesures pour la sûreté de leurs personnes, et que toute la matière criminelle reste, sans édits et sans lois, presque abandonnée à la discrétion du Conseil. Un service pour lequel seul les Génevois et tous les hommes justes doivent bénir à jamais les médiateurs est l'abolition de la question préparatoire. J'ai toujours sur les lèvres un rire amer quand je vois tant de beaux livres, où les Européens s'admirent et se font compliment sur leur humanité, sortir des mêmes pays où l'on s'amuse à disloquer et briser les membres des hommes, en attendant qu'on sache s'ils sont coupables ou non. Je définis la torture un moyen presque infaillible employé par le fort pour charger le foible des crimes dont il le veut punir.

l'étranger, exige, dans le premier cas, que la loi prenne des précautions beaucoup plus grandes pour que l'accusé ne soit pas condamné injustement. Cette distinction n'est que trop bien confirmée par les faits. Il n'y a peut-être pas, depuis l'établissement de la république, un seul exemple d'un jugement injuste contre un étranger : et qui comptera dans vos annales combien il y en a d'injustes, et même d'atroces contre des citoyens? Du reste, il est très-vrai que les précautions qu'il importe de prendre pour la sûreté de ceux-ci peuvent sans inconvénient s'étendre à tous les prévenus, parce qu'elles n'ont pas pour but de sauver le coupable, mais de garantir l'innocent. C'est pour cela qu'il n'est fait aucune exception dans l'article XXX du réglement, qu'on voit assez n'être utile qu'aux Génevois. Revenons à la comparaison du droit négatif dans les deux états.

Celui du roi d'Angleterre consiste en deux choses; à pouvoir seul convoquer et dissoudre le corps législatif, et à pouvoir rejeter les lois qu'on lui propose : mais il ne consista jamais à empêcher la puissance législative de connoître des infractions qu'il peut faire à la loi.

D'ailleurs cette force négative est bien tempérée : premièrement par la loi triennale [1], qui l'oblige de convoquer un nouveau parlement au

---

[1] Devenue septennale par une faute dont les Anglois ne sont pas à se repentir.

bout d'un certain temps; de plus, par sa propre nécessité, qui oblige à le laisser presque toujours assemblé [1]; enfin par le droit négatif de la chambre des communes, qui en a, vis-à-vis de lui-même, un non moins puissant que la sienne.

Elle est tempérée encore par la pleine autorité que chacune des deux chambres une fois assemblée a sur elle-même, soit pour proposer, traiter, discuter, examiner les lois et toutes les matières du gouvernement, soit par la partie de la puissance exécutive qu'elles exercent, et conjointement, et séparément, tant dans la chambre des communes, qui connoît des griefs publics et des atteintes portées aux lois, que dans la chambre des pairs, juges suprêmes dans les matières criminelles, et surtout dans celles qui ont rapport aux crimes d'état.

Voilà, monsieur, quel est le droit négatif du roi d'Angleterre. Si vos magistrats n'en réclament qu'un pareil, je vous conseille de ne le leur pas contester. Mais je ne vois point quel besoin, dans votre situation présente, ils peuvent jamais avoir de la puissance législative, ni ce qui peut les contraindre à la convoquer pour agir réellement dans quelque cas que ce puisse être, puisque de nouvelles lois ne sont jamais nécessaires à gens qui sont au-dessus des lois; qu'un gouvernement qui

---

[1] Le parlement, n'accordant les subsides que pour une année, force ainsi le roi de les lui redemander tous les ans.

subsiste avec ses finances, et n'a point de guerre, n'a nul besoin de nouveaux impôts; et qu'en revêtant le corps entier du pouvoir des chefs qu'on en tire, on rend le choix de ces chefs presque indifférent.

Je ne vois pas même en quoi pourroit les contenir le législateur, qui, quand il existe, n'existe qu'un instant, et ne peut jamais décider que l'unique point sur lequel ils l'interrogent.

Il est vrai que le roi d'Angleterre peut faire la guerre et la paix; mais, outre que cette puissance est plus apparente que réelle, du moins quant à la guerre, j'ai déjà fait voir ci-devant et dans le *Contrat social* que ce n'est pas de cela qu'il s'agit pour vous, et qu'il faut renoncer aux droits honorifiques quand on veut jouir de la liberté. J'avoue encore que ce prince peut donner et ôter les places au gré de ses vues, et corrompre en détail le législateur. C'est précisément ce qui met tout l'avantage du côté du Conseil, à qui de pareils moyens sont peu nécessaires, et qui vous enchaîne à moindres frais. La corruption est un abus de la liberté; mais elle est une preuve que la liberté existe, et l'on n'a pas besoin de corrompre les gens que l'on tient en son pouvoir. Quant aux places, sans parler de celles dont le Conseil dispose, ou par lui-même, ou par le Deux-cents, il fait mieux pour les plus importantes : il les remplit de ses propres membres, ce qui lui est plus avantageux encore; car on est toujours plus sûr de ce qu'on fait par ses mains que de ce qu'on fait par celles d'autrui. L'histoire d'Angleterre est pleine de preuves de la résistance qu'ont faite les officiers royaux à leurs princes, quant ils ont voulu transgresser les lois. Voyez si vous trouverez chez vous bien des traits d'une résistance pareille faite au Conseil par les officiers de l'état, même dans les cas les plus odieux. Quiconque à Genève est aux gages de la république cesse à l'instant même d'être citoyen, il n'est plus que l'esclave et le satellite des Vingt-cinq, prêt à fouler aux pieds la patrie et les lois sitôt qu'ils l'ordonnent. Enfin, la loi, qui ne laisse en Angleterre aucune puissance au roi pour mal faire, lui en donne une très-grande pour faire le bien : il ne paroît pas que ce soit de ce côté que le Conseil est jaloux d'étendre la sienne.

Les rois d'Angleterre, assurés de leurs avantages, sont intéressés à protéger la constitution présente, parce qu'ils ont peu d'espoir de la changer : vos magistrats, au contraire, sûrs de se servir des formes de la vôtre pour en changer tout-à-fait le fond, sont intéressés à conserver ces formes comme l'instrument de leurs usurpations. Le dernier pas dangereux qu'il leur reste à faire est celui qu'ils font aujourd'hui. Ce pas fait, ils pourront se dire encore plus intéressés que le roi d'Angleterre à conserver la constitution établie, mais par un motif bien différent. Voilà toute la parité que je trouve entre l'état politique de l'Angleterre et le vôtre : je vous laisse à juger dans lequel est la liberté.

Après cette comparaison, l'auteur, qui se plaît à vous présenter de grands exemples, vous offre celui de l'ancienne Rome. Il lui reproche avec dédain ses tribuns brouillons et séditieux : il déplore amèrement, sous cette orageuse administration, le triste sort de cette malheureuse ville, qui pourtant, n'étant rien encore à l'érection de cette magistrature, eut sous elle cinq cents ans de gloire et de prospérités, et devint la capitale du monde. Elle finit enfin parce qu'il faut que tout finisse; elle finit par les usurpations de ses grands, de ses consuls, de ses généraux, qui l'envahirent : elle périt par l'excès de sa puissance; mais elle ne l'avoit acquise que par la bonté de son gouvernement. On peut dire en ce sens que ses tribuns la détruisirent [1].

[1] Les tribuns ne sortoient point de la ville; ils n'avoient aucune autorité hors de ses murs : aussi les consuls, pour se soustraire à leur inspection, tenoient-ils quelquefois les comices dans la campagne. Or les fers des Romains ne furent point forgés dans Rome, mais dans ses armées, et ce fut par leurs conquêtes qu'ils perdirent leur liberté. Cette perte ne vint donc pas des tribuns.

Il est vrai que César se servit d'eux comme Sylla s'étoit servi du sénat; chacun prenoit les moyens qu'il jugeoit les plus prompts ou les plus sûrs pour parvenir : mais il falloit bien que quelqu'un parvînt; et qu'importoit qui de Marius ou de Sylla, de César ou de Pompée, d'Octave ou d'Antoine, fût l'usurpateur? Quelque parti

Au reste, je n'excuse pas les fautes du peuple romain; je les ai dites dans le *Contrat social*: je l'ai blâmé d'avoir usurpé la puissance exécutive, qu'il devoit seulement contenir [1]; j'ai montré sur quels principes le tribunat devoit être institué, les bornes qu'on devoit lui donner, et comment tout cela se pouvoit faire. Ces règles furent mal suivies à Rome: elles auroient pu l'être mieux. Toutefois voyez ce que fit le tribunat avec ses abus: que n'eût-il point fait bien dirigé? Je vois peu ce que veut ici l'auteur des Lettres: pour conclure contre lui-même, j'aurois pris le même exemple qu'il a choisi.

Mais n'allons pas chercher si loin ces illustres exemples, si fastueux par eux-mêmes et si trom-

---

qui l'emportât, l'usurpation n'en étoit pas moins inévitable; il falloit des chefs aux armées éloignées, et il étoit sûr qu'un de ces chefs deviendroit le maître de l'état. Le tribunat ne faisoit pas à cela la moindre chose.

Au reste, cette même sortie que fait ici l'auteur des *Lettres écrites de la campagne*, sur les tribuns du peuple, avoit été déjà faite, en 1715, par M. de Chapeaurouge, conseiller d'état, dans un Mémoire contre l'office du procureur-général. M. Louis Le Fort, qui remplissoit alors cette charge avec éclat, lui fit voir, dans une très-belle lettre en réponse à ce Mémoire, que le crédit et l'autorité des tribuns avoient été le salut de la république, et que sa destruction n'étoit point venue d'eux, mais des consuls. Sûrement le procureur-général Le Fort ne prévoyoit guère par qui seroit renouvelé de nos jours le sentiment qu'il réfutoit si bien.

[1] Voyez le *Contrat social*, livre IV, chap. 5. Je crois qu'on trouvera dans ce chapitre, qui est fort court, quelques bonnes maximes sur cette matière.

peurs par leur application. Ne laissez point forger vos chaînes par l'amour-propre. Trop petits pour vous comparer à rien, restez en vous-mêmes, et ne vous aveuglez point sur votre position. Les anciens peuples ne sont plus un modèle pour les modernes ; ils leur sont trop étrangers à tous égards. Vous surtout, Génevois, gardez votre place, et n'allez point aux objets élevés qu'on vous présente pour vous cacher l'abîme qu'on creuse au-devant de vous. Vous n'êtes ni Romains ni Spartiates, vous n'êtes pas même Athéniens. Laissez là ces grands noms, qui ne vous vont point. Vous êtes des marchands, des artisans, des bourgeois, toujours occupés de leurs intérêts privés, de leur travail, de leur trafic, de leur gain ; des gens pour qui la liberté même n'est qu'un moyen d'acquérir sans obstacles et de posséder en sûreté.

Cette situation demande pour vous des maximes particulières. N'étant pas oisifs comme étoient les anciens peuples, vous ne pouvez, comme eux, vous occuper sans cesse du gouvernement : mais, par cela même que vous pouvez moins y veiller de suite, il doit être institué de manière qu'il vous soit plus aisé d'en voir les manœuvres et de pourvoir aux abus. Tout soin public que votre intérêt exige doit vous être rendu d'autant plus facile à remplir, que c'est un soin qui vous coûte et que vous ne prenez pas volontiers. Car vouloir vous en décharger tout-à-fait, c'est vouloir cesser d'être libres. Il faut opter, dit le philosophe bienfaisant; et ceux qui ne peuvent supporter le travail n'ont qu'à chercher le repos dans la servitude.

Un peuple inquiet, désœuvré, remuant, et, faute d'affaires particulières, toujours prêt à se mêler de celles de l'état, a besoin d'être contenu, je le sais; mais, encore un coup, la bourgeoisie de Genève est-elle ce peuple-là; rien n'y ressemble moins; elle en est l'antipode. Vos citoyens, tout absorbés dans leurs occupations domestiques, et toujours froids sur le reste, ne songent à l'intérêt public que quand le leur propre est attaqué. Trop peu soigneux d'éclairer la conduite de leurs chefs, ils ne voient les fers qu'on leur prépare que quand ils en sentent le poids. Toujours distraits, toujours trompés, toujours fixés sur d'autres objets, ils se laissent donner le change sur le plus important de tous, et vont toujours cherchant le remède, faute d'avoir su prévenir le mal. A force de compasser leurs démarches, ils ne les font jamais qu'après coup. Leurs lenteurs les auroient déjà perdus cent fois, si l'impatience du magistrat ne les eût sauvés, et si, pressé d'exercer ce pouvoir suprême auquel il aspire, il ne les eût lui-même avertis du danger.

Suivez l'historique de votre gouvernement: vous verrez toujours le Conseil, ardent dans ses entreprises, les manquer le plus souvent par trop d'empressement à les accomplir; et vous verrez toujours la bourgeoisie revenir enfin sur ce qu'elle a laissé faire sans y mettre opposition.

En 1570, l'état étoit obéré de dettes et affligé de plusieurs fléaux. Comme il étoit malaisé, dans la circonstance, d'assembler souvent le Conseil général, on y propose d'autoriser les Conseils de pourvoir aux besoins présents : la proposition passe ; ils partent de là pour s'arroger le droit perpétuel d'établir des impôts, et pendant plus d'un siècle on les laisse faire sans la moindre opposition.

En 1714, on fait, par des vues secrètes [1], l'entreprise immense et ridicule des fortifications, sans daigner consulter le Conseil général, et contre la teneur des édits. En conséquence de ce beau projet, on établit pour dix ans des impôts sur lesquels on ne le consulte pas davantage. Il s'élève quelques plaintes ; on les dédaigne, et tout se tait.

En 1725, le terme des impôts expire ; il s'agit de les prolonger. C'étoit pour la bourgeoisie le moment tardif, mais nécessaire, de revendiquer son droit négligé si long-temps. Mais la peste de Marseille et la banque royale ayant dérangé le commerce, chacun, occupé des dangers de sa fortune, oublie ceux de sa liberté. Le Conseil, qui n'oublie pas ses vues, renouvelle en Deux-cents les impôts, sans qu'il soit question du Conseil général.

[1] Il en a été parlé ci-devant, page 398.

A l'expiration du second terme les citoyens se réveillent, et après cent soixante ans d'indolence, ils réclament enfin tout de bon leur droit. Alors, au lieu de céder ou temporiser, on trame une conspiration [1]. Le complot se découvre ; les bourgeois sont forcés de prendre les armes, et par cette violente entreprise le Conseil perd en un moment un siècle d'usurpation.

A peine tout semble pacifié, que, ne pouvant endurer cette espèce de défaite, on forme un nouveau complot. Il faut derechef recourir aux armes : les puissances voisines interviennent, et les droits mutuels sont enfin réglés.

En 1650, les Conseils inférieurs introduisent

---

[1] Il s'agissoit de former par une enceinte barricadée, une espèce de citadelle autour de l'élévation sur laquelle est l'Hôtel-de-ville, pour asservir de là tout le peuple. Les bois déjà préparés pour cette enceinte, un plan de disposition pour la garnir, les ordres donnés en conséquence aux capitaines de la garnison, des transports de munitions et d'armes de l'arsenal à l'Hôtel-de-ville, le tamponnement de vingt-deux pièces de canon dans un boulevart éloigné, le transmarchement clandestin de plusieurs autres, en un mot tous les apprêts de la plus violente entreprise faits sans l'aveu des Conseils par le syndic de la garde et d'autres magistrats, ne purent suffire, quand tout cela fut découvert, pour obtenir qu'on fît le procès aux coupables, ni même qu'on improuvât nettement leur projet. Cependant la bourgeoisie, alors maîtresse de la place, les laissa paisiblement sortir sans troubler leur retraite, sans leur faire la moindre insulte, sans entrer dans leurs maisons, sans inquiéter leurs familles, sans toucher à rien qui leur appartînt. En tout autre pays le peuple eût commencé par massacrer ces conspirateurs et mettre leurs maisons au pillage.

dans leurs corps une manière de recueillir les suffrages meilleure que celle qui est établie, mais qui n'est pas conforme aux édits. On continue en Conseil général de suivre l'ancienne, où se glissent bien des abus; et cela dure cinquante ans et davantage, avant que les citoyens songent à se plaindre de la contravention, ou à demander l'introduction d'un pareil usage dans le Conseil dont ils sont membres. Ils la demandent enfin; et ce qu'il y a d'incroyable est qu'on leur oppose tranquillement ce même édit qu'on viole depuis un demi-siècle.

En 1707, un citoyen [1] est jugé clandestinement contre les lois, condamné, arquebusé dans la prison; un autre est pendu sur la déposition d'un seul faux témoin connu pour tel; un autre est trouvé mort : tout cela passe, et il n'en est plus parlé qu'en 1734, que quelqu'un s'avise de demander au magistrat des nouvelles du citoyen arquebusé trente ans auparavant.

En 1736, on érige des tribunaux criminels sans syndics. Au milieu des troubles qui régnoient alors, les citoyens, occupés de tant d'autres affaires, ne peuvent songer à tout. En 1758, on répète la même manœuvre : celui qu'elle regarde veut se plaindre; on le fait taire, et tout se tait. En 1762, on la renouvelle encore [2]. Les citoyens se plaignent

---

[1] * Pierre Fatio. Voyez le *Précis* mis en tête de cet ouvrage.
[2] Et à quelle occasion! Voilà une inquisition d'état à faire frémir.

enfin l'année suivante. Le Conseil répond : Vous venez trop tard; l'usage est établi.

En juin 1762, un citoyen, que le Conseil avoit pris en haine, est flétri dans ses livres, et personnellement décrété contre l'édit le plus formel. Ses parents, étonnés, demandent, par requête, communication du décret : elle leur est refusée, et tout se tait. Au bout d'un an d'attente, le citoyen flétri, voyant que nul ne proteste, renonce à son droit de cité. La bourgeoisie ouvre enfin les yeux, et réclame contre la violation de la loi : il n'étoit plus temps.

Un fait plus mémorable par son espèce, quoi-

Est-il concevable que, dans un pays libre, on punisse criminellement un citoyen pour avoir, dans une lettre à un autre citoyen, non imprimée, raisonné en termes décents et mesurés sur la conduite du magistrat envers un troisième citoyen? Trouvez-vous des exemples de violences pareilles dans les gouvernements les plus absolus? A la retraite de M. de Silhouette, je lui écrivis une lettre qui courut Paris[*]. Cette lettre étoit d'une hardiesse que je ne trouve pas moi-même exempte de blâme; c'est peut-être la seule chose répréhensible que j'aie écrite en ma vie. Cependant m'a-t-on dit le moindre mot à ce sujet? on n'y a pas même songé. En France, on punit les libelles; on fait très-bien : mais on laisse aux particuliers une liberté honnête de raisonner entre eux sur les affaires publiques, et il est inouï qu'on ait cherché querelle à quelqu'un pour avoir, dans des lettres restées manuscrites, dit son avis, sans satire et sans invective, sur ce qui se fait dans les tribunaux. Après avoir tant aimé le gouvernement républicain, faudra-t-il changer de sentiment dans ma vieillesse, et trouver enfin qu'il y a plus de véritable liberté dans les monarchies que dans nos républiques?

[*] Voyez cette lettre au livre X des *Confessions*.

qu'il ne s'agisse que d'une bagatelle, est celui du sieur Bardin. Un libraire commet à son correspondant des exemplaires d'un livre nouveau ; avant que les exemplaires arrivent, le livre est défendu. Le libraire va déclarer au magistrat sa commission, et demander ce qu'il doit faire ; on lui ordonne d'avertir quand les exemplaires arriveront : ils arrivent ; il les déclare ; on les saisit : il attend qu'on les lui rende ou qu'on les lui paie ; on ne fait ni l'un ni l'autre : il les redemande, on les garde : il présente requête pour qu'ils soient renvoyés, rendus, ou payés ; on refuse tout. Il perd ses livres ; et ce sont des hommes publics, chargés de punir le vol, qui les ont gardés !

Qu'on pèse bien toutes les circonstances de ce fait, et je doute qu'on trouve aucun autre exemple semblable dans aucun parlement, dans aucun sénat, dans aucun conseil, dans aucun divan, dans quelque tribunal que ce puisse être. Si l'on vouloit attaquer le droit de propriété sans raison, sans prétexte, et jusque dans sa racine, il seroit impossible de s'y prendre plus ouvertement. Cependant l'affaire passe, tout le monde se tait ; et, sans des griefs plus graves, il n'eût jamais été question de celui-là. Combien d'autres sont restés dans l'obscurité, faute d'occasions pour les mettre en évidence !

Si l'exemple précédent est peu important en lui-même, en voici un d'un genre bien différent. Encore un peu d'attention, monsieur, pour cette affaire, et je supprime toutes celles que je pourrois ajouter.

Le 20 novembre 1763, au Conseil général assemblé pour l'élection du lieutenant et du trésorier, les citoyens remarquent une différence entre l'édit imprimé qu'ils ont et l'édit manuscrit dont un secrétaire d'état fait lecture, en ce que l'élection du trésorier doit par le premier se faire avec celle des syndics, et par le second avec celle du lieutenant. Ils remarquent de plus que l'élection du trésorier, qui, selon l'édit, doit se faire tous les trois ans, ne se fait que tous les six ans selon l'usage, et qu'au bout des trois ans on se contente de proposer la confirmation de celui qui est en place.

Ces différences du texte de la loi entre le manuscrit du Conseil et l'édit imprimé, qu'on n'avoit point encore observées, en font remarquer d'autres qui donnent de l'inquiétude sur le reste. Malgré l'expérience qui apprend aux citoyens l'inutilité de leurs représentations les mieux fondées, ils en font à ce sujet de nouvelles, demandant que le texte original des édits soit déposé en chancellerie ou dans tel autre lieu public, au choix du Conseil, où l'on puisse comparer ce texte avec l'imprimé.

Or vous vous rappellerez, monsieur, que, par l'article XLII de l'édit de 1738, il est dit qu'on fera imprimer *au plus tôt* un code général des lois de l'état, qui contiendra tous les édits et réglements.

Il n'a pas encore été question de ce code au bout de vingt-six ans; et les citoyens ont gardé le silence [1] !

Vous vous rappellerez encore que, dans un mémoire imprimé en 1745, un membre proscrit des Deux-cents jeta de violents soupçons sur la fidélité des édits imprimés en 1713, et réimprimés en 1735, deux époques également suspectes. Il dit avoir collationné sur des édits manuscrits ces imprimés, dans lesquels il affirme avoir trouvé quantité d'erreurs dont il a fait note; et il rapporte les propres termes d'un édit de 1556, omis tout entier dans l'imprimé. A des imputations si graves le Conseil n'a rien répondu; et les citoyens ont gardé le silence !

Accordons, si l'on veut, que la dignité du Conseil ne lui permettoit pas de répondre alors aux imputations d'un proscrit. Cette même dignité, l'honneur compromis, la fidélité suspectée, exigeoient maintenant une vérification que tant d'in-

---

[1] De quelle excuse, de quel prétexte peut-on couvrir l'inobservation d'un article aussi exprès et aussi important? Cela ne se conçoit pas. Quand par hasard on en parle à quelques magistrats en conversation, ils répondent froidement : « Chaque édit particulier « est imprimé; rassemblez-les. » Comme si l'on étoit sûr que tout fût imprimé, et comme si le recueil de ces chiffons formoit un corps de lois complet, un code général, revêtu de l'authenticité requise, et tel que l'annonce l'article XLII ! Est-ce ainsi que ces messieurs remplissent un engagement aussi formel? Quelles conséquences sinistres ne pourroit-on pas tirer de pareilles omissions?

dices rendoient nécessaire, et que ceux qui la demandoient avoient droit d'obtenir.

Point du tout. Le petit Conseil justifie le changement fait à l'édit par un ancien usage, auquel le Conseil général, ne s'étant pas opposé dans son origine, n'a plus droit de s'opposer aujourd'hui.

Il donne pour raison de la différence qui est entre le manuscrit du Conseil et l'imprimé que ce manuscrit est un recueil des édits avec les changements pratiqués, et consentis par le silence du Conseil général; au lieu que l'imprimé n'est que le recueil des mêmes édits, tels qu'ils ont passé en Conseil général.

Il justifie la confirmation du trésorier contre l'édit qui veut que l'on en élise un autre, encore par un ancien usage. Les citoyens n'aperçoivent pas une contravention aux édits qu'il n'autorise par des contraventions antérieures; ils ne font pas une plainte qu'il ne rebute, en leur reprochant de ne s'être pas plaints plus tôt.

Et, quant à la communication du texte original des lois, elle est nettement refusée [1], soit *comme*

---

[1] Ces refus si durs et si sûrs à toutes les représentations les plus raisonnables et les plus justes paroissent peu naturels. Est-il concevable que le Conseil de Genève, composé dans sa majeure partie d'hommes éclairés et judicieux, n'ait pas senti le scandale odieux et même effrayant de refuser à des hommes libres, à des membres du législateur, la communication du texte authentique des lois, et de fomenter ainsi comme à plaisir des soupçons produits par l'air de mystère et de ténèbres dont il s'environne sans cesse à leurs

étant contraire aux règles, soit parce que les citoyens et bourgeois ne *doivent connoître d'autre texte des lois que le texte imprimé*, quoique le petit Conseil en suive un autre et le fasse suivre en Conseil général [1].

Il est donc contre les règles que celui qui a passé un acte ait communication de l'original de cet acte, lorsque les variantes dans les copies les lui font soupçonner de falsification ou d'incorrection; et il est dans la règle qu'on ait deux différents textes des mêmes lois, l'un pour les particuliers, et l'autre pour le gouvernement! Ouïtes-vous jamais rien de semblable? Et toutefois sur toutes ces découvertes tardives, sur tous ces refus révoltants, les citoyens, éconduits dans leurs demandes les plus légitimes, se taisent, attendent, et demeurent en repos!

Voilà, monsieur, des faits notoires dans votre ville, et tous plus connus de vous que de moi. J'en

yeux? Pour moi, je penche à croire que ces refus lui coûtent, mais qu'il s'est prescrit pour règle de faire tomber l'usage des représentations par des réponses constamment négatives. En effet, est-il à présumer que les hommes les plus patients ne se rebutent pas de demander pour ne rien obtenir? Ajoutez la proposition déjà faite en Deux-cents d'informer contre les auteurs des dernières représentations, pour avoir usé d'un droit que la loi leur donne. Qui voudra d'avance être sans succès? Si c'est là le plan que s'est fait le petit Conseil, il faut avouer qu'il le suit très-bien.

[1] Extrait des registres du Conseil du 7 décembre 1763, en réponse aux représentations verbales faites le 21 novembre par six citoyens ou bourgeois.

pourrois ajouter cent autres, sans compter ceux qui me sont échappés : ceux-ci suffiront pour juger si la bourgeoisie de Genève est ou fut jamais, je ne dis pas remuante et séditieuse, mais vigilante, attentive, facile à s'émouvoir pour défendre ses droits les mieux établis et le plus ouvertement attaqués.

On nous dit « qu'une nation vive, ingénieuse, « et très-occupée de ses droits politiques, auroit « un extrême besoin de donner à son gouverne- « ment une force négative (page 170). » En expliquant cette force négative, on peut convenir du principe. Mais est-ce à vous qu'on en veut faire l'application ? A-t-on donc oublié qu'on vous donne ailleurs plus de sang-froid qu'aux autres peuples (page 154)? Et comment peut-on dire que celui de Genève s'occupe beaucoup de ses droits politiques, quand on voit qu'il ne s'en occupe jamais que tard, avec répugnance, et seulement quand le péril le plus pressant l'y contraint ! De sorte qu'en n'attaquant pas si brusquement les droits de la bourgeoisie, il ne tient qu'au Conseil qu'elle ne s'en occupe jamais.

Mettons un moment en parallèle les deux partis, pour juger duquel l'activité est le plus à craindre, et où doit être placé le droit négatif pour modérer cette activité.

D'un côté je vois un peuple très-peu nombreux, paisible et froid, composé d'hommes laborieux, amateurs du gain, soumis pour leur propre intérêt aux lois et à leurs ministres, tout occupés de leur négoce ou de leurs métiers : tous, égaux par leurs droits et peu distingués par la fortune, n'ont entre eux ni chefs ni clients ; tous, tenus par leur commerce, par leur état, par leurs biens, dans une grande dépendance du magistrat, ont à le ménager ; tous craignent de lui déplaire : s'ils veulent se mêler des affaires publiques, c'est toujours au préjudice des leurs. Distraits d'un côté par des objets plus intéressants pour leurs familles ; de l'autre arrêtés par des considérations de prudence, par l'expérience de tous les temps, qui leur apprend combien, dans un aussi petit état que le vôtre, où tout particulier est incessamment sous les yeux du Conseil, il est dangereux de l'offenser, ils sont portés par les raisons les plus fortes à tout sacrifier à la paix ; car c'est par elle seule qu'ils peuvent prospérer : et dans cet état de choses, chacun, trompé par son intérêt privé, aime encore mieux être protégé que libre, et fait sa cour pour faire son bien.

De l'autre côté, je vois dans une petite ville, dont les affaires sont au fond très-peu de chose, un corps de magistrats indépendant et perpétuel, presque oisif par état, faire sa principale occupation d'un intérêt très-grand et très-naturel pour ceux qui commandent, c'est d'accroître incessamment son empire ; car l'ambition comme l'avarice se nourrit de ses avantages; et plus on étend sa puissance, plus on est dévoré du désir de tout pouvoir. Sans cesse attentif à marquer des distances trop peu sensibles dans ses égaux de naissance, il ne voit en eux que ses inférieurs, et brûle d'y voir ses sujets. Armé de toute la force publique, dépositaire de toute l'autorité, interprète et dispensateur des lois qui le gênent, il s'en fait une arme offensive et défensive, qui le rend redoutable, respectable, sacré pour tous ceux qu'il veut outrager. C'est au nom même de la loi qu'il peut la transgresser impunément. Il peut attaquer la constitution en feignant de la défendre; il peut punir comme un rebelle quiconque ose la défendre en effet. Toutes les entreprises de ce corps lui deviennent faciles; il ne laisse à personne le droit de les arrêter ni d'en connoître : il peut agir, différer, suspendre; il peut séduire, effrayer, punir ceux qui lui résistent; et s'il daigne employer pour cela des prétextes, c'est plus par bienséance que par nécessité. Il a donc la volonté d'étendre sa puissance, et le moyen de parvenir à tout ce qu'il veut. Tel est l'état relatif du petit Conseil et de la bourgeoisie de Genève. Lequel de ces deux corps doit avoir le pouvoir négatif pour arrêter les entreprises de l'autre? L'auteur des Lettres assure que c'est le premier.

Dans la plupart des états, les troubles internes viennent d'une populace abrutie et stupide, échauffée d'abord par d'insupportables vexations, puis ameutée en secret par des brouillons adroits, revêtus de quelque autorité qu'ils veulent étendre. Mais est-il rien de plus faux qu'une pareille idée appliquée à la bourgeoisie de Genève, à sa partie au moins qui fait face à la puissance pour le maintien des lois? Dans tous les temps, cette partie a toujours été l'ordre moyen entre les riches et les pauvres, entre les chefs de l'état et la populace. Cet ordre, composé d'hommes à peu près égaux en fortune, en état, en lumières, n'est ni assez élevé pour avoir des prétentions, ni assez bas pour n'avoir rien à perdre. Leur grand intérêt, leur intérêt commun est que les lois soient observées, les magistrats respectés, que la constitution se soutienne, et que l'état soit tranquille. Personne dans cet ordre ne jouit à nul égard d'une telle supériorité sur les autres, qu'il puisse les mettre en jeu pour son intérêt particulier. C'est la plus saine partie de la république, la seule qu'on soit assuré ne pouvoir, dans sa conduite, se proposer d'autre objet que le bien de tous. Aussi voit-on toujours dans leurs démarches communes une décence, une modestie, une fermeté respectueuse, une certaine gravité d'hommes qui se sentent dans leur droit et qui se tiennent dans leur devoir. Voyez, au contraire, de quoi l'autre partie s'étaie; de gens qui nagent dans l'opulence, et du peuple le plus abject. Est-ce dans ces deux extrêmes, l'un fait pour acheter, l'autre pour se vendre, qu'on doit chercher l'amour de la justice et des lois? C'est par eux toujours que l'état dégénère : le riche tient la loi dans sa bourse, et le pauvre aime mieux du pain que la liberté. Il suffit de comparer ces deux partis pour juger lequel doit porter aux lois la première atteinte. Et cherchez en effet dans votre histoire si tous les complots ne sont pas toujours venus du côté de la magistrature, et si jamais les citoyens ont eu recours à la force que lorsqu'il l'a fallu pour s'en garantir.

On raille sans doute, quand, sur les conséquences du droit que réclament vos concitoyens, on vous représente l'état en proie à la brigue, à la séduction, au premier venu. Ce droit négatif que veut avoir le Conseil fut inconnu jusqu'ici : quels maux en est-il arrivé? Il en fût arrivé d'affreux, s'il eût voulu s'y tenir quand la bourgeoisie a fait valoir le sien. Rétorquez l'argument qu'on tire de deux cents ans de prospérité; que peut-on répondre? Ce gouvernement, direz-vous, établi par le temps, soutenu par tant de titres, autorisé par un si long usage, consacré par ses succès, et où le droit négatif des Conseils fut toujours ignoré, ne vaut-il pas bien cet autre gouvernement arbitraire dont nous ne connoissons encore ni les propriétés ni ses rapports avec notre bonheur, et où la raison ne peut nous montrer que le comble de notre misère?

Supposer tous les abus dans le parti qu'on attaque, et n'en supposer aucun dans le sien, est un sophisme bien grossier et bien ordinaire, dont tout homme sensé doit se garantir. Il faut supposer des abus de part et d'autre, parce qu'il s'en glisse partout; mais ce n'est pas à dire qu'il y ait égalité dans leurs conséquences. Tout abus est un mal, souvent inévitable, pour lequel on ne doit pas proscrire ce qui est bon en soi. Mais comparez, et vous trouverez, d'un côté, des maux sûrs, des maux terribles, sans bornes et sans fin; de l'autre, l'abus même difficile, qui, s'il est grand, sera passager, et tel que, quand il a lieu, il porte toujours avec lui son remède. Car, encore une fois, il n'y a de liberté possible que dans l'observation des lois ou de la volonté générale; et il n'est pas plus dans la volonté générale de nuire à tous, que dans la volonté particulière de nuire à soi-même. Mais supposons cet abus de la liberté aussi naturel que l'abus de la puissance; il y aura toujours cette différence entre l'un et l'autre, que l'abus de la liberté tourne au préjudice du peuple qui en abuse, et, le punissant de son propre tort, le force à en chercher le remède : ainsi, de ce côté, le mal n'est jamais qu'une crise, il ne peut faire un état permanent; au lieu que l'abus de la puissance, ne tournant point au préjudice du puissant, mais du foible, est, par sa nature, sans mesure, sans frein, sans limites; il ne finit que par la destruction de celui qui seul en ressent le mal. Disons donc qu'il faut que le gouvernement appartienne au petit nombre, l'inspection sur le gouvernement à la généralité; et que si de part ou d'autre l'abus est inévitable, il vaut encore mieux qu'un peuple soit malheureux par sa faute qu'opprimé sous la main d'autrui.

Le premier et le plus grand intérêt public est toujours la justice. Tous veulent que les conditions soient égales pour tous, et la justice n'est que cette égalité. Le citoyen ne veut que les lois et que l'observation des lois. Chaque particulier dans le peuple sait bien que s'il y a des exceptions elles ne seront pas en sa faveur. Ainsi tous craignent les exceptions; et qui craint les exceptions aime la loi. Chez les chefs, c'est tout autre chose : leur état même est un état de préférence; et ils cherchent des préférences partout[1]. S'ils veulent des lois, ce n'est pas pour leur obéir, c'est pour en être les arbitres. Ils veulent des lois pour se mettre à leur place et pour se faire craindre en

---

[1] La justice dans le peuple est une vertu d'état; la violence et la tyrannie est de même dans les chefs un vice d'état. Si nous étions à leurs places, nous autres particuliers, nous deviendrions comme eux, violents, usurpateurs, iniques. Quand des magistrats viennent donc nous prêcher leur intégrité, leur modération, leur justice, ils nous trompent, s'ils veulent obtenir ainsi la confiance que nous ne leur devons pas : non qu'ils ne puissent avoir personnellement ces vertus dont ils se vantent; mais alors ils font une exception, et ce n'est pas aux exceptions que la loi doit avoir égard.

leur nom. Tout les favorise dans ce projet : ils se servent des droits qu'ils ont, pour usurper sans risque ceux qu'ils n'ont pas. Comme ils parlent toujours au nom de la loi, même en la violant, quiconque ose la défendre contre eux est un séditieux, un rebelle ; il doit périr : et pour eux, toujours sûrs de l'impunité dans leurs entreprises, le pis qui leur arrive est de ne pas réussir. S'ils ont besoin d'appui, partout ils en trouvent. C'est une ligue naturelle que celle des forts ; et ce qui fait la foiblesse des foibles est de ne pouvoir se liguer ainsi. Tel est le destin du peuple, d'avoir toujours au dedans et au dehors ses parties pour juges. Heureux quand il en peut trouver d'assez équitables pour le protéger contre leurs propres maximes, contre ce sentiment si gravé dans le cœur humain, d'aimer et favoriser les intérêts semblables aux nôtres ! Vous avez eu cet avantage une fois, et ce fut contre toute attente. Quand la médiation fut acceptée, on vous crut écrasés ; mais vous eûtes des défenseurs éclairés et fermes, des médiateurs intègres et généreux : la justice et la vérité triomphèrent. Puissiez-vous être heureux deux fois ! vous aurez joui d'un bonheur bien rare, et dont vos oppresseurs ne paroissent guère alarmés.

Après vous avoir étalé tous les maux imaginaires d'un droit aussi ancien que votre constitution, et qui jamais n'a produit aucun mal, on pallie, on nie ceux du droit nouveau qu'on usurpe, et qui se font sentir dès aujourd'hui. Forcé d'avouer que le gouvernement peut abuser du droit négatif jusqu'à la plus intolérable tyrannie, on affirme que ce qui arrive n'arrivera pas, et l'on change en possibilité sans vraisemblance ce qui se passe aujourd'hui sous vos yeux. Personne, ose-t-on dire, ne dira que le gouvernement ne soit équitable et doux; et remarquez que cela se dit en réponse à des représentations où l'on se plaint des injustices et des violences du gouvernement. C'est là vraiment ce qu'on peut appeler du beau style; c'est l'éloquence de Périclès, qui, renversé par Thucydide à la lutte, prouvoit aux spectateurs que c'étoit lui qui l'avoit terrassé.

Ainsi donc, en s'emparant du bien d'autrui sans prétexte, en emprisonnant sans raison les innocents, en flétrissant un citoyen sans l'ouïr, en en jugeant illégalement un autre, en protégeant les livres obscènes, en brûlant ceux qui respirent la vertu, en persécutant leurs auteurs, en cachant le vrai texte des lois, en refusant les satisfactions les plus justes, en exerçant le plus dur despotisme, en détruisant la liberté qu'ils devroient défendre, en opprimant la patrie dont ils devroient être les pères, ces messieurs se font compliment à eux-mêmes sur la grande équité de leurs jugements; ils s'extasient sur la douceur de leur administration, ils affirment avec confiance que tout le monde est de leur avis sur ce point. Je doute fort toutefois que cet avis soit le vôtre, et je suis sûr au moins qu'il n'est pas celui des représentants.

Que l'intérêt particulier ne me rende point injuste. C'est de tous nos penchants celui contre lequel je me tiens le plus en garde, et auquel j'espère avoir le mieux résisté. Votre magistrat est équitable dans les choses indifférentes, je le crois porté même à l'être toujours; ses places sont peu lucratives; il rend la justice et ne la vend point; il est personnellement intègre, désintéressé; et je sais que dans ce Conseil si despotique il règne encore de la droiture et des vertus. En vous montrant les conséquences du droit négatif, je vous ai moins dit ce qu'ils feront, devenus souverains, que ce qu'ils continueront à faire pour l'être. Une fois reconnus tels, leur intérêt sera d'être toujours justes, et il l'est dès aujourd'hui d'être justes le plus souvent : mais malheur à quiconque osera recourir aux lois encore, et réclamer la liberté! C'est contre ces infortunés que tout devient permis, légitime. L'équité, la vertu, l'intérêt même, ne tiennent point devant l'amour de la domination; et celui qui sera juste étant le maître n'épargne aucune injustice pour le devenir.

Le vrai chemin de la tyrannie n'est point d'attaquer directement le bien public; ce seroit réveiller tout le monde pour le défendre : mais c'est d'attaquer successivement tous ses défenseurs, et d'effrayer quiconque oseroit encore aspirer à l'être.

Persuadez à tous que l'intérêt public n'est celui de personne, et par cela seul la servitude est établie ; car quand chacun sera sous le joug, où sera la liberté commune ? Si quiconque ose parler est écrasé dans l'instant même, où seront ceux qui voudront l'imiter ? et quel sera l'organe de la généralité quand chaque individu gardera le silence ? Le gouvernement sévira donc contre les zélés, et sera juste avec les autres, jusqu'à ce qu'il puisse être injuste avec tous impunément. Alors sa justice ne sera plus qu'une économie pour ne pas dissiper sans raison son propre bien.

Il y a donc un sens dans lequel le Conseil est juste, et doit l'être par intérêt ; mais il y en a un dans lequel il est du système qu'il s'est fait d'être souverainement injuste ; et mille exemples ont dû vous apprendre combien la protection des lois est insuffisante contre la haine du magistrat. Que sera-ce lorsque, devenu seul maître absolu par son droit négatif, il ne sera plus gêné par rien dans sa conduite, et ne trouvera plus d'obstacles à ses passions ? Dans un si petit état, où nul ne peut se cacher dans la foule, qui ne vivra pas alors dans d'éternelles frayeurs, et ne sentira pas à chaque instant de sa vie le malheur d'avoir ses égaux pour maîtres ? Dans les grands états, les particuliers sont trop loin du prince et des chefs pour en être vus ; leur petitesse les sauve ; et pourvu que le peuple paie, on le laisse en paix.

Mais vous ne pourrez faire un pas sans sentir le poids de vos fers. Les parents, les amis, les protégés, les espions de vos maîtres, seront plus vos maîtres qu'eux; vous n'oserez ni défendre vos droits, ni réclamer votre bien, crainte de vous faire des ennemis; les recoins les plus obscurs ne pourront vous dérober à la tyrannie, il faudra nécesairement en être satellite ou victime. Vous sentirez à la fois l'esclavage politique et le civil; à peine oserez-vous respirer en liberté. Voilà, monsieur, où doit naturellement vous mener l'usage du droit négatif tel que le Conseil se l'arroge. Je crois qu'il n'en voudra pas faire un usage aussi funeste, mais il le pourra certainement; et la seule certitude qu'il peut impunément être injuste vous fera sentir les mêmes maux que s'il l'étoit en effet.

Je vous ai montré, monsieur, l'état de votre constitution tel qu'il se présente à mes yeux. Il résulte de cet exposé que cette constitution, prise dans son ensemble, est bonne et saine, et qu'en donnant à la liberté ses véritables bornes, elle lui donne en même temps toute la solidité qu'elle doit avoir. Car, le gouvernement ayant un droit négatif contre les innovations du législateur, et le peuple un droit négatif contre les usurpations du Conseil, les lois seules règnent, et règnent sur tous; le premier de l'état ne leur est pas moins soumis que le dernier, aucun ne peut les enfreindre, nul intérêt particulier ne peut les changer, et la constitution demeure inébranlable.

Mais si au contraire les ministres des lois en deviennent les seuls arbitres, et qu'ils puissent les faire parler ou taire à leur gré ; si le droit de représentation, seul garant des lois et de la liberté, n'est qu'un droit illusoire et vain, qui n'ait eu aucun cas, aucun effet nécessaire; je ne vois point de servitude pareille à la vôtre ; et l'image de la liberté n'est plus chez vous qu'un leurre méprisant et puéril, qu'il est même indécent d'offrir à des hommes sensés. Que sert alors d'assembler le législateur, puisque la volonté du Conseil est l'unique loi? que sert d'élire solennellement des magistrats qui d'avance étoient déjà vos juges, et qui ne tiennent de cette élection qu'un pouvoir qu'ils exerçoient auparavant ? Soumettez-vous de bonne grâce, et renoncez à ces jeux d'enfants, qui, devenus frivoles, ne sont pour vous qu'un avilissement de plus.

Cet état, étant le pire où l'on puisse tomber, n'a qu'un avantage ; c'est qu'il ne sauroit changer qu'en mieux. C'est l'unique ressource des maux extrêmes ; mais cette ressource est toujours grande quand des hommes de sens et de cœur la sentent et savent s'en prévaloir. Que la certitude de ne pouvoir tomber plus bas que vous n'êtes doit vous rendre fermes dans vos démarches! mais soyez sûrs que vous ne sortirez point de l'abîme tant que vous serez divisés, tant que les uns voudront agir et les autres rester tranquilles.

Me voici, monsieur, à la conclusion de ces Lettres. Après vous avoir montré l'état où vous êtes, je n'entreprendrai point de vous tracer la route que vous devez suivre pour en sortir. S'il en est une, étant sur les lieux mêmes, vous et vos concitoyens la devez voir mieux que moi : quand on sait où l'on est et où l'on doit aller, on peut se diriger sans peine.

L'auteur des Lettres dit que, « si on remar-« quoit dans un gouvernement une pente à la vio-« lence, il ne faudroit pas attendre à la redresser « que la tyrannie s'y fût fortifiée (page 172). » Il dit encore, en supposant un cas qu'il traite à la vérité de chimère, « qu'il resteroit un remède « triste, mais légal, et qui, dans ce cas extrême, « pourroit être employé comme on emploie la « main d'un chirurgien quand la gangrène se dé-« clare (page 101). » Si vous êtes ou non dans ce cas supposé chimérique, c'est ce que je viens d'examiner. Mon conseil n'est donc plus ici nécessaire ; l'auteur des Lettres vous l'a donné pour moi. Tous les moyens de réclamer contre l'injustice sont permis, quand ils sont paisibles ; à plus forte raison sont permis ceux qu'autorisent les lois.

Quand elles sont transgressées dans des cas particuliers, vous avez le droit de représentation pour y pourvoir ; mais quand ce droit même est contesté, c'est le cas de la garantie. Je ne l'ai point mise au nombre des moyens qui peuvent rendre efficace une représentation ; les médiateurs eux-mêmes n'ont point entendu l'y mettre, puisqu'ils ont déclaré ne vouloir porter nulle atteinte à l'indépendance de l'état, et qu'alors cependant ils auroient mis, pour ainsi dire, la clef du gouvernement dans leur poche[1]. Ainsi, dans le cas particulier, l'effet des représentations rejetées est de produire un Conseil général ; mais l'effet du droit même de représentation rejeté paroît être le recours à la garantie. Il faut que la machine ait en elle-même tous les ressorts qui doivent la faire jouer : quand elle s'arrête, il faut appeler l'ouvrier pour la remonter.

Je vois trop où va cette ressource, et je sens encore mon cœur patriote en gémir. Aussi, je le répète, je ne vous propose rien : qu'oserois-je dire ? Délibérez avec vos concitoyens, et ne comptez les voix qu'après les avoir pesées. Défiez-vous de la turbulente jeunesse, de l'opulence insolente, et de l'indigence vénale ; nul salutaire conseil ne peut

---

[1] La conséquence d'un tel système eût été d'établir un tribunal de la médiation résidant à Genève, pour connoître des transgressions des lois. Par ce tribunal la souveraineté de la république eût bientôt été détruite ; mais la liberté des citoyens eût été beaucoup plus assurée qu'elle ne peut l'être si l'on ôte le droit de représentation. Or de n'être souverain que de nom ne signifie pas grand'chose : mais d'être libre en effet signifie beaucoup.

venir de ces côtés-là. Consultez ceux qu'une honnête médiocrité garantit des séductions de l'ambition et de la misère; ceux dont une honorable vieillesse couronne une vie sans reproche; ceux qu'une longue expérience a versés dans les affaires publiques; ceux qui, sans ambition dans l'état, n'y veulent d'autre rang que celui de citoyens; enfin ceux qui, n'ayant jamais eu pour objet dans leurs démarches que le bien de la patrie et le maintien des lois, ont mérité par leurs vertus l'estime du public et la confiance de leurs égaux.

Mais surtout réunissez-vous tous. Vous êtes perdus sans ressource si vous restez divisés. Et pourquoi le seriez-vous quand de si grands intérêts communs vous unissent? Comment, dans un pareil danger, la basse jalousie et les petites passions osent-elles se faire entendre? Valent-elles qu'on les contente à si haut prix? et faudra-t-il que vos enfants disent un jour en pleurant sur leurs fers: Voilà le fruit des dissensions de nos pères? En un mot, il s'agit moins ici de délibération que de concorde : le choix du parti que vous prendrez n'est pas la plus grande affaire; fût-il mauvais en lui-même, prenez-le tous ensemble; par cela seul, il deviendra le meilleur, et vous ferez toujours ce qu'il faut faire, pourvu que vous le fassiez de concert. Voilà mon avis, monsieur, et je finis par où j'ai commencé. En vous obéissant, j'ai rempli mon dernier devoir envers la patrie. Maintenant je prends congé de ceux qui l'habitent; il ne leur reste aucun mal à me faire, et je ne puis plus leur faire aucun bien.

FIN DES LETTRES ÉCRITES DE LA MONTAGNE.

VISION

DE PIERRE DE LA MONTAGNE,

DIT LE VOYANT.

VISION
DE PIERRE DE LA MONTAGNE,
DIT LE VOYANT[1].

Ici sont les trois chapitres de la VISION DE PIERRE DE LA MONTAGNE, dit LE VOYANT, concernant la désobéissance et damnable rébellion de Pierre Duval, dit *Pierrot des dames*.

CHAPITRE I.

1. Et j'étois dans mon pré, fauchant mon regain, et il faisoit chaud, et j'étois las, et un prunier de prunes vertes étoit près de moi.

2. Et, me couchant sous le prunier, je m'endormis.

3. Et durant mon sommeil j'eus une vision, et j'entendis une voix aigre et éclatante comme le son d'un cornet de postillon.

4. Et cette voix étoit tantôt foible et tantôt forte, tantôt grosse et tantôt claire; passant successivement et rapidement des sons les plus graves

---

[1] Cette plaisanterie est contre Boy-la-Tour (*Confessions*, liv. XI), qui étoit très-borné. Rousseau suppose qu'en le faisant parler raisonnablement, ce sera un prodige dans lequel on reconnoîtra le doigt de Dieu. (Note de M. Musset Pathay.)

aux plus aigus, comme le miaulement d'un chat sur une gouttière, ou comme la déclamation du révérend Imers, diacre du Val-de-Travers.

5. Et la voix, s'adressant à moi, me dit ainsi : Pierre le Voyant, mon fils, écoute mes paroles. Et je me tus en dormant, et la voix continua.

6. Écoute la parole que je t'adresse de la part de l'esprit, et la retiens dans ton cœur. Répands-la par toute la terre et par tout le Val-de-Travers, afin qu'elle soit en édification à tous les fidèles.

7. Et afin qu'instruits du châtiment du rebelle Pierre Duval, dit Pierrot des dames, ils apprennent à ne plus mépriser les nocturnes inspirations de la voix.

8. Car je l'avois choisi dans l'abjection de son esprit, et dans la stupidité de son cœur, pour être mon interprète.

9. J'en avois fait l'honorable successeur de ma servante *la Batizarde*[1], afin qu'il portât, comme elle, dans toute l'Église la lumière de mes inspirations.

10. Je l'avois chargé d'être, comme elle, l'organe de ma parole, afin que ma gloire fût manifestée, et qu'on vît que je puis, quand il me plaît, tirer de l'or de la boue, et des perles du fumier.

11. Je lui avois dit : Va, parle à ton frère errant

[1] Vieille commère de la lie du peuple, qui jadis se piquoit d'avoir des visions.

Jean-Jacques, qui se fourvoie, et le ramène au bon chemin.

12. Car dans le fond ton frère Jean-Jacques est un bon homme, qui ne fait tort à personne, qui craint Dieu, et qui aime la vérité.

13. Mais, pour le ramener d'un égarement, ce peuple y tombe lui-même; et, pour vouloir le rendre à la foi, ce peuple renonce à la loi.

14. Car la loi défend de venger les offenses qu'on a reçues, et eux outragent sans cesse un homme qui ne les a point offensés.

15. La loi ordonne de rendre le bien pour le mal, et eux lui rendent le mal pour le bien.

16. La loi ordonne d'aimer ceux qui nous haïssent, et eux haïssent celui qui les aime.

17. La loi ordonne d'user de miséricorde, et eux n'usent pas même de justice.

18. La loi défend de mentir, et il n'y a sorte de mensonge qu'ils n'inventent contre lui.

19. La loi défend la médisance, et ils le calomnient sans cesse.

20. Ils l'accusent d'avoir dit que les femmes n'avoient point d'ame, et il dit, au contraire, que toutes les femmes aimables en ont au moins deux.

21. Ils l'accusent de ne pas croire en Dieu, et nul n'a si fortement prouvé l'existence de Dieu.

22. Ils disent qu'il est l'Antechrist, et nul n'a si dignement honoré le Christ.

23. Ils disent qu'il veut troubler leurs cons-

ciences, et jamais il ne leur a parlé de religion.

24. Que s'ils lisent des livres faits pour sa défense en d'autres pays, est-ce sa faute? et les a-t-il priés de les lire? mais, au contraire, c'est pour ne les avoir point lus qu'ils croient qu'il y a dans ces livres de mauvaises choses qui n'y sont point, et qu'ils ne croient point que les bonnes choses qui y sont y soient en effet.

25. Car ceux qui les ont lus en pensent tout autrement, et le disent lorsqu'ils sont de bonne foi.

26. Toutefois ce peuple est bon naturellement; mais on le trompe, et il ne voit pas qu'on lui fait défendre la cause de Dieu avec les armes de Satan.

27. Tirons-les de la mauvaise voie où on les mène, et ôtons cette pierre d'achoppement de devant leurs pieds.

CHAPITRE II.

1. Va donc, et parle à ton frère errant Jean-Jacques et lui adresse en mon nom ces paroles. Ainsi a dit la voix de la part de l'esprit.

2. Mon fils Jean-Jacques, tu t'égares dans tes idées. Reviens à toi, sois docile, et reçois mes paroles de correction.

3. Tu crois en Dieu puissant, intelligent, bon, juste, et rémunérateur; et en cela tu fais bien.

4. Tu crois en Jésus son fils, son Christ, et en sa parole; et en cela tu fais bien.

5. Tu suis de tout ton pouvoir les préceptes du saint Évangile; et en cela tu fais bien.

6. Tu aimes les hommes comme ton prochain, et les chrétiens comme tes frères; tu fais le bien quand tu peux, et ne fais jamais de mal à personne que pour ta défense et celle de la justice.

7. Fondé sur l'expérience, tu attends peu d'équité de la part des hommes; mais tu mets ton espoir dans l'autre vie, qui te dédommagera des misères de celle-ci; et en tout cela tu fais bien.

8. Je connois tes œuvres : j'aime les bonnes; ton cœur et ma clémence effaceront les mauvaises. Mais une chose me déplaît en toi.

9. Tu t'obstines à rejeter les miracles : et que t'importent les miracles? puisqu'au surplus tu crois à la loi sans eux, n'en parle point, et ne scandalise plus les foibles.

10. Et lorsque toi, Pierre Duval, dit Pierrot des dames, auras dit ces paroles à ton frère errant Jean-Jacques, il sera saisi d'étonnement.

11. Et voyant que toi, qui es un brutal et un stupide, tu lui parles raisonnablement et honnêtement, il sera frappé de ce prodige, et il reconnoîtra le doigt de Dieu.

12. Et, se prosternant en terre, il dira : Voilà mon frère Pierrot des dames qui prononce des discours sensés et honnêtes; mon incrédulité se

rend à ce signe évident. Je crois aux miracles, car aucun n'est plus grand que celui-là.

13. Et tout le Val-de-Travers, témoin de ce double prodige, entonnera des cantiques d'allégresse; et l'on criera de toutes parts dans les six communautés : Jean-Jacques croit aux miracles, et des discours sensés sortent de la bouche de Pierrot des dames : le Tout-Puissant se montre à ses œuvres : que son saint nom soit béni.

14. Alors, confus d'avoir insulté un homme paisible et doux, ils s'empresseront à lui faire oublier leurs outrages; et ils l'aimeront comme leur proche, et il les aimera comme ses frères; des cris séditieux ne les ameuteront plus; l'hypocrisie exhalera son fiel en vains murmures, que les femmes mêmes n'écouteront point; la paix du Christ régnera parmi les chrétiens, et le scandale sera ôté du milieu d'eux.

15. C'est ainsi que j'avois parlé à Pierre Duval, dit Pierrot des dames, lorsque je daignai le choisir pour porter ma parole à son frère errant.

16. Mais, au lieu d'obéir à la mission que je lui avois donnée, et d'aller trouver Jean-Jacques, comme je le lui avois commandé, il s'est défié de ma promesse, et n'a pu croire au miracle dont il devoit être l'instrument : féroce comme l'onagre du désert, et têtu comme la mule d'Édom, il n'a pu croire qu'on pût mettre des discours persuasifs dans sa bouche, et s'est obstiné dans sa rébellion.

17. C'est pourquoi, l'ayant rejeté, je t'ordonne à toi Pierre de la Montagne, dit le Voyant, d'écrire cet anathème, et de le lui adresser, soit directement, soit par le public, à ce qu'il n'en prétende cause d'ignorance, et que chacun apprenne, par l'accomplissement du châtiment que je lui annonce, à ne plus désobéir aux saintes visions.

CHAPITRE III.

1. Ici sont les paroles dictées par la voix, sous le prunier des prunes vertes, à moi Pierre de la Montagne, dit le Voyant, pour être la sentence portée en icelles dûment signifiée et prononcée audit Pierre Duval, dit Pierrot des dames, afin qu'il se prépare à son exécution, et que tout le peuple en étant témoin devienne sage par cet exemple, et apprenne à ne plus désobéir aux saintes visions.

2. Homme de col roide, craignois-tu que celui qui fit donner par des corbeaux la nourriture charnelle au prophète, ne pût donner par toi la nourriture spirituelle à ton frère? craignois-tu que celui qui fit parler une ânesse ne pût faire parler un cheval?

3. Au lieu d'aller avec droiture et confiance remplir la mission que je t'avois donnée, tu t'es perdu dans l'égarement de ton mauvais cœur : de

peur d'amener ton frère à résipiscence, tu n'as point voulu lui porter ma parole; au lieu de cela, te livrant à l'esprit de cabale et de mensonge, tu as divulgué l'ordre que je t'avois donné en secret; et, supprimant malignement le bien que je t'avois chargé de dire, tu lui as faussement substitué le mal dont je ne t'avois pas parlé.

4. C'est pourquoi j'ai porté contre toi cet arrêt irrévocable, dont rien ne peut éloigner ni changer l'effet. Toi donc, Pierre Duval, dit Pierrot des dames, écoute et tremble; car voici, ton heure approche; sa rapidité se règlera sur la soif.

5. Je connois toutes tes machinations secrètes: tes complots ont été formés en buvant; c'est en buvant qu'ils seront punis. Depuis la nuit mémorable de ta vision jusqu'à ce jour, treizième du mois d'élul [1], à la neuvième heure [2], il s'est passé cent seize heures.

6. Pour te donner, dans ma clémence, le temps de te reconnoître et de t'amender, je t'accorde de pouvoir boire encore cent quinze rasades de vin pur, ou leur valeur, mesurées dans la même tasse où tu bus ton dernier coup la veille de ta vision.

7. Mais sitôt que tes lèvres auront touché la cent seizième rasade, il faut mourir; et avant qu'elle soit vidée tu mourras subitement.

---

[1] Le mois d'élul répond à peu près à notre mois d'août.
[2] La neuvième heure en cette saison fait environ les deux heures après midi.

8. Et ne pense pas m'abuser sur le compte en buvant furtivement ou dans des coupes de diverses mesures; car je te suis partout de l'œil, et ma mesure est aussi sûre que celle du pain de ta servante, et que le trébuchet où tu pèses tes écus.

9. En quelque temps et en quelque lieu que tu boives la cent seizième rasade, tu mourras subitement.

10. Si tu la bois au fond de ta cave, caché seul entre des tonneaux de piquette, tu mourras subitement.

11. Si tu la bois à table dans ta famille, à la fin de ton maigre dîner, tu mourras subitement.

12. Si tu la bois avec Joseph Clerc, cherchant avec lui dans le vin quelque mensonge, tu mourras subitement.

13. Si tu la bois chez le maire Baillod, écoutant un de ses vieux sermons, tu t'endormiras pour toujours, même sans qu'il continue de le lire.

14. Si tu la bois causant en secret chez M. le professeur, fût-ce en arrangeant quelque vision nouvelle, tu mourras subitement.

15. Mortel heureux jusqu'à ton dernier instant et au-delà, tu mettras, en expirant, plus d'esprit dans ton estomac que n'en rendra ta cervelle; et la plus pompeuse oraison funèbre, où tes visions seront célébrées, te rendra plus d'honneur après ta mort que tu n'en eus de tes jours.

16. Boy, trop heureux Pierre Boy, hâte-toi de

boire; tu ne peux trop te presser d'aller cueillir les lauriers qui t'attendent dans le pays des visions. Tu mourras; mais, grâce à celle-ci, ton nom vivra parmi les hommes. Boy, Pierre Boy, va promptement à l'immortalité qui t'est due. Ainsi soit-il, amen, amen.

17. Et lorsque j'entendis ces paroles, moi Pierre de la Montagne, dit le Voyant, je fus saisi d'un grand effroi, et je dis à la voix:

18. A Dieu ne plaise que j'annonce ces choses sans en être assuré par un signe! Je connois mon frère Pierrot des dames : il veut avoir des visions à lui tout seul. Il ne voudra pas croire aux miennes, encore qu'on m'ait appelé *le Voyant*. Mais, s'il en doit advenir comme tu dis, donne-moi un signe sous l'autorité duquel je puisse parler.

19. Et comme j'achevois ces mots, voici, je fus éveillé par un coup terrible; et portant la main sur ma tête, je me sentis la face tout en sang; car je saignois beaucoup du nez, et le sang me ruisseloit du visage : toutefois, après l'avoir étanché comme je pus, je me levai sans autre blessure, sinon que j'avois le nez meurtri et fort enflé.

20. Puis, regardant autour de moi d'où pouvoit me venir cette atteinte, je vis enfin qu'une prune étoit tombée de l'arbre, et m'avoit frappé.

21. Voyant la prune auprès de moi, je la pris; et, après l'avoir bien considérée, je reconnus qu'elle étoit fort saine, fort grosse, fort verte et

fort dure, comme l'état de mon nez en faisoit foi.

22. Alors mon entendement s'étant ouvert, je vis que la prune en cet état ne pouvoit naturellement être tombée d'elle-même, joint que la juste direction sur le bout de mon nez étoit une autre merveille non moins manifeste, qui confirmoit la première, et montroit clairement l'œuvre de l'esprit.

23. Et, rendant grâces à la voix d'un signe si notoire, je résolus de publier la vision, comme il m'avoit été commandé, et de garder la prune en témoignage de mes paroles, ainsi que j'ai fait jusqu'à ce jour.

FIN.

TABLE DES PIÈCES

CONTENUES DANS CE VOLUME.

Avant-propos. Page 1
Mandement de monseigneur l'archevêque de Paris. . . . 11
Lettre a M. de Beaumont. 35

LETTRES ÉCRITES DE LA MONTAGNE.

Tableau de la constitution de Genève. 171
Avertissement. 181

PREMIÈRE PARTIE.

Lettre première. 183
    État de la question par rapport à l'auteur. Si elle est de la compétence des tribunaux civils. Manière injuste de la résoudre.
Lettre II 221
    De la religion de Genève. Principes de la réformation. L'auteur entame la discussion des miracles.
Lettre III. 247
    Continuation du même sujet (*les miracles*). Court examen de quelques autres accusations.
Lettre IV. 291
    L'auteur se suppose coupable : il compare la procédure à la loi.
Lettre V 313
    Continuation du même sujet. Jurisprudence tirée des procédures faites en cas semblables. But de l'auteur en publiant la Profession de foi.

TABLE DES MATIÈRES.

Lettre VI. . . . . Page 370
S'il est vrai que l'auteur attaque les gouvernements. Courte analyse de son livre. La procédure faite à Genève est sans exemple, et n'a été suivie en aucun pays.

SECONDE PARTIE.

Lettre VII. 385
État présent du gouvernement de Genève, fixé par l'édit de la médiation.

Lettre VIII. 420
Esprit de l'édit de la médiation. Contre-poids qu'il donne à la puissance aristocratique. Entreprise du petit Conseil d'anéantir ce contre-poids par voie de fait. Examen des inconvénients allégués. Système des édits sur les emprisonnements.

Lettre IX. 473
Manière de raisonner de l'auteur des *Lettres écrites de la campagne*. Son vrai but dans cet écrit. Choix de ses exemples. Caractère de la bourgeoisie de Genève. Preuve par les faits. Conclusion.

VISION DE PIERRE DE LA MONTAGNE,
DIT LE VOYANT.

Chapitre I. 523
Chapitre II. 526
Chapitre III. 529

FIN DE LA TABLE.

www.ingramcontent.com/pod-product-compliance
Lightning Source LLC
Chambersburg PA
CBHW051354230426
43669CB00011B/1641